Norbert Christian Wolf

REVOLUTION IN WIEN

Die literarische Intelligenz im politischen Umbruch 1918/19

Böhlau Verlag Wien · Köln · Weimar

Gefördert von der Kulturabteilung der Stadt Wien, Wissenschafts- und Forschungsförderung

Bibliografische Information der Deutschen Nationalbibliothek:
Die Deutsche Nationalbibliothek verzeichnet diese Publikation in der Deutschen Nationalbibliografie; detaillierte bibliografische Daten sind im Internet über http://dnb.d-nb.de abrufbar.

Umschlagabbildungen: Ausrufung der Ersten Republik
© Sammlung Österreichisches Filmmuseum

Korrektorat: Vera Schirl, Wien
Einbandgestaltung: Michael Haderer, Wien
Satz: Michael Rauscher, Wien
Druck und Bindung: Hubert & Co., Göttingen
Gedruckt auf chlor- und säurefrei gebleichtem Papier
Printed in the EU

Vandenhoeck & Ruprecht Verlage | www.vandenhoeck-ruprecht-verlage.com

ISBN 978-3-205-20077-2

Inhalt

Danksagung

Die Erarbeitung des vorliegendes Buchs wäre ohne das von der Österreichischen Nationalbibliothek als deren »virtueller Zeitungslesesaal« betriebene Internetportal *ANNO – AustriaN Newspapers Online. Historische österreichische Zeitungen und Zeitschriften online* (http://anno.onb.ac.at/) nicht möglich gewesen. Maßgebliche Informationen verdankt es darüber hinaus dem von Primus-Heinz Kucher (Universität Klagenfurt) im Rahmen zweier FWF-Projekte eingerichteten und geleiteten Internetportal *ÖSTERREICHISCHE KULTUR UND LITERATUR DER 20er JAHRE – transdisziplinär. Epochenprofil zu Aspekten der Literatur, Kunst und (Alltags)Kultur der österreichischen Zwischenkriegszeit* (http://litkult1920er.aau.at/). Ein besonderer Dank gebührt Harald Gschwandtner, der die Entstehung des Manuskriptes sachkundig begleitet, die einzelnen Kapitel kritisch gelesen, korrigiert, intensiv kommentiert und das Register erstellt hat, sowie dem hervorragenden Korrektorat durch Vera M. Schirl. Den Hörerinnen und Hörern eines Seminars im Wintersemester 2015/16 und einer Vorlesung im Wintersemester 2016/17 an der Universität Salzburg zum Thema des Buchs danke ich für Diskussionen und Hinweise, den mir nahestehenden Menschen sowie manchen Kolleginnen und Kollegen für ihre Geduld mit mir in der sehr knappen Zeit der Niederschrift.

Salzburg, im Mai 2018
Norbert Christian Wolf

Das Fallen der Kokarden. Einführung

Spätestens seit Claudio Magris' Untersuchung über den ›habsburgischen Mythos‹ gelten die österreichische Literatur und ihre Autoren gemeinhin als harmoniesüchtig und rückwärtsgewandt.[1] Einen Zeitraum, für den diese Diagnose bestimmt nicht zutrifft, behandelt dieses Buch: Im Herbst und Winter 1918/19 beteiligten sich in Wien prominente Literaten in öffentlich sichtbarer Position an den politischen Aktivitäten, die zum Ende der Habsburgermonarchie sowie zur Ausrufung der Republik (Deutsch-)Österreich führten. Ähnlich wie ihre Münchner Kollegen engagierten sie sich für eine auch soziale Revolution und hatten damit Teil an jener damals neuartigen Konversionsbewegung europäischer Intellektueller zum Kommunismus, die der britische Historiker Eric Hobsbawm für die Zeit während und nach dem Ersten Weltkrieg diagnostiziert hat.[2] Zum ersten Mal seit 1848 standen in Wien Schriftsteller wieder selbst im Zentrum des historischen Geschehens.

Generell kennt die neuere deutschsprachige Literatur-, Kultur- und Gesellschaftsgeschichte wohl keinen anderen epochalen Einschnitt, der so weitreichende und tiefgreifende mentale Folgen gehabt hat wie der Untergang der Monarchien am Ende des großen Krieges. Dies wird in der Literatur schon von den Zeitgenossen selbst, aber auch aus der Distanz des Rückblicks kritisch reflektiert. Bereits der sozialdemokratische Vordenker Otto Bauer hat vorgeschlagen, »den Niederschlag dieser schnellen Entwicklung der Stimmungen der bürgerlichen Intelligenz in der österreichischen Literatur zu verfolgen.«[3] In diesem Sinn untersucht die vorliegende Studie in einem ersten Teil biographische Quellen wie Briefe, Notizen und Tagebucheinträge aus der Umbruchszeit, in einem zweiten Teil darüber hinaus literarische Texte im engeren Sinn wie Gedichte, Erzählungen, Romane und Essays bekannter und weniger bekannter Autoren, die zum Teil erheblich später entstanden sind. Behandelt werden u. a. – in alphabetischer Reihenfolge – Texte von Leopold (von) Andrian, Ernst Angel, Hermann Bahr, Franz Blei, Albert Ehrenstein, Albert Paris Gütersloh, Egon Erwin Kisch, Karl Kraus, Anton Kuh, Alma Mahler(-Werfel), Robert Müller, Robert Musil, Robert Neumann, Joseph Roth, Arthur Schnitzler, Hugo Sonnenschein, Friedrich Torberg, Franz Werfel und Berta Zuckerkandl.

In seinem Buch *Leben in dieser Zeit. Sieben Fragen zur Gewalt* berichtet der 1905 geborene Schriftsteller, Philosoph und Sozialpsychologe Manès Sperber von einer Begebenheit aus seiner Kindheit, die den damals Zwölfjährigen stark beeindruckt und nachhaltig beschäftigt hat.[4] Zunächst gibt er ein plastisches Bild von den chaotischen Verhältnissen der letzten Kriegstage in Wien:

> Es war im Jahr 1918, am Vormittag des ersten oder zweiten November, auf einem Bahnsteig des Wiener Nordbahnhofs. Seit einer Woche trieb ich mich dort herum, verbrachte meine Zeit mit bald hoffnungsvollem, bald verzweifeltem Warten. Mein Vater hatte seine Heimkehr angekündigt, doch die Unordnung im Zugsverkehr war chaotisch geworden, Fahrpläne galten nicht mehr. Der Vater mochte in der nächsten Minute oder erst nach Tagen eintreffen.[5]

Der Bahnhof verlor seine vertraute Funktion als Raum des Transitorischen zwischen Fern und Nah sowie als Ort der beständigen Bewegung. Angesichts der Unzuverlässigkeit sämtlicher Fahrpläne wurde er nunmehr zum Wartesaal eines zeitlich unabsehbaren Aufenthalts zahlloser Gestrandeter aus allen – insbesondere den östlichen – Teilen der untergehenden k. u. k. Monarchie, mithin zu einem Ort des passiven Verweilens, der Immobilität und Statik. Unter den zahlreichen, ungewiss und unverrichteter Dinge wartenden Menschen befand sich auch der junge Sperber, der die Szenerie der von ihm in der Folge berichteten unerhörten Begebenheit recht ungemütlich schildert:

> Es war gegen elf Uhr vormittags, ein kalter Wind blies über die Bahnsteige, doch verminderte sich die Zahl der Leute nicht, die auf Züge warteten, die nicht ankamen oder nicht abfuhren, auf Urlauber, die vielleicht nicht mehr lebten, auf Verwandte, die auf einer Umsteigestation steckengeblieben waren. Die meisten aber waren Soldaten auf dem Weg zu ihren Einheiten; sie hatten es nicht eilig, lungerten herum und fanden sich mit der Verspätung gerne ab.[6]

Während die Soldaten keine Eile hatten, noch einmal an die Front zu gelangen, wo sie der ›Heldentod‹ in einem längst verlorenen Weltkrieg bedrohte, erfuhren die ausharrenden Zivilisten den Niedergang der Habsburgermonarchie gleichsam körperlich, indem sie frierend das Nicht-mehr-Funktionieren des auf deren Hauptstadt sternförmig zulaufenden Eisenbahnnetzes erlebten. Dem Ankommen eines Zuges konnte nicht mehr wie sonst ganz selbstverständlich entgegengesehen werden, sein schließliches Erscheinen wurde nun sogar an einem Hauptstadtbahnhof zu einem besonderen Ereignis, das sich durch die daran anschließenden merkwürdigen Vorkommnisse auf dem Bahnsteig in das Gedächtnis des kindlichen Beobachters nachgerade einbrannte:

> Endlich traf ein Zug ein. Ihm entstiegen hauptsächlich Militärpersonen, unter ihnen ein Hauptmann, gefolgt von seinem Diener, dem er mit barschen Worten immer wieder vorwarf, nicht schnell genug zu laufen. Der »Putzfleck«, wie man in der K. und K. Armee solche Diener nannte, bot einen zugleich lächerlichen und

Abb. 1: Zug mit demobilisierten Kriegsheimkehrern, 1918

empörenden Anblick. Auf dem Rücken trug er zwei übervolle Rucksäcke und in jeder Hand zwei sichtbar schwere Koffer. Trotz der Kälte bedeckte Schweiß das Gesicht des Atemlosen, der mit gebeugtem Rücken immer schneller voranzukommen suchte. Er wiederholte ununterbrochen: »Melde gehorsamst, ich komm schon, melde gehorsamst ...« Da vertrat ihm plötzlich ein junger Soldat den Weg, riß ihm die Koffer aus der Hand und sagte: »Kamerad, was rennst Du so? Hast ja viel Zeit. Wir alle haben viel Zeit.«[7]

Nicht von ungefähr sind es gerade die verbürgten Vorstellungen von Zeit, die jetzt in Frage gestellt oder gänzlich erschüttert scheinen. Deutlich wird dabei, dass und inwiefern das Verfügen über Zeit eine Frage von Macht oder Ohnmacht darstellt. Ein bestehendes Machtgefälle äußert sich auf besondere Weise im Warten und Wartenlassen.[8] Es kann – und das ist im Folgenden zentral – von einem Augenblick zum nächsten kollabieren bzw. in sein Gegenteil umschlagen:

Der so Angesprochene versuchte, durch Zeichen vor seinem Offizier zu warnen, der sich ja hätte umdrehen können. Das geschah auch unverzüglich. Der Hauptmann kam eilends auf die beiden zu und wurde sofort einer unfaßbaren Ände-

> rung gewahr: Von der Kappe des jungen Soldaten war die kaiserliche Kokarde verschwunden und durch ein Bändchen mit den polnischen Nationalfarben ersetzt worden. Das war ein sicheres Zeichen der Meuterei. Er öffnete weit den Mund, wie um einen wütenden Schrei auszustoßen, doch blieb er stumm: Das entsetzte Staunen machte ihn sprachlos.[9]

Das Verschwinden der kaiserlichen Kokarde, also eines in der Regel runden Hoheitsabzeichens, das auf den Uniformen oder den dazugehörigen Mützen der Soldaten angebracht war, signalisiert eine vollendete Implosion gesellschaftlicher Hierarchien, die vordem für unerschütterlich galten. Der bis dahin gegenüber seinen Untergebenen geradezu allmächtige Hauptmann erscheint nicht nur geschwächt, sondern mit einem Schlag vollkommen machtlos gegenüber den ihn verhöhnenden einfachen Gefreiten:

> Andere Soldaten kamen heran, einer von diesen schlug dem Offizier die Mütze vom Kopf, fing sie auf und entriß ihr die Kokarde, die er spielerisch auf das Gleise hinunterwarf. Der Hauptmann griff zum Säbel, schon hatte er ihn halb aus der Scheide gezogen, als sein Diener, der noch eine Minute vorher als ein willenloses Lasttier gehorsam hinter ihm hergelaufen war, mit einer behenden Bewegung die Rucksäcke von sich warf und nun aufrecht, größer als sein Herr, ihm zwei schallende Ohrfeigen versetzte. Dem Hauptmann ging's plötzlich auf, daß etwas Unheimliches, Unahnbares geschehen war und daß er da einer Übermacht begegnete, die so unberechenbar gefährlich sein mußte wie die Untiere in den Albträumen. Mit einem Sprung war er unten zwischen den Gleisen, lief zum gegenüberliegenden Bahnsteig und verschwand durch eine Seitentür. Ihn begleitete das laute Gelächter der Meuterer.[10]

Die scheinbar aus dem Nichts kommende, plötzliche Verwandlung des bis dahin untertänigst gebückten ›Putzflecks‹ von einem ›willenlosen Lasttier‹ zu einem gewaltbereiten Hünen vermittelte nicht nur dem unvorbereitet gedemütigten Offizier, sondern auch dem zwölfjährigen Manès die ›unheimliche‹ Erfahrung eines so unvermittelten wie radikalen Zerfalls der Macht. Wie konnte das geschehen, wie konnte eine vordem für ehern geltende Autorität wie die des militärisch Vorgesetzten so restlos kollabieren, dass die Machtverhältnisse mit einem Schlag nicht bloß aufgeweicht, sondern nachgerade invertiert waren und dass die beteiligten Menschen einer unerklärlichen Charakterveränderung unterlagen? Manès Sperber beschrieb das von ihm kolportierte Ereignis als historischen Vorgang, der die Kontingenz von Geschichte offengelegt habe:

> Der dreizehnjährige [recte: noch zwölfjährige, N.C.W.] Zeuge dieser Szene, die sich rasend schnell abgespielt hatte, erfuhr in dieser Minute, daß die Geschichte solch einfache Sprache benutzen und sich in so einfachen Gesten wandeln konnte. Denn dies war einer der Augenblicke, in denen das Kaiserreich, wehrlos wie ein Sterbender, unterging und die Krone einer 650jährigen Dynastie zu Boden rollte. Und man konnte sich nicht vorstellen, daß sich einer nach ihr würde bücken wollen.[11]

Besonders interessiert sich der Sozialpsychologe Sperber für die Plötzlichkeit dieser Erosion der Macht, die über den singulären Vorfall hinaus exemplarische Bedeutung für das beanspruchen kann, was während einer Revolution in der gesamten Gesellschaft vor sich geht:

> An dieser Bahnsteig-Szene, die sich ähnlich in jenen Umsturztagen wohl vielenorts wiederholt hat, ist in erster Linie bemerkenswert die blitzschnelle Metamorphose der realen Machtverhältnisse nach der Zerstörung der scheinbar festgefügten, unabänderlichen Beziehung zwischen Herrschenden und Beherrschten. Der Diener, der, ohne das Dazwischentreten der anderen wohl Stunden, Tage vielleicht sein Leben lang hätte fortfahren können, ein ›Melde gehorsamst‹-Untertan zu sein, verwandelt sich zu seiner eigenen Überraschung plötzlich in einen Rebellen; der Herr aber verkümmert zum eigenen Schatten, der im Nichts verschwindet.[12]

Sperber versucht den Vorgang, der einer veritablen ›Transsubstantation‹ aller beteiligten Akteure gleichkommt, sodass das bisherige Herr-und-Knecht-Verhältnis auf den Kopf gestellt erscheint, als »psychologische[n] Umwälzungsprozeß« zu deuten; dieser könne bei Augenzeugen Schadenfreude auslösen, besitze jedenfalls »den symbolträchtigen Charakter schicksalhafter Vorgänge« und habe folgende Voraussetzung:

> Seit Jahrtausenden vollbringen Menschen in ihren Tagträumen die befreiende Tat, dank der der Putzfleck nicht nur die Bürde der Tornister, sondern auch die degradierende Last der Vergangenheit abwirft. Damit dieser Traum Wirklichkeit werde, bedarf es eines noch erstaunlicheren Geschehnisses: Die Macht muß plötzlich so hilflos werden wie ein verlorenes Kind im Sturm der Zeiten. Das jämmerliche Schauspiel der sozusagen verwaisten Macht erlebte man zuerst im zaristischen Rußland und – anderthalb Jahre später – in Deutschland, in Österreich-Ungarn und in anderen Monarchien. Man sah Giganten zusammenbrechen, weil ein Strohhalm sie unsanft berührt hatte.[13]

Weshalb die Macht aber »plötzlich so hilflos« wurde »wie ein verlorenes Kind im Sturm der Zeiten«, bleibt in dieser Interpretation im Dunkeln. Sperbers vorläufige, nach seiner Abkehr vom Marxismus infolge der stalinistischen Säuberungen im Jahr 1937 aber wieder verworfene Deutung ist einerseits noch merklich vom frühen Schockerlebnis diktiert, andererseits vom etwas naiven Optimismus des überzeugten Kommunisten, der er spätestens von 1927 bis Mitte der dreißiger Jahre war. Sie klingt vergleichsweise eindimensional:

> Die begeisternde Leichtigkeit des Umsturzes erlaubte keinen Kleinmut mehr. Wer zögerte und darauf hinwies, daß man der Entwicklung lange Fristen gewähren müßte, war in unseren Augen ein Verirrter oder ein Verräter oder beides. Was wir erlebt hatten, bewies ja, daß die Institutionen, die jede Gesellschaftsordnung *über* den Menschen und *gegen* sie errichtet hatten, niemanden schützten, sondern daß sie selbst schutzbedürftig waren, sobald ihre Legitimität von jenen in Frage gestellt wurde, die sich ihnen nicht mehr unterwerfen wollten.[14]

Dass es sich dabei um eine vereinfachte und unzureichende Erklärung für das komplexe »Problem der Macht«[15] handelt, wird dem zunächst euphorisch-revolutionären Beobachter erst aus sehr großem zeitlichen Abstand klar. Aus heutiger Sicht lässt sich das Phänomen einer plötzlichen Implosion bestehender und scheinbar unabänderlicher Machtverhältnisse, das jüngst in der arabischen Welt durch den Sturz von autoritären Herrschern wie Hosni Mubarak oder Muammar al-Gaddafi aktualisiert worden ist, eher mit soziologischen als mit psychologischen Modellen erklären – sonst hätte die Implosion ja nicht in der Regel recht schnell das Entstehen neuer, mehr oder weniger stabiler Machtgefälle zur Folge.

So hat der Kultursoziologe Pierre Bourdieu diesen Sachverhalt mit dem Begriff der sozialen *illusio* zu fassen versucht, jener »Investition ins Spiel und die affektive Besetzung des Spiels«, die ihm zufolge dem »Funktionieren aller sozialen Felder«[16] zugrunde liegt: »Der kollektive Glaube an das Spiel (die *illusio*) und den geheiligten Wert dessen, was auf dem Spiel steht, ist Voraussetzung und Ergebnis des funktionierenden Spiels zugleich«.[17] Dieser »gleichsam magische«, kohäsionsstiftende »Glaubenseffekt« gilt als »paradoxeste Wirkung des Staates«, der als Institution »die außerordentliche Macht hat, eine geordnete soziale Welt hervorzubringen, [...] ohne ständigen Zwang auszuüben«.[18] Setzt die erforderliche affektive Reinvestition in das soziale Spiel hingegen aus, dann kann das den Zusammenhalt eines ganzen Gemeinwesens gefährden, wie auch die Literatur längst erkannt hat – etwa Robert Musil in den essayistischen Passagen seines Romans *Der Mann ohne Eigenschaften*, wo es über den nach dem Modell der Habsburgermonarchie gestalteten romanesken Chronotopos heißt: »Kakanien war das erste Land im gegenwärtigen Entwicklungsabschnitt, dem Gott den Kredit, die Lebenslust, den Glauben an sich selbst und die Fähigkeit aller Kulturstaaten entzog, die nützliche Einbildung zu verbreiten, daß sie eine Aufgabe hätten.«[19]

Dieser kollektive Glauben an die Notwendigkeit und Sinnhaftigkeit des eigenen Staates und der von diesem ausgehenden staatlichen Macht ist dem Gros der Bevölkerung in Österreich-Ungarn, ja selbst glühenden Anhängern wie Hugo von Hofmannsthal,[20] spätestens ab Mitte Juni 1918 abhandengekommen, wie die amerikanische Historikerin Maureen Healy gezeigt hat:

> Während die Heimatfront allmählich auseinanderbrach, verloren die WienerInnen gleichzeitig ihren Glauben an das Habsburgerreich und den Krieg, den es ausfocht. Die Monarchie brach also mehr aus »internen« denn aus »externen« Gründen zusammen [...]. Der Staat war nicht nur in den Augen der nationalen Minderheiten in anderen Teilen Österreichs oder in den Köpfen der erschöpften Rückkehrer von der Front diskreditiert, sondern auch auf den Märkten, in den Zinshäusern, auf den Schulhöfen und Straßen sowie in den Gasthäusern der Reichshauptstadt. [...] Weite Teile der Bevölkerung kreideten dem Staat nun an, daß er *seinen* Pflichten nicht nachgekommen war.[21]

Dies führte dazu, dass auch die vom Staat garantierten gesellschaftlichen und besonders die militärischen Hierarchien plötzlich jegliche Autorität und Glaubwürdigkeit einbüßten – zumal sich das bisherige Führungspersonal im Weltkrieg massiv diskreditiert hatte, wie der rückblickende Bericht des österreichischen Soldaten Franz Fiala über die Umbruchszeit 1918 vor Augen führt; Fiala war nach Kriegsende an der Gründung der Wiener Roten Garde beteiligt und diente ihr als Hornist:

> In den letzten Oktobertagen ging es los. Wir hatten an der Front genug mitgemacht und haßten fast alle unsere Offiziere, die uns bis aufs Blut peinigten. Haufenweise waren wir zurückgeströmt, wir schäumten vor Wut, wenn wir auf der Straße einen Offizier erblickten. Ich zog mit einer ganz kleinen Schar Soldaten und Arbeitern durch die Stadt, und wir forderten die Offiziere auf, ihre Sterne und die anderen monarchistischen Abzeichen sofort zu entfernen oder rissen sie ihnen bei einigem Zögern selbst von der Kappe oder der Brust ab. Mancher Offizier versuchte zum Säbel oder zur Pistole zu greifen. Aber die kamen nie in Verwendung, denn sofort lag seine Kappe auf dem Boden, oder er spürte ein Bajonett vor seiner Brust. Höchstens, daß einer ein paar Ohrfeigen bekam.[22]

Die Berichte gleichen einander. Demnach verbreiteten die zwar meist nicht tatsächlich materiell, aber doch symbolisch marodierenden Kriegsheimkehrer, deren psychische Hemmschwelle durch die im Weltkrieg erlebten Traumata kaum mehr existierte, unter den Angehörigen der gesellschaftlichen Eliten Angst und Schrecken. Das staatliche Gewaltmonopol war aufgehoben. Sämtliche gesellschaftlich verbürgten Schutz- und Kontrollinstanzen – insbesondere die plötzlich unsicher gewordene Polizei – ließen das Treiben tatenlos geschehen, selbst wenn es sich in einem Nobeletablissement wie dem ersten Hotel der Hauptstadt abspielte:

> So zog unsere Gruppe unter anderem ins Café Imperial. Die Gäste erhoben sich panikartig und wollten flüchten. Wir aber sagten ihnen, wir wollen nur, daß die Offiziere ihre Abzeichen ablegen. Und die einstmaligen Helden verkrochen sich unter die Tische, in die Küche und in die Klosette. Aber es kam uns keiner aus. Ein alter General weigerte sich, uns zu gehorchen. »Ich habe dem Kaiser geschworen und werde nur nach seinem Befehl handeln.« – »Was,« sagte ich ihm, »auf den Befehl des Kaisers warten Sie? Der ist schon längst kein Held mehr und ist froh, wenn man ihn in Ruhe läßt.« Die Polizei hinderte uns weder in den öffentlichen Lokalen, noch auf den Straßen. Sie hatte Furcht vor uns allen.[23]

Es ist kaum zu ermessen, welche traumatisierende Wirkung solche Szenen des Herbstes 1918 auf die darin öffentlich demontierten und degradierten Funktionsträger des untergegangenen Staates hatten,[24] die immerhin zu den gesellschaftlichen Eliten auch der neuen Republik zählen sollten. Auch für Österreich gilt der Befund, den der irische Historiker Mark Jones für die Weimarer Republik formuliert hat: »In Ermangelung revolutionärer Gewaltexzesse wuchs dem öffentlichen Abreißen von Uniformkokarden als symbolischem Akt, der dem Ritual einer revolutionären Gründungsgewalt noch am nächsten kam, mit der Zeit der Status eines die Erinnerung an die Revolution prägenden Sinnbildes zu.«[25] Dabei ist es in diesem Zusammenhang relativ unerheblich, ob der Degradationserfahrung tatsächlich revolutionäre Gewalt zugrunde lag: »Ehemalige Offiziere der antirepublikanischen […] Rechten taten sich sehr viel leichter damit, zu behaupten, sie hätten sich ihre Kokarden erst abgerissen, als sie von einem feindseligen und gewaltbereiten revolutionären ›Pöbel‹ bedrängt wurden, als zuzugeben, dass sie sie (was bei vielen der Fall war) bereitwillig und ohne die Spur eines kämpferischen Widerstands abgelegt hatten.«[26] Nicht zuletzt in den gleichwohl vielfach als ›wild‹ erinnerten Akten ostentativer sozialer Deklassierung wurde eine Saat für die soziale Desintegration und die stets latente Gewaltbereitschaft der folgenden Monate und Jahre gelegt. Die Umkehrung der Hierarchien war ja nur von kurzer Dauer, sodass die darin beschämten alten Eliten sich bald bitter am revolutionären Personal rächen konnten – auch das ein sozialpsychologischer Effekt der Umbruchzeit mit verheerenden Auswirkungen auf die politische Realität der Ersten Republik.

Die geschlagenen Mittelmächte. Allgemeine Rahmenbedingungen

Obwohl wichtige Tendenzen und Strömungen der Nachkriegsentwicklung ihre Wurzeln in der Vorkriegszeit hatten, schien mit 1918 eine grundsätzlich andere, neue Zeit anzubrechen, wie etwa Max Brod rückblickend formulierte: »Der Kriegsausbruch verwandelte die Welt. Was vor 1914 lag und was dann folgte, das sah einander gar nicht ähnlich, spielte nur nominell auf derselben Erdoberfläche.«[27] Nicht nur für Deutschland, sondern genauso für Österreich gilt, was der Literaturhistoriker Bernhard Weyergraf ganz allgemein konstatiert hat:

> Die Republik hatte nicht nur die Kriegsschulden geerbt und die Reparationszahlungen zu leisten, sie war auch mit der ›sozialen Frage‹ belastet, die das Kaiserreich zu lösen weder bereit noch imstande war, und die mit der rechtlichen Gleichstellung der Frauen, der Einführung des Achtstundentags und des allgemeinen Wahlrechts eine zunächst nur formale Antwort gefunden hatte.[28]

Insbesondere die Begleiterscheinungen der Niederlage im Weltkrieg, die ja nicht von den neugegründeten Republiken verschuldet worden war, stellten eine gewaltige Hypothek dar – in ökonomischer und sozialer, aber auch in mentaler Hinsicht, war die Bevölkerung doch nicht von einem Tag auf den anderen eine demokratische geworden:

> Mit dem Zusammenbruch verlor der Nationalismus, der August 1914 nicht nur die traditionell regimetreuen Kräfte ergriffen hatte, seine integrierende Funktion. Seine nach außen gerichtete Aggressivität kehrte sich nach innen, gegen die »Verräter« im eigenen Land, die mit ihrer Unterschrift unter den »Schandvertrag« von Versailles [bzw. Saint-Germain, N.C.W.] die Niederlage besiegelt hatten. Er wurde von nun an zur Erkennungsparole derer, die sich über alle Interessenunterschiede hinweg in ihrer Feindschaft gegen die Demokratie einig waren.[29]

Dass – wie angedeutet – der revolutionäre Übergang von der Monarchie zur Republik für maßgebliche Teile der bisherigen Eliten einer Deklassierung gleichkam, erhöhte für diese Gruppen nicht die Attraktivität der neuen Staatsform, im Gegenteil:

> Daß die Republik die Niederlage zur Voraussetzung hatte, machte ihr Scheitern fast unausweichlich. In einer Nation, der für eine demokratische Kultur jedes Verständnis fehlte, hätte der Wechsel zu einer demokratischen Staatsform auch unter günstigeren Bedingungen eine lange Phase der Gewöhnung erfordert. Der Republik blieb wenig mehr als eine Verwaltung der Kriegsfolgen, für deren Las-

ten sie und nicht die Monarchie, die den Krieg geführt und verloren hatte, zur Rechenschaft gezogen wurde.[30]

Eine gewaltige Hypothek bestand für den mit der Niederlage assoziierten demokratischen Staat darin, dass er »sich mit den alten Machteliten arrangieren und den Kompromiß mit einer Bürokratie, Justiz und Armee suchen mußte«, die ihm »von vornherein reserviert bis ablehnend gegenüberstanden.« Dies trug der republikanischen Staatsform »die Kritik derer ein«, die sich eigentlich »zu ihrer Verteidigung berufen fühlten, während die radikale Linke sich von ihr abwandte und die Mittelschichten in Stadt und Land wiederum vor der Gefahr eines linken Umsturzes nach sowjetischem Vorbild durch die Flucht nach rechts reagierten.«[31] Die missliche Lage, in der sich die republikanischen und demokratischen Kräfte zwischen starken Links- und Rechtsradikalen befanden, wurde bereits in den ersten Wochen nach der Revolution offensichtlich. Daneben zeigten sich schon bald Anzeichen jener allgemeinen Verrohung der Gesellschaft, die als charakteristisch für die Jahre um und nach 1918 gilt und weit über den deutschsprachigen Raum hinaus auch die Intellektuellen ergriff. Der Erste Weltkrieg hatte ja schon Aspekte eines ›totalen Krieges‹ aufgewiesen. Die teils martialische Kriegsberichterstattung und die strenge Kriegszensur bewirkten seit der faktischen Militärdiktatur durch die deutsche oberste Heeresleitung auch in Österreich-Ungarn »eine totale Mobilisierung des Bewußtseins« mit fatalen Konsequenzen für die gesamte politische Kultur: »Politische Differenzen und innenpolitischer Dissens wurden unterdrückt und ausgeblendet. Große Teile der bürgerlichen Intelligenz waren ideologisch und praktisch in die Kriegshandlungen verwickelt« gewesen.[32] Diese Gruppen hatten jegliche Autonomie gegenüber der autoritären staatlichen Obrigkeit verspielt und dienten sich ihr auch noch nach dem Umsturz an.

Die durch die heftigen Debatten um eine angemessene neue Staatsform beförderte, vordem ungekannte »Politisierung des Bewußtseins« ging mit der mentalitätsgeschichtlich folgenreichen Erfahrung einher, »daß Ideologie und Weltanschauung selbst zu einem Kampfmittel werden können.«[33] Dies hatte erhebliche Auswirkungen auf die Kulturproduktion, insbesondere auf die Literatur: »Der Dichter griff nach der Politik; aber mehr ergriff die Politik den Dichter. Die Politisierung setzte bei der Verunsicherung des schriftstellerischen Selbstverständnisses an und brachte die Autoren zunehmend in Gegensatz zum eigenen Kunstanspruch.«[34] Generell gilt für die Jahre um und nach 1918, dass die Massengesellschaft als *die* »Herausforderung der Moderne« fast durchgehend »als Bedrohung empfunden« wurde – auch und gerade für eine auf Differenzierung pochende Kultur, die sich dagegen als Betätigungsbereich des gefährdeten Individuums zu behaupten hatte: »Den Idealen der Demokratie wurde eine zersetzende Dynamik zugeschrieben: Freiheit als Bindungslosigkeit, Gleichheit als Niveaulosigkeit, Solidarität als Zusammenschluß gegen das

Bestehende.«[35] Es ist das Vorherrschen dieser grundsätzlich antidemokratischen oder zumindest äußerst demokratiekritischen Haltung, die das Jahr 1918 von 1945 – der nächsten Niederlage in einem noch verheerenderen Weltkrieg – abhebt und zu einer regelrechten »Krise der Intellektuellen«[36] führte. Herkömmliche Vorstellungen von Humanismus und sozialem Ausgleich erschienen vielen von ihnen als hoffnungslos veraltet und überholt, jedenfalls nicht mehr als erstrebenswert, während radikales Gebaren mediale Beachtung verhieß:

> Eine weitere psychohistorische Konsequenz des Krieges ist eine in diesem Maß unbekannte Aufmerksamkeit des öffentlichen Bewußtseins für die Aktualität. In der Literatur verrät sich dieser Wandel in einem beispiellosen Schub »aktueller«, auf die eigene Zeit und Gegenwart bezogener Schreibweisen und Themen. Die »operative« Tendenz der literarischen Produktion ist selber nur ein Sektor dieser Entwicklung, bei der die Massenmedien eine zentrale Rolle spielten.[37]

Sie schlägt sich etwa direkt in den (sub-)literarischen Genres nieder, die 1918/19 in besonderer Nähe des damals noch unangefochten vorherrschenden, traditionellen Massenmediums Zeitung operierten, wie dem Tagebuch, der Reportage oder dem Feuilleton, aber bald auch in Anekdoten und Polemiken. Zahlreiche Schriftsteller betätigten sich als Essayisten und Propagandisten für eine ganz konkrete politische Agenda, wobei sie häufig keinen Wert darauf legten, prinzipiell Gesprächsfähigkeit und Konsensbereitschaft auch mit ideologischen Gegnern zu bewahren. Diese mentalitätsprägende Hypothek kann in ihrer ideologisch-politischen Tragweite kaum überbewertet werden:

> Der Krieg hatte keine der sozialen, politischen und künstlerischen Ideen unberührt gelassen und die Gesellschaft in einer unvorhersehbaren Weise polarisiert. Wenn es Einhelligkeit gab, die über die sich nun vertiefenden politischen und weltanschaulichen Gräben hinwegreichte, so bestand sie darin, daß sich die bürgerliche Ordnung der Vorkriegszeit überlebt habe und etwas anderes an ihre Stelle treten müsse.[38]

Insgesamt resultiert aus den skizzierten und weiteren Faktoren eine »Unfähigkeit, die Niederlage zu verstehen«, was – neben anderem – die Wurzeln des Zweiten Weltkriegs bildete. So könnte man formulieren, 1918 sei gerade keine »Kultur der Niederlage« entstanden, um eine prägnante Begriffsprägung Wolfgang Schivelbuschs gegen dessen wohl wichtigstes Beispiel zu wenden.[39] In direktem Zusammenhang damit ist auch die anhaltend geringe Akzeptanz der neuen demokratischen Verfassungen in Deutschland und Österreich zu verstehen:

> Auch bei ihren Befürwortern war die innere Zustimmung zur Demokratie gering. Wer zu ihr nicht in Opposition stand, wollte sie doch anders, als sie den Umständen nach sein konnte. [...] Daß die Republik Zustimmung allenfalls bei wenigen Schriftstellern fand, die ihr Metier mit Reflexion und Selbstreflexion verbanden, entsprach ihrer realen Anerkennung in der Bevölkerung. Symptomatisch ist, daß der Wortprägung »Gefühlssozialist« (Leonhard Frank) der Begriff »Vernunftrepublikaner« gegenübertrat, in dem doch immer die Vorstellung vom kleineren Übel mitschwang.[40]

Gleichwohl sahen sich die Intellektuellen und Künstler mehr denn je zu öffentlichen Stellungnahmen veranlasst: »Das Sendungsbewußtsein der Künstler und Schriftsteller erreichte seinen Höhepunkt. Ihren Aufrufen, Pamphleten war eine sozial- und kulturrevolutionäre Komponente gemeinsam. Das Wort Revolution nahm ebensoviele Bedeutungen an, wie es Denk- und Gefühlslagen des zeitgenössischen Bewußtseins gab.«[41] Die hochgespannten Erwartungen gleich welcher Couleur in eine revolutionäre Erneuerung, die sich mit wachsendem Abstand vom Kriegsende allmählich auch unter konservativen Dichtern breitmachten – man denke nur an die Konjunktur des 1927 durch Hugo von Hofmannsthal geprägten Begriffs der ›Konservativen Revolution‹ –, begünstigten freilich bald die Verbreitung eines Gefühls der Enttäuschung und der radikalen Ablehnung jedes gesellschaftlichen *status quo*.[42] Doch hatten diese negativen Affekte noch weitere Ursachen: »Die Welterneuerungspläne scheiterten auch am Auftauchen einer sehr viel komplexeren Weltlage. Das Schema von Katastrophen und Wiedergeburt war eschatologisch, nicht politisch.«[43] Indem eschatologisches Denken als quasi religiöse ›Lehre von den letzten Dingen‹ und Verheißung des ›Anbruchs einer neuen Welt‹ ins Metaphysische ausgriff, verdeckte und ersetzte es reelle politische Optionen durch ideologische Dogmatik.

Der »Staat, den keiner wollte«. Besonderheiten der österreichischen Situation

Die Republik Deutschösterreich war mit 6,5 Millionen Einwohnern als »Staat, den keiner wollte« – so Hellmut Andics' bekannte Formel[44] – ein nach den Sezessionen der Ungarn, Nord- und Südslawen und kleinerer ›Minderheiten‹ übriggebliebener deutschsprachiger Restbestand der Habsburgermonarchie, einer europäischen Großmacht mit fast 53 Millionen Einwohnern. Der neue Staat hatte in seiner ungewohnten Kleinheit nicht nur empfindliche mentale, sondern auch handfeste ökonomische Schwierigkeiten zu meistern: Wirtschaftlich war man von den Industriegebieten Böhmens und der Landwirtschaft Ungarns plötzlich abgetrennt, wodurch ein über

Jahrhunderte gewachsener Wirtschaftsraum ohne Kompensation zerrissen wurde. Im Unterschied zur ›deutschen‹ Weimarer Republik existierte kein verbindendes ›österreichisches‹ Nationalbewusstsein, sondern nur der unerfüllte Wunsch eines ›Anschlusses‹ an Deutschland quer durch alle politischen Lager (mit Ausnahme der Kommunistischen Partei). Die Niederlage im Krieg sowie die Erfahrung des Verlustes sozialer Privilegien stellten für die heimkehrenden Offiziere eine tiefsitzende symbolische Kastration dar, die durch ökonomische Verlustängste zusätzlich gesteigert wurde, wie der Wiener Literaturwissenschaftler Wendelin Schmidt-Dengler gezeigt hat:

> Daß den Offizieren und Soldaten der geschlagenen Armee bei ihrer Rückkehr nach Wien im Spätherbst 1918 die Kokarden heruntergerissen wurden, gehört zum stehenden Motivinventar der Nachkriegserzählungen. Das war nicht nur ein symbolischer Akt, sondern bedeutete mit dem Verlust der militärischen auch den der männlichen Identität. Die Uniform abzulegen und ein Zivilistendasein führen zu müssen, kam einem Absturz gleich, dem aber [im Unterschied zu Deutschland, N.C.W.] meist nicht der Wunsch folgte, tatkräftig die Größe von einst wiederzugewinnen und Macht nach außen zu demonstrieren. Es ging eher um die nostalgische Wiederherstellung des Zaubers der Montur, sei es in der Operette, in der meist so agiert wird, als hätte es 1918 nie gegeben, sei es in Erzählungen und Theaterstücken, in denen die Treue zu militärischen Symbolen als zeitlos gültige Verpflichtung jeder Veränderung zum Trotz angesehen wird. Neben der Fahne gewinnt vor allem die Uniform an spirituellem Kurswert. Je tiefer der Wert der realen Valuta sinkt, um so höher steigt der symbolische Kurswert von Fahne, Standarte und Uniform […].[45]

Versteht man mit Hermann Broch die Uniform als »zweite, dünnere Haut des Menschen«, die für ihre Träger die »Aufgabe« erfüllt, »die Ordnung in der Welt zu zeigen und zu statuieren«,[46] oder gar mit Alfred Polgar den k. u. k. Untertan als eine »Fortsetzung der Uniform nach innen«,[47] dann lässt sich ansatzweise ermessen, wie befreiend einerseits für viele ›einfache‹ Soldaten das Herunterreißen der Kokarden und militärischen Rangabzeichen im November 1918 sein, als wie traumatisch es hingegen von Angehörigen höherer Chargen empfunden werden musste. In der österreichischen Literatur und Publizistik der Zwischenkriegszeit spielt die Uniform bzw. ihre Pflege, Verehrung und ›Schändung‹ deshalb eine maßgebliche Rolle.[48]

Angesichts dieser und weiterer ungelöster Probleme spricht Schmidt-Dengler von der österreichischen Ersten Republik als einem Konfliktfeld, »das zwar an die Weimarer Republik erinnert, aber grundverschiedene soziale und ideologische Voraussetzungen für die Literatur schuf.«[49] Besonders eingehend widmete sich der in den

USA lehrende, frühverstorbene Literaturhistoriker Friedrich Achberger den Parallelen und Unterschieden zwischen den neuen deutschsprachigen Republiken um und nach 1918:

> [B]eide Gesellschaften gleichen sich in der Erfahrung von Revolution und Inflation, gesellschaftlicher Polarisierung und Unsicherheit im Gebrauch der Demokratie. Freilich sind Unterschiede zu konstatieren, etwa der wesentlich tiefere und traumatischere Einschnitt zwischen Monarchie und Republik in Österreich, nicht nur geographisch und administrativ, sondern eben auch in der Frage der nationalen Identität. Und während die deutsche Revolution sich schärfer und dramatischer entwickelt (Spartakus, Münchner Räterepublik, Ruhrkämpfe) als die österreichische, trägt das physische Nebeneinander der rivalisierenden gesellschaftlichen Mächte in Wien (sozialdemokratische Stadt, antisozialistischer Regierungssitz) zu einer verschärften Polarisierung bei. Ein Zug jedoch kettet die Erste Republik Österreich an die Weimarer Republik: der Anschlußwunsch, für den wohl in jeder Phase der zwei Jahrzehnte Zwischenkriegszeit eine solide Mehrheit unter den 6,5 Millionen Einwohnern zu finden gewesen wäre, der jedoch bis zu Hitlers Machtlösung am 12. März 1938 immer wieder durch Interventionen von außen (Frankreich, Italien) und von innen (Christlich-Soziale Partei) unterbunden wurde, und der erst seit 1945 tatsächlich »erledigt« ist.[50]

Nicht einfach zu klären ist Achberger zufolge »das Problem der österreichischen Revolution«.[51] Gab es denn da überhaupt eine wirkliche Revolution und welchen Bezug hatte sie zur Literatur? Was die Beantwortung der ersten, historischen Frage betrifft, so herrscht in der Forschung weitgehende Einigkeit darüber, dass man mit Blick auf die Ende 1918 erfolgten Umbrüche mit guten Gründen von einer politischen Revolution sprechen kann, allerdings kaum von einer sozialen.[52] Weitaus geringerer Konsens besteht bisher über die zweite, literaturgeschichtliche Frage, und dies allein schon deshalb, weil sich noch kaum jemand eingehender mit ihr beschäftigt hat. Spätestens mit dem Jubiläumsjahr 2018 liegt eine Vielzahl von brauchbaren Darstellungen zur Verfassungs-, Politik-, Kultur- und Gesellschaftsgeschichte der untergehenden Habsburgermonarchie sowie der (frühen) Ersten Republik vor,[53] nicht aber eine Untersuchung mit spezifischem Fokus auf Literaten und Intellektuelle, wie sie dieses Buch anstrebt.[54] Das Besondere an der Wiener Revolution, die in mancher Hinsicht an die parallelen Vorgänge in München erinnert, liegt ja darin, dass sich hier recht prominente Autoren – zumindest aus heutiger Sicht – in herausgehobener Position an den politischen Aktivitäten beteiligten, die zum Ende der habsburgischen Herrschaft, zur Ausrufung der Republik sowie zur Propagierung oder Vereitlung radikalerer politischer Optionen führten: Dazu zählt etwa die von Franz Werfel sekundierte Gründung der Wiener Roten Garde unter anderem durch den späteren ›rasenden Reporter‹ Egon Erwin Kisch. In den Tagen und Wochen des Umsturzes agierten auch Franz Blei und Albert Paris Gütersloh sowie – weniger öffentlichkeitswirksam – Leo Perutz und angeblich sogar Robert Neumann im Umfeld der Roten Garde, wobei das Ausmaß an persönlichem Engagement variierte und zum Teil nach wie vor strittig ist.

Andere Zeitgenossen wie Robert Musil, Arthur Schnitzler oder Karl Kraus kommentierten die revolutionären Ereignisse distanziert bis sarkastisch, wobei ihre aus unterschiedlicher Nähe erfolgten, häufig ironischen Kommentare durchaus literarische Qualitäten aufweisen. Vollends einen künstlerischen oder zumindest dokumentarischen Anspruch vertraten die rückblickenden erzählerischen Gestaltungen der Wiener Revolution durch Franz Werfel, Franz Blei, Karl Paumgartten und Anton Kuh, die sich aus ganz unterschiedlichen politischen Perspektiven darstellerischer Formen und Techniken der Elegie, Komödie, Satire oder Posse bedienten, um die eminente Theatralität revolutionären Handelns mit literarischen Mitteln einfangen und bewerten zu können. Sehr früh etablierte sich jedenfalls der Topos der österreichischen Revolution als ›unernstes‹ Schauspiel, ja als Farce und Spielboden schriftstellerischer Selbstinszenierung. Aus dem historischen Abstand wird aber zugleich die große Angst und Unsicherheit offensichtlich, in die sich die Intellektuellen und Mitglieder der literarischen Intelligenz Österreichs zu Beginn der Ersten Republik geworfen sahen – nicht allein in kulturpolitischer und ökonomischer Hinsicht, sondern auch bezüglich der weiteren Entwicklung Europas insgesamt sowie des eigenen, dramatisch geschrumpften Staates im Besonderen. Eine Richtung der Entwicklung war noch überhaupt nicht abzusehen. Bezeichnend ist in diesem Zusammenhang der Umstand, dass die Debatten und Auseinandersetzungen der Literaten über die Ausgestaltung des neuen Staatswesens nicht nur zwischen ›links‹ und ›rechts‹, zwischen ›progressiv‹ und ›konservativ‹ geführt wurden, sondern mindestens genauso heftig auch als Kämpfe innerhalb des ›linken‹ Lagers.

Dieses Buch stellt biografische, essayistische und literarische Texte über das Ende der Habsburgermonarchie und – zentraler noch – den damit einhergehenden gesellschaftlichen und kulturellen Umbruch zur Ersten Republik vor und unterzieht sie einer textnahen und kontextuellen Analyse. Untersucht werden im ersten Teil Quellen wie Zeitungsartikel, Briefe, Notizen und Tagebucheinträge, die es erlauben, den damaligen beschränkten Informationsstand zu rekonstruieren und dabei zu unmittelbaren Eindrücken und überraschenden Einsichten in die Hoffnungen und Sorgen der Zeitgenossen zu gelangen. Andererseits treten – aus wachsender zeitlicher Distanz – im zweiten Teil neben Reportagen, Feuilletons u. a. auch literarische Werke im engeren Sinn wie Erzählungen, Romane, Autobiografien und Gedichte etablierter und weniger kanonisierter Autoren in den Fokus. Die Gattungsvorgaben und Erzählkonventionen der Texte wirken dabei ganz wesentlich mit an der Art und Weise, *wie* Geschichte narrativ gestaltet wird. Dies vor Augen zu führen, ist eine zentrale Absicht des zweiten Teils dieses Buches. In den Blick genommen wurden insgesamt freilich nur Ereignisse und Entwicklungen, die unmittelbar mit dem revolutionären Umbruch und der Problematik von dessen politischer Ausgestaltung zu tun haben. Unterbelichtet bleiben hingegen Fragen nach gesellschaftlichen Folgen und Implikationen des staatsrechtlichen Neuanfangs wie etwa die Debatte um die Stellung der Frau in der neuen Republik, die in die am 12. November 1918 beschlossene Einführung des Frauenwahlrechts münden sollte. Eine Berücksichtigung dieser zweifelsohne wichtigen Thematik, die auch mit einem verstärkten öffentlichen Engagement weiblicher Intellektueller einherging, hätte den zur Verfügung stehenden Rahmen endgültig gesprengt.

Die Darstellung soll nicht rein chronologisch, sondern in aspektgeleiteten Kapiteln erfolgen. Angestrebt wird erstmals eine monografische Darstellung der österreichischen, vor allem aber der Wiener Gesellschafts-, Kultur und Literaturgeschichte jener spannenden Umbruchsmonate im Herbst/Winter 1918/19. Thematisch ist die Untersuchung in gewisser Weise ein Seitenstück zu Volker Weidermanns Buch über die Rolle der Literaten bei der Münchner Revolution und Räterepublik,[55] wenngleich der hier vertretene Anspruch mehr als dort auch in der bisher kaum erfolgten wissenschaftlichen Dokumentation besteht. Das Ziel der Arbeit ist dabei keine monologische historische ›Meistererzählung‹, sondern der Versuch, mittels zahlreicher historischer Zitate die damals herrschende Vielfalt der Stimmen, Ansichten, Urteile und Perspektiven einzufangen und für die interessierte Nachwelt zu dokumentieren.

TEIL I

Die ›österreichische Revolution‹ der Literaten im Spiegel von Presse, lebensgeschichtlichen Zeugnissen und Erinnerungen

In den Tagen der Wiener Revolutionswirren 1918 wurden neben politischen Optionen auch unterschiedliche Schriftstellerrollen ausverhandelt. Dabei geschahen die seltsamsten Verwandlungen und wurden zumindest kurzzeitig die unwahrscheinlichsten und fantastischsten Entwürfe in die Welt gesetzt. Ein sichtbares Zeichen für die Veränderungen war das Entstehen neuer politischer, intellektueller und literarischer Institutionen, häufig mit linksradikaler Tendenz; das hatte es vorher in Österreich nicht gegeben: So wurde am 1. November 1918, dem Tag nach der Bildung der ersten deutschösterreichischen Regierung aus Sozialdemokraten, Christlichsozialen, Deutschnationalen und parteifreien Beamten unter der Führung Karl Renners, als die Delegierten des Parteitags der Sozialdemokratischen Arbeiterpartei (SDAP) die Einführung der republikanischen Staatsform verlangten, bei einem Soldatentreffen vor dem Wiener Deutschmeisterdenkmal in unmittelbarer Ring-Nähe die Rote Garde gegründet. Zu deren Kommandanten bestimmte man bald den Journalisten, Schriftsteller und bisherigen k. u. k. Oberleutnant Egon Erwin Kisch – einen der Redner.[1] Diese Funktion hatte er bis zum 11. November inne, als er unter Druck der regierenden SDAP einen sozialdemokratischen Vorgesetzten akzeptieren musste; die Soldaten wählten ihn dann aber gegen den Plan der Sozialdemokraten zum ›Kommissar‹ der Roten Garde, und er befehligte noch eine Zeitlang das zweite Bataillon.[2]

Unabhängig davon erfolgte am 3. November 1918 in relativ kleinem Kreis die von der russischen Oktoberrevolution inspirierte Gründung der Kommunistischen Partei Deutschösterreichs (KPDÖ), die damit »zu den ältesten kommunistischen Parteien der Welt« gehört, unter anderem durch Elfriede Friedländer, Paul Friedländer, Karl Steinhardt sowie die russischen Emissäre Leo Suniza und Philipp Filippowitsch.[3] Auf der Gründungskonferenz in den Eichensälen in Wien-Favoriten wurde an Stelle der bürgerlichen Umwälzung eine soziale gefordert.[4] Am 28. November 1918 schließlich rief Kisch gemeinsam mit Julius Dickmann, Berta Pölz, Leo Rothziegel, Hilde und Johannes Wertheim sowie anderen Sozialrevolutionären aus der Rätebewegung die bereits informell wirkende Föderation Revolutionärer Sozialisten »Internationale« (FRSI) offiziell ins Leben, »deren Bedeutung zeitweilig die der KPDÖ bei weitem übertraf, obwohl sie nur einige hundert eingeschriebene Mitglieder umfaßte.«[5] Ihre Vorläufer waren Netzwerke revolutionärer Aktivisten aus der Zeit des Jännerstreiks 1918.[6] Die Gruppe hatte eine föderative Organisationsform und unterschied sich so maßgeblich von den zentralistischen Parteimodellen der Sozialdemokratie sowie der Kommunisten, zu denen sie sich zunächst sogar in einem distanzierten Konkurrenzverhältnis befand.[7] Sie war als eigene Fraktion in den Arbeiterräten vertreten und zielte auf die Ausrufung einer gesamtösterreichischen Räterepublik.[8]

Daneben wurden von Wiens Intellektuellen neue revolutionäre Journale wie Franz Bleis und Albert Paris Güterslohs Wochenschrift *Die Rettung* gegründet, die den ambitionierten Untertitel *Blätter zur Erkenntnis der Zeit* trug, oder bereits bestehende Periodika wie Karl F. Kocmatas Monatsschrift *Ver!* in den Dienst der revolutionären Sache gestellt, was sich in der Veränderung des bisherigen Untertitels *Auf daß der moderne Geist in Allem und Jedem zum Ausdruck komme* (noch im Oktober 1918) zu *Auf daß der revolutionäre Geist in Allem und Jedem zum Ausdruck komme* (ab November 1918) niederschlägt. Autoren wie Kocmata oder Leo Perutz wurden bald in den Wiener Soldatenrat gewählt, andere wie Robert Musil und Oskar Maurus Fontana engagierten sich für den Aktivismus und traten der von Robert Müller ins Leben gerufenen Geheimgesellschaft »Katakombe« bei. In dieser stürmischen Zeit entstanden unzählige agitatorische, denunziatorische und deklamatorische Texte, die heute kaum noch bekannt sind oder nicht in ihrem ursprünglichen Zusammenhang wahrgenommen werden. Im Folgenden soll es darum gehen, einen Gesamtüberblick dieser Vorgänge zu geben und die Beschäftigung damit auf eine neue Grundlage zu stellen.

»Wir werden den Kampf gegen den jetzigen Nationalrat führen«. Gründung der Wiener Roten Garde

Wie der Historiker Hans Hautmann betont hat, war die Wiener Rote Garde die »wohl bekannteste Gründung der linken Opposition in Deutschösterreich und der Bürgerschreck Nummer 1 der ersten Novembertage«, darüber hinaus zugleich »ein Beispiel par excellence für die damals erregt-hektische Zeit der allgemeinen Umwälzung« sowie »das allererste Symptom der nun akut revolutionären Situation des Jahres 1918«, da sie »noch vor der Gründung der Kommunistischen Partei« entstanden ist.[9] Insbesondere für die literarische Intelligenz kann ihre Bedeutung in diesen Tagen kaum überbewertet werden. Um einen möglichst plastischen Eindruck von den sich Ende Oktober, Anfang November 1918 überstürzenden Ereignissen zu vermitteln, stützt sich die Darstellung auf zahlreiche Berichte aus der damaligen Wiener Presse: Dazu zählt das *Fremden-Blatt*, eine bis ins letzte Kriegsjahr zentralistisch-kaisertreu und großösterreichisch eingestellte Tageszeitung, die Anfang 1918 unter den Einfluss der Großindustrie geriet, in der Folge zunehmend deutschnationale Tendenzen aufwies und die Schaffung eines deutsch-österreichischen Staats forderte;[10]

so spiegeln sich in ihrer Entwicklung die ideologischen Umbrüche und auch die manifeste Revolutionsangst beträchtlicher Teile des ›besseren‹ Wiener Bürgertums. Das *Fremden-Blatt* wird gegen Ende des hier behandelten Zeitabschnitts noch einmal eine gewisse Rolle spielen, weil Egon Erwin Kisch, einer der Hauptakteure der Wiener Revolution, sich direkt nach der am 22. März 1919 erfolgten Einstellung der Zeitung und ihrer nahtlosen Weiterführung als *Der Neue Tag* ab dem 23. März 1919 zum Ärger seiner sozialrevolutionären Kombattanten dort engagieren ließ bzw. als Lokalreporter in die jetzt freilich fortschrittlicher eingestellte Redaktion eintrat. In dem bis dahin alles andere als umstürzlerischen Organ wurde am 1. November 1918 über *Die Versammlungen der Soldatenräte*, deren erste am 31. Oktober[11] im Brauhaus *Beim Dreher* im 3. Wiener Gemeindebezirk (Landstraße) stattgefunden hat, Spektakuläres berichtet:

> Schon um die fünfte Stunde war auf der Landstraße eine große Bewegung zu konstatieren. Mehrere Trupps Soldaten, die von einer lebhaften Demonstration beim Kriegs-Ministerium herkamen, zogen lärmend über die Landstraße dem Versammlungslokal zu. Die Wagen der Elektrischen wurden angehalten und das Publikum nach Militärs abgesucht, die die Kokarde noch nicht abgelegt hatten. Nachdem sie ihr Werk vollbracht hatten, gaben sie dem Schaffner das Zeichen zur Weiterfahrt.[12]

Um die ganze Tragweite dieses Berichts über die Ende Oktober 1918 wild durch die Hauptstadt ziehenden Soldaten ermessen zu können, ist eine rückblickende Bemerkung des späteren KP-Funktionärs Franz Koritschoner aus dem Jahr 1928 hilfreich: »Während der ursprüngliche Beschluß des Staatsrates das Tragen der habsburgischen Kokarde neben der alldeutschen schwarz-rot-goldenen vorgesehen hatte, überwog gar bald durch das Beispiel der Roten Garde die rote Kokarde der Arbeitersoldaten.«[13] Das *Fremden-Blatt* führt recht anschaulich vor Augen, wie das von der neuen republikanischen Obrigkeit zunächst gar nicht vorgesehene, explizit revolutionäre soldatische Zugehörigkeitszeichen bald dermaßen offensiv das Straßenbild prägte, dass sich ihm niemand zu widersetzen wagte und sich unter den selbstständig Gewerbetreibenden rasch Angst und Schrecken einstellte:

> Alle Geschäftsläden hatten die Rollbalken herabgelassen, weil sie Ausschreitungen der Soldaten befürchteten. Um halb 6 Uhr war der große Drehersaal, in den nur Soldaten hineingelassen wurden (später hatten auch einzelne Zivilisten Zutritt), bis auf das letzte Plätzchen besetzt. Viele Hunderte blieben im Hof und auf der Straße vor dem Gebäude stehen. Punkt 6 Uhr eröffnete ein Mitglied des provisorischen Soldatenrates die Versammlung.[14]

Wie nicht allein der große Zulauf zu der von der SDAP einberufenen Gründungsversammlung der Wiener Soldatenräte nahelegt,[15] an der etwa 2000 Uniformierte im Saal und weitere 1000 davor teilnahmen,[16] war den an ihr beteiligten Armeeangehörigen bewusst, dass es sich um einen historischen Augenblick handle: »Ausnahmslos waren die Rosetten von den Kappen verschwunden und an deren Stelle schwarz-rot-goldene Bändchen getreten.«[17] Auch die würdevolle Sprechweise der ersten Redner aus dem Offizierskader nahm darauf Rücksicht – soweit sich das aus der stilistisch manchmal etwas holprigen Wiedergabe durch eine Zeitung erkennen lässt, die dem Stand der damaligen Medienentwicklung entsprechend noch nicht auf Audiodaten, sondern nur auf stenografische Protokolle zurückgreifen konnte:

> Als erster ergriff der Zugsführer *Gabriel* vom Infanterie-Regiment Nr. 4 das Wort. Er sprach langsam und gemessen, jedes Wort war mit Bedacht gesetzt: »Wir alle, die wir da sind, wollen das Friedenswerk vollbringen. Mit dem verschlampten, verknöcherten Bureaukratismus müsse aufgeräumt werden. Auf der Trümmerstätte des alten Oesterreich wollen wir ein edles Werk errichten. *Wir sind Deutsche mit Leib und Seele*, deutsch und treu bis ins Grab. Niemand darf uns mehr das Recht auf Freiheit, Gleichheit und Brüderlichkeit nehmen. Arbeiter, Soldaten, seid einig, haltet den Kopf hoch!«[18]

Dies klingt in seiner nationalen Emphase nach vielem, aber sicher nicht nach proletarischem Aufruhr und sozialrevolutionärem Umsturz, sondern allenfalls nach einer Wiedergeburt der bürgerlichen Revolutionen von 1848. Gleichwohl berief sich der an die ›notwendige Disziplin‹ appellierende Zugsführer auf einen damals äußerst prominenten Helden der Arbeiterschaft:

> Der Redner, der oft durch außerordentlichen Beifall unterbrochen wird, spricht zu den Anwesenden von der notwendigen Disziplin, die allein imstande ist, das gut zu machen, was im Jahre 1914 verbrochen wurde. »Der Mann, der den Krieg hervorgerufen hat, hat sein Verbrechen gesühnt. Gesühnt durch jenen Mann, der sich für uns geopfert hat. (Lebhafte Rufe: Hoch Fritz Adler!) Ihm schulden wir unseren Dank. Er wird bald wieder in unserer Mitte weilen.« Zum Schlusse kündigte er für heute 11 Uhr vormittags die Inbesitznahme des Kriegsministeriums mit zwei Kompagnien Deutschmeistern und der Militärmusik an.[19]

Es war Ende Oktober 1918 offenbar auch für einen deutschnationalen Offizier der sich auflösenden k. u. k. Armee unumgänglich, dem in der Wiener Arbeiterschaft leidenschaftlich verehrten Sozialdemokraten und gerade erst begnadigten Attentäter Friedrich Adler die Reverenz zu erweisen – obwohl Adler 1916 mitten im Weltkrieg nichts Geringeres getan hatte, als den diktatorisch regierenden österreichischen Ministerpräsidenten Karl Graf Stürgkh zu erschießen. Bezeichnend ist an dieser Nachricht außerdem, dass in Wien selbst ein revolutionärer Akt wie die Besetzung des Kriegsministeriums durch republikanisch eingestellte Truppen nicht – wie in anderen Revolutionen dieser Zeit – von politischen Abrechnungen mit bisherigen Machthabern und Nutznießern begleitet wurde, sondern von der Militärmusik. Hier ging alles einen ordnungsgemäßen Gang:

> Der Einberufer der Versammlung berichtet nun über die Besprechungen des provisorischen Soldatenrates im Parlament mit den Mitgliedern des Staatsrates. Es wurde vor allem beschlossen, daß das k. u. k. Heer aufgehört habe, daß sich vorläufig eine deutschösterreichische Armee gebildet habe, daß aber sehr bald die Demobilisierung und der Friede da sein werden. »Ihr wißt,« sagte er, »daß wir nicht mehr einem Kaiser Karl unterstehen, sondern dem gewählten Staatsrat.« Ferner teilt der Redner mit, daß morgen früh eine Abordnung von Offizieren und Soldaten *von einer Kaserne zur anderen ziehen wird*, um aus den Soldaten vor allem die nichtdeutschen Elemente zu entfernen, um ein einiges deutsches Heer zu schaffen. Auch soll in jeder Kaserne sich ein eigener Soldatenrat gründen, der Delegierte in den großen Soldatenrat entsendet.[20]

In einem ersten Akt neuer, revolutionär-republikanischer Politik sollte die konsequente Aussonderung von »nichtdeutschen« bisherigen Kameraden der k. u. k. Armee, die zudem abschätzig als »Elemente« bezeichnet wurden, eine keineswegs *sozial*, sondern *national* homogene Truppe herstellen. Es überrascht kaum, dass dieses selektive Vorhaben einiger Offiziere den Widerstand der sozialrevolutionär eingestellten Mannschaften hervorrief, führte doch der Trainsoldat Adolf Triefer der *Neuen Freien Presse* zufolge im Namen Friedrich Adlers aus:

> Die Wiener glauben, jede Revolution wird mit dem Umwerfen von Gaslaternen und dem Zerschlagen von Fensterscheiben gemacht. Revolution machen, heißt aber nicht alles zusammenhauen, sondern Revolution ist die Veränderung der politischen und sozialen Ordnung. Diese Revolution durchzuführen ist unsere Hauptaufgabe. Wir müssen in erster Linie die Ordnung aufrechterhalten, wir müssen nicht nur die Firmatafel k. u. k. herunterreißen und dafür eine neue Firmatafel Deutschösterreich aufpflanzen, sondern wir müssen eine Institution von sozialem Inhalt schaffen, die wirtschaftliche und soziale Interessen vertritt.[21]

Eingedenk solcher Überlegungen stellte sich unter den Zuhörern schnell Unruhe ein, die von Provokateuren offenbar gezielt geschürt und nur vorübergehend beseitigt werden konnte:

> Plötzlich wird vom Eingang in den Saal gerufen: »Vom Kriegsministerium hat man mit Maschinengewehren geschossen!« Dieser Zuruf, der sich später als Unwahrheit herausstellt, löste aber augenblicklich einen unbeschreiblichen Lärm aus. Es sieht aus, als ob die Anwesenden aus der Versammlung gegen das Kriegsministerium ziehen wollten. Nur mit großer Mühe gelingt es den Vorsitzenden, unter die sich inzwischen eine Anzahl von Offizieren eingefunden hatten, die Ruhe wieder herzustellen. Die Ruhe wird vollkommen, als Oberleutnant Leo *Berger* das Rednerpult betritt, um eine zündende Ansprache zu halten. Er schlägt die *Schaffung einer Nationalgarde* vor. Seine Ausführungen werden begeistert aufgenommen. Es sprechen dann noch Mannschaftspersonen und Offiziere. Alle sind einig in der Schaffung einer Nationalgarde, die Ruhe und Ordnung schaffen und aufrechterhalten soll.[22]

Hier war wohl ein Wunsch der Vater des Gedankens, denn so groß, wie vom anonymen Berichterstatter des *Fremden-Blatts* suggeriert, dürfte die Einigkeit unter den versammelten Soldaten nicht gewesen sein, sonst hätte es nicht bloß eines kleinen Funkens bedurft, um die beschworene Homogenität der Interessen und Ansichten gleich wieder zu sprengen. Bezeichnenderweise meldete nur die *Neue Freie Presse*, dass Berger auch folgende Warnungen zum Besten gegeben hat:

> Wir wollen nicht in die Fehler Rußlands verfallen. Machen wir uns frei von den Behörden, die, anstatt die Bildung einer Nationalgarde zu unterstützen, mich auf den Dienstweg verweisen. Kommt in unsere Bureaux am Mittersteig 14 und in die Singerstraße 8 und meldet euch freiwillig zu der Nationalgarde, deren wir nicht entraten können, wenn wir nicht in russische Zustände verfallen wollen.[23]

Damit legte Berger wohl etwas naiv seinen Finger direkt in die Wunde zahlreicher sozialrevolutionärer Soldaten, die als Kriegsgefangene zum Teil selbst die bolschewistische Oktoberrevolution miterlebt hatten;[24] sie aber waren gegenüber der Schaffung ›russischer Zustände‹ auch in Österreich keineswegs so abgeneigt, wie der Oberleutnant ungefragt annahm. So geschah mit einem Mal völlig Unerwartetes:

> Es scheint, daß alles in bester Ordnung zu Ende geht, als sich plötzlich ein kleiner, junger Mann, ein Korporal, zum [sic] Wort meldet. In ruhigen, kurzen Sätzen sagt er ungefähr folgendes: »Ich bin mir bewußt, daß nur ein Bruchteil meiner

> Ansicht sein wird, aber ich sage es doch zu euch, was ich meine. Wer steckt denn hinter dem Imperialismus, der diesen Krieg heraufbeschworen hat, wenn nicht der Kapitalismus? (Lebhafte Zustimmung.) Der Friede kommt, aber es kommt nur ein Friede, und nicht *der* Friede… (Die Versammelten werden während dieser Worte immer erregter. Man hört nicht mehr genau, was der Redner sagt. Doch wird wieder Ruhe, und der Redner setzt fort:) Jeder, der Geschichte studiert hat, weiß, daß jetzt die bürgerliche Revolution ist. Nun kommt aber der Kampf zwischen Bürgertum und Proletariat. (Zuruf: Adlers Ideen.) Die Nationalgarde, die jetzt geschaffen werden soll, *ist der Ursprung weiterer kommender Kriege.*«[25]

Der entstehende Tumult zeigt deutlich, dass eine »bürgerliche Revolution« für viele Anwesende mit »Adlers Ideen« nicht mehr unter einen Hut zu bringen war, was auch der namentlich noch ungenannte Korporal suggerierte, der laut *Neuer Freier Presse* folgenden Aufruf machte:

> Wir wollen keine Nationalgarde, sondern wir wollen eine rote, republikanische revolutionäre Garde. Gehen wir alle zusammen mit der revolutionär-sozialistischen Föderation. Die wird uns die Wege weisen, die wir gehen müssen. Von mehreren Seiten wurden Unterbrechungsrufe laut, die zeigten, daß ein Teil der Versammlung mit dem Redner nicht übereinstimmte. Da rief dieser in den Saal: Kommt alle, die ihr gleich mir gesinnt seid, an einen Ort, wo nicht bürgerliche Elemente, wie hier uns an der Bildung der revolutionären roten Garde verhindern. Wir wollen uns morgen um halb 1 Uhr Mittags unter freiem Himmel versammeln, und wenn die Polizei unser Vorhaben verhindert, dann soll es nur aufgeschoben und nicht aufgehoben sein.[26]

Demnach sollte einer erst zu gründenden Nationalgarde, die der sozialrevolutionäre Korporal als Herrschaftsinstrument des Bürgertums verdächtigte, durch die Einrichtung einer Roten Garde als Schutztruppe des Proletariats zuvorgekommen bzw. begegnet werden, wobei der Föderation Revolutionärer Sozialisten »Internationale« eine integrative Rolle zugedacht war; das *Fremden-Blatt* kündigte dies in der Überschrift des folgenden Abschnitts an – *Gründung einer Roten Garde* – und führte dann im weiteren Verlauf des Berichts genauer aus:

> Diese Worte lösen ungeheuren Beifall aus. Von allen Seiten wird gefragt, wer denn der Redner sei. Die Antwort gibt der Sprecher selbst: »Schreibt an Haller Universität! Meldet euch an. Ich gehöre der sozialen revolutionären Föderation an! *Wir werden den Kampf gegen den jetzigen Nationalrat führen*, weil alle die Mitglieder ja Abgeordnete des alten, morschen Parlaments sind!« Ein ungeheu-

> rer Lärm erhebt sich. Dem Sozialisten werden große Ovationen bereitet. Noch versucht Oberleutnant Berger, die Oberhand zu gewinnen, indem er seine Nationalgarde der Führung des Haller unterordnen will. Dieser wird auf den Schultern seiner Anhänger wieder zum Podium gebracht. Alle sind ruhig und hören, was Haller spricht. Er will aber nichts von der Nationalgarde wissen. Er kennt nur eine *Rote Garde.*[27]

Es handelt sich beim fraglichen ›Korporal Haller‹, einem offenbar aufpeitschenden Redner, um einen angeblich aus Galizien stammenden k. u. k. Soldaten mit dem bürgerlichen Namen Bernhard Förster, über den der Geschichtsschreibung wenig Konkretes zu entlocken ist,[28] was wohl auch mit seiner bald darauf erfolgten polizeilichen Ausweisung aus Österreich zusammenhängt. Dieser als Stefan oder Stephan Haller[29] auftretende Agitator kann neben (und vor) Egon Erwin Kisch als »der eigentliche Gründer der Roten Garde« gelten,[30] als derjenige, der den Stein ins Rollen brachte:

> Das Wort ist gefallen. Eine ungeheure Aufregung bemächtigt sich der Anwesenden. Die nationalen Elemente, die Bürgerlichen, versuchen noch, den Führer der Roten Gardisten für ihre Sache zu gewinnen. Einzelne möchten die Masse beruhigen. Inzwischen aber bildet sich Haller einen eigenen Soldatenrat. Zuerst einen Marinesoldaten, dann je einen Vertreter der verschiedenen Regimenter. Die Nationalgardisten rufen hinein: »Das ist ja ein Pole, ein Galizianer!« Aber diese Rufe verhallen im großen Getöse. Inzwischen ist *Haller Kommandant der Roten Garde* geworden und wird auf den Schultern seiner Anhänger, die die Versammlung auflösen, hinausgetragen.[31]

Den ›national‹ gesinnten bürgerlichen Kräften gelang es nicht mehr, durch das Schüren von chauvinistischen Ressentiments die Stimmung zu ihren Gunsten zu wenden. Dies zeigt indirekt auch der Artikel der schon damals virtuos auf der Klaviatur negativer Emotionen spielenden *Illustrierten Kronen-Zeitung* vom Folgetag, der ›Haller‹ gleich eingangs als Vertreter einer ›fremden‹ Nation sowie gleichzeitig einer unerheblichen Minorität unter den anwesenden Soldaten vorstellte:

> Nun bestieg Korporal *Haller* die Rednertribüne, der sich als Mitglied der *sozialrevolutionären Partei Polens* vorstellte und erklärte, er wisse, daß er nur im Namen einer kleinen *Minderheit* spreche. Unter ungeheurem Lärm sprach er sich gegen die Schaffung einer Nationalgarde aus, denn eine solche wäre der Ursprung kommender Kriege. Man müsse eine *Rote Garde* gründen. (Großer Lärm. Rufe: »Wer ist das?« »Wie heißt er?« – »Das ist ja ein Pole! Ein Galizianer.«) Der Redner ruft:

»*Schreibt an Haller – Universität*!« und fährt fort: Wir wollen *keine Nationalgarde*, sondern wir wollen eine *rote, republikanische revolutionäre Garde*. Gehen wir alle zusammen mit der revolutionär-sozialistischen Föderation. Die wird uns die Wege weisen, die wir gehen müssen.[32]

Auch die ausdrückliche Erwähnung der – zwar schon *de facto* als Arbeitsgemeinschaft bestehenden, aber offiziell noch gar nicht gegründeten![33] – FRSI, welche den orientierungslosen Soldaten »die Wege weisen« solle, befördert die Suggestion einer Verschwörung dunkler Mächte, die der Bildung einer Roten Garde zugrunde gelegen sei. Die christlichsoziale *Reichspost* verfuhr hier noch direkter, indem sie am 1. November 1918 unter der Überschrift *Bolschewikische Putschhetze* weniger berichtete als beklagte, »Bolschewikische Elemente« hätten versucht, die Soldatenversammlung »zu einer revolutionären Putschhetze zu mißbrauchen, was bei der *überwiegenden sozialdemokratischen Mehrheit einen derart stürmischen Widerspruch hervorrief* und zu solchen Tumultszenen führte, daß es nicht einmal zur Fassung einer Entschließung kam, sondern die Versammlung vorzeitig geschlossen werden mußte.«[34] Im Einzelnen wurden die Vorgänge in einer Weise zusammengefasst, die geeignet war, bei den Leserinnen und Lesern der *Reichspost* sämtliche Ressentiments gegen ›Fremdes‹ – Russisches, Jüdisches, Französisches – und ›jugendlichen‹ Übermut zu aktivieren:

Es bestieg sodann Korporal *Haller* die Rednertribüne, dessen Ausführungen, als er die Schaffung einer Roten Garde nach russischem Muster anregte, den *leidenschaftlichen Widerspruch* und *heftige Tumultszenen* in der Versammlung hervorriefen. Der jugendliche Redner, von dem es in der Versammlung gleich bekannt wurde, daß er als *Jude* und Angehöriger einer *französisch-revolutionären Sekte* spreche, wurde von dem Großteil der Versammelten niedergeschrien. Fast nach *einem viertelstündigen Tosen und Lärmen*, das bereits *in Tätlichkeiten* zwischen den Anwesenden und Anhängern des Sprechers auszuarten drohte, konnte der Redner seine Ausführungen fortsetzen und die Anwesenden auffordern, sich bei ihm für die *sozialrevolutionäre Föderation* zu melden.[35]

Nirgendwo sonst werden die tumultuarischen Aspekte der Auseinandersetzung so plastisch vermittelt wie hier, nirgendwo sonst aber auch die erbitterte Fraktionierung innerhalb der Linken so anschaulich auf den Punkt gebracht wie im Organ der christlichsozialen Partei, das sich daran sichtlich delektierte: »Diese Äußerungen erregten *abermals einen Sturm* sowohl der Entrüstung als wie der Zustimmung von Seite der bolschewikischen Minderheit. Tosende Rufe: ›Es gibt keine sozialrevolutionäre Föderation, wir kennen nur eine internationale Sozialdemokratie!‹ wurden laut. ›*Das ist eine Spaltung der Partei!*‹ usw. brauste es durch den Saal.«[36] Zu den verzweifelten Versuchen der Organisatoren, einen Konsens zu erzielen, heißt es lapidar: »*Oberleutnant Leo Berger* erklärt sich mit den Worten des Korporals Haller einverstanden und trug sich als erster unter Hallers Werbeliste ein.«[37] Angesichts der anhaltenden »*leidenschaftlichen Protestrufe*«[38] konnte jedoch kein Konsens mehr erreicht werden. Genau diese manifeste Uneinigkeit innerhalb des Proletariats galt es aus Sicht der Sozialdemokratie zu kaschieren; deren offizielles Parteiblatt, die *Arbeiter-Zeitung*, lobte, »daß sehr viel Richtiges und Vernünftiges gesprochen wurde«, teilte aber nur folgende Wortmeldung daraus mit:

> Insbesondere war es ein Rittmeister, der in einer längeren Rede treffend auf die Gefahren hinwies, die entstehen können, wenn nicht alle, Offiziere und Mannschaften, kameradschaftlich zusammenwirken, um nach dem vielen vergossenen Blute im Felde nicht noch kostbares Blut in den Wiener Straßen zu vergießen. Diese Worte erhielten allgemeine Zustimmung und soweit schien die Versammlung programmgemäß verlaufen zu wollen.[39]

Bezeichnend für die sozialdemokratische Beschwichtigungspolitik ist hingegen die äußerst spärliche und tendenziöse Information der *Arbeiter-Zeitung* über die Vorgänge, die bei der Soldatenversammlung zur Gründung der Roten Garde führten:

> Nach dem Rittmeister meldete sich ein junger Mensch zum [sic] Worte, der sich als Mitglied der revolutionär-sozialistischen Partei *Polens* vorstellte und eine überaus heftige Rede hielt, die alle Tatsächlichkeiten außer acht ließ. Obwohl seine Worte nur bei einem kleinen Teil der Zuhörer Anklang fanden, so gelang es ihm dennoch mit seinem Anhang, die allgemeine Aufmerksamkeit von den folgenden Rednern abzulenken, es bildeten sich Gruppen, die erregt aufeinander lossprachen, und schließlich sah sich der Einberufer genötigt, die Versammlung zu schließen, ohne daß es zu einem Beschluß gekommen wäre. Da es heißt, daß der Mann selbst gesagt habe, er fahre am Abend wieder weg, war es von ihm doppelt gewissenlos, eine solche Rede zu halten, denn ohne sie wäre die Versammlung vielleicht zu einem nützlicheren Ergebnis gelangt.[40]

Der in der *Arbeiter-Zeitung* nicht einmal namentlich genannte ›Korporal Haller‹ wird hier als »junger Mensch« und Fantast vorgestellt, dessen herausragendes Kennzeichen die Mitgliedschaft in »der revolutionär-sozialistischen Partei *Polens*« sei, also in einer unerheblichen politischen Splittergruppe – wobei der Name des neu entstandenen ›fremden‹ Staates als einziges Wort des gesamten Artikels auf maliziöse Weise typografisch hervorgehoben ist. Das hintergründig gestreute Gerücht, wonach ›Haller‹ nach seinem Auftritt gleich abreisen wollte, lässt ihn als ›doppelt gewissenlosen‹ Provokateur ohne jedes Verantwortungsgefühl für das junge Gemeinwesen erscheinen. Mit dieser Informationspolitik, die dazu angetan war, die Spaltung zwischen gemäßigten Sozialdemokraten und Linksradikalen noch erheblich zu vertiefen, sollte offenbar jegliches Interesse der Arbeiterschaft an den Anliegen der Sozialrevolutionäre von vornherein sabotiert werden. Es liegt nahe, dass solchermaßen ›informierte‹ Zeitungsleser wenig Verständnis für die Gründung einer Roten Garde aufbringen sollten und konnten.

Das stärker auf den Anschein unparteilicher Seriosität bedachte *Fremden-Blatt* hingegen führt die Gefährlichkeit der neuen Truppe indirekt vor Augen, indem etwa die relative Machtlosigkeit der Polizei ihr gegenüber angedeutet wird, als von dem sich an die Versammlung anschließenden Protestmarsch in Richtung Deutschmeisterplatz die Rede ist:

> Der Zug bewegt sich über die Landstraße. Auf dem Wege begegnet er einem starken Polizeiaufgebot, das eine Viertelstunde lang ausgepfiffen wird, bis es sich in die Seitengassen zurückzieht. Dann geht der Zug weiter über den Ring am Kriegsministerium vorbei. Das Gebäude ist aber sehr stark polizeilich besetzt und der Zug geht ruhig vorbei, über den Kai gelangen die roten Gardisten bis zum *Deutschmeister-Denkmal.* Hier halten die Führer der sozialrevolutionären Föderation fortwährend Ansprachen an das mehrhundertfache Publikum.[41]

Die erneute Zwischenüberschrift *Sturm auf die Roßauer Kaserne* machte allen damaligen Leserinnen und Lesern des *Fremden-Blattes* klar, dass es beim ›ruhigen‹, friedfertigen »Zug« der »roten Gardisten« keineswegs geblieben ist:

> Von diesem Führer [gemeint ist offenbar ›Haller‹, N.C.W.] hat sich der Janhagel [i. e. »Pöbel«, N.C.W.] abgesondert und ist zu den Haupttoren der *Roßauer Kaserne* gezogen. Die Leute beginnen nun mit allen Anstrengungen *den Sturm auf das Tor.* Mit einer Eisenschiene wird bereits am Tor gearbeitet, man will das *Tor aus den Angeln heben.* Andere schlagen mit allerlei Instrumenten gegen das Tor, das schon zur Hälfte geöffnet ist, als plötzlich vom Ring her ein großes Wacheaufgebot zu Fuß und zu Pferd gegen die Horde in schnellem Tempo vorrückt. Wie der Mob die Wache sieht, wendet er sich gegen sie. Mit der Eisenschiene sowohl wie mit ziemlich großen Steinen wird die Polizei beworfen. *Es fallen auch einzelne Schüsse* aus der Menge, ohne daß jemand verletzt wird. Die berittenen Polizisten reiten gegen die Menge mit blanker Waffe los. Ein Polizist wurde durch einen Stein im Gesicht schwer verletzt, andere leicht. In der Menge erhalten viele Pferdetritte und Säbelhiebe. Die Menge wird auseinandergetrieben.[42]

Noch dramatischer klingen die Ereignisse in der reißerischen Darstellung der *Reichspost*, in der die durch »zahlreiche dunkle Elemente« angeblich drohende Gefahr für die Allgemeinheit besonders drastisch geschildert wurde:

> In wilder Flucht jagten nun die Demonstranten durch die Maria-Theresien-Straße gegen den Schlickplatz, gefolgt von den Reitern. Auf dem Schlickplatz wurden nun in rascher Folge aus den Reihen der Demonstranten vier Schüsse abgegeben. Die Wache, der die Schüsse galten, zog vom Leder und zerstreute unter lebhaften und sehr beunruhigenden Szenen die Menge. Auch von einem Schotterhaufen hoben die Leute Steine auf und warfen sie gegen die Wache. Die fliehenden Demonstranten versuchten sich beim Schottentor wieder zu sammeln, wurden aber auch dort nach abermaligen stürmischen Szenen von der Wache zersprengt. Gegen ¼10 Uhr war in der Stadt wieder Ruhe eingekehrt. Eine Person wurde verhaftet, verletzt wurde durch die Schüsse soweit bekannt wurde, niemand.[43]

Die von den Demonstranten angestrebte Besetzung der Rossauer Kaserne mit dem Ziel einer Befreiung der in ihr inhaftierten Gefangenen des k. u. k. Obersten Militärgerichts war demnach nicht aufgehoben, sondern nur aufgeschoben, wobei die Ansichten der Demonstranten selbst durchaus divergierten: »Inzwischen hatten sich vor dem *Deutschmeister-Denkmal* und in der Umgebung einzelne Gruppen gebildet, die über die Ereignisse debattieren. Es sind auch rote Gardisten, die ihren Plan entwickeln.«[44] Bürgerliche Zeitungen wie die *Neue Freie Presse* konnten manchen Forderungen wie der nach einer generellen »Freilassung der Militärhäftlinge« wenig abgewinnen: »Da die *Deserteure aus dem Zentralarrest schon entlassen* waren, konnte es sich nur um Befreiung von Verbrechern handeln.«[45] Noch demagogischer formulierte wiederum die *Reichspost*, die den von der *Neuen Freien Presse* suggerierten Irrtum und Leichtsinn der Demonstranten als ausdrückliche Intention unterstellte: »Es handelte sich diesen Leuten nicht um die Befreiung politischer Häftlinge, von deren längst durchgeführten Enthaftung sie ohnehin wußten, sondern darum, die *Schwerverbrecher auf die Stadt Wien loszulassen.*«[46] Der hier noch einmal gebändigte Aufruhr, der jederzeit neu entfacht werden konnte, löste bei den Angehörigen des Mittelstandes augenscheinlich Furcht und Schrecken aus.

Dass sich in diesen Stunden und Tagen des Umsturzes die ideologischen Gegnerschaften konstituierten, welche die Geschichte der kommenden Jahre so unselig begleiten sollten, zeigt bereits der ausführliche Bericht aus dem *Fremden-Blatt*. Dessen nächster, auffallend inhaltsarmer Abschnitt trägt nämlich die sich prophetisch gerierende, reißerische Zwischenüberschrift *Der Kampf zwischen der roten Garde und der Nationalgarde*. Die damit erzeugte Erwartung wird jedoch gleich wieder mit folgender Mitteilung abgespeist: »Nach der Dreher-Versammlung hatten sich die nationalen Elemente abgesondert, die beschlossen, gegen die rote Garde den Kampf aufzunehmen, besonders wird die Beseitigung des Führers der roten Garde beratschlagt.«[47] Es handelte sich also vorerst nur um Absichtsbekundungen, die aber in weiteren *Versammlungen beider Garden* – so eine neue Zwischenüberschrift – am kommenden Tag von ihren jeweiligen Gruppierungen konkretisiert und umgesetzt werden sollten. In diesem Zusammenhang war es nur ein atmosphärisches Detail, was die Zeitung nebenbei über die Aktionen sozialrevolutionärer Truppen berichtete: »Das Café *Excelsior* auf der Landstraße wurde von den vorbeiziehenden Soldaten *gestürmt.* Sie zerbrachen aber nichts, sondern zwangen nur die anwesenden Offiziere und Soldaten, sich ihnen anzuschließen und die Rosetten von den Kappen abzunehmen.«[48] Während nun die Führer der Roten Garde zum 1. November »ihre Anhänger für 3 Uhr vor das Deutschmeister-Denkmal« einluden, formierten sich die deutschnationalen Kräfte nach der schockierenden Niederlage ihrer Proponenten *Beim Dreher* noch einmal am Abend des 31. Oktobers – jetzt ›unter sich‹ – *Beim »Wilden Mann«,* wie die letzte Zwischenüberschrift vielsagend in den Raum stellte:

> Gestern abends fand im großen Saal der Gastwirtschaft »zum wilden Mann« in der Währingerstraße eine große Kundgebung deutschnationaler Offiziere und Soldaten statt. Von Seite des Deutschen Volksbundes, der als Veranstalter und Leiter der Versammlung fungierte, wies der *Vorsitzende* auf den gegenwärtigen Stand der politischen Vorgänge hin. Die Versammlung fand unter massenhafter Beteiligung deutscher Bevölkerungskreise statt und wuchs zu einer Bedeutung aus, die ganz dem sich überstürzenden Sturmschritt der Ereignisse entsprach. Den Kernpunkt der Ansprache, die der Vorsitzende hielt, bildete die *Organisation Deutschösterreichs* mit besonderer Würdigung der Wiener Verhältnisse. Er gab zuerst bekannt, daß heute *die militärische Gewalt an den Nationalrat übergeben wird* und besprach dann die dringendste Notwendigkeit, sofort an die zu lange schon verzögerte Gründung einer *Nationalgarde* zu schreiten, welche bestimmt sei, gegenüber unruhigen Elementen Ordnung und Ruhe aufrecht zu erhalten. Eine Organisation gegenüber den mitten unter uns hausenden feindlichen Mächten, die unsere Ordnung mit der Gewalt der Waffen brechen möchten. Nur eine kraftvoll und rasch durchgeführte Zusammenfassung aller unserer Volkskräfte kann uns retten.[49]

Die deutschnationalen Soldaten malten die Gefahr eines bolschewistischen Putsches an die Wand. Bezeichnend ist dabei auch im *Fremden-Blatt*, das seinem kosmopolitischen Namen kaum mehr gerecht wurde, die unrelativierte Apostrophierung der Roten Garde als Vertreterin ›mitten unter uns hausender feindlicher Mächte‹, was wiederum eine Fernsteuerung der sozialrevolutionären Kräfte suggerierte. Wohl um nicht allein als Unterdrückungsinstrument der ›besitzenden‹ Klasse dazustehen und somit die Vorhaltungen der Sozialrevolutionäre indirekt zu bestätigen, ließen die Veranstalter dieser Versammlung deutschnationaler Militärs im 9. Wiener Gemeindebezirk durchaus auch Angehörige niederer Chargen das Wort erheben:

> Anschließend daran ruft der Vorsitzende die Offiziere zum Anschluß an das deutschösterreichische Volksheer auf, das an die Stelle des k. u. k. Heeres zu treten hat. Und dann kam ein *einfacher Soldat*, ein von der italienischen Front gekommener Unterjäger zum Wort, das er mit flammender, von brausender Zustimmung begleiteter Leidenschaft führt. Er tritt mit mannhaftem Charakter für das deutschösterreichische Soldatenheer ein, das in diesem Krieg sein Bestes gab und bereit ist, wenn es sein muß, auch künftig für das deutsche Volk mit der Waffe in der Hand einzutreten. Im Felde wurde wohl viel geschimpft, aber doch nur über die schmähliche Mißwirtschaft. Wenn der deutsche Soldat weiß, daß die Freiheit, die ihm nun geschenkt wurde, bedroht ist, wird er freudig sein Herzblut geben. Auch dieser Redner warnt in eindringlichsten Worten vor der *bolschewikischen Gefahr*, die von fremdnationalen und hungernden Soldaten droht und fordert unter endloser Zustimmung den Anschluß an Deutschland.[50]

Von Neuem wurde die ›bolschewikische Gefahr‹ als das Werk ›fremdnationaler‹ Kräfte diffamiert und dagegen die wirtschaftlichen und sozialen Probleme, welche die militärische Niederlage befördert und beschleunigt hatten und sich im Wiener Herbst 1918 etwa in einer katastrophalen großstädtischen Versorgungslage niederschlugen, als einfach vermeidbares Ergebnis ›schmählicher Misswirtschaft‹ verharmlost. Die Dolchstoßlegende kündigt sich in solchen Reden genauso an wie die bald salonfähig werdende Schuldzuweisung an ›die Ausländer‹ und ›die Juden‹, sodass sich die bisherigen Anhänger einer ›nationalen Revolution‹ trotz Berufung auf eine angeblich neu geschenkte »Freiheit« (als hätte die deutschsprachige Bevölkerung Österreich-Ungarns bisher in reiner Knechtschaft vegetiert) gleichsam über Nacht zu sinistren Handlangern der Konterrevolution verwandelten:

> Der nächste Redner ist ein Oberleutnant, eine männliche Erscheinung, der unter allgemeiner Spannung einen Bericht über die Versammlung und Konstituierung der von einem polnischen Offizier namens *Haller* geleiteten Roten Garde gibt, die bolschewikische Umtriebe in Wien für die allernächste Zeit vorhat und das friedliche Leben der Bevölkerung mit Raub, Mord und Brandstiftung bedroht![51]

Der Umstand, dass hier ›fremde Elemente‹ für sozialrevolutionäre Forderungen verantwortlich gemacht und diese mit »Raub, Mord und Brandstiftung« gleichgesetzt werden, kündet das Entstehen jener ideologischen Formation an, die in den kommenden drei Jahrzehnten nicht für Zimperlichkeit in Sachen Gewalt stehen sollte:

> Diese Mitteilungen erregten die Versammlung aufs höchste. Sie einigten aber auch ihren festen Willen, allen Gefahren mit der größten Geschwindigkeit zu begegnen. Man gedenkt schon heute einige tausend Mann in die Straßen Wiens zu dirigieren und die Zahl rasch zu vergrößern. Die freiwilligen Meldungen belaufen sich bereits auf mehrere tausend Mann. Dazu kommt die der neuen Regierung treu ergebene Wachmannschaft, mehrere Marschbataillone, 2000 Studenten, die sich gestern gemeldet haben und das Ergebnis eines gleich gestern abends auf dem Boden der Versammlung errichteten *Werbebureaus*. Darin stimmten alle überein, daß die Entschlüsse des Nationalrates viel rascher, weniger redselig und tatkräftiger durchgeführt werden müssen. Deutschösterreich hat nun seine von unmittelbaren schweren Gefahren bedrohte Existenz zu verfechten, die Lauheit muß fort, jeder Mann wird benötigt! Am nächsten Mittwoch findet im »Wilden Mann« wieder eine Versammlung statt. Deutschösterreichische Bürger, kommt in Massen![52]

Die abschließenden Sätze dieses Berichts lassen mangels indirekter Rede und perspektivierenden Konjunktivs jede objektivierende Distanz vermissen, die Aussage kippt von einer Darstellung unvermittelt in flammende Appelle, die klingen, als wären sie in eigener Sache gemacht. Distanzierter wirkt der Artikel, der einen Tag später ebenfalls im *Fremden-Blatt* über die Zusammenkunft der Wiener Roten Garde berichtet, dabei aber wenig Konkretes preisgibt und die neugegründete Formation nicht sonderlich furchteinflößend erscheinen lässt:

> Für nachmittags 3 Uhr hatte die »rote Garde« ihre Versammlung angesagt. Gegen ¾3 Uhr kam ein kleiner Trupp mit Transparenten wirklich vor das *Deutschmeisterdenkmal*. Die Zahl der Neugierigen war aber sehr gering. Nach 3 Uhr zogen dann von allen Richtungen kleinere Abteilungen auf, die alle zum *sozialdemokratischen Lager* gehörten, sich in ihren Reden dem *Staatsrate unterstellten*, während die Extremisten unter ihnen sich mehr im Hintergrund hielten. Es wurden verschiedene Ansprachen gehalten, die im Grunde nur eine Wiederholung der alten Schlagworte waren. Gegen 4 Uhr zog die Menge vom Deutschmeisterplatz ab – es waren um diese Zeit bereits einige tausend Köpfe – und marschierte zur Universität und zum *Parlament*. Auf dem Wege schlossen sich viele Passanten an. Hie und da hörte man Hochrufe auf die Republik.[53]

Es wird in diesen lauen Worten recht deutlich, dass das Herz des anonymen Berichterstatters nicht für die Rote Garde schlug, er sie aber auch nicht als respektgebietend darstellen wollte. Selbst die Augenblicke drohender Eskalation angesichts wild brodelnder Gerüchte wurden von ihm alles andere als mitreißend gezeichnet:

> Vor dem Parlament hielten die Führer und auch Leute aus dem Publikum Ansprachen an die Versammelten. Die Menge entsandte eine Deputation ins Haus. Sie begab sich zum Präsidenten *Seitz*, der mit ihr längere Zeit sprach. Die Leute verlangten die Abschaffung aller Chargengrade, turnusweise Beschickung des Soldatenrates, Urlaube etc. Mittlerweile wurde das Häuflein vor dem Parlamentsgebäude ungeduldig, es ging das Gerücht um, daß der Führer dieser Deputation, der Korporal *Haller*, verhaftet worden sei. Auch das Gerücht, daß der Staatssekretär [des Äußeren im Rang eines Außenministers, N.C.W.] Dr. [Victor] *Adler* zurückgetreten und der Bruder des Grafen Ottokar Czernin an seine Stelle gesetzt worden sei, wurde von böswilligen Elementen in Umlauf gesetzt. Als kurz darauf die Deputation, unter ihr deren Führer, aus dem Hause kamen, beruhigten sich seine Anhänger wieder.[54]

Die an allen Ecken und Enden wuchernden Gerüchte zeigen an, wie fragil die politische Situation in diesen Tagen war. Adler als Begründer und Chef der Sozialdemokratischen Arbeiterpartei genoss besonderes Ansehen bei der Arbeiterschaft, ähnlich wie ›Haller‹ bzw. Förster unter den sozialrevolutionären Soldaten; ihre jeweilige Verhaftung bzw. Absetzung konnte leicht einen Aufruhr bewirken, da sie ihre Anhänger gleichsam kopflos zurückgelassen hätten. So gesehen, wirkten die Demonstranten der Roten Garde ein wenig desorientiert, zumal sie kein geeignetes Objekt ihres revolutionären Tatendrangs finden konnten und schließlich sogar den selbst desorientierten staatlichen Ordnungshütern weichen mussten:

> Es schien nun, daß die Menge die Absicht habe, *gegen das Rathaus zu ziehen*. Die Polizei hatte davon Kenntnis gehabt und die Zugänge sowohl, wie den Platz vor dem Rathaus dicht besetzt, so daß der »Angriff« unterblieb. Die Menge wollte nun zum Kriegsministerium, aber die Polizei wußte sie schon vorher abzudrängen. Da es nunmehr ganz dunkel geworden war und auch der Regen nicht nachgelassen hatte, verlor sich die Menge und im Inneren der Stadt war um die sechste Stunde völlige Ruhe. Viele Cafés am Ring hatten aus Furcht vor Ausschreitungen gesperrt.[55]

Eine soziale Revolution wird man sich anders vorstellen. Immerhin hatte ›Haller‹ eine Erklärung des Staatsrats erreicht, »daß gegen die Bildung eines Vereines ›Rote

Garde‹ kein Einwand bestehe. Damit hatte der Staatsrat die eingedrungenen, erregten Soldaten beruhigt; die Rote Garde zog ab.«[56] Der Begriff ›Verein‹ mit seinen privatrechtlichen Konnotationen ist freilich bezeichnend, wollte man seitens der Koalitionsregierung doch auf jeden Fall den Eindruck einer einseitigen Parteinahme unter den sich herausbildenden ›Garden‹ vermeiden. Eine staatliche Anerkennung etwa der Roten Garde als legitime Truppe der neuen Republik wäre als eine Art von offizieller Weihe und Auszeichnung vor allen anderen verstanden worden, während sich doch gerade unter den ›weißen‹ Soldaten nicht allein deutschnationaler Ausrichtung längst Bestrebungen gezeigt hatten, die Macht der gefürchteten ›Roten Garde‹ durch eine Reorganisation loyaler Truppenteile zu neutralisieren, wie ein *Gegen die »Roten Garden«* überschriebener Artikelabschnitt zeigt:

> Um die Mittagsstunde erschienen im Reichsratsgebäude Abordnungen von Offizieren und Mannschaften verschiedener Truppenkörper, die mit Mitgliedern des Staatsrates konferierten und darauf drangen, daß so rasch als möglich die *Organisation* der in weit überwiegender Mehrheit befindlichen gutgesinnten Offiziere und Mannschaften durchgeführt werde, um den Gelüsten nach Bildung von *roten Garden* das Paroli zu biegen [sic].[57]

Angesichts solcher Ansinnen verabschiedete der Staatsrat angeblich »sofort nach dem Verschwinden der Kundgebungsteilnehmer«[58] einen weiteren Aufruf, der im *Fremden-Blatt* unter der Zwischenüberschrift *Der Staatsrat gegen die Bildung von Garden* veröffentlicht wurde und in dem es hieß:

> Der Staatsrat richtet an die Bevölkerung Wiens neuerdings die Bitte, es möge die Bildung von Garden, welchen Namen sie immer führen mögen, unterbleiben. Der Staatsrat lehnt die Bildung derartiger Körperschaften unbedingt ab. Keine Garde ist befugt, im Namen des Staatsrates Anhänger zu werben und in irgend einer Form sich als dessen Organ zu betätigen.[59]

Dass dieser Aufruf vollkommen wirkungslos verhallte, legte die damals herrschenden Machtverhältnisse offen: »Die Polizei war gegen die bewaffneten Soldaten hilflos, und eine Volkswehr gab es noch nicht.«[60] Sie sollte deshalb schon am nächsten Tag offiziell gegründet werden.

Einen weiteren Tag später, am 3. November 1918, kam das *Fremden-Blatt* allen verzweifelten Appellen des Staatsrats zum Trotz allerdings nicht mehr umhin zu konstatieren, dass es sich bei der Roten Garde offenbar um eine längerlebige Formation handelte, deren Etablierung dem bürgerlichen Blatt erhebliche Sorgen bereitete:

> Die »Rote Garde« scheint in Permanenz zu sein. Jeden Tag um 3 Uhr nachmittags erscheint das Häuflein mit der roten Fahne beim Deutschmeister-Denkmal und hält eine Versammlung ab. Sie scheint im Stadium des Vororganisierens zu sein, denn sie haben stets durch rote Armstreifen kenntlich gemachte Ordner mit sich, die vor allem darauf sehen, daß ja nicht Zivilisten die gehaltenen Reden mitanhören. Auch gestern nachmittags war eine solche Versammlung. Die Redner, durchwegs Mannschaftspersonen, entwickeln ihr sozialrevolutionäres Programm und stoßen dabei öfters auf den Widerspruch einzelner Teilnehmer, die sich die Theorien der »Roten Garde« nicht so schnell zu eigen machen wollen.[61]

Das gutbürgerliche *Fremden-Blatt* beobachtete die Entwicklung mit äußerster Skepsis und versuchte überdies Ordnung in die sich formierenden, unterschiedlich radikalen Gruppierungen der Linken zu bringen:

> Es ist bemerkenswert, daß die Vertreter der »Roten Garde« sich ebenso mit den Sozialdemokraten nicht in einen Topf werfen lassen, wie sie das bisherige monarchische, kapitalistische System ablehnen und – was mit Vorsicht aufzunehmen ist – behaupten, daß auch sie Freunde der Ordnung und Ruhe sind. Die Versammlung hatte den Charakter einer intimen Parteiberatung, da technische Organisationsfragen besprochen wurden.[62]

Die einschränkende Zwischenbemerkung in Gedankenstrichen, über die sich Kisch später noch explizit auslassen sollte, bezeichnet einerseits eine Logik des politischen Verdachts. Andererseits dokumentiert sie die große Unsicherheit, wie die sich überstürzenden Gründungen und Gegengründungen richtig einzuordnen waren. Auch die skeptisch beobachteten Soldaten selbst scheinen ideologisch noch nicht ganz sattelfest gewesen zu sein:

> Abgeordneter [Karl] *Leuthner* [SDAP] hielt auch eine Ansprache an die versammelten Soldaten und erklärte, daß die Regierung Lammasch sich blamiert habe, da sie die Ruhe nicht aufrecht erhalten konnte. Als er sagte, daß die neue Regierung der Entente in die Hände arbeite, um die Habsburger zu retten, schrie die Menge: »Hoch die Entente!« – – Ein Leutnant versuchte den gegnerischen Standpunkt zu vertreten, wurde aber am *Reden gehindert*. Ein anderer Redner forderte u. a. die *Verhaftung der Dynastie*.[63]

Ganz offensichtlich waren die politischen Positionen der Parteien und Fraktionierungen zu aktuellen Fragen so kurz nach dem Umsturz, der im staatsrechtlichen Sinn noch gar nicht erfolgt war, keineswegs geklärt und wurden damals erst ausver-

Abb. 2: Werbelokal der republikanischen Volkswehr in der Deutschmeisterkaserne, 4. November 1918

handelt. Dass dies mit allen Mitteln der Rhetorik und auch der Demagogie geschah, zeigt wiederum ein Artikel der *Arbeiter-Zeitung*:

> Auch gestern fand vor dem Deutschmeisterdenkmal eine Soldatenversammlung statt, die aber ein anderes Gepräge hatte als die am Vortage. Es waren etwa zweihundert Soldaten am Platze, aber vorwiegend ganz junge Leute, vielfach auch aus Kanzleipersonalen [sic], denen man es ansah, daß sie im Zivilverhältnis sogenannte Intelligenzler bürgerlicher Herkunft sind. Sie waren offenbar alle Anhänger einer mit der Arbeiterschaft nicht in Fühlung befindlichen, sich überaus radikal gebärdenden Gruppe, deren Führer dem Zionismus ebenso nahestehen wie dem Anarchosyndikalismus, dessen Schlagworte sie sich zu eigen gemacht haben.[64]

Wiederum wurden bestehende oder vermutete Ressentiments der proletarischen Leserschaft bedient, indem der anonyme Verfasser *ad hominem* zunächst die Juvenilität, die Intellektualität und die soziale Herkunft der Sozialrevolutionäre gegen die (nicht namentlich genannte) Rote Garde insgesamt in Stellung brachte und im Anschluss daran auch maliziös auf die ›fremde‹ nationale Provenienz ihrer (ebenfalls ungenannten) Anführer sowie auf ihre generell nur minoritäre Bedeutung zu sprechen kam:

> Unsere Partei ist ihnen zu wenig radikal und zu »national«, sie stellen sich offenbar vor, daß es Demokratie wäre, wenn ein paar volksfremde Schreihälse, die keine

> Möglichkeit finden, sich innerhalb ihres eigenen Nationalstaates zu betätigen, einfach die Macht über die deutschösterreichischen Arbeiter und Bauern, ohne Rücksicht auf die Gesinnungen der Mehrheit, an sich rissen. Solche Meinungen – denn was anderes könnte da bei Verwirklichung der unklaren Redensarten nicht herauskommen – kamen in den Reden zum Ausdruck. Allerdings gab es auch andere Redner, die eine klarere Auffassung bekundeten, und auch sie ernteten Beifall. Abgeordneter Leuthner wurde anfangs von einigen Zwischenrufern unterbrochen, dann aber wurde seine Rede aufmerksam angehört und erntete Beifall.[65]

Es ist für den Duktus und die journalistische Qualität dieses ›Berichts‹ bezeichnend, dass er – wenn überhaupt – allenfalls ein Zerrbild der bekämpften Positionen vermittelte. Das sozialdemokratische Parteiblatt zielte offenbar nicht darauf, seinem Publikum eine selbstständige Meinungsbildung zu ermöglichen, sondern bezweckte allein, die eigenen Reihen zu schließen und eine unangefochtene Deutungshoheit über die ›Mehrheitsgesinnung‹ der revolutionären Arbeiterschaft zu bewahren:

> Die jungen Leute gingen dann auf Geheiß der »Führer«, von denen einer ein Brettl»literat«, ein anderer, wie gerichtsordnungsmäßig bewiesen ist, ein geständiger Dilettant in der Politik ist, [...] zu drei Soldatenversammlungen. Aber nur eine Minderheit von jungen Leuten, die vielleicht noch vor kurzem das Kaiserlied begeistert gesungen haben, fand an ihren unsinnigen Projekten Interesse.[66]

Von den verhandelten »Projekten« erfährt man hier nur, dass sie ›unsinnig‹, von ihren Urhebern bloß, dass sie politikunkundige ›Literaten‹ (Kisch) und ›Dilettanten‹ (›Haller‹ oder Leo Rothziegel) gewesen seien, während deren Anhängerschaft mittels Unterstellung wiederum als minoritär, unreif und leicht verführbar hingestellt wird. Es ist entwaffnend, dass die Sozialdemokratie mit einem so tendenziösen und demagogischen Journalismus das – an sich durchaus nachvollziehbare – politische Ziel der Bekämpfung des Linksradikalismus verfolgte und offenbar auch erreichte. Nachhaltige Aufklärung als ›Ausgang aus der Unmündigkeit‹ sieht anders aus, die rasch einsetzende enorme Verärgerung und Verbitterung der so diffamierten Rotgardisten kann nicht überraschen.

Ebenfalls ›erfolgreich‹ – doch nicht im propagandistischen, sondern nun im polizeilichen Sinn – waren die oben erwähnten Bemühungen deutschnationaler Offiziere um eine rasche »Beseitigung« ›Hallers‹ bzw. Försters, des charismatischen und redegewandten ersten Anführers der Roten Garde, über die das *Fremden-Blatt* kurz berichtete:

> In der Soldatenversammlung teilte ein Infanterist mit, daß der Korporal *Haller*, der bei der Soldatenversammlung am Donnerstag abends in den Dreher-Sälen die Gründung einer roten Garde angeregt hatte, gestern auf Geheiß des *Staatsrates* im Automobil zum Nordbahnhof gebracht und veranlaßt worden sei, *sofort Wien zu verlassen.* Dann wurde eine dreigliedrige Kommission gewählt, worauf sich die Soldaten in Ruhe zerstreuten.[67]

Die überstürzte Abschiebung ›Hallers‹ war für den weiteren Verlauf der revolutionären Ereignisse sicherlich nicht unerheblich, ›beseitigte‹ sie doch kurzerhand einen radikalen Revolutionär und Unruhestifter ersten Ranges und stellte zudem wohl eine Voraussetzung für die Wahl Egon Erwin Kischs zum Kommandanten der Roten Garde dar, was die sozialrevolutionäre Formation nun auch zunehmend für Intellektuelle attraktiv machte. So hat der Romanschriftsteller Leo Perutz, den Kisch 1917 als Zensor der Kriegsgefangenenkorrespondenz kennengelernt hatte,[68] in seinem Notizbuch am 30. Oktober 1918 noch unspezifisch vermerkt: »Beginn der Revolution.«[69] Bereits am 3. November trug er dann nicht ohne Anerkennung ein: »Kisch Führer der Roten Garde.«[70] Gut zwei Wochen später, am 18. November, begab sich Perutz zur Roten Garde in die Stiftskaserne, und zwar nicht nur, um ein anregendes »Gespräch mit Kisch und dem Anarchisten Michael Kohn über die Politik der ›Arbeiter-Zeitung‹« zu führen, sondern auch, »um Flugblätter für den Staatsrat zu bringen.«[71] Der Schriftsteller unterstützte also aktiv die politische Agitation. Weitere neun Tage darauf verbrachte Perutz am 27. November einen ganzen »Vormittag bei der Roten Garde« in der Stiftskaserne und hat dabei »[m]it Hauptmann Herz verhandelt«,[72] ohne dass klar werden würde, ob der Gegenstand dieser Verhandlung ein Eintritt Perutz' in die Rote Garde gewesen ist. Die Freundschaft mit Kisch erwies sich jedenfalls als beständig, sodass dieser am 28. November wieder einmal bei den Perutz' zu Gast war und dabei »[z]um 1. Mal, seit er Rot-Gardist wurde, allein aufgetreten«[73] ist. Doch was war der Zweck des sozialrevolutionären Abenteuers, an dem auch viele andere Intellektuelle großen Anteil nahmen?

»Gegen die Feinde aus dem Lager aller Parteien«. Zur Programmatik der Roten Garde

Zentrale Punkte der Programmatik der Roten Garde hat Egon Erwin Kisch im Artikel *Die Rote Garde und die Parteien* nachgeliefert, der am 30. November 1918 in der sozialistischen Wochenschrift *Der freie Arbeiter* erschienen ist; dort stellt er abschließend kurzerhand fest: »Die Rote Garde ist ein Werkzeug proletarisch-kommunistischer Politik«[74] – womit aber keine institutionalisierte Parteipolitik gemeint war. Die Rote Garde grenzte sich zu diesem frühen Zeitpunkt noch deutlich von der erst nach ihr gegründeten KPDÖ ab – genauso wie die offiziell ebenfalls erst nach ihr gegründete FRSI, deren Gründungsmitglieder aber zu einem guten Teil schon Rotgardisten waren.[75] In seinen Ausführungen entwickelt Kisch folgende Argumentation: Genauso wie Politik im Allgemeinen keinen »Selbstzweck« darstelle, sei auch die Rote Garde für sich

> kein Selbstzweck, sondern – wie schon der Name »Garde« sagt – ein Schutz, eine Sicherung der sozialen Revolution gegen die Feinde aus dem Lager aller Parteien, die entweder glauben damit etwas erreicht zu haben, daß die Monarchie jetzt den Spitznamen »Republik« führt, daß das Geschäftslokal der Herren Weiskirchner, Hummer, Hauser, Teufel und anderer Hoflieferanten jetzt eine neue Firmentafel bekommen hat, daß die Kapitalisten jetzt in der Republik statt in der Monarchie das Elend des Proletariats ausbeuten, oder die gar Karl den Letzten zu Karl den [sic] Ersten machen wollen.[76]

Diesen durchaus polemischen Worten zufolge, deren Spitzen sich gegen bekannte Politiker der bürgerlichen Parteien richteten, sollte die Gründung der Roten Garde die revolutionäre Macht des Proletariats gegenüber den auf Erhalt des gesellschaftlichen *status quo* bedachten Kräften absichern. Das sei dringend nötig, weil die »kapitalistisch-feudalistisch-monarchistische Gesellschaft [...] ihre Garden immer besessen« habe, sie »als ›weiße Garden‹ oder ›Schutzwachen‹« nach wie vor besitze und »kraft ihrer Mittel mit ihren Söldnern wie vorher für die Wahrung ihrer Vorherrschaft sorgen« könnte, »während nach einer Auflösung der Roten Garde das Proletariat wieder entwaffnet und schutzlos der Willkür der Bajonette und Projektile ausgeliefert wäre.«[77] Kisch reagierte mit diesem Argument auf die Politik der Sozialdemokratischen Arbeiterpartei, namentlich auf die des am 30. Oktober 1918 ernannten Unterstaatssekretärs für das Heerwesen Julius Deutsch, der auf das Gewaltmonopol des Staates pochte, die ›weißen‹ und ›roten‹ Garden zu neutralisieren suchte und vom ersten Tag seiner Regierungstätigkeit an »einen zähen Kampf gegen jede Bewaffnung« der Zivilgesellschaft führte, denn: »Einige Narren können [...] in unserer unruhigen Zeit leicht ein unsägliches Unglück anrichten, wenn gar sie im Besitze von Gewehren und Maschinengewehren sind«.[78] Dem hielt Kisch Ende November 1918 im Sinne einer auch sozialen Revolution entgegen:

> Bis jetzt hat, wie wir mit Entsetzen sehen, die Einführung der Republik in unseren öffentlich-rechtlichen Zuständen nicht das Geringste geändert, und die einzige, wirklich wertvolle Errungenschaft ist die Angst der Bourgeoisie und der Hierarchien davor, daß man das Volk jetzt nicht mehr kommandieren könne,

> weil es sich mit den Waffen seines eigenen Militärs, der verfluchten Roten Garde, dagegen zu wehren vermag.[79]

Mit seinem Befund einer Kontinuität der ›öffentlich-rechtlichen Zustände‹ vor und nach der Wiener Revolution – also der gesellschaftlichen Struktur und wirtschaftlichen Ordnung – hatte Kisch sicherlich nicht Unrecht. Ein rascher und radikaler Umbau war damals seitens der Sozialdemokratie, die eher auf gesellschaftlichen Ausgleich bedacht schien, auch nicht abzusehen. Gar nicht in Betracht zog der Revolutionär hingegen, dass »die Angst der Bourgeoisie«, die ihm kraft seiner Herkunft ja zumindest nachvollziehbar gewesen sein sollte, kaum eine geeignete psychosoziale Grundlage zukunftsträchtiger Politik war. Die drohende Militarisierung der Gegner einer sozialen Revolution, deren Unterlegenheit in Österreich keineswegs ausgemacht schien, zumal sie bald von den Staaten der siegreichen Entente unterstützt wurden, konnte nicht zuletzt für die Arbeiter, aber auch für die Gesamtgesellschaft katastrophale Folgen haben (was sich in den darauf folgenden Jahrzehnten bestätigen sollte). Dies alles bereitete ihm kein Kopfzerbrechen. Bitter beklagt er vielmehr

> die Gegnerschaft, die die Bildung der Roten Garde im Lager der Sozialdemokraten gefunden hatte. Wie schon in der ersten Rede auf dem Deutschmeisterplatz betont worden ist, stellten sich die Führer auf den im Kommunistischen Manifest von Marx und Engels festsetzten [sic] Standpunkt, daß das Proletariat sich nicht erheben und nicht aufrichten kann, ohne daß der ganze Überbau der Schichten, die die offizielle Gesellschaft bilden, zusammenfällt. Es ist tief traurig, daß dieses Bestreben die Rote Garde in Gegensatz zur offiziellen Sozialdemokratie gebracht hat.[80]

In der Folge argumentiert Kisch mit zahlreichen ausgewiesenen Marx- und Engels-Zitaten und erweist sich somit habituell mehr als Intellektueller bürgerlicher Herkunft denn als Proletarier, was ihm – wie gesehen – von Seiten der alarmierten sozialdemokratischen Presse, aber auch der ungeduldigen und antiintellektuellen Kommunistischen Partei[81] zu einem beständig reaktivierbaren Vorwurf gereichte. Gleichwohl verstand er sich selbst als geeigneter und von den Soldaten ermächtigter Fürsprecher einer »Eroberung der politischen Macht durch das Proletariat«, was die SDAP aus den Augen verloren habe:

> Es kann kaum zweifelhaft sein, daß diese Ziele besser durch zielstrebige Kraft der Roten Garde erreicht werden könnte [sic], als durch die Politik der Parteileitung, die leider in großer Gefahr ist, in kleinbürgerlichen Sozialismus überzugehen, von dem das Kommunistische Manifest sagt, daß er sich »in einen feigen Katzen-

jammer verlaufen« hat, oder in Bourgeois-Sozialismus, welcher »die Lebensbedingungen der modernen Gesellschaft ohne die notwendig daraus hervorgehenden Kämpfe und Gefahren« will.[82]

Mit diesen aus dem *Manifest der Kommunistischen Partei* zitierten Gedanken hatte Kisch sicherlich nicht ganz Unrecht, fürchteten die Führer der österreichischen Sozialdemokratie doch nichts mehr als eine bewaffnete Auseinandersetzung mit den bürgerlichen Kräften im Staat und versuchten diese unter allen Umständen zu vermeiden. Die eigene Macht, aber auch die ›Revolutionsreife‹ der Bevölkerung insgesamt schätzten sie geringer ein als die euphorischen Rotgardisten. So hatte Julius Deutsch schon bei der Bewaffnung der Volkswehren eine aus Sicht der Sozialdemokraten ernüchternde Erfahrung gemacht:

> Da an diesen Wehren anfangs alle Klassen des Volkes teilnahmen, erschienen sie auch als der Auftakt zu einer Volksmiliz, die die Sozialdemokratie ja immer gefordert hatte. Leider nahm die Entwicklung der Wehren einen ganz anderen als den erwarteten Verlauf. Die Arbeiterschaft, noch völlig befangen von der Abneigung gegen jede militärische Betätigung, zog sich schon nach den ersten Revolutionswochen aus den Wehren zurück oder ließ sich von ihren Klassengegnern, die frei von jeder Art pazifistischer Schwärmerei waren, ohne viel Widerstand hinausdrängen. / Auf dem Lande wurden die Wehren bald völlig von den Bauern beherrscht, während sie in den Städten entweder ganz verschwanden oder unter die Führerschaft des Bürgertums, der Studenten und Offiziere gerieten.[83]

Solche vergleichsweise hintergründigen, politisch-strategischen Überlegungen spielten für den tatenhungrigen Revolutionär Kisch, der im Namen der von ihm befehligten Rotgardisten auf rasche und sichtbare Ergebnisse der politischen Umwälzung aus war, indes keine Rolle. Er deutete sie im Gegenteil sogar als Abwiegelungs- und Verschleppungstaktik sowie als verwerfliches Mittel zum innerparteilichen Machterhalt, was sich am Ende seiner Beweisführung in zwei rhetorischen Fragen niederschlägt:

> Die Rote Garde […] ist revolutionär und sozialistisch, nach den Grundsätzen des Kommunistischen Manifestes, auf dessen Boden angeblich auch die Sozialdemokratie steht. Warum also die gehässige Anfeindung und (nachdem diese nichts genützt hat) die Zähmungsversuche durch sozialdemokratische Führer? Ist etwa der Parteileitung *ihre* Disziplin und *ihre* Führerschaft so wertvoll, daß sie darüber das große Werk der Befreiung aus den Augen verliert, an der wir alle arbeiten wollen, – Sozialdemokraten, Linksradikale, Kommunisten, Sozialrevolutionäre und Rotgardisten.[84]

Es ist für die damals entstehende erbitterte Gegnerschaft zwischen der Sozialdemokratie und der radikaleren Linken bezeichnend, dass die zweite, abschließende Frage nicht mehr durch ein Fragezeichen als solche gekennzeichnet wird – stand es für Kisch doch längst fest, dass die SDAP-Parteileitung der Wahrung ›*ihrer* Disziplin und *ihrer* Führerschaft‹ alle anderen politischen Erwägungen unterordnete. Als Vertreter der offiziellen Sozialdemokratie sowie des von dieser maßgeblich geprägten Staatsrates sah Deutsch in der Roten Garde hingegen »keine Gefahr der Zukunft, sondern eine sehr akute Bedrohung der demokratischen Gegenwart. Beherrscht von unklaren revolutionären Vorstellungen, von kommunistischen Illusionen, die nach einer Diktatur des Proletariats drängten, schienen sie fähig, den Bürgerkrieg zu entzünden.«[85] Mehr noch – die Anwendung militärischer Gewalt galt ihren Anführern und Mitgliedern sogar als unverzichtbare Voraussetzung einer ›echten‹ Revolution, wie Deutsch hervorhebt:

> Der Roten Garde war der Umsturz zu unblutig verlaufen. Vergeblich war mein Bemühen, ihr beizubringen, daß auch in der Revolution das weise Philosophenwort gelte: »Was du mit Klugheit kannst besorgen, versuche nicht mit Heldenmut.« Die Rote Garde wollte partout ihre richtiggehende Revolution haben, mit Straßenkämpfen und allem, was sonst dazu gehört.[86]

Dass es sich hier nicht um eine maliziöse Übertreibung eines politischen Konkurrenten handelt, bestätigen zahlreiche Zeugnisse dieser Tage – etwa das (unten zitierte) *Revolutionstagebuch* Robert Musils. So blieb der Roten Garde nur übrig, ihren revolutionären Tatendrang auf anderem Weg zu befriedigen, wie Deutsch in seinen Erinnerungen nahelegt:

> Weil den Rotgardisten aber in Wien niemand den Gefallen tat, sich ihnen zu einer kleinen Straßenschlacht zu stellen, gingen sie auf die Suche nach dem Feinde. Sie jagten […] Automobilen nach – das war der beliebteste Sport – oder sie requirierten ihre Fassungsartikel, weil ihnen offenbar der Dienstweg, auf dem ihnen die Sachen ohnedies gegeben wurden, zu langweilig, zu revolutionslos dünkte. Kurzum, sie brachten Leben und Abwechslung in die Revolution.[87]

Die Schlussbemerkung dieser Passage steht in ihrem ironischen Duktus für einen toleranten, kalmierenden Umgang mit den Linksextremen, was der Sozialdemokratie seitens der bürgerlichen Parteien wiederum massiv vorgeworfen wurde: »Das Bürgertum geriet immer mehr in eine Heidenangst. Es fing an, die ganze Volkswehr für eine Rote Garde zu halten und zitterte…«[88] So sah sich Deutsch auf beiden Seiten von Scharfmachern umgeben, was für die unkomfortable Lage steht, in der sich die

Sozialdemokratie damals befand. Es war eine komplexe Situation, in der sich erste Rufe nach einem ›starken Mann‹ artikulierten:

> [D]ie bürgerlichen Zeitungen mit ihrem kindischen, übertriebenen Geschrei vermehrten noch die Angst, die sich nun täglich nach dem »Ordnung« stiftenden Diktator heiser rief. Aber die Angstgefühle der Besitzenden schienen mir doch kein Grund zu sein, gleich Gewalt gegen die Rotgardisten anzuwenden und nicht in Ruhe mit ihnen zu verhandeln. Lieber reden mit den Menschen, so dachte ich mir, auch wenn sie noch so feindlich tun, als auf sie zu schießen.[89]

Verglichen mit dem drakonischen Durchgreifen des Berliner Volksbeauftragten für Heer und Marine Gustav Noske, das zahlreiche Opfer forderte, erweist sich die beschwichtigende Politik von dessen Wiener Pendant Julius Deutsch als vorsichtig und zurückhaltend. Zur adäquaten Bewertung der Konfliktlinien scheint es allerdings nicht unerheblich, dass die hiesigen Sozialdemokraten die Rote Garde auch als Druckmittel gegen ihre bürgerlichen Koalitionspartner im Staatsrat verwenden konnten, was diese wiederum nicht als vertrauensbildende Maßnahme werteten. Deutsch selbst präsentiert sich in seinen Memoiren als kühler, stets abwägender Stratege, der im Herbst 1918 immer die fragile Gesamtsituation im Auge behielt:

> Am Beginn der Revolution war der Zulauf zu den roten Garden verhältnismäßig groß, ihr Einfluß auf die Stimmung der Revolutionäre noch viel größer. Gerade deshalb wäre aber ein blindes Losgehen gegen sie erst recht von Übel gewesen. Zielführender war es, die Entwicklung ihres Verfalles reifen zu lassen, wenn das auch erheblichere Ansprüche an die Geduld stellte. Aber dieser langsamere Weg war der sicherere.[90]

In diesem Zusammenhang spielte es für den gemäßigten Sozialdemokraten keine geringe Rolle, dass die linksradikalen Kräfte aus der eigenen Bewegung hervorgegangen waren und deshalb prinzipiell Sympathie verdienten:

> Mit Gewalt gegen sie vorzugehen, wäre der Revolution zum Verhängnis geworden. Es hätte Arbeiterblut fließen müssen, der Radikalismus breiter Schichten wäre turmhoch emporgeschnellt und hätte vielleicht sogar die bis dahin einige und geschlossene Sozialdemokratie gesprengt. Die auf diese Art entstandenen sozialistischen Parteien hätten sich in wildem Bruderkampf gegenseitig zerfleischt, zur Freude der nun erstarkenden Reaktion.[91]

Abb. 3 : Leo Rothziegel als Rotgardist, 1918

Um das zu verhindern, drängte Deutsch am 3. November 1918 auf den freiwilligen Eintritt der Roten Garde in die neugegründete Volkswehr, was nach eintägiger Bedenkzeit durch die Zusage des am 2. November der Truppe beigetretenen linksextremen Rotgardistenführers Leo Rothziegel[92] und den Einzug in die Wiener Stiftskaserne am 4. November besiegelt wurde.[93] Über den dieser Einigung vorausgehenden erregten Wortwechsel mit dem »ehrlichen Phantasten und glühenden Revolutionär« Rothziegel, der – gerade erst aus der wegen seiner Beteiligung am Jännerstreik verfügten politischen Haft entlassen – doch »im Grunde seines Herzens ein gutmütiger Mensch war«, gibt Deutsch in seinen Memoiren recht anschaulich Bericht.[94] Keine Freude löste er mit der Aufnahme der Rotgardisten in die Volkswehr freilich bei seinem christlichsozialen Koalitionspartner aus, der in Person des Abgeordneten Josef von Baechlé die sofortige Entwaffnung und Auflösung der Roten Garde verlangte und Deutsch damit angeblich fast zu Fall brachte.[95] Wie dem auch sei – jedenfalls wurde in diesen Tagen ein Grundstein gelegt für die massive Paranoia der bürgerlichen Parteien gegenüber der Sozialdemokratie, die sich in den kommenden Jahren der jungen Republik noch verheerend auswirken sollte.

»Das Gefühl, dass nirgends Plan und Wille herrscht«. Desillusion aktivistischer Erwartungen bei Musil und Müller

Nicht erst in seinem Essay *Geist und Erfahrung. Anmerkungen für Leser, welche dem Untergang des Abendlandes entronnen sind* (1921), der sich mit dem ersten Band von Oswald Spenglers Abhandlung *Der Untergang des Abendlandes. Umrisse einer Morphologie der Weltgeschichte* (1918/1922) auseinandersetzt, entwickelte Robert Musil das zukunftsweisende Konzept »geistige[r] Organisationspolitik«, die er keine drei Jahre nach Kriegsende durchaus existenziell als »Frage auf Leben und Tod« sowie als »die erste Aufgabe für Aktivist wie Sozialist« bezeichnete.[96] Der Kritiker – darauf zielt ein Jahr später auch der Aufsatz *Das hilflose Europa oder Reise vom Hundertsten ins Tausendste* (1922) – solle im »babylonische[n] Narrenhaus«[97] der spätestens mit dem Weltkrieg aus den Fugen geratenen modernen Welt »als Ordnungsstifter und Erzieher«[98] fungieren, vonnöten sei eine »sinnstiftende, fortschrittssichernde Synthese der chaotischen geistigen Realität«.[99] Dass Musil diesen geistesaristokratisch-aktivistischen Gedanken[100] schon länger verfolgte und Aktivismus dabei als »das Bedürfnis« verstand, »dem geistigen Anspruch im gemeinen Leben zu Recht und Herrschaft zu verhelfen«,[101] zeigt bereits sein Vorkriegsessay *Politik in Österreich* (1912), in dem er beklagte, bislang habe Politik hier »noch keinen menschlichen Zweck, sondern nur österreichische« Zwecke gehabt.[102] Nach dem Untergang der Habsburgermonarchie sollte das nun grundsätzlich anders werden. So legte Musil in den Umsturztagen eigens ein *Revolutionstagebuch* an, in dem er die sich überstürzenden politischen Ereignisse verzeichnen und ›geistig‹ ordnen wollte. Zu Beginn des ersten Eintrags vom 2. November 1918 betonte er etwa, dass die Begleiterscheinungen der Revolution »[b]isher nicht ärger als die chronischen nationalpolitischen Demonstrationen waren«,[103] womit er wohl die militanten Aufmärsche der Deutschnationalen meinte. Musil fuhr fort, indem er aus der unsignierten Reportage *Soldatenversammlung auf dem Deutschmeisterplatz* exzerpierte, die in der sozialdemokratischen *Arbeiter-Zeitung*[104] über die Gründung der Roten Garde berichtete und die der Autor kritisch kommentierte: »›Einmal gab es einen aufregenden Augenblick, als ein Soldat mit einem Armeerevolver gesehen wurde. Er mußte flüchten, wurde verfolgt und dadurch entstand Beunruhigung‹. Diese Zeitungsnotiz über ein ›Soldatenrat‹skonventikel vor dem Parlament ist charakteristisch.«[105] Um Musils ironische Notiz verständlich zu machen, ist ein genauerer Blick in den Artikel über den Aufmarsch der Roten Garde vor dem Parlament erforderlich, dessen Exzerpt den Originalwortlaut erheblich rafft; dort heißt es unter anderem:

> Die Demonstranten gruppierten sich auf der linken Seite der Rampe. Ununterbrochen wurden Reden gehalten und es kam wiederholt zu Streitigkeiten, da

> einzelne Redner den Führern der roten Garde vorhielten, daß jede Unordnung den neuen Staat schädige. In den Reden machten sich die verschiedensten Richtungen geltend. Unter großem Jubel wurde für eine Zeit lang die rote Fahne, die der Zug mitgebracht hatte, an dem Maste vor dem Parlament emporgezogen. / Einmal gab es einen aufregenden Augenblick, als ein Soldat mit einem Armeerevolver gesehen wurde, während alle anderen unbewaffnet waren. Er mußte flüchten, wurde verfolgt und dadurch entstand Beunruhigung.[106]

Was Musil an diesem Bericht über die revolutionären Ereignisse vor dem Parlament so bemerkenswert anmutete, dass er für die Rote Garde ironisch die religiöse Formel von einem ›Konventikel‹ – also einer außerkirchlichen sektiererischen Zusammenkunft – des Soldatenrates prägte, ist wohl die relative Harmlosigkeit von dessen öffentlichen Aktionen. Dies war ein entscheidender Unterschied etwa zu den gewaltsamen Vorgängen der Russischen Revolution, die ein Jahr zuvor das Zarenregime und bald auch die bürgerliche Regierung Kerenskis mit ganz anderer Energie hinweggefegt hatte. Die verhältnismäßige Müdigkeit der Wiener Ereignisse erweist sich erst im Kontrast dazu und wird durch den Fortgang des Zeitungsartikels bestätigt:

> Die Abordnung, der Korporal Haller angehört hatte, verschwand im Parlamentsgebäude. Als die Soldaten zu lange ausblieben, da sich die Unterredungen hinzogen, wurden Hallers Anhänger über sein Schicksal beunruhigt und gaben auch ihrer Sorge lauten Ausdruck. Erst als die Kunde bekanntgegeben wurde, daß Korporal Haller bald wieder erscheinen werde, beruhigten sich die Zuhörer.[107]

Von revolutionärer Radikalität und emotionaler Emphase ist in diesen Worten wenig zu spüren, was wohl damit zusammenhängt, dass das weitverbreitete sozialdemokratische Parteiblatt wiederum kalmierend auf die Arbeitermassen einwirkte. Versicherungen wie den folgenden mangelt es vollkommen an revolutionärer Verve: »Von allen Seiten wurde betont, daß die Leute ruhig nach Hause gehen sollen. Die Ordner und die Redner hatten auch immer wieder betont, daß sie mit den Elementen, die an Unordnung und Ruhestörungen dächten, nichts zu tun haben wollten.«[108] Insofern ist es nur konsequent, dass Musils desillusioniertes Fazit über die politische Willensbildung, die der österreichischen Revolution vorausging, sarkastisch lautet: »Hätten nicht Dynastie und Behörden förmlich freiwillig demissioniert, so hätte es beinahe keine Revolution gegeben. Die Vertreter der Volkssouveränität sind nur zögernd in die geräumten Positionen nachgerückt.«[109] Als wohlwollender Beobachter der politischen Veränderungen beklagte Musil die zögerlich-unentschlossene Haltung insbesondere der Sozialdemokratie, für die er (neben den Liberalen) bereits 1913 im Essay *Politisches Bekenntnis eines jungen Mannes* prinzipiell Sympathie bekundet hatte, die ihn nun aber offensichtlich in dem Maß enttäuschte, in dem sie Stütze und Sprachrohr der neuen Regierung wurde:

> Zu anfang [sic] gab einem die Arbeiter-Zeitung das Gefühl, daß sie weiß, was sie will; seit zwei Tagen ist ihre Haltung matt geworden, sie hat kein rechtes Thema. Die Partei scheint sich durch die Zusammenarbeit mit den Nationalen und Christlichsozialen zu kompromittieren. Auch hat man das Gefühl, daß nirgends Plan und Wille herrscht.[110]

Musils Klage über die Kompromittierung der offiziellen sozialdemokratischen Politik durch die Regierungsbildung mit den sogenannten bürgerlichen Parteien, die er mit dem gesellschaftlichen *status quo* identifizierte, ist topisch für die damalige Perspektive kritisch-aktivistischer Intellektueller. Nach dem Untergang der mitteleuropäischen Militärmonarchien erachteten sie weiterreichende gesellschaftliche Veränderungen für notwendig, ja erwarteten sie mit Ungeduld. So unterschrieb Musil, der zwar ein politisch interessierter, aber kein dezidiert politischer Autor war, Ende 1918 – gemeinsam mit Lou Andreas-Salomé, Kasimir Edschmid, Heinrich Mann, Ludwig Meidner, Robert Müller, Kurt Pinthus, René Schickele, Bruno Taut, Kurt Wolff und vielen anderen – die aktivistische Programmschrift des ›Politischen Rates geistiger Arbeiter‹, die in dem von Kurt Hiller in Berlin herausgegebenen Jahrbuch *Das Ziel* veröffentlicht wurde. Erhoben wurden darin so radikal klingende Forderungen wie die allgemeine »Vergesellschaftung von Grund und Boden«, die »Konfiskation der Vermögen von einer bestimmten Höhe an« und die »Umwandlung kapitalistischer Unternehmungen in Arbeiterproduktivgenossenschaften«, daneben aber auch die »*Freiheit des Geschlechtslebens* in den Grenzen der Verpflichtung, den Willen Widerstrebender zu achten und die Unerfahrenheit Jugendlicher zu schützen«, die »Abschaffung der Todesstrafe« sowie die »Vermenschlichung des Strafvollzugs«.[111] Die ebenfalls verlangte »Radikale Reform der öffentlichen Erziehung«, insbesondere des Geschichtsunterrichts, und die konsequente »Trennung von Kirche und Staat« sollte durch die Einrichtung eines »Rat[s] der Geistigen« ergänzt werden, der an der Seite der Regierung die von den Intellektuellen eingeforderte Aufgabe gehabt hätte, der »Beeinträchtigung der Kulturpolitik durch einseitig wirtschaftliche Gesichtspunkte« entgegenzutreten sowie – das ist im gegenwärtigen Zusammenhang besonders kennzeichnend – die »Schäden parteibürokratischer Erstarrung« auszugleichen.[112]

Von vergleichbaren Bestrebungen seitens der endlich an die Macht gelangten Sozialdemokratie war damals aber wenig zu spüren – in Wien wie auch in der deutschen Hauptstadt. So hat sich dort nicht einmal der Vollzugsrat des Arbeiter- und Soldatenrats von Groß-Berlin dieser Vorstellungen angenommen und sie somit zur Makulatur werden lassen.[113] Mit Blick auf Wien quittierte Musil das mit gewaltiger

Enttäuschung: »Es rächt sich bitter, daß die Deutsch-Österreicher immer das Regierungsvolk waren; sie sind politisch nicht organisiert und ohne nationalen Willen.«[114] Seine Diagnose, deren Befund später im Epochenroman *Der Mann ohne Eigenschaften* eine entscheidende Rolle spielen sollte, konnte schon 1918 erhebliche Evidenz beanspruchen: Im Unterschied zu den anderen Ethnien der Habsburgermonarchie hatten ihre deutschsprachigen Bewohner keine spezifische emanzipatorische Agenda, die dem neu zu bildenden Gemeinwesen als eine Art Ursprungsmythos zugrunde gelegt werden hätte können; eine solche identifikationsstiftende Idee fehlte der neuen Republik genauso schmerzlich wie schon der untergegangenen Donaumonarchie. So wiederholte sich strukturell eine Situation, die Musil vor dem Weltkrieg im Essay *Politik in Österreich* (1912) in folgende Worte gefasst hat:

> Es muß irgendwo in diesem Staat ein Geheimnis stecken, eine Idee. Aber sie ist nicht festzustellen. Es ist nicht die Idee des Staates, nicht die dynastische Idee, nicht die einer kulturellen Symbiose verschiedener Völker (Österreich könnte ein Weltexperiment sein), – wahrscheinlich ist das Ganze wirklich nur Bewegung zufolge Mangels einer treibenden Idee, wie das Torkeln eines Radfahrers, der nicht vorwärtstritt.[115]

Das Frustrationspotenzial dieser schonungslosen Diagnose ist offensichtlich, wenngleich sie – einmal ins Positive gewendet – auch produktive Kraft im Sinn neuer Chancen birgt. Der befreundete Schriftstellerkollege Oskar Maurus Fontana erinnert sich ganz in diesem Sinn:

> Musil empfand den Untergang der Monarchie [...] als notwendig und unausweichlich, aber auch als schmerzlich. Wie er sich allem neuen Werden aufgeschlossen zeigte, so nahm er auch das neue Werden Österreichs willig und empfänglich auf. Aber er sah sich bald enttäuscht; denn er litt sehr darunter, daß die Chancen von den Männern und Parteien, die jetzt über Österreichs inneres Schicksal zu befinden hatten, nicht wahrgenommen wurden, weil sich nirgendwo eine große Konzeption zeigte, weil, wenn auch im kleinen Rahmen, wie eh und je wieder fortgewurstelt wurde und man sich, ebenfalls wie eh und je, im Kleingezänk verzettelte.[116]

Musils gewaltige Enttäuschung über die vertanen Chancen eines gesellschaftlichen und kulturellen Neuanfangs steht einerseits *pars pro toto* für die Haltung zahlreicher Zeitgenossen zur österreichischen Revolution; andererseits schlägt sich in ihr seine besondere sozioanalytische Wahrnehmungsweise nieder, die er dann im *Mann ohne Eigenschaften* künstlerisch produktiv machen sollte:

> In dieser Beurteilung der Sachlage von 1918 und 1919 zeigte sich die Wesenseigentümlichkeit Musils ganz deutlich. Aus ihr kam die Verbitterung und Beunruhigung Musils gerade in diesen Monaten. Er sah die Wirklichkeit genau und scharf, aber ausschließlich in ihrem strukturellen Gefüge, sozusagen in ihrem Koordinatensystem; für die Einzelheiten und Bedingungen der Ereignisse hatte er wenig Interesse und Blick. Er lebte nicht improvisatorisch von Tag zu Tag, sondern systematisch einem bestimmten Ziele zu. Vom Tatsächlichen nahm er den Umriß, das Gerippe wahr; dafür war sein Blick im Geistigen und Künstlerischen um so differenzierter und nuancierter. Aus dieser seiner Wesensanlage ergab sich, daß ihm immer wieder und überall die Gegensätzlichkeit zwischen Vorgenommenem und Erreichtem, zwischen der Idee im Ganzen und der Situation im Augenblick auffiel.[117]

Angesichts seines so beschriebenen Habitus überrascht es nicht, dass Musil sich nach einem Zwischenspiel in der aktivistischen Geheimgesellschaft »Katakombe« sehr rasch wieder von der ihn in ihrer Planlosigkeit enttäuschenden Tagespolitik abwendete,[118] sein *Revolutionstagebuch* bereits nach wenigen Manuskriptseiten abbrach und sich fortan auf die Literatur konzentrierte, in der er seine Erfahrungen verarbeiten konnte – gemäß der Einsicht, der Geist sei (auch in seiner aktivistischen Ausformung) zwar »ein blühender Baum, aber man muß ihn beschneiden. Unbeschnitten wird er zur Literatendisputation, zum sog. Café Central«, kurz: zu dem, was Musil im Roman *Der Mann ohne Eigenschaften* die ›Parallelaktion‹ nennen sollte.[119]

Etwas zählebiger erwies sich der politische Atem seines aktivistischen Kollegen und Freundes Robert Müller, der die »Katakombe« gegründet hatte und als eigentlicher Kopf bzw. »Zentralfigur«[120] des Wiener Aktivismus gelten kann. Ernst Fischer hat zu dessen Erscheinungsformen und Bestrebungen festgestellt: »Daß seine Vertreter auf den großen Volksversammlungen, in der Roten Garde nicht zu finden waren, ist […] nur konsequent: Der Aktivismus verstand sich, wenigstens in seiner österreichischen Erscheinung, weniger als praktisch-politische Bewegung, sondern als eine Art Utopiewerkstatt«.[121] Viel konkreter lässt er sich zumindest in einem Buch, das sich nicht als Spezialuntersuchung versteht, kaum bestimmen, wie ein Blick in die vielen seitenlangen und hochabstrakten Abhandlungen Müllers belehrt; so fasst dieser etwa in der im September 1918 veröffentlichten Programmschrift *Die neue Erregung* die Tätigkeit der »Aktivisten« in blumige Worte:

> Sie verwandeln die Erregung, indem sie auf die Straße, in das Kaffeehaus, auf den geistigen Markt eilen, in ein Pathos. Sie backen den Beton zu aller Politik, bemühen sich um eine konkrete, einleuchtend geformelte Gesetzabfassung. Ihre

Manifeste, Bücher, Essays sind lang, das ist noch ein Fehler: weil sie das Schlichte, es Unschlichten zu beweisen, oft verwickelt vertreten. In ihrer Absicht liegt die Komplikation nicht. Daß ihr Pathos ihre direkt eingreifenden Akte überwiegt, liegt an der Schärfe und Jugend des ganzen Ereignisses. Sie sind so vielversprechend exakt, gebildet und praktisch, daß sie in kurzer Zeit die prägnantesten Vertreter in die Legislaturen des Planeten gesendet haben werden.[122]

Mit letzterem hat Müller definitiv nicht Recht behalten – dafür waren die profanen Schwierigkeiten des täglichen Lebens und Überlebens damals viel zu drängend. Um zu erfassen, was die realhistorischen Begleitumstände solcher hochtrabenden Bemühungen waren, eignet sich ein Blick in einen Brief des nicht allein *geistes*aristokratisch, sondern überhaupt aristokratisch denkenden Hugo von Hofmannsthal an die altadelige Ottonie Gräfin Degenfeld vom 26. November 1918, in dem es aber ganz bodenständig heißt:

Sie schrieben an mich am 26ten X. heut vor einem Monat. Als der Brief kam, starben in Wien wöchentlich 2800 Personen an der [Spanischen, N.C.W.] Grippe, wir hatten 4 Menschen von 7 im Bett, dazu beständig Plünderungsalarm und Schießereien in der Gegend, einmal in Brunn, einmal in Liesing, tausende flottanter hungernder Kriegsgefangener rundum, entsprungene Verbrecher zu hunderten in den kleinen Dörfern […] – alles das hungernd, frierend, drohend, und dabei au fond von einer erstaunlichen Gutmütigkeit, sonst wäre ja weit mehr passiert. […] die Zukunft ist höchst unsicher, überlebt man es, bekommt man wieder zu essen, tappt nicht in finsteren eiskalten Häusern herum, so wird man sich trotz allem wie im Paradies vorkommen, und auch irgendwie weiser geworden sein.[123]

Angesichts solcher bedrückenden Zustände konnte man von den Zeitgenossen kaum erwarten, sich für jene schriftlichen Hervorbringungen der Aktivisten zu erwärmen, die anspruchsvollste Reflexionen und wohlabgewogene Vorschläge zur Erarbeitung von Bedingungen der Möglichkeit neuer Politik entwickelten, wie ein weiterer Auszug aus der Programmschrift *Die neue Erregung* veranschaulichen mag:

Der Aktivismus ist eine Partei, die noch keine Partei hat und nur eine nimmt; eine Partei, die noch keine gewählten, bloß geborene Vertreter und noch keine Körperschaften hat, in denen diese sprechen könnten. Um also von der Literatur in die forensische oder administrative Tat zu gelangen, wird der Aktivismus so ziemlich die gesamte bestehende Ordnung im Kern treffen müssen. Ob er es vermag, wird sich zeigen. Die Unsicherheit des Erfolges ist für den Aktivisten

> keine Entschuldigung, den Versuch zu unterlassen. / Der Aktivismus ist vorerst das Pathos zu einer Politik: er ist vorerst das Romanische zu etwas, das deutsch ausfallen soll.[124]

Charakteristisch erscheint hier, dass sämtlichen konkreten Aussagen in intellektualistischer Manier sogleich Relativierungen folgen, sodass es in der revolutionären Lage nicht recht klar wurde, was zu tun und was zu lassen ist – obwohl Müller ja explizit beanspruchte: »Die Aktivisten stellen sich der aktuellen Situation.«[125] Da sie diese aber zumindest in ihrer Wiener Ausprägung immer gleichsam *sub specie aeternitatis* in den Blick nahmen, konnten sie sich kaum mit so profanen Problemen wie dem grassierenden Hunger oder einer weltweit wütenden Epidemie wie der Spanischen Grippe befassen: Denn nur »[w]as am Tag Jahrhundert ist, bringt ihre Federn in Gang.«[126] Die geistigen Bemühungen Müllers zur Revolutionierung des Denkens scheinen sich streckenweise in der Erstellung kluger theoretischer Typologien zu erschöpfen: »Die Gegner des Aktivisten sind der Politiker und der Dichter. Der Dichter will das Subjekt ändern; er verzichtet auf die sofortige Änderung des Objektes. Der Politiker, der Sozialist oder Revolutionär etwa ändert nur das Objekt. Der Aktivist ändert das Objekt an Ort und Stelle, um die Änderung des Subjektes zu ermöglichen, zu beschleunigen.«[127] Das klingt hochintellektuell, wie ein Versuch der Vermittlung zwischen der dualistischen Anthropologie und Geschichtsphilosophie Friedrich Schillers und der monistischen des Marxismus. Doch steht Müller zufolge ›der Aktivist‹ vor einem schier unüberwindbaren Problem: »Der Zweifrontenkrieg reibt ihn auf. Viele geben ihm darum keine Chance. So muss er sie ergreifen. Wird er sich zum politischen Akt im gegebenen Moment bekennen?«[128] Nicht einmal das war damals sicher, sodass der idealtypische Aktivist wie der handlungsgehemmte Protagonist aus Musils *Mann ohne Eigenschaften* anmutet. Klar blieb letztlich nur, *wogegen* man war und worin die langfristige Verheißung bestand:

> Verpönt sind Krieg, Wirtschaft um ihrer selbst willen, andererseits auch Ästhetizismus von nur Verfeinerten; die Gesellschaft soll möglichst so gebildet sein, daß sie ein Leben in geistigen Erregungen gestattet und fördert, weil nur auf diesem Wege der Mensch sich wesentlich ändern und hinaufbilden kann. Der nächste Schritt zur Verwirklichung dieser schönen Zustände ist das mutige Bekennen in Wort und Schrift und die Einflußnahme auf zugängliche und hochstehende Personen der gegenwärtigen Politik.[129]

Der hier gezeichnete Weg neuer Politik über die Beeinflussung gegenwärtiger Politiker erinnert in mancher Hinsicht an das Aufklärungskonzept der Geheimbünde des 18. Jahrhunderts. Genau dem Zweck gemeinschaftlicher Erarbeitung und Durchsetzung zukunftsweisender ›Geistpolitik‹ diente auch Müllers »Katakombe«, die bereits kurz nach ihrer Gründung wieder zerfiel und deren Scheitern er 1919 im Essay *Aus Deutschösterreich* folgendermaßen begründete:

> In den ersten Tagen der Revolution entstand das Bedürfnis nach einem mehr oder weniger diktatorischen Ausdruck dieser unklar gefühlten Zusammengehörigkeit der geistigen Menschen, die von der Monarchie unterdrückt und von der Republik überhört wurden. Es bildete sich damals vorwiegend aus den Künstlern und Schriftstellern der Generation zwischen 20 und 50 Jahren eine kleine Geheimgesellschaft, die »Katakombe«. Die »Katakombe« tagte und nächtete und schuf fulminante Stilsymbiosen aller mehr oder weniger bekannten Expressionisten in Wien. Sie scheiterte an der technischen Unbeholfenheit der politischen Neulinge. Von einer Führung war eigentlich nicht die Rede, denn es war von vornherein an eine Gemeinschaft gedacht. [...] Soviel stand nach den Erfahrungen mit der Katakombe fest, daß der geistige Kreis, wenn er sich auf politische Novizen beschränkte, die ohne Interesse für politische Ereignisse und oft über die einfachsten politischen Handhaben nicht informiert waren, zu klein gegriffen war.[130]

Der baldige Zerfall der »Katakombe« angesichts der »technischen Unbeholfenheit« ihrer Mitglieder *in politicis* ist symptomatisch für die Aporien des Wiener Aktivismus, der sich mit konkreter Politik und ihren Problemen nur aus einer sehr theoretischen Perspektive auseinandersetzte, aber immerhin zu bemerkenswerten Erkenntnissen gelangte: »Die Errichtung einer Diktatur, als Idee aus dem Vorrat der Weltgeschichte ebenso wie vielleicht aus dem kommunistischen Programm genommen, muß nach diesen Erfahrungen gänzlich fallen gelassen werden.«[131] Wie in solchem Befund deutlich wird, bildete Müllers aktivistische ›Geistpolitik‹ eine »Gegenwelt zum politischen Aktionismus à la Rote Garde.«[132] Gleichwohl konnte Müller selbst diesem – und der von ihm bei aller Kritik durchaus geschätzten[133] sozialistischen Wochenschrift *Der freie Arbeiter* – Erstaunliches abgewinnen, wie sich noch zeigen wird.

»Geist vom Geiste des Expressionismus«. Kischs revolutionärer Aktionismus und Werfels ekstatische »Raserei«

Auf dem beschriebenen, ideologisch wenig nährreichen Boden agierten nun die Revolutionäre Egon Erwin Kisch – der später weltbekannte ›rasende Reporter‹ – und Franz Werfel – der vor und nach dem Krieg äußerst erfolgreiche expressionistische Dichter –, zwei gute Bekannte Musils aus dem Kriegspressequartier, wo sie unter seiner Leitung journalistische Durchhaltepropaganda für die sterbende Habsburgermonarchie verfassen mussten. In ihrem nunmehr revolutionären Gehabe, das im Unterschied zum Wiener Aktivismus ganz auf konkrete Aktionen zielte, erwiesen sie sich für den skeptischen Beobachter letztlich als verkleidete Literaten bzw. als eher lächerliche Schauspieler, die das desolate und in der Bevölkerungsmehrheit kaum sozialrevolutionäre Nachkriegs-Wien als Bühne einer forcierten Selbstdarstellung nutzten, wie Musil in seinem *Revolutionstagebuch* festhält:

> Kisch bemüht sich, da hinein Bolschewikismus zu tragen. »Kommen Sie hin, mich sehen?« frägt er vor der Versammlung der Roten Garde am Deutschmeisterplatz heute meine Frau. »Heute abend habe ich viertausend Gewehre zur Verfügung. Es wird noch viel Blut kosten«, sagt er mit der Miene ernsten Bedauerns. (Vor vier Wochen hat er den Tod jeden [sic] weiteren Mannes an der Front für ein Verbrechen erklärt!)[134]

Ausschlaggebend für Kischs revolutionäre Agitation schien Musil ein enormer Geltungswille: Der frischgewählte Rotgardistenführer habe vor allem gesehen und bewundert werden wollen. Es ist erstaunlich, wie eng Dichtung und Wahrheit sowie Theater (bzw. Schmierenkomödie) und blutige Wirklichkeit in diesen Wiener Novembertagen beieinander lagen. Dem Revolutionär ging es Musils Darstellung zufolge weniger um die Rettung von Menschenleben schlechthin, sondern allererst um eine Lenkung der politischen Entwicklung in die ideologisch gewünschte Richtung, die – wenn sie denn aus seiner Perspektive ›die richtige‹ wäre – durchaus große Opfer rechtfertigen könnte, ganz nach dem problematischen Satz: Der Zweck heiligt die Mittel. Hier wird eine im Kontext des Linksradikalismus damals qualitativ neue ideologische Haltung deutlich, die ihren idealtypischen Ausdruck dann in Bertolt Brechts berüchtigtem Lehrstück *Die Maßnahme* (1930) finden sollte.

Weiter notierte Musil im *Revolutionstagebuch* über seinen bisherigen Untergebenen Kisch, wobei er die in Klammern gesetzten Informationen wiederum dekuvrierend zu Kontrastzwecken einsetzte:

> Seit achtundvierzig Stunden glaubt er nicht gegessen und geschlafen zu haben (wurde aber im Café bei einer Mahlzeit gesehen). Er ist ganz heiser, fahrig und man kann nicht zwei zusammenhängende Sätze aus ihm herausbringen. [...] Kisch [...] wirkt hysterisch. Um jeden Preis bemüht, sich in den Mittelpunkt einer Staatsaktion zu bringen. Geist vom Geiste des Expressionismus. (Vielleicht gehört solche Lust am Theaterspiel aber zu den Vorbedingungen einer historischen Rolle.) Was man zu ihm sagen wird, ist ihm jedenfalls wichtig; dem Kriegspressequartier eine Gänsehaut einzujagen ist jedenfalls ein uneingestandener Ehrgeiz. Ihn und Werfel schieben zwei richtige Anarchisten vor sich her.[135]

Abb. 4 : Egon Erwin Kisch und Leo Rothziegel als Rotgardisten, November 1918

Der abschließende Satz setzt voraus, dass es sich bei Kisch und Werfel um ›falsche‹ Revolutionäre handle. Mit den ›zwei richtigen Anarchisten‹ sind vielleicht ›Korporal Haller‹ und Leo Rothziegel gemeint. Während ersterer, wie schon gezeigt worden ist, gemeinsam mit Kisch eine entscheidende Rolle bei der Gründung und Radikalisierung der Wiener Roten Garde spielte und wohl nicht zuletzt deshalb bereits am 2. November – nur einen Tag später, während Musil seine Notizen machte – aus Österreich nach Polen abgeschoben wurde,[136] hatte letzterer – Rothziegel – als gebürtiger Wiener hier das Heimatrecht,[137] was eine Abschiebung verhinderte. Dies erlaubte ihm, in der Roten Garde längerfristig eine wichtige Rolle zu spielen.[138] Die zweite in Klammern gesetzte Bemerkung Musils, die trotz fehlender Fragezeichen interrogativ anmutet, steht für dessen Grundlagenreflexion über politische Anthropologie und Massenpsychologie: Demnach wäre die »Lust am Theaterspiel«, also die Freude am gleichsam ludischen Vorstellen, Präsentieren und Gesehen-Werden, eine kardinale Voraussetzung realer politischer Wirksamkeit und historischer Bedeutung.

Einen noch ironischeren Beigeschmack erhalten diese Notizen über den »Pseudoradikalismus Kischs«, der »das Bild des revolutionären Literaten damals entscheidend geprägt« hat,[139] wenn man sie mit Martha Musils Mitteilungen über die mindestens einmal wöchentlich stattfindenden ›Mokka-Symposien‹ in den Cafés der Wiener Herrengasse konfrontiert, an denen um diese Zeit und unmittelbar davor neben dem Ehepaar Musil der Erinnerung Oskar Maurus Fontanas zufolge Franz Blei, Robert Müller und Erhard Buschbeck als ›ständige Teilnehmer‹ sowie sporadischer auch Franz Theodor Csokor, Albert Paris Gütersloh, Karl Otten und Alfred Polgar mitgewirkt haben.[140] Musils Gattin hat die Schilderungen davon in Briefen an ihre Tochter Annina nach Berlin geschickt und dabei auch öfter von Kisch, Werfel und Konsorten berichtet; so heißt es da am 18. September 1918 über die traurige Situation in Wien gegen Kriegsende:

> Wir wollen jetzt wirklich nicht mehr regelmäßig ins Café gehen, es ist jetzt garnicht mehr verlockend, der Kaffee ist schlecht, im Central ist niemand Nettes und im Herrenhof Werfel mit der Kranz [es handelt sich um die Schriftstellerin Gina Kaus, die die Adoptivtochter und heimliche Geliebte des zwielichtigen Financiers Dr. Josef Kranz war, N.C.W.] und der Summa Gesellschaft; wir haben neulich Werfel dort gesprochen und werden manchmal, aber selten, hingehen. Vor einigen Tagen waren wir im Herrenhof mit [dem Berliner Journalisten Paul] Scheffer, der kurze Zeit hier ist, verabredet, Kisch war auch noch da und Ea [von Allesch] kam dazu. Es war recht hübsch, Scheffer hat sehr amüsant von einem Abendfest bei Gina Kranz erzählt, zu dem ihn Blei mitgenommen hatte.[141]

Unter der »Summa Gesellschaft« hat man sich den Literatenkreis um Franz Blei und die von ihm 1917–1918 herausgegebene Vierteljahresschrift *Summa* vorzustellen. Die folgende Schilderung des besagten, von Josef Kranz und Gina Kaus ausgerichteten ›Abendfestes‹ erlaubt Einblicke in die Skurrilitäten des ›besseren‹ Wiener Gesellschaftslebens gegen Kriegsende, das von Mangel und zugleich immer noch von Statuskonsum sowie von zweifelhaften Geschäftspraktiken geprägt war – Kranz war ja nicht von ungefähr ein 1917 erstinstanzlich verurteilter Schieber und Preistreiber, der aus Gründen der politischen Absicherung am Ende des Krieges Verbindung zur revolutionären Szene suchte.[142] Darauf wird im Zusammenhang einer weiteren Zeitschriftengründung Bleis (und Güterslohs), *Die Rettung*, noch einzugehen sein; für den gegenwärtigen Kontext bezeichnend sind hingegen die Auskünfte über den nachmaligen Revolutionär Kisch:

> Kisch ist seit Montag auf Urlaub, 4 Wochen, erst zwei Wochen Prag, dann Weimar, dann Berlin; da will er Dich anrufen und zum Spazierengehen abholen. Vielleicht wird er aber schon früher vom Urlaub abgerufen, dann kommt er garnicht nach Berlin. [...] – Kisch ist verzweifelt, weil er keine neue Uniform für Berlin hat; die Zivilsachen findet er selbst nicht schön genug. Letzten Freitag, den 13., hat er ungeheuer viel erlebt. In der ersten Nacht wurde beinahe bei ihm

> eingebrochen, am zweiten Abend hatte er keine Zigaretten, dann zuhause hatte er unendlich viel Zigaretten, aber keine Zündhölzer![143]

Die hier kolportierten ›Erlebnisse‹ des k. u. k. Oberleutnants Kisch scheinen im September 1918 zwar abenteuerlich und abwechslungsreich, doch nicht wirklich existenzbedrohend gewesen zu sein. Seine Verzweiflung darüber, »keine neue Uniform für Berlin« zu bekommen, zumal seine Zivilkleidung »nicht schön genug« sei, klingt weniger nach einem drängenden sozialen Gewissen als nach Eitelkeit und theatralischem Geltungsdrang – womit allerdings nicht geleugnet sei, dass Kisch sich schon seit Mitte 1917 in sozialrevolutionären Zirkeln bewegte und auch aktiv engagierte.[144] Einen Monat nach besagtem Brief, am 19. Oktober 1918, berichtet Martha Musil ihrer Tochter Annina dann, dass Kisch keine zwei Wochen vor der Wiener Revolution vor allem über den Tod einer »hübsche[n] junge[n] Tänzerin«, die von der grassierenden Spanischen Grippe dahingerafft wurde – also über das traurige Ende eines erotischen Abenteuers –, »ganz unglücklich« sei; weiter kolportiert Martha, die literarische Kaffeehausgesellschaft der Musils mit Werfel, Kisch und Blei mache sich jetzt gemeinsam Gedanken über eine mögliche soziale Revolution: »Wir haben neulich im Café verabredet, wenn hier Bolschewiken-Zustände kämen, alle zusammen in einen Keller zu ziehen. Die Herren müßten als Mannschaftspersonen gehen und die Frauen müssen sich ganz schäbig anziehen. Das würde Dir gewiß gefallen.«[145] Nimmt man diese Worte als Quelle für faktische Gemütszustände, dann hegte man in den Wiener Cafés Central und Herrenhof noch in der zweiten Oktoberhälfte 1918 recht pittoresk-sozialromantische Vorstellungen von einer bevorstehenden kommunistischen Revolution. Nur weniger Tage später indes sollte Kisch laut den Erinnerungen Guido Žamis' dann gemeinsam mit ›Haller‹ unter den Soldaten gewaltig agitieren,

> wo immer diese sich sammelten. Nun hatte am 30. Oktober eine Masse von Soldaten versucht, die Tore der Rossauer-Kaserne aufzubrechen, wo sich Tausende von inhaftierten Militärpersonen befanden. An diesem Tage gelang es der berittenen Polizei, sie mit der blanken Waffe auseinanderzutreiben. Obwohl der Staatsrat darauf eine Amnestie erlassen hatte, kehrten sie am nächsten Tage wieder zurück und sammelten sich auf dem Platz zwischen der Rossauer-Kaserne und der Ringstraße.[146]

Es handelt sich um ebenjenen relativ zentralen Platz der Hauptstadt, wo sich das Denkmal für das Wiener Hausregiment ›Hoch- und Deutschmeister Infanterie-Regiment Nr. 4‹ befand, von dem schon mehrmals die Rede war: »Bei dieser Gelegenheit sprachen Kisch und Haller zu den Soldaten und forderten sie auf, dem Beispiel der Petrograder Arbeiter und Soldaten zu folgen und eine Rote Garde zu bilden. Der Vorschlag wurde mit Begeisterung aufgenommen«.[147] Auch Franz Blei erinnert sich in seiner *Erzählung eines Lebens* (1930) an »Die Revolution in Wien« – so die Kapitelüberschrift – entsprechend, wobei wiederum das – bald stehende – Motiv des »Kokardenwechsels« eine tragende Rolle spielt:

> Jetzt, im November, hing sie [i. e. die rote Fahne, N.C.W.] überall heraus. Alles plätscherte im Glücke einer gewissermaßen amtlich erlaubten Anarchie, die der Verpflichtung zum gegenwärtigen Dasein enthob, das vier Jahre lang unerträglich gelastet hatte. Jetzt lebte man, wie das geliebte Wort hieß, nur mehr in der Zukunft und fühlte sich nur mehr als Glied der ewigen Kette, der zeiträumlichen Fiktion. Das letzte Nichts kam auf diese Weise mit der Mindestanstrengung eines Kokardenwechsels zu einem Gefühle, das sich selber genoß. Alles war bereit, als Brücke in die Zukunft zu dienen, sich auf den Leib steigen zu lassen. Immer marschierte wo ein Zug mit roten Fahnen, hielt wo, einer gestikulierte, Werfel oder Kisch. Dieser Weg in die Zukunft ging, da er um den Ring herumzog, im Kreise, wahrhaft im Kreise. [...] Die vollzogene Revolution wurde also als eine Tatsache mit Statisten vor und auf der Tribüne gefeiert.[148]

Nicht die Darstellung der Wiener Revolution als zirkuläres, doch die als mehr theatralisches denn politisch-ideologisches Ereignis begleitet diverse Berichte von Anbeginn und hält sich beharrlich auch noch in späteren Retrospektiven. Ganz so gering, wie Blei und später auch Manès Sperber suggeriert haben, scheint die Anstrengung des (tages-)politisch opportunen Kokardenwechsels jedoch nicht gewesen zu sein, folgt man einem ironischen Bericht Richard A. Bermanns:

> Ein anderer meiner alten Bekannten, der Schriftsteller Egon Erwin Kisch, legte damals seine Offizierskokarde und seine beiden goldenen Oberleutnantssterne auf jeder Seite des Uniformkragens öffentlich ab, während einer Rede, die er einer um das Deutschmeisterdenkmal zusammengerotteten Gruppe von Soldaten hielt. Er kam von diesem revolutionären Akt direkt ins Café Central in der Herrengasse und erzählte den dort, wie immer, versammelten Literaten, wie ihn beim Anblick der armen, halb verhungerten, invaliden und elenden Soldatenmenge eine große Wut überkommen habe: deswegen habe er die Abzeichen seines Offiziersstandes vom Kragen gerissen und unter die Soldaten geworfen. Die symbolische Tat erregte bei den damals sehr revolutionär gesonnenen Insassen des »Central« viel Enthusiasmus, obwohl ich mir nicht verhehlen konnte, daß niemand, in welchem gerechten Zorn auch immer, vier solide, an einem Rockkragen angenähte Uniformsterne abreißen kann, wenn er sie nicht vorher in aller Stille gelockert hat.[149]

Durch die abschließende Bemerkung wird die scheinbar spontane revolutionäre Geste einmal mehr als wohlkalkulierter theatralischer Akt diskreditiert. Die Diagnose des Geltungsdrangs bestätigte Kisch sogar ungewollt selbst, zumindest in gewisser Weise: So klagte er gegenüber seiner in Prag lebenden, besorgten Mutter Ernestine am 3. Jänner 1919 zwar zunächst über die wirtschaftliche Misere Wiens nach Kriegsende und bat sie um Unterstützung durch Geldsendungen und ›Fresspakete‹.[150] Im Anschluss daran berichtete er aber stolz über den grandiosen Ruf, den er sich mit seinen revolutionären Aktionen nicht nur unter Gesinnungsgenossen, sondern sogar in ›besseren‹ Wiener Kreisen – es handelt sich um das aufgeschlossene jüdische Bürgertum – erworben hatte:

> Silvester war ich bis 4 Uhr früh in Riesengesellschaft bei Dr. [Franz] Elbogen, sein Vater war der Cousin von Seligmann Elbogen, berühmtester Wiener Advokat. Es wurden massenhaft Lieder und Gedichte über mich vorgetragen. Heute, abends, bin ich bei Deiner Mitschülerin Frau Perutz (geborene Österreicher, glaub ich?) eingeladen. Ihre Söhne sind schon seit einem Jahr verheiratet, und bei denen verkehre ich auch. Über Neujahr habe ich zu Frau [Gina] Kranz, die ein Schloß auf dem Semmering hat, fahren sollen, habe es aber unterlassen, worüber sie sehr ärgerlich ist. Ich schreibe Dir das, damit Du siehst, daß ich zwar obdachlos, aber noch immer der alte Liebling der Welt bin.[151]

Kischs Selbstbewusstsein als Gesellschaftslöwe war offenbar von keinem Zweifel angekränkelt, obwohl er sich auch über politische Anfeindungen und Verdächtigungen gut informiert zeigte: »Ich hatte die Absicht, diese Woche nach Prag zu kommen, aber ich habe es unterlassen müssen, weil ich aus Briefen und mündlichen Mitteilungen ersehen habe, daß man sinnloserweise mir die Veranstaltung der Prager Kravalle zuschreibt, daß man in vielen Kreisen Wut gegen mich hat und auch Angst vor mir als Extremsozialisten.«[152] So hat es sich der hartgesottene Sozialrevolutionär versagt, »wieder einmal nach langer Pause in Mutters Wohnung ein anständiges, menschenwürdiges Dasein zu führen.«[153] Was er insgeheim von seinem revolutionären Mitstreiter Werfel hielt, erfährt man ebenda: »Werfel fährt wohl heute nach Prag (und wird vielleicht diesen Brief mitnehmen), aber zum Bringen meines Mantels ist er nicht verläßlich genug.«[154] Diese charakterliche Einschätzung eines engen Kombattanten gegen die ungerechte Gesellschaftsordnung kann vor dem Hintergrund des gemeinsamen Engagements für die revolutionäre Sache durchaus bedenklich stimmen. Dass es um Werfels politische Geradlinigkeit und Verlässlichkeit tatsächlich nicht allzu gut bestellt war, dass im Gegenteil allenthalben »eine beträchtliche innere Unsicherheit Werfels in seinem revolutionären Bekenntnis«[155] am Werk war, sollte nicht erst in den dreißiger Jahren dessen ideologisches Naheverhältnis zum sogenannten ›Austrofaschismus‹ bestätigen,[156] sondern bereits gut zehn Jahre nach der Wiener Revolution die distanziert-ironische Darstellung der eigenen Aktivitäten von 1918 im autobiografischen Roman *Barbara oder Die Frömmigkeit* (1929) – als ob er mit dem Geschilderten gar nichts zu tun hätte.

Im gegenwärtigen Kontext sei hingegen die revolutionäre Aktivität Werfels selbst gemustert – seine ekstatische »Raserei«,[157] wie die spätere Ehefrau Alma Mahler-Werfel im Rückblick treffend formuliert hat. Dementsprechend berichtet Musil in seinem *Revolutionstagebuch* zum 2. November 1918 über Werfel als einer Art Anhang seines Prager Kameraden Kisch: »Mit ihm zieht Werfel, in diesen Tagen blaß mager und ganz heiser geworden. Hat anscheinend keine Ahnung, was er tut, glaubt auf die Leute im Sinne friedlichen Umsturzes zu wirken. Er ist enorm komisch.«[158] Dass dieser nach außen hin unfreiwillig »komisch« wirkende Zustand des expressionistischen Dichters einige Zeit anhielt, zeigt ein Notat Leo Perutz' zum 12. November, dem Tag der offiziellen Republikausrufung: »Im Café Herrenhof Franz Werfel furchtbar aufgeregt.«[159] Und noch am 20. Dezember verzeichnet Arthur Schnitzler in seinem Tagebuch etwas irritiert: »Mit Werfel fort, der etwas verworren nach seiner Art mir den Communismus zu erklären suchte, ohne selbst irgendwie überzeugt zu sein.– Aber man spürt immer in ihm den Menschen, den Dichter.–«[160] Die Irritation ist fast in sämtlichen Zeugnissen spürbar. Dabei hatte Martha Musil ihrer Tochter Annina noch am 19. Oktober 1918 wenig Spektakuläres über den baldigen Revoluzzer berichtet:

> Gestern habe ich Dir den Weltfreund [d. i. Werfels erste Gedichtsammlung von 1911, N.C.W.] geschickt. Werfel kann ihn nicht mehr leiden, er sagt, daß er die Gedichte mit 18–20 Jahren gemacht hat. Er ärgert sich auch über die Ausgabe, weil so viele Druckfehler stehen geblieben sind; er hat sie alle eigenhändig verbessert. Wir gehen selten ins Café, aber ab und zu ist es hübsch, besonders wenn Werfel da ist; der kommt auch selten; er unterhält sich immer sehr gut mit Robert.[161]

Dieser briefliche Bericht ist nicht nur insofern interessant, als Musil später seinen ehemaligen Untergebenen und Kaffeehausdiskutanten im Roman *Der Mann ohne Eigenschaften* in der Figur des pazifistischen Dichters Friedel Feuermaul unerbittlich karikieren sollte, was wohl auch auf seine von Werfel gewonnenen Eindrücke während der Revolution zurückzuführen ist, sondern auch deshalb, weil er zeigt, in welchem kurzen Zeitraum – es handelt sich um etwa zehn Tage – der junge Werfel sich politisch radikalisiert hat. Allerdings hatte er bereits Anfang 1918 in Davos »den Erzfeind des k. u. k. Imperiums, das bolschewistische Rußland, in einer öffentlichen Rede als Vorbild« hingestellt.[162]

Dass er auch in Wien öffentlich für eine Rätediktatur nach russischem Vorbild sowie vor allem für eine Enteignung der Wiener Großbanken eintrat, dokumentiert ein geheimer Polizeiakt aus dem Österreichischen Staatsarchiv in Wien, den der Historiker Hans Hautmann zugänglich gemacht hat; dort heißt es nämlich:

> Am 3. November 1918 fand vor dem Abgeordnetenhaus eine Kundgebung der Angehörigen der sogenannten »roten Garde« statt. Ein Teil der Demonstranten zog von dort zum Schottentore, wo abermals Ansprachen an dieselben gehalten wurden. Nach Meldung des hierortigen Polizei-Bezirksinspektors Rudolf Schupp soll nun hiebei ein Zivilist die Äußerung gemacht haben, »heute seien sie (die Angesammelten) noch zu schwach, sie würden von den Pferden der Berittenen zertreten werden, bis sie aber genügend stark seien, dann würden sie herniederschmettern wie eine Lawine auf alle, von denen sie jetzt ausgebeutet und ausgesaugt würden; dann würden sie die Herren werden von dem, was ihnen jetzt nicht gehöre, dann würden sie auch diese Geldpaläste besitzen.« Bei dieser letzten Äußerung soll er auf das Gebäude des Wiener Bankvereines hingewiesen haben.[163]

Werfel wurde daraufhin »durch vertrauliche Erhebung« polizeilich ausgeforscht, am 10. November zur zuständigen k. u. k. Polizeidienststelle vorgeladen und um Auskunft über sein Verhalten und seine tatsächlichen Äußerungen ersucht, wobei er laut Vernehmungsprotokoll des Polizeikommissärs Johann Pressner folgende Erklärung abgab, die angesichts ihrer scheinbaren Naivität etwas ausführlicher betrachtet sei:

> Über Befragen erklärte er, daß er tatsächlich am besagten Tage beim Schottentore an die dort versammelten Personen eine Ansprache gehalten und hiebei auch mit der Hand gegen den Wiener Bankverein weisend, erklärt habe, daß die Arbeiter einst Herren der Geldpaläste sein würden. Er habe aber daran die Bemerkung geknüpft, daß sie eben deshalb, weil der Endsieg ihnen sicher sei, es nicht nötig hätten, gegenwärtig etwas zu unternehmen, was der Würde ihrer Kundgebung abträglich wäre.[164]

Zur Untermauerung seiner Aussagen gab der Dichter zu Protokoll, »er sei Anhänger des Urchristentums und daher gegen jede Gewalt, und seine ganze Rede habe nur den Zweck verfolgt, die aufgeregte Menge von Gewaltakten, insbesondere von einem Zuge zur Rossauerkaserne abzubringen.«[165] Was Werfels Angabe zu seiner weltanschaulichen Haltung anlangt, die »einem säkularisierten Messianismus und Gefühlsanarchismus« gleichkam,[166] entspricht diese zumindest mit ihrem Votum für einen ›friedlichen Umsturz‹ durchaus anderen historischen Quellen aus der fraglichen Zeit, etwa den Notizen Musils. Seine Aussage zum alleinigen »Zweck« der von ihm gehaltenen »Rede« muss hingegen als beschwichtigend gelten. Der pazifistische »Anhänger des Urchristentums« wusste offenbar im richtigen Augenblick das ihm Vorteilhafte zu verlautbaren, sodass er mit einer »väterlichen Ermahnung«[167] seitens des gestrengen Polizeikommissärs davonkam:

> Ich machte Werfel darauf aufmerksam, daß ich an der Richtigkeit seiner Darstellung nicht zweifle, daß er aber, da er sich nach eigener Aussage bisher nicht mit Politik befaßt habe, nicht imstande sei, die Wirkung derartiger Reden auf die Zuhörer richtig abzuschätzen[,] und daß seine Ansprache, mit der er angeblich Gewaltakte hintanhalten wollte, leicht solche hätte herbeiführen können.[168]

Im weiteren Verlauf der ernsten Unterhaltung zwischen dem Polizisten und dem Dichter warnte jener diesen vor möglichen »üblen Folgen« seiner Handlungen, »da er ja nach Prag zuständig sei und daher in Deutsch-Österreich das Heimatrecht nicht besitze«[169] – was eine sofortige Ausweisung jederzeit möglich gemacht hätte; man denke nur an die etwa zeitgleiche Abschiebung des ›Korporals Haller‹. Angesichts solcher Drohungen, deren Inhalt erstaunlicherweise sogar bis zu Hermann Bahr und Karl Kraus drang,[170] vergaß Werfel kurzzeitig seine naive Maske und erklärte großspurig, »daß jedwede Maßnahme gegen ihn bei der gegenwärtigen Situation heftige Angriffe in der reichsdeutschen Presse hervorrufen werde«, was auf den Polizeikommissär allerdings nicht die erhoffte Wirkung tat.[171]

Dass man Werfels spätere fiktionale Darstellung der Wiener Revolution im Roman *Barbara oder Die Frömmigkeit*, der erst elf Jahre nach den Ereignissen erschien, zwar mit Blick auf zahlreiche atmosphärische und anekdotische Details der damaligen Zeit, nicht aber hinsichtlich der in der Romanfigur Ferdinand R. gezeichneten eigenen revolutionären Rolle des Dichters allzu wörtlich nehmen darf,[172] geht aus dem Abstand zwischen Werfels historisch verbürgter sozialrevolutionärer Aktivität und Ferdinands unschuldiger Naivität deutlich genug hervor: Im Roman wird der friedliebende Romanheld gleichsam »willenlos, wie in Trance« von dunklen Gestalten des ›Schattenreichs‹ ferngesteuert und gerät so ohne eigenes Zutun »in die Fänge der Kommunisten«.[173] Es handelt sich bei diesem Buch, dessen Qualität als »psychologisch wie atmosphärisch ungemein dichtes, aufregend zu lesendes Stimmungsbild der revolutionären Situation in Wien am Vorabend des November 1918 und des Umsturzes«[174] nicht geringzuschätzen ist, ganz offensichtlich um einen »Schlüsselroman« und eine »Rechtfertigungsschrift zugleich«.[175]

Die ideologischen Implikationen von Werfels politischer Resignation und Melancholie im Roman entsprechen offenbar weniger der zeitgenössischen Wahrnehmung seines Autors im November 1918 als vielmehr seiner späteren Sicht der Dinge unter dem Einfluss Alma Mahlers, der das »sozialistische[ ] ›Getue‹« ihres damaligen Geliebten, »sein ›Gerede‹ von Menschenliebe und Aufopferungswillen« schon vor Ausbruch der Wiener Revolution ein Gräuel gewesen war,[176] danach aber mehr denn je: »Für Werfel bedeutete es eine schmerzliche Ernüchterung, als die geliebte Frau mit all ihren matriarchalischen Zügen sich von der Bewegung abwandte, die gerade die Herrschaft des Matriarchats begründen wollte.«[177] Bei letzterem ist wohl vor allem an die revolutionären Bestrebungen des charismatischen Psychoanalytikers Otto Gross zu denken, denen im Roman ein ganzes Kapitel gewidmet ist.[178] Kurz und gut: »Alma Mahlers Ablehnung des Rebellen Werfel hatte auf den Dichter einen Schock ausgeübt«[179] – vergleichbar etwa mit der mäßigenden Wirkung der Charlotte von Stein auf den jungen Goethe. Dementsprechend »brach in Werfel eine Welt zusammen, die Welt seiner subjektiv gefärbten Jugend, und es bahnte sich in ihm die Entwicklung an, die schliesslich zur Aufgabe der revolutionären Gesinnung führte.«[180] Es muss nicht betont werden, dass dafür natürlich auch noch andere – biografische, intellektuelle und politische – Faktoren eine Rolle spielten.[181]

Almas konterrevolutionäre Überzeugung wird dann augenscheinlich, wenn man ihren erst nach dem Zweiten Weltkrieg veröffentlichten Rückblick *Mein Leben* (1960) konsultiert, in dem zum 12. November 1918 mit merklichem Widerwillen berichtet und zuletzt sogar die Bereitschaft zu privat organisierter Selbstverteidigung offengelegt wird: »Wir saßen im roten Musiksalon, als die sogenannte ›Revolution‹ ausbrach. Es war drollig und schaurig zugleich. / Den Zug der Proletarier zum Parlament hatten wir mit angesehen. Üble Gestalten... rote Fahnen... häßliches Wetter... Regenmatsch, alles grau in grau. [...] Wir holten meine Pistolen hervor.«[182] In diesem biografischen Rückblick, dessen maliziöse Zeichnung der Arbeiter- und Soldatendemonstration von Werfels empathischer Darstellung im Roman merklich abweicht, zeigt sich wiederum die eminente Angst der bürgerlichen Wiener Bevölkerung vor dem Proletariat, seinen Vertretern und einem von diesen bewerkstelligten staatspolitischen Umsturz im Sinne einer sozialen Revolution. Interessanterweise sah sich Alma Mahler durch die einschlägigen Aktivitäten ihres zukünftigen Gemahls – die Heirat erfolgte erst 1929 – mehr als andere Zeitgenossen ihrer gesellschaftlichen Schicht direkt und ganz persönlich mit den chaotischen politischen Vorgängen der Revolutionszeit konfrontiert und kommentiert diese herablassend aus der Perspektive der erzkonservativen Bildungsbürgerin:

> Am Abend mußte ich ausgehen. Die Straße war voller Rowdies, lauter Burschen unter zwanzig Jahren, mit wild aufgerissenen Gesichtern. [...] Am nächsten Tag kam Werfel zu mir, in alter Uniform, schrecklich anzuschauen, und bat um meinen Segen. Ich verstand nicht recht, was er vorhatte, aber ich fühlte, daß es eine ›falsche Revolution‹ sei, und war in meinem Herzen dagegen. / Doch bat er mich so lange, wollte vorher nicht weggehen, bis ich seinen Kopf nahm, ihn küßte und

> er entlaufen konnte. / Bange wartete ich… und als er endlich tief in der Nacht kam, war ich noch viel entsetzter. Seine Augen schwammen in Rot, sein Gesicht war gedunsen und starrte vor Schmutz, seine Hände, seine Montur… alles war zerstört. Er roch nach Fusel und Tabak. / Die jungen Literaten hatten die ›Rote Garde‹ gegründet! / Ich schickte ihn weg. Er war mir widerlich. […] Ich schloß die Haustür, und er mußte zu irgendeinem Freund übernachten gehen, denn in seinem Zustand hätte ihn kein Hotel aufgenommen. / Er hatte, auf Bänken auf dem Ring stehend, wilde kommunistische Reden gehalten und »Stürmt die Banken!« und ähnlich unbedachte revolutionäre Schlagworte geschrien. […] Alles, was er aber sprach, war mächtig und wahr in ihm, und nirgends folgte er einer bloßen Phrase. / Er war nachher nicht glücklich über diese Episode.[183]

Zwar ist die Chronologie der Ereignisse in dieser Erinnerung Alma Mahler-Werfels offensichtlich ein wenig durcheinandergeraten, wurde die Wiener Rote Garde doch zwei Wochen *vor* der Republikausrufung gegründet und nicht währenddessen; dennoch geht aus den sonstigen Aussagen seiner späteren Gattin recht plastisch hervor, wie stark Werfels romaneske Darstellung die eigene Rolle in der Wiener Revolution verharmlost und in einem antirevolutionären Sinn beschönigt. Seine nunmehrige Frau wusste aus einem viel größeren historischen Abstand Anderes zu berichten:

> Seine ganze Raserei in diesen Tagen war der Polizei bekannt, und er wurde überall gesucht. […] Franz Blei hatte sich […] sehr gefreut, daß Werfel nun dran glauben müsse. Es ist Franz Werfel nichts geschehen, aber er war in großer Gefahr […]. Diese Kaffeehausschreier, seine sogenannten Freunde, die den naiven Werfel der Sensation halber in dieses Unternehmen gestürzt hatten, die hatten ja nichts zu verlieren![184]

Jenseits des hier offenbar werdenden Ressentiments gegen die Literatenrunde der Cafés Central und Herrenhof – insbesondere gegen Franz Blei – belegen Mahler-Werfels rückblickende Worte über den Spätherbst 1918 nicht allein die tatsächlich revolutionäre Aktivität ihres späteren Ehemanns, sondern auch ihren Versuch, diesen (nach dessen Tod im Jahr 1945) als naives Opfer einer Verführung durch andere Autoren von allen politisch anrüchigen Verstrickungen reinzuwaschen. Ähnliches betrieb Berta Zuckerkandl schon 1918, wie noch zu zeigen sein wird.

Unabhängig davon identifizierte Werfel sich noch um die Jahreswende 1918/19 nachweislich mit der revolutionären Bewegung und hat wiederholt vor der Roten Garde bzw. den Revolutionären Sozialisten Gedichte vorgetragen.[185] Im zeitgenössischen Bericht zum Neujahrsfest 1919 der Föderation Revolutionärer Sozialisten »Internationale« heißt es voll Anerkennung: »Den Höhepunkt erreichte die Feier in der Vorlesung Franz Werfels, der seine Dichtungen den andächtig Lauschenden meisterhaft darbot«.[186] Gleichwohl sind die gängigen Behauptungen, Werfel sei auch Gründungsmitglied der Roten Garde gewesen, habe »am 11. November 1918 an den Verhandlungen« teilgenommen, »die zum Sturm der Roten Garde auf das Wiener Parlament führen sollten«, ja sei »auf Grund von übertriebenen Gerüchten (er soll es in der Roten Garde sogar zum General gebracht haben) verhaftet« worden und »einige Tage in Polizeigewahrsam« geblieben,[187] allesamt falsch, wie Hautmann gezeigt hat – obgleich die historischen Quellen und historiografischen Rekonstruktionen sogar aus Werfels unmittelbarer Umgebung darüber erheblich differieren: »Tatsächlich fehlt [...] in den Akten jeder objektive Beweis für seine Mitgliedschaft. Formal dürfte also Werfel mit größter Wahrscheinlichkeit der Roten Garde nicht angehört haben, was aber nicht ausschließt, daß er in diesen ersten Novembertagen engen Kontakt zu den Rotgardisten hatte.«[188] Mehr noch: »Werfel muß ja Egon Erwin Kisch noch aus der Prager Zeit gekannt haben, und über Kisch trat Werfel mit Leo Rothziegel in Kontakt, dieser wiederum hat ihn in die Föderation revolutionärer Sozialisten ›Internationale‹ eingeführt. Auch hier war Werfel nicht Mitglied, nahm aber an einigen Veranstaltungen der FRSI teil«,[189] der er offenbar eher gefühlsmäßig als im engeren Sinn einer konsistenten linken Ideologie nahestand. In diesem Zusammenhang hat Ernst Fischer darauf hingewiesen, dass Werfel »bereits im Januarheft 1917 der *Neuen Rundschau* in einem offenen Brief an Kurt Hiller dem der Ideologie der Tat verschriebenen Aktivismus eine Absage erteilt« hatte »zugunsten eines Bekenntnisses zum Christentum, das sein Werk im Ich, im Bewußtsein der Menschen vollziehe.«[190] Zwar war Werfel mit solchen unkonventionellen ideologischen Synkretismen nicht allein unter den Wiener Revolutionären. Sie stellten in ihrer Heterogenität jedoch keine hinreichende Grundlage für ein anhaltendes sozialrevolutionäres Engagement dar. Im weiteren Verlauf des Jahres 1919 verlieren sich dann auch die Hinweise auf Kontakte zwischen dem Dichter und der Roten Garde oder der FRSI, die zudem bald in der KPDÖ aufgehen sollte.

»In aller Ausführlichkeit und mit der nötigen Heldenpose«. Kischs Werbefeldzug für die Rote Garde

In einem *Wien und die Rote Garde* überschriebenen Artikel für das Hausblatt der Roten Garde, die seit 9. November 1918 von Hilde Wertheim herausgegebene sozialistische Wochenschrift *Der freie Arbeiter*,[191] klagte Egon Erwin Kisch gleich in der Eröffnungsausgabe über den mangelnden Willen zur Wahrheit bei der Wiener Tagespresse.[192] Zum Zweck der Werbung unter Angehörigen der Volkswehr und den von der Front heimkehrenden Soldaten[193] griff er selbst zur Feder und vor allem zum Hörer, wie sein damaliger Mitstreiter Peter Waller kolportiert hat: »Kisch war fast ununterbrochen beim Telephon und befand sich in einer ständig nervösen Stimmung.«[194] In dieser fasste er den politischen Zweck der Roten Garde kurz nach deren Konstitution folgendermaßen zusammen:

> Männer, die für den Frieden hetzten, als alles noch für den Krieg hetzte, vereinigen sich. Die Rote Garde. Ihr Programm war einfach: Die Revolution zu schützen, die Republik zu bewahren vor Republikanern, die zu ihrem Kaiser in Hofautomobilen hinausfahren. Ihr Programm war weiters, den »Revolutionären« zu sagen, daß ein Prälat kein besonders geeigneter Vorsitzender für sie sei und die blutrünstigen »Heil«-Brüder keine empfehlenswerte Gesellschaft, daß, wer gestern noch zu Heldentod und Heldentaten zuredete, heute nicht mehr das Recht habe, zu Genossen zu sprechen, daß es eine andere, bessere Ordnung gibt als jene vor 1914.[195]

Kischs legitimatorischer Text arbeitet mit zahlreichen aktuellen Anspielungen auf maßgebliche Politiker der Umbruchszeit – so auf den Führer der Sozialdemokraten Victor Adler, der am 2. November 1918 in der kaiserlichen Hofkarosse zuerst seinen begnadigten Sohn Friedrich vom Bahnhof abgeholt hatte und mit diesem sodann ins Außenministerium und schließlich nach Schönbrunn zur Audienz beim Kaiser gefahren war,[196] auf den christlichsozialen Prälaten und bisherigen k. k. Minister für öffentliche Arbeit und soziale Fürsorge Ignaz Seipel, der sich nur widerwillig mit der Abschaffung der Monarchie abfand, sowie auf den deutschnationalen Burschenschaftler Franz Dinghofer, der am 12. November als amtierender Präsident der Provisorischen Nationalversammlung für Deutschösterreich gemeinsam mit seinem sozialdemokratischen Präsidentenkollegen Karl Seitz von der Balustrade des Parlamentsgebäudes aus die Republik ausrief. Vor solchen »Republikanern« sei die »Revolution zu schützen« und »die Republik zu bewahren«, wie Kisch ironisch formuliert. Stolz berichtet er hingegen vom Zuspruch, den sein Aufruf unter den davon angesprochenen Angehörigen der geschlagenen k. u. k. Armee erfahren habe: »Die Soldaten merkten, daß dieses Programm einen Teil von dem enthielt, was sie sich draußen als Schadenersatz gedacht. Sie kamen – kamen zu tausenden.«[197] Zugleich erwähnt er sarkastisch die zahllosen Verdächtigungen und Verleumdungen, denen die neugegründete Einheit seitens der bürgerlichen und insbesondere der sozialdemokratischen Presse ausgesetzt gewesen sei, sodass man in der *Kronen-Zeitung* sogar »alle Straßenbahnunfälle der Roten Garde auf die Rechnung« gesetzt habe.[198] Und: »Daß sich die ›Arbeiter-Zeitung‹ von allen Blättern das Perfideste an Denunziation, Persönlichwerden und Verdächtigung« leiste, dürfe »niemanden wundern«.[199] Deutlich wird in diesen Worten die besonders tiefsitzende Feindschaft zwischen der Sozialdemokratie und den Kommunisten nach deren Abspaltung gegen Ende des Ersten Weltkriegs, die alle linke Gehässigkeit gegen die sogenannten bürgerlichen Parteien und deren respektiven Hass bei weitem übertraf. Zuletzt beklagt Kisch noch das Versagen der in der SDAP verbliebenen

> Herren Linksradikalen, jene[n] ganz Wilden, die von dem dröhnenden Tritt der Arbeiterbataillone und von den Sturmglocken der Revolution faseln, aber gleich mäuschenstill sind, wenn sie die Tischglocke des Parteivorstandes zur Ordnung ruft. Jene Revolutionäre im Rahmen der Polizeivorschriften kamen zu uns, um uns gütlich zuzureden. Die soziale Ordnung, ja das sei alles sehr schön, aber alles zu seiner Zeit. Und jetzt sei nicht die Zeit dazu. (Seit sechzig Jahren: immer ist nur jetzt, gerade jetzt nicht die Zeit dazu.)[200]

Dieser zurückhaltenden Linie der Linksradikalen innerhalb der SDAP, als deren bekanntesten Vertreter man den späteren KPÖ-Funktionär Franz Koritschoner identifizieren kann,[201] setzt Kisch eine vorsichtig optimistische Prophezeiung entgegen: »Nun, einmal wird ein Jetzt kommen, daß die ganze Welt begreifen wird, – vielleicht sogar auch in Wien.«[202] Mit Letzterem hat er nicht Recht behalten, zum Leidwesen seiner Anhänger und zur Freude vieler anderer Autoren seiner Zeit. Was hingegen Koritschoner und seinen Kreis betrifft, so handelt es sich spätestens bei den zitierten Worten Kischs um den Beginn einer leidenschaftlichen Antipathie unter Gleichgesinnten, von der noch die Rede sein wird.

Ein zweiter Artikel Kischs aus den Gründungswochen der Wiener Roten Garde ist mit dem Titel *Die Mobilmachung der Roten Garde* versehen und eröffnete am 16. November 1918 die neue Beilage *Die Rote Garde*, die er bis zu seinem Ausscheiden aus der Redaktion zum 29. März 1919 regelmäßig in *Der freie Arbeiter* redigieren und stets auch mit eigenen Beiträgen füllen sollte. Kisch rühmt darin das große organisatorische Geschick bei der Gründung des von vielen Seiten gefürchteten Bataillons, das er sich selbst auf die Fahnen schreibt: »Die Rote Garde! Das waren ja die Kerle, über deren Mordbrennereien die Zeitungen schon im voraus so viel wußten! Alles wurde verweigert. Mit Energie, mit Schlichen, durch Interventionen setzten wir trotz alledem mancherlei durch.«[203] Offensichtlich zu Rechtfertigungszwecken verweist er auch auf die wichtige Ordnungsfunktion, die von der Roten Garde während der Umbruchszeit ausgeübt worden sei:

> Aus dem Kriegsarchiv verschleppte man Akte, wenn man sie nicht verbrannte. Wir stellten Posten auf. Auf dem Matzleinsdorfer Bahnhof wurde von Platten [gemeint sind kriminelle Angehörige des Subproletariats, N.C.W.] und »Gelegenheitsarbeitern« Volksgut geplündert. Binnen einer Stunde war eine Kompagnie

> von 100 Mann formiert und soweit ausgerüstet, daß sie im Laufschritt hinkonnte. Mit ein paar blinden Schüssen und einem undurchdringlichen Kordon, mit der Macht der roten Kokarde stellten sie Ordnung her, retteten wertvolles Eigentum arbeitender Menschen aus den Automobilen davonfahrender »Herren«. / Manche unserer Leute arbeiteten Tag und Nacht, freiwillig, entschädigungslos.[204]

Es handelte sich demzufolge bei der Roten Garde um idealistisch gesinnte Soldaten, die nur das ›Volkswohl‹ im Auge hatten, befehligt von demokratisch gewählten, verantwortungsvollen Offizieren. Mit dieser Überzeugung vertrat Kisch keine Mehrheitsmeinung, wie etwa die Memoiren des Julius Deutsch zeigen, der zu den Anführern der Truppe kritisch-ironisch feststellt:

> In der Roten Garde hatte sich inzwischen so ziemlich alles gesammelt, was es zur Zeit an unruhiger Phantasterei und revolutionärem Köhlerglauben in Wien gab. Ihr Haupt war der Prager Schriftsteller Egon Erwin *Kisch*, ein nervöser Literat, dem die Rote Garde ein malerischer Hintergrund eigenen Heldentums zu werden versprach. Als Offiziere wirkten der aktive Oberleutnant [Peter] *Waller*, ein politischer Kindskopf erster Güte, aber ein brauchbarer Soldat, der Reservehauptmann Dr. [Max] *Ermers*, ein sympathischer Bohemien, ohne jede Beziehung zu den realen Tatsachen des Lebens, und einige junge Leutnants, die alle gleichermaßen begeistert wie sorglos unverständig waren.[205]

Nicht allein Kisch, sondern alle namentlich genannten Offiziere hatten schriftstellerische Ambitionen und haben diese auch ausgelebt: der in Budapest geborene, spätere ›Messias von der Lobau‹ und sektiererische ›Wodosch der Warden‹ Peter Waller, der – wie die Worte Julius Deutschs nahelegen – keineswegs konspirativ von diesem »in die Rote Garde eingeschleust[ ]« worden war,[206] etwa in seinen kuriosen Memoiren *Bei der Wiener Roten Garde* (1923), in denen er seine kruden politischen Motive der Revolutionszeit im Rückblick zusammenfasst:

> [A]ls [...] die Russen und russischen Juden uns die Führung in der sozialen Weltrevolution vorweg nahmen, da überkam mich das Gefühl, daß der Marxismus blamiert war und wir Deutschen in Schanden abschneiden werden. Noch sah ich einen Weg zur Rettung in einem Anschluß Oesterreichs und Deutschlands an die Schweiz, die, zur »Deutschen Eidgenossenschaft« erweitert, mit fortschrittlichen Methoden uns alles das bringen konnte, was die Entente uns nicht gönnen und die russischen und eigenen Juden uns nicht geben wollten – die Führung in der Welt.[207]

Abb. 5: Soldaten der Roten Garde, November 1918

Wie weit der in diesem Text allenthalben manifeste Antisemitismus bei Waller bereits 1918 spürbar war, kann aus dem historischen Abstand nicht entschieden werden. Verbürgt ist hingegen seine schon damals bestehende und nie verborgene deutschnationale Grundhaltung. Es ist bezeichnend und soll noch näher beleuchtet werden, dass gerade die literarischen Ambitionen ein Grund für das erhebliche Misstrauen waren, welches den führenden Revolutionären nicht nur von Deutsch entgegengebracht wurde; Kisch selbst hat sich ja erklärtermaßen »oft bei dem Gedanken« ertappt, »wieviel schöner es wäre«, eine revolutionäre »Verschwörerszene zu beschreiben, statt sie zu organisieren.«[208] Ganz anders scheint es dem damaligen Unterstaatssekretär Deutsch zufolge um die einfachen Angehörigen der Roten Garde bestellt gewesen zu sein:

> Die Mannschaft bestand zum größten Teil aus Leuten von blindem Radikalismus, Draufgängern ohne jede Überlegung, dann aber auch aus Sozialdemokraten, die ich rasch in die Rote Garde dirigiert hatte, um durch eine Anzahl verläßlicher Leute die anderen Rotgardisten möglichst in Schach zu halten. Leider blieben diese beiden Gruppen nicht allein. Es wußte sich auch lichtscheues Gesindel aller Art, sogar abgestrafte Verbrecher, einzuschleichen, die vermeinten, die Rote Garde zu neuen Taten auf ihrem sehr privaten Tätigkeitsgebiete benützen zu können.[209]

Dementsprechend konnte es Deutsch nicht überraschen, dass die Rote Garde offenbar »allerlei Unfug« trieb: »Sie beschlagnahmte Automobile, sie nahm eigenmächtig

Verhaftungen vor, ihre Führer hielten recht wilde Reden und ließen ebenso wilde Flugblätter auf allen Straßen verteilen. Die besitzenden Kreise wurden schrecklich nervös. Ganz Wien, soweit es Geld hatte, erwartete von der Roten Garde Tag für Tag die fürchterlichsten Dinge.«[210] Durch einen Blick in die Tagebücher Arthur Schnitzlers wird diese Einschätzung anschaulich bestätigt.

Nachgerade konträr zeichnet hingegen Kisch die Situation der ersten Revolutionswochen. Gegenüber den kursierenden Berichten über Repressalien durch Angehörige der Roten Garde verweist er, der »keine Schönfärberei« und keine »›Heldenbehimmelung‹« betreiben wolle, »wie sie im Kriege gang und gäbe war«, freilich auf den Umstand, »daß wir nicht lauter Idealisten unter uns hatten.« Zwar sei »kein ›Fall‹ öffentlich bekannt geworden«, doch:

> Legitimationslos waren hunderte von Leuten gekommen und waren aufgenommen worden, der erste Eindruck entschied über die Aufnahme, Angaben überprüften wir nicht, Spitzeltum verschmähend. So waren Leute unter uns, die nicht hineingehörten. Und von den abgenommenen Quanten verschwand auch – in vier nachgewiesenen Fällen – etwas in den Taschen des Postens. Die Kameraden schafften sehr schnell Abhilfe. Die Erwischten werden sich nicht so bald im Umkreis der Stiftskaserne blicken lassen. Und es wird weiter beobachtet und – ausgemistet.[211]

Der zuletzt zitierte Satz nimmt in seiner martialischen Wortwahl NS-Formeln vorweg und klingt in seiner Dezidiertheit wenig glaubhaft. Beschwichtigend beendete Kisch seine Ausführungen über die Aktivitäten der von ihm befehligten Wiener Roten Garde mit einer verharmlosenden Rekapitulation: »Am Mittwoch waren wir in Bataillone formiert, am Donnerstag hatten wir Waffen, am Freitag brannte Wien noch immer nicht und am Samstag kam Herr Egon Dietrichstein [ein Journalist des *Neuen Wiener Journals*, N.C.W.], um Informationen für ein Feuilleton über uns zu holen. Wir hatten uns durchgesetzt.«[212]

Etwas differenzierter, wenngleich ebenfalls mit legitimatorischer Absicht, berichtet Franz Koritschoner aus dem historischen Abstand von zehn Jahren und in bezeichnender Diktion über die Zusammensetzung der Wiener Roten Garde in deren Konstituierungsphase:

> Daß auch die Rote Garde neben klaren durchaus unklare Elemente enthielt, geht daraus hervor, daß in einer gemeinsamen Sitzung des Soldatenrates mit den Führern der Illegalen, Oberleutnant Peter Waller, den Vorschlag machte, doch die schwarz-rot-goldene Kokarde zu akzeptieren, da er sich als deutscher Kommunist betrachte. Immerhin, der Kern der Roten Garde war rein proletarisch und be-

> stand aus den besten Elementen der Wiener Fabriksarbeiterschaft, aus alten Parteiveteranen und Jungarbeitern. Das Märchen von den zahllosen Plattenbrüdern, welches selbst von der »Arbeiter-Zeitung« verbreitet wurde, ist schon darum nicht aufrechtzuerhalten, weil eine gewisse Reinigung im selben Augenblick erfolgte, da die Rote Garde gegründet war. Nicht weniger als 100 Mann verließen nämlich nach Ausfassung einer neuen Uniform noch am selben Tage die Stiftskaserne und wurden nicht mehr gesehen. So vollzog sich die Reinigung selbst, ohne daß geleugnet werden soll, daß vereinzelte lumpenproletarische Elemente auch in der Roten Garde Eingang fanden, ohne aber nennenswerten Schaden anrichten zu können.[213]

Dass etwa hundert mit einer Uniform der Roten Garde ausgestattete (bewaffnete?) Männer sich ohne genaue Identifikation und Nachvollziehbarkeit im revolutionären Wiener Großstadtdschungel verlieren konnten, wird kaum zu einer Beruhigung der erregten Gemüter beigetragen haben – da mag der übriggebliebene Rest der Einheit auch noch so ›rein‹ gewesen sein. Aber selbst daran kann gezweifelt werden, wenn man die Memoiren Wallers konsultiert, in denen es zur Zusammensetzung der von ihm befehligten Truppe zunächst zwar heißt:

> Wohl hatte ein Teil der Angeworbenen an der Front gestanden und es gab auch viele mit der Tapferkeitsmedaille Ausgezeichnete, […] aber das eigentliche revolutionäre Element in der »Roten Garde« waren Deserteure, die unter tausenderlei Schlichen im Hinterlande an der Vorbereitung der Revolution tätigen Anteil genommen hatten und zum Teil erst bei Revolutionsausbruch von Garnisonsgerichten entlassen worden waren. Zu diesen gehörte auch Rothziegel.[214]

Während diese Darstellung noch recht gut zur Vorstellung ideologisch sattelfester Kommunisten und Anarchosyndikalisten passt, stimmen folgende Worte in dieser Hinsicht schon bedenklicher:

> Es waren dies Leute, denen es mehr aufs Plündern ankam als aufs Kämpfen. Denn so sehr ich einzelne Männer der Roten Garde als ehrliche und brave deutsche Revolutionssoldaten kennen und achten lernte sowie auch hinsichtlich der vielen Entgleisten aus der alten Gesellschaft nur Entschuldigungen suchte und zum Teil auch fand, so kann ich es doch nicht leugnen, daß die meisten revolutionären Soldaten in dieser Zeit […] keine besonderen revolutionären Ideale besaßen, sondern in ihrer überwiegenden Mehrheit ausgesprochene Banditen waren, die sich nur, um im Trüben besser fischen zu können, das rote Mäntelchen des marxistischen Soldaten um die Schulter warfen.[215]

Nachdem es angeblich »gerade die ärgsten Gauner und Narren waren, die sich als die überzeugtesten Revolutionäre gaben«, gelang es ihrem Leutnant Waller nur schwer, den aus ihnen bestehenden wilden Haufen zusammenzuhalten:

> Es haben sich daher viele Soldaten, die von einer Disziplin in der Roten Garde nichts wissen wollten, ganz einfach vollkommen selbständig gemacht und auf eigene Faust auf den Bahnhöfen Wachdienst versehen, der allerdings nicht in der Bewachung ärarischen Gutes, sondern vielmehr nur in der totalen Ausplünderung der ankommenden Reisenden bestand.[216]

Glaubt man diesen Worten eines ehemaligen Vorgesetzten, dann lagen die alarmierenden Berichte der bürgerlichen Zeitungen nicht ganz so daneben, wie es Kisch suggerierte.

Dass Kisch hingegen nicht nur im Hausblatt der Roten Garde, sondern auch in unabhängigen Medien heftig die Werbetrommel für die von ihm geleitete Truppe sowie für seine eigene Rolle als deren Befehlshaber rührte bzw. rühren ließ, führt Leo Perutz' Notizbuch vor Augen, worin es zum 11. November heißt: »Viktor Adler gestorben! Kisch und die Rote Garde übernehmen das Militärkommando. Ich besuchte ihn im Café Maximilian, er diktierte dort Interviews dem [Journalisten] Lehnhof.«[217] Angesichts solcher Pressearbeit überrascht es nicht, dass schon am 12. November im sensationell gestalteten Nachrichtenteil des liberalen *Neuen 8 Uhr-Blatts* ein ungezeichneter Zeitungsartikel erschien, der ausdrücklich auf Kischs Veranlassung gedruckt worden war und den suggestiven Titel *Ein Putschversuch?* trägt:

> Der Kommandant der Roten Garde Oberleutnant *Kisch* machte einem unsrer Mitarbeiter folgende Mitteilung: Die sozialistischen Soldaten der Volkswehr haben immer auf die Möglichkeit eines *monarchistischen Putsches* hingewiesen. Nachdem sich jetzt Anzeichen eines solchen Versuches geltend machten und speziell die früheren Wiener Militärbehörden, besonders Freiherr von *Kirchbach*, den Versuch machten, die Volkswehr zu sabotieren, hat sich die Rote Garde dem Staatsrat zur Verfügung gestellt.[218]

Die Rote Garde erscheint hier nicht als militärischer Arm der neugegründeten linksradikalen Formationen KPDÖ oder FRSI, also partikulärer Parteien und Kräfte im Staat, sondern als nachgerade staatstragende Truppe ähnlich einer Nationalgarde, die direkt und ausschließlich als Vertreterin der legitimen Exekutive gelten könne:

> In der Stiftskaserne hat die Rote Garde drei Bataillone stationiert, die nur den Befehlen des Staatsrates gehorchte [sic]. Samstag abend sprachen nun Vertreter

der Roten Garde im Staatssekretariat für Heerwesen vor, um die Anzeichen eines *antirepublikanischen Putsches* zu melden, die auch von nicht-sozialistischen Offizieren wahrgenommen würden.[219]

Der Artikel zum Ruhme der Roten Garde zeichnet das Bild verantwortungsvoll-besonnener Entscheidungsträger, die sich stets dem Wohl des jungen, demokratisch verfassten Gemeinwesens in seiner Gesamtheit verpflichtet wussten, sich deshalb bedingungslos der Befehlsgewalt des Staatsrates unterwarfen und allein ihm mit ihren Antworten dienen wollten, die sie – auf gesellschaftlichen Konsens bedacht – der akuten Bedrohung durch reaktionäre Kräfte gaben:

> Gestern abends wurde beschlossen, dieser monarchistischen Gegenrevolution zuvorzukommen. Der Staatsrat war gleichfalls dieser Ansicht, zumal er sich in *latentem Kriegszustand mit den früheren Militärbehörden* befindet. Heute früh zogen drei Bataillone auf Lastautos ins Militärkommando und besetzten dieses über Befehl des Staatsrates. Sie nahmen die Telephone und sämtlichen Kassen in Beschlag. Unter den Akten, die man aus den Taschen der Offiziere konfiszierte, fand man solche, die auf eine *Kräftigung der Wehrmacht* gegen sogenannte bolschewistische Gruppen Bezug hatten. / Oberleutnant Kisch erklärte zum Schluß, daß die Rote Garde bewiesen habe, daß sie in Ordnung ihre Tätigkeit erfüllen könne, was auch in einer Ansprache an den Unterstaatssekretär Dr. Deutsch zum Ausdruck kam.[220]

Weniger besonnen und heldenhaft-erhaben wirken die Aktivitäten der Roten Garde und ihres Anführers Kisch freilich dann, wenn man die aus dem Abstand nur weniger Jahre verfassten Memoiren des von Kisch ausdrücklich erwähnten damaligen Unterstaatssekretärs für Heereswesen konsultiert, worin dieser über dasselbe Ereignis nüchterner und mit merklich ironischem Unterton berichtet: Am 11. November – »die Stadt war in größter Aufregung« – habe ihn »eine Abordnung der Roten Garde in wilder Hast« aufgesucht und »unter Drohungen einen von mir gezeichneten Befehl zur Besetzung Schönbrunns« verlangt, »wo sich der *Kaiser* mit seiner Familie befand.« Er – Deutsch – habe sich geweigert, weil ihm klar gewesen sei, »daß in dem Augenblick, in dem die Rote Garde in Schönbrunn eingezogen sei, der Kaiser ihr Gefangener gewesen wäre« – mit unabsehbaren Folgen: »Hätte die Rote Garde den Kaiser in ihre Gewalt gebracht, dann hätte die Republik, die für die persönliche Sicherheit des bisherigen Herrschers verantwortlich war, leicht in eine Abhängigkeit zur Roten Garde geraten können.«[221] Die Gefahr wirkt im Rückblick umso prekärer, als der ideologisch etwas verwirrte Leutnant Waller, der angeblich als erster Rotgardistenführer die kuriose Idee hatte, »das Schloß Schönbrunn zu überrumpeln und den Kaiser gefangen zu nehmen«, dies mit dem obskuren »Hintergedanken« verband, »den Kaiser für eine Versöhnung mit den marxistischen Gedanken zu gewinnen und dann zum Präsidenten der (durch den Anschluß Oesterreichs und des Deutschen Reiches an die Schweiz zu erreichenden) ›Deutschen Eidgenossenschaft‹ auszurufen.«[222] Man mag sich nicht ausmalen, welche Kapriolen die Geschichte der gerade erst entstehenden Republik unter solchen Vorzeichen hätte schlagen können, zumal Kaiser Karl den ›deutschmarxistischen‹ Offizier wohl maßlos enttäuscht hätte: Waller hatte schon mitten im Weltkrieg in einem wirren Schreiben um eine Audienz beim Herrscher angesucht, was damals zu seiner sofortigen »telegraphischen Enthebung vom Kommando und der Rückversetzung in das frühere Ruhestandsverhältnis« geführt hatte.[223] Nicht aus übertriebener Vorsicht also stellte sich der Unterstaatssekretär Deutsch gegenüber den Wünschen der Roten Garde stur:

> Wir kamen in einen heftigen Disput. Als mich die Rotgardisten in der Frage der Besetzung Schönbrunns unnachgiebig fanden, wollten sie die Hofburg »übernehmen«. Ich weigerte mich, auch diese Bewilligung zu geben. Die Rotgardisten erklärten daraufhin, ohne meine Einwilligung nach Schönbrunn marschieren zu wollen, selbst auf die Gefahr, auf dem Wege dorthin auf ihnen entgegengesetzte Truppenteile zu stoßen, was ich angedroht hatte. / Wir konnten zu keiner Einigung kommen. Aus der Stiftskaserne telephonierte man inzwischen, daß die Mannschaft der Roten Garde sehr aufgeregt sei und unbedingt nach Schönbrunn oder wenigstens zur Hofburg marschieren wolle. Was tun?[224]

Die Situation war demnach äußerst explosiv und stellte eine Gefahr nicht nur für die beteiligten Truppenteile dar, sondern auch für den gerade erst in Entstehung befindlichen demokratischen Gesamtstaat und dessen politische Legitimation, weshalb Deutsch »im letzten Augenblick« zu einer »List« gegriffen, indem er angeblich »wegwerfend« gesagt habe:

> »Was soll denn überhaupt mit der Besetzung Schönbrunns bezweckt werden? Der Kaiser ist doch schon erledigt. Da ist nicht mehr viel Ehre aufzuheben. Die wirkliche Reaktion hat dort ihren Sitz, wo noch die alten Offiziere sitzen, im Militärkommando.« / Die Rotgardisten horchten auf. Noch sträubten sie sich eine Weile, aber schließlich verlockte sie die Aussicht auf den Kampf mit dem Militärkommando. Seine Besetzung wurde mit aller Theatralik ins Werk gesetzt, über die Egon Erwin *Kisch* verfügte. Umzingelung, Eindringen mit gefälltem Bajonett, Aufziehen roter Fahnen, Besetzung der Telephonzellen, strengste Bewachung der Kassen, Verhinderung der Offiziere, das Haus zu verlassen, und was dergleichen unumgänglichste Heldenromantik mehr ist.[225]

Die Sache war damit den Memoiren Deutschs zufolge aber noch nicht erledigt; erst musste jeder mögliche Brandherd unkontrollierter Gewalt unschädlich gemacht und auch den symbolischen Erfordernissen einer militärischen Aktion auf diplomatische Weise entsprochen werden:

> Nachdem der Ablenkungsplan auf diese Weise glücklich gelungen war, mußte man aber jetzt daran denken, die Rotgardisten wieder nach Hause zu bringen. Zu diesem Zweck wollte ich selbst nach dem Rechten sehen. Nachmittags um 4 Uhr »inspizierte« ich die Besetzung. Mein Wagen fuhr in der Liebiggasse vor. Die Rote Garde – vom Staatsamt aus von der »Inspizierung« in Kenntnis gesetzt – war bereits vor dem Hause des Militärkommandos in breiter Front aufgestellt. *Kisch* kommandierte die Ehrenbezeigung. Dann hielt er eine Rede an mich, in der er ausführte, daß sich am heutigen Tag gezeigt habe, daß allein die Rote Garde imstande sei, der Reaktion die Stirn zu bieten. Hoffentlich werde das nun endlich auch von jenen eingesehen, die die Rote Garde bisher unterschätzt haben...[226]

Besonders wichtig waren dem offenbar von blühender Einbildungskraft bewegten Kommandanten der Roten Garde auch nach dieser Darstellung theatralische Gesten und Worte. Deutsch, der Weltkriegsgegner der ersten Stunde, spätere Gründer des Republikanischen Schutzbunds und General der Republikanischen Truppen im Spanischen Bürgerkrieg – also mit Sicherheit kein bloßer Opportunist oder gar finsterer Reaktionär –, wusste damit aber umzugehen und zeichnet sich selbst als so besonnenen wie überlegenen Politiker:

> Ich hielt auch eine Rede, ging dann ins Gebäude hinein und ließ mir die aufgestellten Posten zeigen. Ich sah zu meinem Schrecken, daß Kisch in der Hauseinfahrt Maschinengewehre mit bereits eingelegten Gurten drohend aufgestellt hatte, und konnte hingegen mit Befriedigung feststellen, daß sich auf der Straße Menschen ansammelten, die in wienerischer Gemütlichkeit ebenso erstaunt wie neugierig diese kriegerischen Vorgänge besprachen. Da dankte ich der Roten Garde für ihre heute bewiesene Bravour und gab ihr – da der Zweck der Besetzung erfüllt sei – den Auftrag, nunmehr nach Hause zu marschieren. Das tat sie und somit war für diesen Tag das Gleichgewicht der Kräfte wiederhergestellt.[227]

Das Schlimmste konnte Deutsch demnach gerade noch verhindern. Er, der als Oberleutnant der Reserve im Krieg denselben militärischen Rang wie Kisch innegehabt hatte, stellte seinen ehemaligen ›Kollegen‹ freilich in einem eher zweifelhaften Licht als geltungssüchtigen Literaten dar: »Der Oberleutnant *Kisch*, seiner mehr literarischen denn kriegerischen Vergangenheit getreu, ließ es sich nicht entgehen, seinen ›Sieg‹ noch am selben Abend stolz einem Interviewer des bürgerlichen ›8-Uhr-Abendblattes‹ in aller Ausführlichkeit und mit der nötigen Heldenpose zu verkünden.«[228] Im *8 Uhr-Abendblatt* des 12. November 1918 findet sich zwar kein veritables Interview, aber doch der oben zitierte Artikel, der bei besagtem Vertreter der von Kisch apostrophierten »früheren Wiener Militärbehörden«, dem General Johann von Kirchbach auf Lauterbach, offenbar erhebliche Irritationen auslöste, wie Deutsch berichtet:

> Der Militärkommandant [...] ärgerte sich über den Zeitungsartikel mehr wie [sic] über die Besetzung des Gebäudes, die er offenbar richtig einschätzte, denn er schrieb mir am nächsten Tag einen Brief, in dem er der Besetzung gar nicht Erwähnung tat, dagegen den Artikel, der ihn monarchistischer Umtriebe verdächtigte, eine »absurde Verdächtigung« nannte. »Ich wäre E. H. dankbar,« schrieb er, »wenn Sie in irgendeiner, Ihnen entsprechend scheinenden Form meine Person und die des Generalstabschefs (Oberst *Primavesi*), welche wirklich nur das Beste wollten, gegen solche Anwürfe in Schutz nehmen würden.« Dieser Brief ist wohl auch ein Zeugnis, wie eingeschüchtert die Offiziere damals waren.[229]

Wenn Deutsch sich schmunzelnd über Kischs ›literarische‹ Geltungssucht auslässt, dann erinnert er sich vielleicht auch vage an eine etwas reißerische Reportage, die von Kisch am selben Tag in einer anderen Wiener Tageszeitung, dem unabhängigen, aber prinzipiell antimarxistisch ausgerichteten *Neuen Wiener Journal* veranlasst wurde. In diesem Artikel, den Egon Dietrichstein, ein bisheriger Kollege Kischs aus dem Kriegspressequartier,[230] verfasst hat, ist allerdings keine Rede von der Besetzung des Militärkommandos; berichtet wird darin vielmehr aufmerksamkeitsheischend und zugleich kalmierend über die Rote Garde und ihren Anführer:

> Die Rote Garde ist gegenwärtig etwa 4000 Mann stark und man begreift, daß ihr freiheitliches Programm Zulauf hat. Der Werbetrommel folgen Männer jeden Alters, aller sozialen Kreise und Stände, Proletarier und selbst Adelige. [...] Sogar ein leibhaftiger Fürst, dessen Rang der Gotha nachweist, wollte – hört, hört – Gardist werden und wurde abgelehnt, weil seine wenig demokratische Vergangenheit bekannt war. Man wußte, daß er, als er noch mit Durchlaucht angesprochen wurde, dieses Vorrecht zu Schikanen der Mannschaft mißbrauchte. So wird es den Adeligen der Erblandsjugend schwer gemacht, den Anschluß an die neue Zeit zu finden und sich von den traditionellen Geburtsfehlern zu befreien.[231]

Die (als vorübergehend gekennzeichneten) Schwierigkeiten des Adels, sich an die veränderten Verhältnisse zu gewöhnen und auch anzupassen, ändern wenig an der insgesamt wohlwollenden Zeichnung der »roten Gardisten« Wiens und ihres intellektuellen Anführers, den Dietrichstein mit allen Registern des Sensationsjournalismus in Sinne von Schillers ›Räuber‹ Karl Moor als eine Art österreichischen Robin Hood schildert:

> [I]hr Hauptmann ist der romantische Oberleutnant Egon Erwin *Kisch*… Er ist nun mit derselben Begeisterung, mit demselben agilen Temperament, mit dem er seinen Roman und die Aufsätze für Zeitungen schrieb, bei der Führung der Roten Garde. Er hat das tintenklecksende Säkulum satt und will diese neue Zeit nicht nur als Zuschauer miterleben, sondern mitagieren. Und die ersten Taten des jungen Gardekommandanten und Werbeoffiziers der Volkswehr sind wirklich sehr vielversprechend: Er hat ein Lebensmittelmagazin in der Kaserne ausgehoben und dem Amt für Volksernährung zur Verfügung gestellt. Plünderungen auf dem Matzleinsdorfer Bahnhof verhütet, vier Bataillone formiert, die Akten des Kriegsarchivs vor brutalen Eingriffen bewahrt. Der Prager Dichter hat ein ganz unlyrisches Organisationstalent gezeigt und die Rote Garde, die so leicht in den Ruf einer Truppe von Desperados und Abenteurern geraten könnte, zu einem disziplinierten Körper ausgestaltet, der nicht vergessen hat, daß Ruhe und Ordnung die ersten Pflichten des Bürgers sind. Und die Pflichten der Roten Garde, sie zu erhalten…[232]

Das Blatt selbst trug auf seiner Frontseite allerdings die Aufmacher: »Kaiser Karl verläßt Wien« sowie vor allem »Umwälzung in der ganzen Welt«, die wohl kaum dazu angetan waren, die erhitzten Gemüter des Bürgertums nachhaltig zu beruhigen.

Während Kisch und die Rote Garde mit der publicityträchtigen Besetzung der Militärkommandantur beschäftigt waren, wollte Deutsch das Schloss Schönbrunn sowie die kaiserliche Hofburg »durch verläßliche Truppen besetzen lassen«, denn:

> Es war keine Zeit zu verlieren, da zu befürchten war, daß es sich die Rote Garde schließlich doch noch einmal überlegen und nach einem der beiden Gebäude marschieren könnte. Die Hofburg ließ ich von Offizieren besetzen, von denen jeder einzelne mir mit Handschlag die gewissenhafteste Erfüllung seiner Pflichten gelobt hatte. […] Nun hieß es, an die Besetzung Schönbrunns zu schreiten.[233]

Diese Aufgabe erwies sich allerdings mangels geeigneter Einheiten als schwierig, wie Deutsch berichtet, sodass er nach einigem Hin und Her schließlich »wieder auf die altbewährten zwei Kompagnien« der 49. Infanterietruppendivision aus Wien zurückgriff, »die schon so viel Dienst während der Umsturztage bewältigt hatten. […] Ich mußte ihren Vertrauensmännern telephonisch den Befehl wiederholen, bevor sie ihn endlich befolgten.«[234]

Über die Besetzung des k. u. k. Militärkommandos (sowie der kaiserlichen Hofburg und des Schlosses Schönbrunn durch andere, ›verlässlichere‹ Volkswehreinheiten) wurde in der Presse jedenfalls intensiv berichtet, wie folgende mehr oder weniger zufällig ausgewählte Beispiele aus dem *Neuen Wiener Tagblatt* zeigen, einer ursprünglich deutschliberal und antimarxistisch eingestellten Zeitung, die erst während der Konsolidierung der Ersten Republik zum politischen Sprachrohr der Heimwehren und der Christlichsozialen Partei werden sollte.[235] Dort heißt es am 12. November im *Tagesbericht* zur *Besetzung der Hofburg, Schönbrunns und des Militärkommandos* unter einer dezidiert historischen Perspektive:

> Der gestrige Tag zeigte schon äußerlich bereits die Wandlung zum Freistaate: das Wiener Militärkommando und die Paläste des Kaisers wurden von Vertretern der Volkswehr besetzt. Die Oeffentlichkeit stand unter dem Eindrucke der mächtig auf sie einstürmenden Ereignisse: die Proklamation des Kaisers, der von den Regierungsgeschäften zurücktritt, die Ausrüstung der Republik vom Staatsrate, die für heute angekündigt wird, und neben all dem Großen der Tod eines Mannes, der an dem Tage stirbt, da er die Erfüllung dieses Werkes sieht, dem er sein Leben geweiht.[236]

Die zuletzt zitierte Anspielung bezieht sich auf den Tod Victor Adlers. Im Einzelnen wird dann zu den erwähnten Besetzungen übereinstimmend mit den retrospektiven Angaben von Deutsch ausgeführt:

> Wie schon gemeldet, haben gestern Abteilungen der Volkswehr und andrer Garden das Staatsamt für Heerwesen, das Militärkommando, das Schönbrunner Schloß und auch die Hofburg besetzt. Diese Besetzung erfolgte, wie uns mitgeteilt wird, im Einvernehmen mit dem Staatsamte für Heerwesen, und zwar aus dem Grunde, weil *Gerüchte über eine monarchische Gegenrevolution* verbreitet waren.[237]

Offenbar war es auch Kisch als Anführer der Roten Garde zu diesem Zeitpunkt noch daran gelegen, jeden Eindruck eines Dissenses zwischen den unterschiedlichen Einheiten der Volkswehr im Allgemeinen sowie zwischen den Rotgardisten und dem von Deutsch geleiteten Staatsamt für Heereswesen im Besonderen zu zerstreuen, wie der Abschnitt *Die Rote Garde im Platzkommando* bestätigt, der dem gleich mehrmals erwähnten Kisch wiederum eine gut sichtbare Rolle zubilligt:

> Vor dem Gebäude des Platzkommandos sind, wie bereits im Abendblatt gemeldet, vier Züge unter dem Kommando des Oberleutnants Egon Erwin *Kisch* aufgezo-

gen und haben dort die Wache übernommen. Kurz vor 3 Uhr nachmittags begann sich auf die Nachricht von der bevorstehenden Besetzung des Kommandos auf der Universitätsstraße eine große Menschenmenge anzusammeln. Um 3 Uhr rückte dann die Abteilung der Roten Garde an, die vor dem Gebäude Aufstellung nahm und die Gewehre in Pyramiden aufstellte. Auch ein Maschinengewehr war mitgenommen worden, das vor dem Tor aufgestellt wurde. Dann begab sich Oberleutnant Kisch als Führer der Abteilung in das Platzkommando und stellte die Forderung nach Uebergabe, der bedingungslos stattgegeben wurde. Hierauf wurde unter Hochrufen auf die Republik der *Doppeladler auf dem Tor verhüllt* und von Angehörigen des Detachements die *rote Fahne am Fahnenmast hochgezogen*. Die Offiziere und weiblichen Hilfskräfte des Platzkommandos, die den Vorgang ruhig von den Fenstern aus verfolgt hatten, verließen durch den rückwärtigen Ausgang das Gebäude, in das nun eine Abteilung der Garde einzog.[238]

Der Doppeladler als das habsburgische Hoheitszeichen wurde dabei ironischerweise nicht – wie wenige Tage zuvor in Prag, wovon Kischs Mutter und Bruder entsetzt berichteten[239] – heruntergerissen und von wütenden Revolutionären zerstört, sondern nur behutsam »verhüllt«, so als ob man ihn noch nicht gänzlich aufgegeben hätte. Schon am Vortag war in einer Eilmeldung der Abendausgabe des *Neuen Wiener Tagblatts* zum vergangenen Halbtag – aber noch ohne Erwähnung der Roten Garde – zu lesen gewesen:

Das Wiener Militärkommando von den Nationaltruppen besetzt. Um 12 Uhr mittags wird uns gemeldet: Soeben wurde im Auftrage des Staatsamtes für Heerwesen das Militärkommando in der Universitätsstraße besetzt. Die Soldaten marschierten in der Stärke von vier Zügen in Doppelreihen vor dem Gebäude auf und besetzten dasselbe mit zwei Zügen von der Universitätsstraße und mit zwei Zügen von der Liebiggasse aus.[240]

Dass dann am Folgetag die vage frühere Angabe »*Nationaltruppen*« durch eine explizite Erwähnung der Roten Garde ersetzt wurde, die im gesamten Bericht als einzige Volkswehrabteilung namentlich genannt ist, deutet auf Kischs geschickte Öffentlichkeitsarbeit. Die Rote Garde machte jedenfalls von sich reden – allerdings nicht nur im gewünschten Sinn, wie ein anderer Abschnitt desselben Artikels zeigt:

In der Mariahilferstraße ereigneten sich auch gestern einzelne vielbemerkte Zwischenfälle, als Mitglieder der *Roten Garde* mit vorgehaltenen Gewehren und Revolvern *fahrende Privatautomobile* anhielten, die Eigentümer zum Verlassen des Wagens veranlaßten, die Wagenlenker fortschickten und die derart requirierten

> Automobile, die sie ihrer Angabe nach zu militärischen Zwecken benötigten, in die Stiftskaserne brachten. Drei solcher Automobile wurden auf diese Weise requiriert. Unter ihnen soll sich auch der Wagen eines sehr bekannten Barons und Finanzmannes befinden.[241]

Genau solche Nachrichten wollten die Anführer der Truppe unbedingt vermeiden, während die sensationshungrige Presse auch mit Blick auf die Auflagenhöhe besonders nach ihnen gierte. Sie waren es aber, die den zweifelhaften Ruf der Roten Garde langfristig und nachhaltig prägen sollten – dagegen kam auch ein Kommunikationstalent vom Kaliber eines Kisch nicht an.

»Ein Karl-May-Coup von Lektüre-Extremisten«. Scharmützel um die Republikausrufung

Liest man die zeitgenössischen Presseberichte sowie die Memoiren beteiligter Akteure, aber auch die Untersuchungen der Geschichtsschreibung, dann waren die Vorkommnisse vor und während der Ausrufung der Republik selbst gar nicht so ungefährlich, wie die Propaganda der Roten Garde und auch manche retrospektive Darstellung – etwa die Franz Bleis in ihrer ironischen Lakonie – glauben machten; so berichtet Deutsch vom Abend des 11. Novembers, dem Tag vor der Republikausrufung:

> Nun waren […] Schönbrunn und die Hofburg glücklich besetzt. Ich konnte mich also wieder der Roten Garde zuwenden, von der im Laufe des Abends recht beunruhigende Nachrichten eingelangt waren. Es hieß, sie wolle die morgige Feier der Ausrufung der Republik zu einem regelrechten Putsch benützen, die Nationalversammlung auseinanderjagen und die Diktatur des Proletariats proklamieren.[242]

Der Unterstaatssekretär für Heereswesen begab sich daher nochmals in die Stiftskaserne, wo er bereits zur Abwendung einer Besetzung Schönbrunns und der Hofburg durch die Rote Garde gewesen war, und ließ den Soldatenrat zusammentreten: »In einer engen, schmutzigen, schlecht beleuchteten Kanzlei fand die Sitzung statt. Es ging alles kunterbunt durcheinander. Die Redner schleuderten ihre politischen Programme mit großem Getöse herum, sprachen über alles und jedes« – doch nicht über das, was Deutsch diskutiert haben wollte; nur mit großem Aufwand sei es ihm gelungen, endlich Disziplin in den wilden Haufen zu bringen und der Roten Garde seinen Vertrauensmann Josef Frey als mäßigenden Kommandanten aufzudrängen.[243]

Im Anschluss daran teilte er dem Soldatenrat zu dessen Verblüffung mit, er habe »die vertrauliche Meldung erhalten, daß bei der morgigen feierlichen Ausrufung der Republik die Rote Garde die Nationalversammlung sprengen und eine Räteregierung einsetzen« wolle.[244] Als Antwort erhielt Deutsch empörte Dementis sowie – wenn Wallers Erinnerungen stimmen – die Erklärung Kischs, wonach »die Kommunisten wohl unsere Mannschaft aufzuwiegeln versuchten, daß wir uns aber alle offen und bestimmt gegen den Putsch ausgesprochen hätten.«[245] Diese Darstellung entspricht relativ genau den Erkenntnissen der historischen Forschung über die Rolle der KPDÖ am 12. November 1918.[246] Auch die Memoiren Deutschs fahren in diesem Sinne fort:

> Dann verhandelten wir über die Gerüchte, die von einem Pusch der Roten Garde am nächsten Tage herumgingen. Ich warnte eindringlich. Der Soldatenrat leugnete, daß an diesen Gerüchten etwas Wahres sei, und versprach, daß die Mannschaft ohne Gewehre und Munition ausrücken würde. / Die Ausrückung selbst, so führten die Soldatenräte aus, sei nicht aufzuhalten. Würden die Kommandanten sie verbieten, dann gingen die Soldaten trotzdem und könnten in ihrer Führerlosigkeit möglicherweise einen Unfug anrichten. Deshalb sei es gescheiter, nachzugeben. Die Ausrückung ohne Munition könne doch niemand schaden.[247]

Deutsch habe zwar befürchtet, daß entweder der Soldatenrat seiner Mannschaft nicht ganz sicher sei oder einige Mitglieder es an Offenheit – zumindest ihm als gemäßigtem Sozialdemokraten gegenüber – fehlen ließen.[248] So versuchte er laut Waller, die »Ausrückung« der Roten Garde vor das Parlament zu verbieten:

> Das empörte Kisch, der den [...] Standpunkt vertrat, daß die Rote Garde die anerkannte Sturmtruppe der Volkswehr sei und man ihr, wenn man ihr auch sonst keine Anerkennung zolle, die Ehre, bei der feierlichen Flaggenhissung die Paradetruppe zu sein, unbedingt schenken könne. Da auch die Soldatenräte auf der Ausrückung bestanden, fügte sich Deutsch endlich in die Erlaubnis, verlangte jedoch, daß wir ohne Munition ausrücken und Kisch und ich vor dem Abmarsch die Gewehre und Patronentaschen noch besonders visitieren sollten.[249]

Angesichts des anhaltenden Widerstands der Roten Garde blieb Deutsch »nichts anderes übrig, als die Ausrückung ohne Munition zu gestatten und abzuwarten, wie sich die Dinge am nächsten Morgen entwickeln würden.«[250] Kisch und Waller hingegen begannen angeblich »sofort bei den anderen Volkswehrbataillons nachzuforschen, was an den Putschabsichten der Kommunisten Wahres war.« Dabei hätten sie herausgefunden, daß die Kommunisten, nachdem sie bei der Roten Garde »abgeblitzt waren, sich an das Deutschmeister-Volkswehrbataillon herangemacht hatten, das sich ohneweiters mit ihren Plänen einverstanden erklärte.«[251] Der daraufhin geäußerten Bitte Kischs und Wallers an Deutsch »um die Widerrufung seines Befehles der munitionslosen Ausrückung« habe dieser nicht nur nicht entsprochen, sondern zudem erklärt, dass er der Roten Garde die »Ausrückung zur Flaggenhissung« nun gänzlich verbiete.[252] Demungeachtet gab Waller aus dem Rückblick unumwunden zu, die Rote Garde habe sich am 12. November »allem Verbote Deutsch's [...] zum Trotz, unter dem Kommando Kisch's in zwei Bataillonen formiert«, im Kasernenhof zum Abmarsch bereit gemacht, und zwar mit der »Munition in den Manteltaschen«.[253] Zwei im letzten Augenblick erschienene Nationalräte versuchten angeblich noch das Ausrücken der bewaffneten Truppe in Richtung Parlamentsgebäude zu verhindern, vermochten dies aber nicht und mussten sich mit dem »Ehrenwort« Kischs und der ganzen Mannschaft zufriedengeben, dass kein »Putschversuch« unternommen werde.[254] Dies war die Ausgangslage für den Gewaltausbruch am kommenden Tag – zumindest auf Seiten der Revolutionäre.

Was die Sozialdemokratie betrifft, so bemühten sich ihre Funktionäre am 11. November hingegen um die Mobilisierung der Arbeitermassen im Sinne *ihrer* Republikausrufung gemeinsam mit der Christlichsozialen und der Deutschnationalen Partei, wie ein weiterer Abschnitt des oben zitierten Artikels aus dem *Neuen Wiener Tagblatt* vom 12. November vor Augen führt:

> Gestern abend fanden in beinahe allen Wiener Bezirken *Versammlungen der Arbeiterschaft* statt, die von der sozialdemokratischen Parteileitung einberufen waren. In den Versammlungen, die durchweg ungestört verliefen, wurden Reden über die politische Situation und über die Ausrufung der Republik gehalten, die heute erfolgen wird; die Arbeiter wurden aufgefordert, *Dienstag nachmittag in allen Betrieben die Arbeit ruhen zu lassen* und an diesem denkwürdigen Tage zu einem ruhigen *Demonstrationszuge*, der aber durch keine Zwischenfälle gestört werden dürfe, *vor dem Parlamente* zu erscheinen. Ordner der Partei werden selbst den Ordnungsdienst versehen. Dabei wurde aber ausdrücklich aufmerksam gemacht, daß die Begleiter vorbeifahrender Milchwagen nicht etwa als Streikbrecher angesehen werden dürfen, da gerade in der Zeit von 12 Uhr mittags bis 6 Uhr abends diese Milchwagen, welche Milch für Kinder und Kranke bringen, verkehren und unter gar keinen Umständen angehalten werden dürfen.[255]

Die SDAP hat den offiziellen Festakt zur Feier der neuen Staatsform demnach auf das Genaueste vorbereitet, wobei sogar an die Sicherheit der Milchwagen gedacht wurde, und gleichzeitig versucht, jeglicher Obstruktion seitens der radikalen Linken den Boden zu entziehen: Bei den beiden von Waller erwähnten Nationalräten, die

Abb. 6: Ausrufung der Republik Deutschösterreich am 12. November 1918, Panoramablick auf das Parlament

am 12. November die Rotgardisten ermahnten, »unter allen Umständen Ruhe und Disziplin zu wahren und sich nicht provozieren zu lassen«, handelt es sich um die sozialdemokratischen Staatsräte Franz Domes und Max Winter.[256]

In eine ganz andere Richtung arbeitete freilich das von Karl Steinhardt geleitete Organisationskomitee der jungen KPDÖ, dessen Mitglieder »sowohl unter den Soldaten als auch unter der Masse der Arbeiter eine starke Stimmung für die Errichtung einer sozialistischen Republik« wahrnahmen, wie der parteinahe Historiker Hans Hautmann in seiner gleichwohl um Objektivität bemühten Darstellung verrät: So beschloss man in der Nacht vom 11. auf den 12. November 1918, »eine Proklamation an die Wiener Arbeiter zu richten, in der die Bildung einer Arbeiter- und Bauernregierung gefordert wurde. Steinhardt sollte diese Proklamation am Tage der Republikerklärung vor dem Parlament verlesen.«[257] Darüber hinaus wurde ebenfalls bei dieser KP-Ausschusssitzung beschlossen, »zum Zeichen des Protests gegen eine bürgerliche Regierung auf den Fahnenmasten vor dem Parlament rote Fahnen zu hissen.«[258] Von spontanen Aktionen der Rotgardisten, die während der Zeremonie der öffentlichen Flaggenhissung den weißen Mittelteil der neuen rot-weiß-roten Staatsfahne mit ihren Bajonetten herausschnitten und nur die übriggebliebenen roten Fetzen aufzogen, kann also keine Rede sein. Dasselbe gilt vom weiteren Verlauf der sozialrevolutionären Agitation: »Nachdem ein Sängerchor sein Lied beendet

Abb. 7: Ausrufung der Republik Deutschösterreich am 12. November 1918, Panoramablick auf das Burgtheater

hatte, wurde […] die Republik Deutschösterreich proklamiert. Gleich darauf stieg Steinhardt auf den Brunnenrand des Pallas-Athene-Denkmals, verlas die von der Kommunistischen Partei beschlossene Proklamation und hielt eine kurze Rede in deren Sinn.«[259] Doch damit noch nicht genug: »Hierauf begab er sich – die Menge begann bereits abzufluten – in Begleitung zweier Rotgardisten vor das Haupttor des Parlaments, um als Beauftragter der KPDÖ seine Forderung nach Bildung einer Arbeiter- und Bauernregierung einem Spitzenvertreter des Staatsrats vorzutragen.«[260] Dazu kam es aber nicht mehr, weil plötzlich Chaos ausbrach.

Den genauen Hergang des Gewaltausbruchs vor dem Parlament versuchten einige Wiener Zeitungen am nächsten Tag zu rekonstruieren, etwa das *Neue Wiener Tagblatt* im ausführlichen Bericht *Die Kämpfe vor und im Parlament*; darin heißt es unter der Zwischenüberschrift *Der Beginn des Kampfes und die Panik unter der Menge* im dramatischen Präsens:

> […] Soldaten und Bürger halten von mehreren Vorsprüngen herunter Reden, und man glaubt hoffen zu dürfen, daß man nur den Vorbeimarsch wird abwarten müssen. Auch von der *unruhigen und stets bewegten Gruppe vor dem Eingang des Parlaments* zieht ein Teil ab, darunter die Leute mit der Leinwandtafel für die sozialistische Republik, die das Rufzeichen der ganzen Demonstration war. Da

Abb. 8: Ausrufung der Republik Deutschösterreich am 12. November 1918, Blick aus der Menschenmenge auf das Parlament

Abb. 9: Ausrufung der Republik Deutschösterreich am 12. November 1918, Blick auf die Rampe des Parlaments mit Transparent »Hoch die soziallistische Republik«, Menschen mit Flugblättern

Wien: 8 Heller
Monatlich K 2.50 mit Zustellung ins Haus.

Illustrierte Kronen Zeitung

Provinz: 8 Heller.
19. Jahrgang Nr. 6777.

Administration: IX/1, Pramergasse 28. Telephon 15744. Stadtbureau: I., Schulerstraße 19. Telephon 7927.

Wien, Donnerstag den 14. November 1918.
Redaktion Wien, IX/, Pramergasse 28.
[illegible] Manuskripte werden nicht zurückgestellt.

Provinz-Abonnement vierteljährig K 6.50. Bestellungen für weniger als drei Monate werden nicht angenommen.

Die Verkündigung der Republik.

Die roten Fahnen gehen hoch.

Die entsetzliche Papiernot zwingt zu äußerster Einschränkung.

Ungarn — Republik.

Abdankung des Königs.

Aus Budapest wird berichtet: Nach einer aus Eckartsau kommenden Meldung hat König Karl IV. die ihm vorgelegte Abdankungsurkunde unterzeichnet.

Diese Urkunde wird in Ungarn noch vor der Proklamierung der Republik kundgemacht werden.

Der ungarische Nationalrat wird am Samstag im großen Kuppelsaale des Parlaments die Republik proklamieren. Auf der Tagesordnung dieser Sitzung stehen: 1. Verkündigung der Republik; 2. Auflösung des Abgeordnetenhauses; 3. Wahl eines Gouverneurs, der die Regierungsgeschäfte bis zum Zusammentritt der Konstituante führen wird. — Zum Gouverneur wird Graf Michael Karolyi gewählt werden.

Kämpfe in Temesvar.

Zwischen Flüchtlingen und Kadettenschülern. 100 Tote.

Temesvar, 13. November.

Zwischen Flüchtlingen und einem Teil der Bevölkerung kam es zu schweren Kämpfen mit Zöglingen der Kadettenschule. Auf beiden Seiten wurde geschossen; es gab etwa 100 Tote.

Auch aus vielen anderen Orten Südungarns werden Unruhen, Plünderungen und Pogroms gemeldet. Zahlreiche Personen wurden getötet und verwundet.

Kämpfe zwischen Deutschen und Serben in Ungarn.

Die Serben halten bereits vor [illegible] bei Temesvar und sind hier mit [illegible] deutschen Truppen, die unter dem Kommando des Generals [illegible] stehen, zusammengestoßen.

Rumänische Truppen in Ungarn.

Budapest, 13. November. [illegible]

[illegible]

Abb. 10: *›Illustrierte Kronen-Zeitung‹ vom 14. November 1918, Titelblatt mit einer Zeichnung der am 12. November 1918 vor dem Parlament aufgezogenen roten Fahnen (ohne den herausgerissenen weißen Streifen)*

hört man plötzlich Laute, als ob *jemand mit einem Stock auf einen Rollbalken schlüge*. Der Bataillonshornist der Roten Garde sagt nach einem prüfenden Blick zur Höhe des Parlaments: »*Mir scheint, die werden da oben noch raufen*.« Ein andrer meint, daß man wahrscheinlich die Tore des Hauses geschlossen hat und daß sich jemand den *Eingang erzwingen will*. Die lauten Schläge werden, heftiger, rascher. Kein Mensch kümmert sich darum und der *Kinomann auf dem Dach des Parlaments* kurbelt ruhig weiter.[261]

In dieser Darstellung, die zwecks Erhöhung des Authentizitätseffekts mit zahlreichen direkten Reden arbeitet, wird das Herunterlassen der Rollläden sowie die Schläge auf die Holztüre des Parlaments aus der eingeschränkten Perspektive der aufgeregten Masse geschildert, wobei deren Wahrnehmung und Kenntnisstand die erzählerische Informationsvergabe steuert:

Der *Rote Gardist sagt*: »*Das sind Schüsse*.« In die Menge auf den Rampen kommt eine wilde Bewegung. *Ein Feuerstrahl blitzt auf.* »Das sind keine Schüsse!« sagt noch ein Zweifler, aber da *knattert es schon wie bei einem Infanterieangriff* und die ganze Menge vor dem Parlament läuft unter *dem rasenden Geknatter*, wie man um sein Leben läuft, gebückt und atemlos. Niemand kann ihrem Druck widerstehen. Rückschauend sieht man Soldaten *über die Rampe hinaufstürmen und feuern*, sieht die *Rauchwolken über ihren Köpfen*. Man erwartet jeden Augenblick, selbst verwundet zu werden oder Verwundete zu sehen. In richtigem Instinkt laufen die Massen um die Ecken und suchen die Nebengasse zu gewinnen. Das *Echo der Schüsse* ist so stark, daß man glaubt, auch vom Burgtheater aus werde geschossen. Einige Unerfahrene rufen noch: »Langsam, langsam, es sind ja nur Salutschüsse!« Aber die andern rasen weiter und in wenigen Minuten ist die *Ringstraße wie leergefegt.*[262]

Genau diese Szene wird dann in Franz Werfels Roman *Barbara oder Die Frömmigkeit* eine entscheidende Rolle für die Charakterentwicklung des *alter ego* Ferdinand R. spielen. Doch auch in der faktualen Geschichtsschreibung sind sie und ihre kontroversielle Deutung von erheblicher Relevanz, da sich daran die konkurrierenden Narrationen und Mythenbildungen abarbeiten konnten. Dazu trugen auch manche Beteiligte selbst bei, etwa besagter Bataillonshornist der Roten Garde, Franz Fiala, der sich aus dem Abstand von zehn Jahren im Protokollstil zu den Vorgängen des 12. November geäußert und dabei die seinerzeit herrschende gewaltige Aufregung durch einen wilden Wechsel der Tempora wiederzugeben versucht hat:

Ein Teil der Roten Garde verläßt um drei Uhr nachmittags die Stiftskaserne und zieht über die Mariahilferstraße und [den] Ring zum Parlament. Wir nehmen Aufstellung von der Bellaria bis zur Stadiongasse. Front zum Parlament. Ich kam gerade mit meiner Abteilung in die Nähe des linken Fahnenmastes. Schon auf dem Wege von der Kaserne zum Aufstellungsplatz wurden wir mit den Rufen »Hoch die Rote Garde«, »Es lebe die sozialistische Revolution!« von den Arbeitern im Spalier begrüßt. Dicht gedrängt standen die Arbeitermassen vor dem Parlament.[263]

In der Folge überschlugen sich die Ereignisse, die entstehende Hektik drückt sich in Fialas Erinnerungen syntaktisch im durchgehend verwendeten dramatischen Präsens sowie in sich sukzessive beschleunigenden Parataxen aus, die nur noch durch Kommata voneinander getrennt sind und einen hastigen Berichtsduktus erzeugen:

Oben sprechen Dinghofer, Seitz und Hauser, rufen ihr Hoch auf die demokratische Republik der Arbeiter, Bürger und Bauern, ein Arbeiterchor singt ein Lied, die Parlamentsfahnen rot-weiß-rot werden heruntergezogen, wir schneiden mit unseren Bajonetten die weißen Streifen des Fahnentuches heraus und unter dem Jubel der Massen ziehen Arbeiter die Fahnen wieder hoch; einige Redner auf dem Brunnenrande und auf einigen Sockeln verlangen die Ausrufung der sozialisti-

> schen Republik, die Massen stimmen begeistert in die Rufe ein und winken den »wilden« Rednern mit Taschentüchern.[264]

Im unmittelbaren Anschluss daran und noch vor dem im *Neuen Wiener Tagblatt* geschilderten Schusswechsel wurde die Untereinheit des sozialrevolutionären Berichterstatters von ihrem Vorgesetzten mit geladenen Gewehren und aufgesteckten Bajonetten in die Fichtegasse – genauer: zur Redaktion der *Neuen Freien Presse* – abkommandiert.[265] Die unterschiedlichen Erzählungen über das, was dort geschah, sollen im nächsten Kapitel genauer betrachtet werden.

Auch die Ereignisse vor dem Parlament selbst waren Gegenstand heftigster Auseinandersetzungen um die politische Deutungshoheit sowie um die Selbstrechtfertigung der Beteiligten im Nachhinein. So berichtete der nunmehrige Leutnant des 1. Bataillons der Roten Garde Peter Waller Erstaunliches, wobei sich manche Einzelheiten mit den Aussagen Fialas decken:

> [B]ald darauf marschierten auch wir, von der in großen Massen auf der Ringstraße zusammengeströmten Arbeiterschaft lebhaft akklamiert, vor das Parlament, wo wir auf der Volksgartenseite in entwickelter Linie Aufstellung nahmen. / Nach einer halben Stunde kam auch schon das mit roten Bändern überreich geschmückte Deutschmeister-Volkswehrbataillon anmarschiert. An der Spitze dieser Truppe schritten drei blutjunge jüdische Leutnants, lachend und die Zigaretten im Munde. Die Mannschaft selber hielt keine Ordnung und johlte wie besessen.[266]

An dieser Darstellung befremdet nicht nur der manifeste Antisemitismus, der Wallers gesamtes Buch wie ein roter Faden durchzieht – woher wusste er denn so genau, dass es sich bei den ihm unbekannten Anführern der Deutschmeister um ›Juden‹ handelte? –, sondern auch das abschätzige Bild der ›blutjungen‹ Leutnants selbst, die »lachend und die Zigaretten im Munde« gerade den historischen Fotografien und Karikaturen sowie der romanesken Zeichnung Kischs durch Werfel entsprechen. Waller hingegen nimmt Kisch »als einen überaus edlen und guten Menschen«[267] konsequent aus seinen rassistischen Anwürfen und Unterstellungen aus: »Er war ein Jude, aber ein ehrlicher und reiner Mensch, der doch deutscher dachte als […] die ganzen damaligen Führer der deutschen Arbeiter Oesterreichs zusammengenommen.«[268] Im gegenwärtigen Zusammenhang interessiert vor allem Wallers Bericht über die Vorfälle bei der Republikausrufung, der das agitatorische Wirken der KP-Mitglieder – insbesondere ihres Anführers Karl Steinhardt – vor, während und nach der Zeremonie aufs Korn nimmt:

Abb. 11: Kisch-Karikatur der Reihe »Männer der Zeit« aus dem Satirejournal ›Der Esel‹, Jänner 1919

> Sofort begannen die bereits auf der Parlamentsrampe versammelten Kommunisten mit den Deutschmeister-Volkswehrleuten auffällige Vorbereitungen für den Angriff auf das Parlament. Eine kleine Gruppe von ungefähr achtzehn Soldaten unter Führung eines jüdischen Oberleutnants drängte sich zum Haupteingang des Parlamentes, wo sie die Bajonette pflanzten und stehen blieben. Einige andere junge Offiziere – natürlich auch Juden – stellten sich vor unsere Mannschaft und begannen lebhaft auf sie einzusprechen.[269]

Waller bedient hier nicht nur ein antisemitisches Stereotyp, sondern unterstellt auch noch, es habe sich bei den kommunistischen Agitatoren um »die bereits von den Putschisten für uns bereitgestellten Führer« gehandelt, weshalb er seinen Leuten »immer wieder« eingeschärft habe, »daß sie ihr gegebenes Ehrenwort halten und Kisch, mir und Leutnant Kalischer, der bei der Flaggenparade das 2. Bataillon kommandierte, unbedingt die Treue bewahren mögen.«[270] Die legitimatorische Absicht solcher Worte ist offensichtlich, genauso wie die gegenteilige Intention von Wallers folgendem Bericht:

> Als die rot-weiß-rote republikanische Flagge an den zwei Flaggenstangen emporgezogen wurde, gab Kisch das Kommando »Habt acht! Kappe ab« (!) / Doch da

> ging auch schon der Wirbel los. Von allen Seiten begannen die in der Masse überaus geschickt verteilten Putschisten auf die Menge einzureden, die aus all dem großen Redeschwall nur das eine heraus hörten [sic], daß die jüdischen Putschisten nie wieder Krieg wollten. Daß aber eine österreichische Räterepublik gerade den unbedingten Krieg auf Sowjet-Rußlands Seite zur Folge haben mußte, das hatten die verhetzten Arbeiter in ihrem Unverstande nicht bedacht. Also tobten und brüllten sie: »Hoch die Räterepublik« und »Nie wieder Krieg«![271]

Man kann in dieser Darstellung, die maliziös zwischen ›artfremden‹ Juden und ›eingeborener‹ naiver Arbeiterschaft als Verführer und Verführte unterscheidet, bereits Bruchstücke jener Verschwörungstheorie erkennen, die dann Karl Paumgartten in seinem Tendenzroman *Repablick. Eine galgenfröhliche Wiener Legende aus der Zeit der gelben Pest und des roten Todes* (1924) zu einem in sich geschlossenen, ideologischen Zwangssystem ausbauen wird. Bereits Waller beklagte eine gefährliche Unterwanderung der von ihm befehligten Roten Garde durch Kommunisten, indem er fortfuhr:

> Nachdem einige Putschisten, unter denen zu meinem Erstaunen auch ein Zugsführer und ein Gefreiter meines Bataillons sich zeigten, die republikanische Flagge heruntergeholt und unter dem tosenden Beifall der Menge in Stücke gerissen hatten, trat der Kommunistenführer Steinhart [sic] auf die Rampe vor. Um gleich von Haus aus den richtigen Effekt zu machen, hüllte er sich in ein blutigrotes Tuch und hielt dann, als alle Augen auf ihn gerichtet waren, eine feurige Ansprache[,] die mit der Frage schloß: »Wollt ihr die Bürgerliche oder die Räterepublik?« / »Die Räterepublik« schrie es von allen Seiten und schon ging auch die aus den roten Streifen der zerrissenen republikanischen Flagge improvisierte Sowjet-Flagge in die Höhe.[272]

Dass die rote Fahne der Arbeiterbewegung hier gleich schlechterdings als »Sowjet-Flagge« tituliert wird, verrät den tendenziösen Blickwinkel der Retrospektive Wallers, dessen Bericht zwar insgesamt wenig Bemühen um Distanz und Objektivität vermittelt, aber dafür recht anschaulich ist:

> Da zog der jüdische Oberleutnant, der sich vorhin vor dem großen Parlamentstor postiert hatte, den Säbel und hieb auf die bleich und ratlos dastehenden Nationalräte los. Man ahnte, daß die Sache jetzt gefährlich werde und stob entsetzt auseinander. Eine unbeschreibliche Panik entstand und ich hatte große Mühe, meine Leute zum Zusammenbleiben zu bewegen. Als die Menschen so ziemlich Platz gemacht hatten, sah man nun die Deutschmeister-Volkswehrleute und einige Gruppen Putschisten, die zum Teile auch mit Pistolen bewaffnet waren, zum

> Haupttor stürmen. Die 2000 Ordner, die Deutsch als seine besondere Schutzgarde vor das Haupttor aufgestellt hatte, liefen in wilder Angst davon und jetzt wußte ich, daß die Rote Garde zum Eingreifen an der Reihe war. Da lief Rothziegel mit einem großen Teil des 2. Bataillons zu den Putschisten über und ich hörte mit Entsetzen, wie Kisch die Rote Garde statt zum Angriff auf die Putschisten, zum Abmarsch in die Kaserne befahl.[273]

Angesichts der verworrenen Lage und der befehlswidrigen Bewaffnung der Rotgardisten war Kischs Befehl zum Rückzug keineswegs so unverständlich, wie es Waller suggeriert. Dieser selbst hingegen wollte sich während der sich überstürzenden Ereignisse und vor allem im Rückblick partout als militärischer Held und verantwortungsvoller Offizier beweisen, dem auch die demokratisch gesinnten Kräfte zu großem Dank verpflichtet wären – zumal er in seiner aufrechten Haltung das eigentliche Ziel der wilden Schießerei gewesen sei:

> Da krachten die ersten Schüsse. Sie waren auf mich gerichtet und kamen von den durch Rothziegels Leuten und den anderen Putschisten verstärkten Deutschmeister-Volkswehrleuten her, die vergeblich das in Eile geschlossene Haupttor des Parlaments einzuschlagen versuchten und sich nun von mir und den sich rasch um mich sammelnden Soldaten bedroht sahen.[274]

Es ging Waller dabei wohl nicht zuletzt um die nachträgliche Rechtfertigung jener befehlswidrigen Bewaffnung der Roten Garde am 12. November 1918, von der schon ausführlich die Rede war und die nun als besondere Weitsicht des ›insubordinierten‹ Leutnants herausgestellt wurde:

> Hätten meine Leute jetzt keine Munition gehabt, dann wäre der Putsch zweifellos gelungen. So aber hatte ich bald gegen 200 Leute um mich geschart, die sofort, sich hinter den Litfaßsäulen, Bäumen und Bänken deckend, das Feuer zu erwidern begannen. Da liefen auch schon die Putschisten in wilder Hast auseinander und viele schwenkten weiße Tücher zum Zeichen, daß sie sich ergeben wollten. Die »Feuerüberlegenheit« war damit erreicht und ich ging mit gepflanztem Bajonett zum »Sturm« vor. Nachdem ich auch den letzten Putschisten von der Rampe und den anderen Eingängen vertrieben hatte, zog ich um das Gebäude einen Kordon und begann, von Schwarm zu Schwarm eilend, die Mannschaft zu weiterer Festigkeit zu mahnen.[275]

Waller verabsäumt es nicht, den von ihm gar nicht geschätzten »Jude[n] Leo Rothziegel«,[276] der wenige Monate später als Anführer von 1200 – zu einem guten

Teil aus den Wiener Rotgardisten rekrutierten – Freiwilligen für Bela Kuns ungarische Räterepublik in den Krieg ziehen und dabei als eine Art Märtyrer für die sozialistische Revolution fallen sollte,[277] als Feigling (und sich selbst als großherzigen Anführer) zu zeichnen:

> Als Rothziegel und die mit ihm zu den Putschisten übergelaufenen Soldaten sahen, daß der Putsch nun mißlungen war, kamen sie mit erhobenen Händen auf mich zu und baten um Pardon. »Du bist,« meinten sie, »ein revolutionärer Offizier und hast ein gutes Herz. Nimm uns wieder zu dir und schütze uns vorm Erschossenwerden.« Trotzdem ein Verzeihen jetzt eine sehr heikle Sache war, reichte ich allen die Hände. Schließlich waren wir ja alle Gefangene in einem Narrenturm und da war normales Handeln schwer.[278]

Spätestens hier verstrickt Waller sich in Widersprüche; die unvermittelte Selbstrechtfertigung, man könnte als ›Gefangener in einem Narrenturm‹ nicht ›normal handeln‹, vermag angesichts der davor erhobenen massiven Vorwürfe gegenüber den »Putschisten« nicht zu überzeugen.

Deutsch seinerseits begründete das von Waller hämisch konstatierte Verschwinden der 2000 Parteiordner, das den folgenden Gewaltausbruch befördert hat, mit einer unerklärlichen Kommunikationspanne:

> Inzwischen waren infolge eines Mißverständnisses die Floridsdorfer Ordner, die in der Stärke von 2000 Mann die Parlamentsrampe während der ganzen Dauer der Kundgebung besetzt halten sollten, ebenfalls gegen das Schottentor zu abmarschiert. Wer die Weisung zum Abzug der Floridsdorfer Ordner gegeben hatte, ist nicht aufgeklärt. Tatsache ist, daß mit einem Male, und gerade im kritischesten Augenblick, auf der Parlamentsrampe und vor dem Parlamentstor ein von Ordnern leerer Raum entstand, in dem nur mehr einige lose Gruppen zufällig Anwesender sich befanden.[279]

In dieses ganz plötzlich entstandene Kräftevakuum nun stieß den Erinnerungen Deutschs zufolge die besagte Attacke der aufgehetzten Volkswehrangehörigen:

> Da sah ich eine Gruppe von zehn bis zwölf Soldaten mit aufgepflanztem Bajonett, an ihrer Spitze einen jungen Mann mit gezogenem Säbel, sich aus der am Eingang der Rampe sich stauenden Menge loslösen und herauf gegen das Parlamentstor eilen. Im Moment war es klar, daß die heranstürmenden Soldaten in das Parlament eindringen wollten. Alles stob entsetzt auseinander. Die Abgeordneten wollten in das Parlament zurück, ihnen nach drängte eine geängstigte Menge

dem Tor zu, das unter diesem wirren Andrang von den Dienern nicht geschlossen werden konnte.[280]

Angesichts der drohenden politischen Auswirkungen für die gesamte Republik habe es sich um eine äußerst brenzlige Situation gehandelt, da es in dieser Verwirrung leicht möglich gewesen wäre, dass sich die Soldaten den Eintritt in das Parlament erzwingen. »Dann hätte aus der Episode leicht ein Unglück werden können, denn die Soldaten hätten sich – gestützt auf ihre Bajonette – schwerlich davon abhalten lassen, die Diktatur des Proletariats zu proklamieren, unbekümmert um die daraus entstehenden Folgen.«[281] Im Unterschied zu Waller stilisiert sich der sozialdemokratische Unterstaatssekretär rückblickend selbst zum Fels in der Brandung:

> Gefolgt von einigen Freunden, stürzte ich den Soldaten entgegen und beschwor sie, von ihrem Vorhaben abzustehen. [...] Es entstand eine kleine Stockung. Die benützten einige Genossen, hoben mich auf die Schultern des [deutschnationalen] Staatssekretärs [Josef] *Mayer*, eines großen, riesenhaft gebauten Mannes, der neben mir stand, und ich begann zu reden. Meine ersten Worte gingen im Tumult unter, dann herrschte einen Augenblick Stille, in der man mich anhörte, und dann ging der Hexensabbat wieder von vorne los. / Immer mehr Soldaten waren herbeigeeilt, sie schrien und gestikulierten, tobten, als wenn sie irrsinnig geworden wären, und drängten Mayer, auf dessen Schultern ich noch immer saß, und die kleine Gruppe unserer Freunde ruckweise gegen das Parlamentstor. Dieses konnte aber infolge des Aufenthaltes, den wir verursacht hatten, von der flüchtenden Menge gerade noch passiert werden und knirschend flog es nun ins Schloß.[282]

Die Unversehrtheit des Nationalrats schien somit aufs Erste gesichert. Die nächste Herausforderung bestand im angemessenen Umgang mit der führerlosen Truppe, deren Wut über die verpasste Chance sich in sinnlosen Aggressionen entlud:

> Ein Zornruf der Soldaten war die Antwort. Ich glitt, da der Zweck meines Eingreifens erfüllt schien, von meinem hohen Sitz, um den die Bajonette und Säbel herumfuchtelten, herab. In diesem Augenblick drehte ein Soldat das Gewehr um und ließ den Kolben mit wuchtigem Schlag auf den Kopf [Julius] Braunthals niedersausen, der andauernd neben mir ausgehalten hatte. Ich hatte gerade noch Zeit, meine Hand auszustrecken, die die Wucht des Schlages milderte. Trotzdem taumelte *Braunthal* zurück, seine Kappe flog zu Boden. / Nun war kein Halten mehr. Von allen Seiten drangen Soldaten vorwärts. Eine von rechts herkommende Gruppe wollte – so schien es – mir und meinen Freunden zu Hilfe eilen.

> Da begannen links von uns einige Gewehre die Fenster des Tores zu bearbeiten. Scheiben klirrten, Bajonette hieben auf die Holzverkleidung ein und nun krachten auch schon die ersten Schüsse.[283]

Da er als Einzelner gegenüber den »tobenden, um sich schlagenden und schießenden Soldaten« nichts mehr ausrichten habe können, sei Deutsch »die Parlamentsrampe hinunter« und »um das Parlamentsgebäude herum« geeilt, um »zu einer der rückwärtigen Türen des Hauses« zu gelangen.[284] Währenddessen machte er folgende gespenstische Beobachtung:

> Die Straßen, die vor wenigen Minuten noch mit den Menschenmassen erfüllt waren, erschienen wie leergefegt. Auf der Erde lag da und dort ein Körper. Ich glaubte, es seien von den herumpfeifenden Kugeln Getroffene, und befürchtete, daß zahlreiche Opfer zu beklagen seien. Wie sich dann herausstellte, war es glücklicherweise nicht so arg. Es hatten wohl zwei Menschen ihr Leben lassen müssen und viele waren verletzt; aber bei den vielen Tausenden, die an diesem Tage vor dem Parlament waren, hätte es leicht noch viel schlimmer kommen können.[285]

Übereinstimmend damit berichtete die *Neue Freie Presse* am 13. November 1918 auf der ersten Seite der Morgenausgabe unter der Überschrift *Schießerei und Panik vor dem Parlament* zunächst resümierend über die Vorfälle des vorausgehenden Tages:

> Beim Abzug der Demonstranten vom Parlament kam es zu einer *Schießerei*, in deren Verlauf etwa *hundert Schüsse* abgegeben wurden. Rote Gardisten glaubten, daß aus dem Parlament ein Schuß auf sie abgegeben worden sei und eröffneten ein *Feuer gegen das Parlamentsgebäude*, in dessen Verlauf *einige Personen verwundet* wurden. Weit größer war die Zahl der Verletzten infolge einer argen Panik, die unter der vom Parlament abziehenden Menge entstanden ist. Die Rettungsgesellschaft behandelte *31 Verletzte*.[286]

Eingehende Darstellungen der hier nur grob umrissenen Ereignisse finden sich auf der dritten Seite dieser Ausgabe der *Neuen Freien Presse* sowie im *Neuen Wiener Tagblatt*, dessen mehrseitiger Bericht über die Vorfälle beim Parlament mit einem Überblick *Die amtlichen Erhebungen* schließt; auf die dortige Rekonstruktion der Ereignisse bis zur Schießerei folgt eine knappe Zusammenfassung der weiteren Entwicklung:

> Die Roten Gardisten zernierten hierauf das Parlament und entsendeten zwei Vertreter in das Gebäude, wo sie mit dem Präsidenten *Seitz*, Unterstaatssekretär Dr.

> *Deutsch* und Major *Hennig* vom Stadtkommando ungefähr eine Stunde verhandelten. Sie verlangten vom Präsidenten Seitz die *ehrenwörtliche Erklärung, daß vom Parlament aus nicht geschossen worden sei*, und daß sich *im Gebäude keine Maschinengewehre befinden*. Ferner verlangten sie, daß ihnen gewährt werde, das Parlament nach Maschinengewehren zu durchsuchen. Nachdem ihnen dies gestattet worden war, begnügten sie sich mit der ehrenwörtlichen Erklärung, und hievon machten zwei Führer ihren auf der Parlamentsrampe stehenden Leuten Mitteilung, worauf die Gardisten abzogen.[287]

Eine noch knappere und sichtbarer interessengeleitete Zusammenfassung bietet etwa die *Salzburger Wacht*, eine Tageszeitung der Sozialdemokratischen Arbeiterpartei für das Kronland Salzburg, am 14. November unter der polemischen Überschrift *Die bürgerliche Presse entstellt. Zu den Vorgängen in Wien*:

> Infolge der Szenen in und vor dem Parlamente bemächtigte sich der vor dem Gebäude angesammelten ungeheuren Menschenmenge eine große Panik, so daß das Spalier, durch das sich der Zug bewegte, nicht aufrecht erhalten werden konnte. Die Zuschauer, die auf den Seitenwegen angesammelt waren, stoben auseinander, wobei durch das Nachdrängen der Massen eine Anzahl von Personen, zirka 33, Verletzungen erlitten. Auch kamen einige Ohnmachtsanfälle vor. Die Besonnenheit einiger deutschösterreichischer Offiziere verhütete eine weitere Ausbreitung der Panik. [...] Von den Verletzten blieben 18 in häuslicher Pflege, während die übrigen ins Spital gebracht wurden.[288]

Mit den ›besonnenen deutschösterreichischen Offizieren‹ könnte unter anderem Peter Waller gemeint sein, glaubt man dessen eigener Darstellung der Ereignisse zumindest in groben Zügen. Tendenziell gestützt wird diese etwa von einer Nachricht, die das sozialdemokratische Provinzblatt *Salzburger Wacht* ebenfalls am 14. November unter dem Titel *Der Zwischenfall vor dem Parlament auf Provokateure zurückzuführen* als eine Art Hintergrundinformation bringt. Die Parteizeitung nützt die Gelegenheit zu einem gehörigen Maß an Selbstlob für die eigene Bewegung, das allerdings von manchen unglücklichen Formulierungen bzw. Wortwiederholungen konterkariert wird:

> Zum heutigen Zwischenfall beim Parlament wird noch gemeldet: Für die Wahrung der Ordnung bei der heutigen feierlichen Verkündigung der Republik hatte die sozialdemokratische Partei – wie bei wiederholten derartigen Massenkundgebungen der letzten Jahre – ein großes Aufgebot von Ordnern gestellt, und die Feier wäre sicherlich entsprechend der Disziplin der Wiener sozialdemokratisch

> organisierten Arbeiterschaft ohne den heutigen, noch unaufgeklärten Zwischenfall würdig und ohne jeden Zwischenfall verlaufen. Man nimmt an, daß es eine kleine kommunistische, bezw. sozialrevolutionäre Gruppe war, die mit den großen Massen der organisierten Arbeiterschaft nichts gemein hat, die es geflissentlich auf eine Störung der Ordnung während der Feier abgesehen hatte, um Verwirrung und Panik hervorzurufen.[289]

Dass journalistische Informationsvermittlung als zentrale Aufgabe der Presse schon damals auch viel vordergründiger und reißerischer erfolgen konnte, führt etwa der knappe Bericht *Die gestrige Schießerei* im sensationslüsternen *Neuen 8 Uhr-Blatt* vor Augen, der sein Thema programmatisch verfehlt, die Opferzahl weiter hochschraubt und sich ansonsten auf die persönliche Bloßstellung eines namentlich genannten Rotgardisten sowie die Nennung der Namen und Berufe von Verletzten konzentriert:

> In einigen heutigen Morgenblättern wird ein Leutnant *Groß* als derjenige genannt, der gestern mit gezogenem Säbel an der Spitze einer Abteilung »Roter Gardisten« das Parlament »erstürmte«. Wie uns mitgeteilt wird, hat dieser »Leutnant« während des ganzen Krieges als Einjährig-Freiwilliger im *Präsidialbureau des Kriegsministeriums* Dienst getan. Zum Leutnant hat er sich offenbar selbst ernannt und sein Kriegersinn ist vermutlich erst mit dem Eintritte des Waffenstillstandes erwacht; der junge Mann stammt aus einem sehr wohlhabenden Hause. Diese Erscheinung ist wohl bezeichnend für das ganze Wesen des gestrigen Krawalls. / Gestern haben sich noch in verschiedenen andern Wiener Spitälern mehrere Verletzte gemeldet, so die Gesamtzahl der Opfer der Panik mit den Todesopfern *an vierzig* heranreicht. Es meldeten sich: die Infanteristen Leopold *Hunna* und Janos *Baray*, der Zugsführer und Fleischhauergehilfe Hans *Semelitscher* mit einem Schuß im Gesicht, eine *Frau* mit einem *Bajonett*stich, aber nur leicht verletzt, ein *Soldat* mit einer Schnittwunde und der Praktikant Leopold *Korpen* mit einem Bruch des Oberarmes.[290]

Es ist bezeichnend, dass die verletzten Politiker aller Couleurs wie Julius Braunthal, Ludwig Brügel oder Franz Koritschoner[291] hier nicht angeführt werden, sondern unbekannte Angehörige des ›einfachen Volkes‹, mit denen sich die mitfühlenden Leserinnen und Leser leichter identifizieren konnten.

Im Vergleich dazu ist die Darstellung der *Salzburger Wacht* als geradezu seriös zu bezeichnen, denn sogar eine von der Blattlinie abweichende *Erklärung der Roten Garde* selbst findet Platz in der sozialdemokratischen Provinzzeitung[292] – im Unterschied zur hauptstädtischen *Arbeiter-Zeitung*, die genau dies ablehnte. Diese Selbstrechtfertigung sei hier aber nicht nach der gekürzten und deshalb etwas holprigen Übernahme durch die *Salzburger Wacht* zitiert,[293] sondern nach dem Originalwortlaut des (späteren) ›rasenden Reporters‹, der bereits am 13. November im *Neuen Wiener Tagblatt* erschien:

> Das Kommando der Volkswehrabteilung *Stiftskaserne* läßt uns folgende Erklärung zugehen:
>
> Die Volkswehrabteilung Stiftskaserne *(Rote Garde)* ist zu der gestrigen Manifestation mit zwei Bataillonen ausgerückt. Die beiden Bataillone wurden im Beisein der Staatsräte *Domes* und Max *Winter* aus der Stiftskaserne abgefertigt. *Domes* und Oberleutnant *Kisch* hielten an die Wehrmänner Ansprachen, die von der Mannschaft mit dem Gelöbnis aufgenommen wurden, unter allen Umständen *Ruhe und Disziplin zu bewahren* und sich auf keine Weise provozieren zu lassen. Die abmarschierenden Abteilungen *erhielten weder Munition noch Maschinengewehre*; die Gewehre ergaben bei der *Visitierung*, daß keine Patronen in ihnen waren.[294]

Wenn diese Erklärung den historischen Tatsachen entspräche, dann hätte die besagte Schießerei gar nicht stattfinden dürfen – und auch nicht können. Kisch bezog sich darin offenbar wider besseres Wissen auf das Versprechen, das er und seine Leute am Vorabend dem Unterstaatssekretär für Heereswesen gegeben hatten, und zeichnete seine Truppe als äußerst disziplinierte Einheit, die sich durch nichts – weder durch zustimmende »Ovationen« noch durch Bitten um Geleitschutz für inoffizielle linksradikale Redner, ja nicht einmal durch offensichtliche Provokationen seitens deutschnationaler Gruppen – aus der Fassung bringen ließ:

> Die Kolonne marschierte, auf keine Ovationen reagierend, zum Parlament, wo sie – Front zur Minervasäule – am Straßenbahngeleise Aufstellung nahm. Hier enthielt sie sich gleichfalls jedes Zurufes. Auch als die rotweißroten Flaggentücher aufgezogen wurden, und als es beim Schwenken von schwarzrotgoldenen Fahnen zu Zusammenstößen kam, hielten die Rotgardisten *stumm und geschlossen* Spalier. Wiederholt vorgebrachte Bitten um Beistellung von zwei oder vier Mann, um inoffiziellen Rednern den Weg zu bahnen, wurden rundweg verweigert.[295]

Keine Rede ist hier vom Herausreißen der weißen Streifen aus der neuen Staatsfahne oder gar von einer Beteiligung mancher Rotgardisten an den kommunistischen Störaktionen des Festakts. Vollends tendenziös wird es freilich, wenn Kisch auf der – zu diesem Zeitpunkt längst widerlegten – Darstellung beharrt, aus dem Parlament seien Schüsse auf die davorstehenden Rotgardisten abgegeben worden. Diese nachweislich falsche Behauptung, die schon dadurch entkräftet worden ist, dass der von den Rotgardisten geforderten Durchsuchung des Parlaments nach Waffen seitens der Nationalräte bedingungslos zugestimmt wurde, setzt Kisch als unzweifelhafte Wahrheit. Die eigene Volkswehreinheit, die offenbar zum Teil der Kontrolle ihrer Vorgesetzten entglitten war, wird so als unschuldiges Opferlamm hingestellt, das nach den frühsten Anzeichen eines Gewaltausbruchs sofort die Parlamentsrampe geräumt habe:

> Als nach den ersten, aus dem Parlament abgebenen [sic] Schüssen Tumultszenen begannen, sammelte der Kommandant die Rote Garde und sie marschierte in geschlossenem Zuge durch die Stadiongasse über die Lastenstraße zur Stiftskaserne, wo sie hinter sich die Tore schloß.
>
> Zwei Kompagnien, gemischt mit Volkswehrabteilungen anderer Kasernen, besetzten das Parlament, um sicherzustellen, wer die Schüsse abgegeben habe. Der dieses Halbbataillon kommandierende Oberleutnant *Waller* und zwei Infanteristen sprachen beim Präsidenten *Seitz* vor und stellten im Einvernehmen mit ihm die Ordnung auf Rampe und Straße wieder her.[296]

Selbst Kischs Bericht hält sich allerdings eine kleine Hintertüre offen – für den Fall, dass die manifeste Gewaltbereitschaft mancher Angehöriger der von ihm befehligten Roten Garde nicht mehr zu leugnen sei:

> Naturgemäß war es in der ungeheuren Verwirrung nicht möglich, daß sich alle Rotgardisten bei der Formierung um ihren Kommandanten sammelten. Es ist daher keinesfalls ausgeschlossen, daß sich Soldaten von der Erregung der Massen zu *einer selbständigen Handlung* oder zum *Gebrauch der Feuerwaffe hinreißen ließen*. Wenn dies aber – was bei den am Abend in der Stiftskaserne aufgenommenen Protokollen *nicht sichergestellt* werden konnte – geschehen sein sollte, so könnte dies bloß entgegen den erhaltenen Weisungen *ohne jeglichen Befehl und ohne Wissen der gewählten Führer* geschehen sein.
> (Gef.) Kisch.
> (Die Zuschrift ist am Schlusse mit der Stampiglie »Volkswehr-Abteilung der Roten Garde« versehen.)[297]

Unerfindlich bleibt dabei, wie man sich »zum *Gebrauch der Feuerwaffe hinreißen*« lassen kann, wenn man keine Munition mit sich führt. Dem Zweck einer Selbstrechtfertigung der Roten Garde dient offenbar auch die scharfe Distanzierung von der KPDÖ, die drei Tage später, am 16. November 1918, dem von »W.« – dahinter verbirgt sich wahrscheinlich Hilde oder Johannes Wertheim – gezeichneten Wiederabdruck von Kischs Artikel in der sozialistischen Wochenschrift *Der freie Arbeiter* vorangestellt wurde:

> Die Rote Garde hat seit ihrer Gründung am Deutschmeisterplatz immer wieder betont, daß sie sich dazu berufen fühlt, bei Aufrechterhaltung der Ordnung und Sicherheit des Friedens die besonderen Interessen des Proletariats zu schützen, ohne Schrittmacher irgendeiner Partei zu sein. Es ist deshalb unrichtig, wie vielfach in den Zeitungen nach dem 12. November zu lesen war, daß sie speziell die Garde jener Gruppe sei, die sich kommunistische Partei nennt, und die in nicht zu verantwortender Weise sich überhoben hat in Nachahmung guter Methoden und tüchtiger, gewissenhafter Führer anderer Länder, eine große Sache zu mißkreditieren und hiezu noch einzelne Mitglieder der Roten Garde zu verleiten.[298]

Demgegenüber verzeichnete Kischs damaliger Freund Leo Perutz in seinem Notizbuch zum 12. November neben den erwartbaren Einträgen »Verkündigung der Republik« und »Schüsse beim Parlament« Überraschendes: Da ist nämlich ausdrücklich von einem »Putschversuch der Roten Garde« selbst die Rede,[299] was zeigt, dass der 36-jährige Perutz, der ansonsten der Sozialdemokratischen Arbeiterpartei Österreichs nahestand, nicht nur das politische Geschehen mit Interesse verfolgte,[300] sondern als teilnehmender und zu dieser Zeit sogar wohlwollender Beobachter der Roten Garde die Gerüchte von deren »Putschversuch« durchaus ernst nahm, ohne sie ausdrücklich zurückzuweisen. Gleichwohl verzichtete er nicht auf kritische Bemerkungen, die jenen anderer Zeitgenossen erstaunlich nahekommen: »Ich fuhr zu Kisch in die Stiftskaserne. Rote Garde saß dort wie ein Revolutionstribunal.«[301] Stellt man in Rechnung, dass Perutz damals selbst als Sympathisant der sozialrevolutionären Formation gelten konnte, dann ist es umso erstaunlicher, dass seine lakonischen Notizen inhaltlich an die kritischen Eintragungen in Musils *Revolutionstagebuch* erinnern.

Dass die Aktivitäten der Roten Garde während der Republikausrufung tatsächlich als veritabler ›linker‹ Putschversuch gewertet wurden, bestätigt auch ein anderer wohlwollender Beobachter der Ereignisse, der aktivistische Schriftsteller Robert Müller. In einem *Rote Garde* überschriebenen Leitartikel, der am 13. November 1918 in der von seinem Bruder Erwin Müller herausgegebenen *Finanz-Presse* (vormals *Österreichisch-ungarische Finanz-Presse*) erschien, versuchte der Aktivist »die gestrige Affäre der roten Garde am Parlament« von einem ›geistigen‹ Standpunkt aus – und nicht ohne Ironie – zu beurteilen; er nahm dabei auf das (offenbar falsche) Gerücht eines drohenden monarchistischen Putsches durch das Militärkommando Bezug:

> Der Putsch von links mißlang ebenso, wie der viel sanfter und Alte-Herrenartig konspirierte Putsch von rechts, zu dessen Unterdrückung die rote Garde gestern noch selbst durch die Besetzung öffentlicher Institute die Hand geboten hatte. Geschwellt vom Tagendrang fürs allgemeine Wohl, das jetzt Inhalt einer neuen Politik werden soll, hat die rote Garde am Tag der Republikerklärung auch die letzte schwanke [sic] Frage lösen und statt jeder demokratischen sofort die sozialistische Republik beschwören wollen. Roter Geist der Gesellschaftsordnung, erscheine…[302]

Mit dem zuletzt zitierten Satz ironisierte Müller die weitgehende Ignoranz der Linksradikalen gegenüber der (auch von linken Sozialdemokraten konstatierten) fehlenden gesellschaftlichen Voraussetzung für die sofortige Einrichtung einer sozialistischen Republik Deutschösterreich nach dem Ersten Weltkrieg.[303] Gleichzeitig plädierte er für eine ernsthafte Auseinandersetzung mit den politischen Motiven der Rotgardisten:

> Die Tat der roten Garde wäre Epoche geworden, wenn sie durchgreifend erfolgreich gewesen wäre. Sie hätte mit einem Schlag das Mittel homogen gestaltet. Denn, was immer man vom Standpunkt alles Ernsten und Menschlichen, die weiteren Blutverlust vermeiden wollen, gegen die Aktion wider den scheckigen Staatsrat sagen kann: politisch war die Aktion gar nicht aus der Weise. Technisch mag sie indianerhaft und unreif, ein Karl-May-Coup von Lektüre-Extremisten gewesen sein. Politisch ist sie absolut ernst zu nehmen. Wir warnen davor, solche adoleszenten Tatergüsse zu unterschätzen.[304]

Wenn Müller in weiterer Folge den Wunsch nach einer sozialistischen Republik als nur konsequente Begleiterscheinung des vom Staatsrat ebenfalls proklamierten Anschlusses an das mittlerweile angeblich sozialistisch regierte Deutsche Reich interpretierte, dann überschätzte er sichtlich die dortigen sozialrevolutionären Kräfte, die er im November 1918 kurioserweise eine real existierende »Diktatur des Proletariats« auszuüben wähnte.[305] Bedenkenswert – und realiter viel zu wenig bedacht – war hingegen seine Warnung vor einem bloßen ›Weiter-so‹ in Österreich:

> Den Putsch aber rein zu einer Affäre der Polizei, zu einem Extempore des freibürgerlichen Benehmens zu machen, wird nicht gut gelingen, so sehr sich auch alle bürgerlichen und antisozialistischen Presseorgane darum bemühen werden. / Wir glauben nicht, daß die rote Garde den größeren Teil des Volkes in Deutschösterreich für sich hat; bloß den politisch gespanntesten, vielleicht überspanntesten. Aber da wir eine Demokratie sind, noch dazu eine angeblich der großen Gerechtigkeit, müssen wir den *sozialen Minoritätsschutz* gewähren. […] Wir würden auf

> unsere geistige Kultur stolz sein, wenn es gelänge, diese wirkliche Demokratie ohne Einschränkungen zu stabilieren, die auch dem Reaktionär seine Lieblingsvorstellungen und das Recht sie zu äußern oder darzustellen läßt: vorausgesetzt, daß das Wesentliche, das demokratische Nebeneinander, die naturgemäße Ordnung aus dem Willen der Mehrheit unangetastet bleibt.[306]

In seinem Leitartikel forderte Müller, dass man in der neuen Republik endlich auch gegenüber den Wünschen und Bedürfnissen der Minderheiten – so der bisher marginalisierten Arbeiterklasse – sensibler werden müsse, wenn man eine zukunftsträchtige Politik ins Werk setzen wolle, die mangels Alternative auch einen neuen politischen Stil zu akzeptieren habe:

> Ans Putschieren werden wir uns gewöhnen müssen. Möge kein wertvolles Blut dabei fließen – wertvoll ist das Blut jedes Echten, gleichgültig welcher Überzeugung. [...] Man verhüte durch Politik Straßenschießereien, aber amnestiere die Roten. Unter ihnen sind glaubhafte Idealisten, Bürgersöhne, Geistige, die, zur Tat berufen, sich dem nächstbesten Säuberungsdetachement anschließen. Eine klare Regierung rette diese Existenzen, die in mißverstandener Selbstaufopferung in Straßenecken und vor reaktionären Hinterhalten »Posten brennen«, man rette sie auf solche Staatsposten, wo ihr Tatendrang fruchtbar werden kann. Sie sind Vorposten, nicht Wachorgane.[307]

Der abschließende Gedanke dieses Textes kommt in seiner ironischen Forderung nach »Staatsposten« für Sozialrevolutionäre und Rotgardisten einer aktivistischen Inversion des typisch österreichischen Versorgungsdenkens gleich. Wie dem auch sei – eine parteiübergreifende und identitätsstiftende Klarheit und Einigkeit über die Bewertung der Vorfälle während der Republikausrufung ließ sich auch im Nachhinein nicht mehr erzielen.

Dumme Operette oder »Demütigung eines vorlauten Organes«? Die Besetzung der *Neuen Freien Presse*

Während der Großteil der Roten Garde noch vor dem Parlament agierte und nach der Schießerei in die Stiftskaserne zurückmarschierte, inszenierte eine Minderheit eigenmächtig eine offenbar mit der KPDÖ und dem Deutschmeister-Volkswehrinfanterieregiment Nr. 4 konzertierte Aktion, die mittlerweile in die österreichische Pressegeschichte eingegangen ist. Es handelt sich um ein denkwürdiges Ereignis, das in mancher Hinsicht wie eine Vorwegnahme der am 6. Dezember 1918 erfolgten Besetzung von Redaktion und Druckerei des *Bayerischen Kuriers* durch Münchner Anarchisten unter der Führung von Erich Mühsam anmutet[308] und mindestens ebenso hohe Wellen geschlagen hat. Eine Darstellung aus dem Blickwinkel der beteiligten Revolutionäre ermöglichen in diesem Zusammenhang wieder die Erinnerungen des Hornisten der Roten Garde, Franz Fiala, der zum Fortgang der Aktivitäten seiner Untereinheit der Roten Garde am 12. November Folgendes berichtete:

> Ich kehre zu meiner Abteilung zurück und höre gerade den Befehl »Abteilung rechts um, Laufschritt marsch!« Im Laufen wird kommandiert »Laden, Bajonett aus!« So ging es bis zur Fichtegasse. Wir bildeten eine Schwarmlinie und unter dem Kommando »Sturm!« rückten wir vor, sahen uns einem starken Polizeikordon gegenüber, der uns sofort die Waffen übergab. Einige Polizisten, die flüchten wollten, holten wir zurück und entwaffneten sie. Wir besetzten die »Neue Freie Presse«, verschanzten uns hinter einigen Papierballen. In der Druckerei trafen wir bereits eine Abteilung Deutschmeister unter der Führung des Leutnants Hoffmann, die am Balkon der »Neuen Freien Presse« bereits Maschinengewehre aufgestellt hatten. In der Setzerei arbeiteten bereits einige Genossen an der Herstellung einer Extraausgabe.[309]

Die auffallende Häufung des Gradadverbs »bereits« signalisiert einerseits die keineswegs spontane Organisation der beschriebenen Redaktionsbesetzung, an der immerhin zwei schwer bewaffnete Volkswehreinheiten – insgesamt etwa 100 Mann[310] – teilnahmen, andererseits die große Eile, in der die politische Aktion stattfand. Sie war in mehrerer Hinsicht eng mit den undurchsichtigen Vorgängen vor dem Parlament verzahnt:

> Plötzlich hören wir Schüsse aus der Richtung des Parlaments. Wir glauben, vor dem Parlament finden Kämpfe statt, der Staatsrat sei verhaftet und geflohen. Wir erhalten den Auftrag, den Ring durch eine dichte Schwarmlinie abzusperren. Da erscheint eine große Abteilung berittener Polizisten aus zwei Nebengassen, Polizeimänner zu Fuß und wollen uns auseinanderjagen. Wir aber rufen »Halt!« und öffnen die Sperrklappe. Die Polizei macht kehrt und war im Nu verschwunden.[311]

Der wiederholte rasche Rückzug der Polizei machte ihre eklatante waffentechnische Unterlegenheit gegenüber der Roten Garde offensichtlich. Von einem funktionierenden Gewaltmonopol des Staates konnte in diesen Tagen keine Rede sein, sodass sich die sozialrevolutionären Soldaten scheinbar folgenlos alles erlauben konnten – selbst eine Verletzung der nach Ende der Militärzensur besonders hochgehaltenen Pressefreiheit:

> Wir nehmen wieder unseren Aufstellungsplatz ein, stellen einige Posten auf und verteilen Rotgardisten und Deutschmeister in Setzerei, Druckerei und Büroräume. Ich wurde zur Telephonzentrale kommandiert und hatte den Auftrag, alle Gespräche, die mit dem In- und Ausland geführt wurden, zu kontrollieren, gegebenenfalls zu unterbrechen. Außerdem mußte mir jeder, bevor er zu telephonieren begann, seinen Namen mitteilen. Gegen neun Uhr abends kam der Befehl, die Besetzung der »Neuen Freien Presse« aufzuheben. Wir mußten mit der Polizei wegen des Abmarsches unterhandeln, die mittlerweile in großen Zügen angerückt gekommen war, während von unserer Abteilung nurmehr 20 Mann im Hause Dienst hielten. Wir verlangten zwei Lastautos für den Rücktransport. Sie wurden uns auch sofort beigestellt, und wir fuhren, flankiert von berittenen Polizisten, zur Stiftskaserne zurück. Die Polizisten wollten mit uns in die Kaserne eindringen, wurden aber von unseren Kameraden der Roten Garde daran gehindert. Wir aber wurden jubelnd von ihnen empfangen.[312]

Vorerst zumindest kehrten die Rotgardisten in Heldenpose zurück in ihre Kaserne, hatten sie doch mit der Besetzung von Redaktion und Druckerei der *Neuen Freien Presse* das Flaggschiff der Wiener Publizistik – »Sprachrohr des Bürgertums« sowie »das einzige österreichische Blatt von Weltformat«[313] – empfindlich gedemütigt. Uneingestanden blieb, dass die mit der publicityträchtigen Aktion verbundenen eigentlichen Pläne phänomenal gescheitert waren. Warum und inwiefern das der Fall war, soll im Folgenden deutlich werden.

Am Tag nach der offiziellen Republikgründung, der Schießerei vor dem Parlament und der vorübergehenden Besetzung der *Neuen Freien Presse* berichtete diese selbst in einer Art Editorial unter der Datumsangabe »Wien, 12. November«:

> Heute Dienstag gegen 4 Uhr nachmittags sind Angehörige der Roten Garde und vom Infanterieregiment Hoch- und Deutschmeister Nr. 4 im Redaktionsgebäude der »Neuen Freien Presse« erschienen. Sie erklärten dem anwesenden Sekretär des Blattes, daß die »Neue Freie Presse« unter der politischen Kontrolle der kommunistischen Partei erscheinen solle. Der Sekretär des Blattes fragte den Offizier, auf Grund welcher Berechtigung diese Verfügung getroffen wurde und ob er sich durch die Legitimation eines Vorgesetzten beglaubigen könnte. Der Offizier antwortete, daß er keine Legitimation habe und den Vorgesetzten heute noch nicht nennen könne. Der Sekretär verwahrte sich entschieden gegen eine Maßregel, für die weder ein Rechtsgrund noch eine Beglaubigung des in Oesterreich regierenden Staatsrates, von dem die Sicherheit der Person und des Eigentums verbürgt worden ist, vorliege. Der Offizier antwortete, daß es sich allerdings um eine Maßregel der Gewalt handle.[314]

Die Aussagen und vor allem die zuletzt kolportierte Auskunft des Offiziers, hinter dem wohl der Anführer des Deutschmeister-Infanterieregiments Nr. 4, Oberleutnant Hoffmann steckte, signalisierten, dass die bewaffnete Redaktionsbesetzung eine revolutionäre Maßnahme war, die nicht im bisher gültigen Rechtssystem gründete. Dies wurde auch durch mehrere Absperrungen gegen angrenzende Straßen und Grundstücke sowie die Aufstellung von Maschinengewehren vor dem Redaktionsgebäude nahegelegt: »Die Fichtegasse, wo sich das Redaktionsgebäude befindet, war gegen den Kolowratring und gegen den Beethovenpark von den Soldaten abgesperrt und nur Angehörige des Blattes durften passieren.«[315] Als besonders skandalös musste es erscheinen, dass mit den bewaffneten Truppenangehörigen »auch Vertreter der kommunistischen Partei aus dem Zivilstande erschienen«,[316] die mittels gekaperter bürgerlicher Zeitung und eines bestens funktionierenden Vertriebssystems ganz offen ihre staatsfeindliche Propaganda aufmerksamkeitsmaximierend und massenwirksam verbreiten wollten – zeitgleich und abgestimmt mit der Agitation von Parteimitgliedern vor dem Parlament. Das konnte die so herausgeforderte neue staatliche Obrigkeit nicht kalt lassen, wie der Berichterstatter der *Neuen Freien Presse* betont:

> Von seiten des Staatsrates wurde eingegriffen und nach einigen Stunden war der Zwischenfall beendigt. Die Rote Garde hatte gleich nach Eintritt in das Haus verlangt, daß eine Extraausgabe über die Vorfälle beim Parlament veranstaltet werde, was unter entschiedener Verwahrung der Redaktion geschah. In einer zweiten Extraausgabe wurde mitgeteilt, daß die Partei durch ihre Anwesenheit in der »Neuen Freien Presse« eine kommunistische Kundgebung habe veranstalten wollen, daß der ganze Vorgang nur demonstrative Zwecke gehabt habe und daß sich nach deren Erfüllung die Offiziere und die Truppen zurückziehen wollen.[317]

Wie Hans Hautmann recherchiert hat, handelte es sich bei den während der Drucklegung der ersten erzwungenen Sondernummer erschienenen KP-Mitgliedern unter anderem um Elfriede und Paul Friedländer sowie Karl Steinhardt, der offenbar direkt von der Parlamentsrampe in die Fichtegasse geeilt war: »Der einzige Grund für die Besetzung des Redaktionsgebäudes war wohl, daß sich die KPDÖ den technischen Apparat der *Neuen Freien Presse* sichern wollte, um Flugblätter herstellen zu können und damit Einfluß auf die Massen zu nehmen. Tatsächlich waren die Vorgänge in der Redaktion eher belustigend: So stritt man mit den Leuten des I. R. Nummer 4 darum, wem eigentlich die Führung im neuen Redaktionskomitee gebühre.«[318] Entsprechendes geht auch aus einer kuriosen Auskunft hervor, die ein reguläres Redaktionsmitglied auf Anfrage des *Neuen Wiener Tagblatts* erteilte:

> Herr Dr. Julian *Sternberg* von der »Neuen Freien Presse« äußerte sich einem unsrer Mitarbeiter gegenüber über den Zwischenfall wie folgt: »Ich kann Ihnen nur versichern, daß wir morgen selbstverständlich wie gewöhnlich erscheinen werden. Die Rote Garde, die überwiegend aus gebildetem, aber unreifem Intelligenzmaterial besteht, war sich über ihr Vorgehen wohl selbst nicht im klaren. Ihr Führer versicherte uns, daß er absolut nichts gegen die Tendenz der ›Neuen Freien Presse‹ habe und es ihm nur darauf ankäme, mit einer Extraausgabe der ›Neuen Freien Presse‹ die Bevölkerung von den Absichten der Roten Garde zu unterrichten, und daß die Rote Garde diesen Ueberfall nur mit Rücksicht auf die Verbreitung ihres Programms durch eine Extraausgabe der ›Neuen Freien Presse‹ unternommen hätte. Die jungen Leute waren sich über ihr Vorgehen keineswegs selbst klar, indem die einen forderten, daß nach Berliner Muster der Titel unsres Blattes in ›Rote Fahne‹ umgeändert werde, und die andern selbst einen Leitartikel zu schreiben wünschten. Im übrigen muß ich feststellen, daß sich die Herren ziemlich korrekt benommen haben.«[319]

Trotz der internen Hahnenkämpfe der Redaktionsbesetzer wurde sehr schnell ruchbar, dass es sich um eine von der KPDÖ geplante und veranlasste Aktion handelte, was die – unten näher beleuchtete – erste erzwungene Sondernummer ungeschickterweise unumwunden zugab. So drang selbst zur *Salzburger Wacht*, jenem bereits zitierten, ansonsten pressegeschichtlich eher unerheblichen sozialdemokratischen Provinzblatt, die Nachricht,

> daß das Redaktionsgebäude der »Neuen Freien Presse« von einer Gruppe, bestehend aus Anhängern der sogenannten kommunistischen Partei, darunter einigen Soldaten, heute zeitweilig besetzt wurde. Diese Gruppe verfaßte dort zwei Sonderausgaben, in deren einer von der Besetzung der »Neuen Freien Presse« Mitteilung gemacht wurde, während in der zweiten die Bevölkerung aufgefordert wurde, nach reichsdeutschem Muster eine sozialistische Republik der Arbeiter- und Soldatenräte zu errichten. Um 9 Uhr abends entfernte sich die Gruppe.[320]

Auch hier wird die neue deutsche Republik – wie bereits von Robert Müller – nicht als parlamentarische Demokratie, sondern fälschlich als Räterepublik tituliert, was die eigenartige zeitgenössische Wahrnehmung kennzeichnet, deren Wissensstand von dem retrospektiven der Geschichtsschreibung merklich abweicht. Anschaulich erscheint so die Unsicherheit sowie der eklatante Informationsmangel, die damals *in politicis* bestanden.

Wie intensiv der Kampf um die politische und ideologische Deutungshoheit geführt wurde, zeigt der Wortlaut der öffentlichen Erklärungen der Roten Garde in den beiden Sonderausgaben, die im Zuge der Besetzung der Redaktionsräume der *Neuen Freien Presse* gedruckt worden sind (und die dann auch in anderen Zeitungen wie dem *Neuen Wiener Journal* auszugsweise wiedergegeben wurden); die erste der beiden lautet:

> *Besetzung des Redaktionsgebäudes der »Neuen Freien Presse« durch die »Rote Garde«.* Vor dem Parlamentsgebäude wurde heute nachmittag die soziale Republik ausgerufen. / Die rot-weiß-rote Fahne[,] die vorher vom Staatsrat gehißt worden war, wurde von den roten Garden mit Zustimmung der Arbeiterschaft heruntergerissen und die rote Fahne aufgezogen. / In Ausführung eines Beschlusses der Kommunistischen Partei wurde heute nachmittag das Redaktionsgebäude der »Neuen Freien Presse« durch Volkswehr und Rote Garden besetzt. / Die »Neue Freie Presse« wird bis auf weiteres unter der Kontrolle kommunistischer Redakteure erscheinen. / Für vollkommene Ruhe wird verbürgt. / Die Gerüchte, daß die Rote Garde an der Schießerei beim Parlament, welche eine furchtbare Panik hervorgerufen hat, teilgenommen hätte, sind vollkommen erlogen. Es wurde aus dem Parlament blind geschossen.
>
> [Gez.] Osternig Koniakowsky Rote Garde.
>
> [Gez.] Hoffmann Lux IR 4[321]

Hautmann qualifiziert diesen Text als »getreues Abbild des totalen Ignorierens der wirklichen Gegebenheiten durch die Führung der KPDÖ.«[322] Tatsächlich kann von einer Proklamation der ›sozialen Republik‹ keine Rede sein, genauso wenig wie von einem ›blinden Schießen‹ »aus dem Parlament«. Die angebliche Lüge von der Beteiligung der Roten Garde an der Schießerei entsprach ohne jeden Zweifel dem nachträglich rekonstruierten Tathergang, und eine dauerhafte »Kontrolle kommunistischer Redakteure« konnte die damals noch einflusslose Partei ebenso wenig gewährleisten wie »vollkommene Ruhe«. Eine taktische Meisterleistung bestand jedoch in der Angabe, die gesamte Aktion erfolge in »Ausführung eines Beschlusses der Kommunistischen Partei«, was deren Anführern eine Anklage wegen Hochverrats einbrachte.[323]

Dieses Bild erhärtet sich, wenn man den Wortlaut der zweiten Sonderausgabe der *Neuen Freien Presse* mustert, die jetzt direkt von den anwesenden KP-Mitgliedern verantwortet wurde und Hautmann zufolge trotz ihres auftrumpfenden Tons »die schnelle Ernüchterung Friedländers und Steinhardts«[324] dokumentiert:

> *Arbeiter und Soldaten Wiens!*
> Mit der Besetzung der »Neuen Freien Presse« wollte die Kommunistische Partei Deutschösterreichs, unterstützt durch die »Rote Garde« und einen großen Teil der Volkswehr (Deutschmeister), eine Demonstration für die Idee der sofortigen Verwirklichung der sozialistischen Republik Deutschösterreichs veranstalten. / Die Demonstration hat ihren Zweck vollkommen erfüllt und gezeigt, daß die Kommunistische Partei Deutschösterreichs den Willen des arbeitenden Volkes zum Ausdruck bringt. / Arbeiter und Soldaten Wiens! Wir haben Euch gezeigt, daß es nur an Euch liegt, die ganze politische und wirtschaftliche Macht sofort in Eure Hände zu nehmen. / Organisiert Euch, schafft Arbeiter- und Soldatenräte, damit Ihr bald, gleich Euren deutschen Brüdern, in der Lage seid, die sozialistische Republik der Arbeiter-, Soldaten- und Bauernräte zu errichten. / Es lebe die sozialistische Republik Deutschösterreichs!
> Osternig — Hoffmann
> Koniakowsky — Lux
> Rote Garde. — IR 4[325]

Offenbar haben die anwesenden KP-Funktionäre nach dem telefonisch ergangenen Befehl an Oberleutnant Hoffmann, »die Aktion unverzüglich abzubrechen, worauf die sozialdemokratischen Volkswehrleute das Gebäude geschlossen verließen«,[326] aus der Not eine Tugend zu machen und den ganzen Vorgang als »Demonstration« umzudeuten versucht, bevor sie selbst mit den restlichen Soldaten gegen 20.45 Uhr die Besetzung abbrachen:

> Einem Korrespondenten auswärtiger Blätter gegenüber erklärte einer der Führer der Roten Garden, daß ein Flugblatt erscheinen wird, welches besagt, daß die Besetzung der »Neuen Freien Presse« eine *bewußte Demonstration der kommunistischen Partei* in Verbindung mit der roten Garde und der Volkswehr gewesen sei, um zu beweisen, daß sie unter Umständen ihren Willen durchsetzen könne. Die Partei habe sich aber, um jeden Anschein von Repressalien zu vermeiden, mit der Demonstration begnügt.[327]

Selbst wenn von Beginn an bloß eine politische »Demonstration« deren Absicht gewesen wäre, hätte sich der damit verbundene »Zweck« nicht »vollkommen erfüllt«, weil sich durch den Verlauf und das Ende der Aktion realiter zeigte, dass die Kommunistische Partei Deutschösterreichs keinesfalls »den Willen des arbeitenden Volkes zum Ausdruck« brachte – sonst hätte es des darauf folgenden flammenden Appells gar nicht bedurft. Die abschließende kontrafaktische Anpreisung der ›sozialistischen Republik‹ steht für die in Österreich damals eben keineswegs mehrheitsfähige alternative politische Zukunftsvorstellung einer Räterepublik nach sowjetischem Vorbild, für die die KPDÖ mittels Störaktion vor dem Parlament und Redaktionsbesetzung intensiv werben wollte – aber nicht nur das, wie Hautmann mit Blick auf den Abstand zwischen ursprünglicher Intention und magerem Resultat zeigt: »Steinhardt und Friedländer waren offenbar fest der Meinung, daß die Situation für die Errichtung einer Räterepublik schon am 12. November gegeben war, und unterschätzten völlig die Wichtigkeit ruhiger organisatorischer Arbeit und geduldiger Agitation.«[328] Dies unterschied sie von ihren Gesinnungsgenossen der FRSI. »Als ihnen dann am Abend des 12. November ihr Fiasko klargeworden war, rechtfertigten sie sich damit, daß ihre Aktionen doch einen Zweck gehabt hätten, nämlich den, bekannt zu werden. Das ist ihnen wenigstens gelungen«[329] – ähnlich wie Kisch, dessen Tätigkeit bei der Roten Garde zwar nicht die Sozialrevolution, aber doch seine eigene Berühmtheit erheblich beförderte.

Längst widerlegt ist hingegen die historische Authentizität einer nach wie vor kolportierten Anekdote, die im zweiten Teil des vorliegenden Buchs in der verbreiteten Variante Friedrich Torbergs noch genauer gemustert werden soll: Demzufolge war es Kisch selbst, der an jenem Tag, an dem die Republikausrufung erfolgte, mit seinen Soldaten für einige Stunden die Redaktion der *Neuen Freien Presse* besetzte, in der sein älterer Bruder Paul als konservativer Journalist tätig war. Dieser sei von den Besetzern wie alle anderen Redaktionsmitglieder aus dem Haus gewiesen worden und soll darauf, da er sich nicht mehr zu helfen wusste, mit den Worten »Egonek, Egonek, das schreibe ich der Mama« reagiert haben – »die einzige einigermaßen wirksame Drohung, die dem Redakteur Paul Kisch einfällt, als er von seinem Tisch verwiesen wird. Und die Fama weiß dazu auch, daß diese eine Drohung beinahe die Besetzung der ›Neuen Freien Presse‹ aufgehoben hätte. Denn der Welt gegenüber ist Egon gewiß ein Held, vor seiner Mutter in Prag aber hat der Herzensganeff wohl immer noch Respekt.«[330]

Bereits Ľudovít Šulc hat begründete Zweifel am Wahrheitsgehalt dieser – angeblich von Kisch selbst in die Welt gesetzten[331] – Anekdote formuliert und sich dabei auf ein späteres Interview (1947) Georg Suters mit Kisch in der *Arbeiter-Zeitung* sowie auf dessen eigene Aussage im damals noch unveröffentlichten Aufsatz *Karl Kraus* gestützt.[332] Endgültig falsifiziert wurde sie aber durch Hans Kronberger, der bereits 1978 »über dreißig kleinere und größere Werke nachweisen« konnte, »in denen Kisch als Besetzer der ›Neuen Freien Presse‹ bezeichnet wird«[333] – darunter zahlreiche (literatur-)historische Arbeiten mit wissenschaftlichem Anspruch. Kronberger gelangt in seiner Recherche zum Schluss, die Anekdote habe »ihr Lebensrecht als witzige Pointe, als Aperçu eines phantasiesprühenden Bohemiens«, nur sei sie eben nicht wahr: »In angestrengtem Bemühen, den Toten [i. e. Kisch] zu heroisieren, brachten seine Freunde die Anekdote zu Papier und unterließen es allmählich, sie als solche zu deklarieren.«[334] Seine Beweisführung stützt sich auf Polizei- und Ermittlungsberichte, auf Kischs eigene Darstellung der Ereignisse vom 12. November, auf stenografische Protokolle der provisorischen Nationalversammlung, auf Franz Fialas Erinnerungen sowie auf sämtliche damalige Zeitungsberichte über die Redaktionsbesetzung, die alle Kisch mit keinem Wort erwähnen. Dies sei insbesondere deshalb auffallend, weil der Anführer der Roten Garde doch sonst allenthalben als Watschenmann der bürgerlichen und auch der sozialdemokratischen Presse herhalten musste.[335] Die in den Berichten enthaltenen Zeitangaben lassen es zudem als unmöglich erscheinen, dass er zum fraglichen Zeitpunkt in der Fichtegasse anwesend war.

Dass Kisch, der seinerzeit noch keine Kontakte zur KPDÖ pflegte, die erzwungenen Sondernummern nicht unterzeichnete, ist ein weiteres Indiz dafür, dass er an der Besetzung nicht beteiligt war, denn die mit einer Unterfertigung verbundene öffentliche Aufmerksamkeit hätte er sich wohl ebenso wenig entgehen lassen wie die sensationshungrige Presse.[336] Und *last but not least*, worauf Kronberger gar nicht eingeht: Auch der Wortlaut der Erklärungen der Besetzer wäre von Kisch wohl etwas klüger und geschliffener formuliert worden. Von ihm ausdrücklich verantwortet war hingegen der – oben zitierte – rechtfertigende Artikel *Eine Erklärung des Kommandos der Roten Garde* aus dem *Neuen Wiener Tagblatt* vom 13. November 1918, also dem Tag nach der Republikausrufung, in dem es jedoch ausschließlich um die Unruhen vor dem Parlament ging.[337]

Insgesamt erhielten die Besetzer der Zeitungsredaktion zwar viel Aufmerksamkeit seitens der öffentlichen Medien, doch nicht unbedingt die von ihnen gewünschte oder ihnen vorteilhafte. Ein längerfristig wenig dienliches Resultat der Aktionen war der danach zählebige Ruf der KPDÖ als »Putschpartei«,[338] der ihr in der weiteren Geschichte der Ersten Republik genauso schaden sollte wie der Eindruck, sie missachte gezielt die von der Revolution erkämpfte Pressefreiheit. Am Ende des Editorials in der *Neuen Freien Presse* vom 13. November 1918 finden sich in diese Richtung mahnende Worte:

> Wir möchten an dieses Eindringen in unser Haus die Bemerkung knüpfen, daß die Achtung vor der Preßfreiheit die oberste Pflicht jeder Partei sei. Eine Demokratie, welche das Recht auf Urteil bedrücken und Meinungen verfolgen und sich der Kritik entziehen will, ist eine Verfälschung der wahren und echten Volksherrschaft. Auch während der Anwesenheit der Roten Garde in unserem Hause hatten wir die Ueberzeugung, daß in Deutschösterreich nie die Zeit kommen werde, in der die Freiheit solcher Gewaltsamkeit ausgeliefert sein werde. Das ist gegen den Sinn und das Gefühl der Bevölkerung von Wien. Diese Erwartung hat uns nicht getäuscht. Die vorliegende Nummer erscheint ohne jede fremde Kontrolle als freie Meinungsäußerung der Redaktion.[339]

Jetzt stand nicht die »besonders den linken Intellektuellen verhaßte Hochburg konservativer Publizistik«[340] am Pranger, sondern die sie bekämpfende Rote Garde, die als Unterdrückerin der Presse- und Meinungsfreiheit erschien und mehr oder weniger allein für die Vorfälle am Franzensring und in der Fichtegasse verantwortlich gemacht wurde – so als ob das ebenfalls der Volkswehr zugehörige Deutschmeister-Infanterieregiment Nr. 4 nicht mindestens genauso beteiligt gewesen wäre. Das konnte nicht im Interesse der sozialrevolutionären Truppe und ihrer militärischen Anführer liegen. Hier offenbarte sich zum ersten Mal in dieser Deutlichkeit, welches PR-Desaster man angerichtet hatte. Vor diesem Hintergrund ist es historisch plausibel, dass der linke Sozialdemokrat Friedrich Adler die Redaktionsbesetzung als »eine *recht dumme Operette*«[341] bezeichnete, während sie der marxistische tschechische Literaturwissenschaftler Ľudovít Šulc abschätzig als »hyperradikale Kinderei«[342] apostrophierte – allesamt keine ›reaktionären‹ Kritiker.

Die vielleicht einzige Ausnahme im Chor der Verächter stellte wiederum Robert Müller dar, der in seinem Leitartikel *Halali der Grubenhunde* aus der *Finanz-Presse* vom 14. November 1918 der Roten Garde gleich eingangs Respekt zollte. Der Titel verband das ›Halali‹ als Jägergruß und traditionelles Tonsignal kongenial mit dem ›Grubenhund‹ – also der gefälschten Nachricht bzw. getürkten Pressemeldung. Damit tat der Aktivist seine harsche Ablehnung des von Intellektuellen vielgescholtenen bürgerlichen Blattes kund: »Die vorübergehende Besetzung des Redaktionslokales der ›Neuen Freien Presse‹ durch die Rote Garde hat gegenüber deren anderen Fehlgriffen versöhnlich gewirkt. Es wird sehr Wenige in Deutsch-Österreich und keinen Anhänger der neuen Ordnung geben, die diese Demütigung eines vorlauten Organes nicht begrüßt hätten.«[343] Müller sah in der Aktion einen Vorgang von exemplarischem Wert für eine neue, republikanische Kultur, den man im Sinne einer qualitativ erneuerten, eben demokratischen Öffentlichkeit unbedingt hochhalten müsse:

> Es wird der Spieß-Spaß-Bürgerlichen Presse nicht gelingen, diese Aktion in ihrer Bedeutung herabzusetzen. Sie ist diesmal weder ein Witz von Satirikern, noch eine unmotivierte Ausschreitung von Straßenexzedenten. / Es ist vielmehr eine Demonstration gegen das einzige, dafür aber auch ausgiebige Überbleibsel des alten Österreich. Die Aktion ging von jungen Intelligenzlern, nicht von bildungsfeindlichen Elementen der Straße aus. [...] Der modrige Geist der Neuen Freien, diese Gruftatmosphäre aller freiheitlichen Gedanken, in der nur Grubenhunde gedeihen können, wird durchgelüftet.[344]

In der *Neuen Freien Presse* »das einzige, dafür aber auch ausgiebige Überbleibsel des alten Österreich« zu sehen, mag der Aufbruchstimmung der Revolution geschuldet sein. Es ist bezeichnend für die Euphorie mancher Intellektueller in diesen ersten

Tagen der Republik Deutschösterreich, mit welchem Optimismus sie der unsicheren Zukunft entgegensahen, aber auch mit welchem Ingrimm sie die Protagonisten der vergangenen Ära verabschieden wollten:

> Franz Joseph und Moritz Benedikt [d. i. der Herausgeber der *Neuen Freien Presse*, N.C.W.], beide die Tartaren des Kabinettsregierens, haben die Vergreisung des österreichischen Lebens am Gewissen. Hartherzige, beschränkte, kleinsinnige Männer, die den tibetanischen Bonzenabstand zu ihren nächsten Mitarbeitern wahrten und ihre doktrinäre Grausamkeit gegenüber dem Einzelnen in eine legendäre Menschenfreundlichkeit für die Menge zu verwandeln wußten, sind Repräsentanten einer stürzenden Zeit. Sie haben Schädelpyramiden aus Begabungen des keimenden Nachwuchses Hell-Österreichs errichtet. Aber Moritz mag Franz an böser Wirkung übertroffen haben. Im Steppencharakter seiner Leitartikel krepierten alle frischen Ideen. [...] Ein lückenloser Kordon des liberalen Geistwiderstandes und zäher gettohafter Leugnung alles Lebendigen, Unbedingten, Echten, Geraden und Jungen umgab den Machtträumer in seiner Isolierzelle. Nur Grubenhunden gelang es, sich durchzuschleichen, und ihn zur Entblößung seiner feigen Schanden zu zwingen. / Es ist genug.[345]

Müllers Leitartikel mündet in die Aufforderung an Benedikt, es als herausragender Vertreter einer schlechten Vergangenheit und Inbegriff österreichischer Mediokrität den abgedankten Monarchen gleichzutun und durch seinen längst fälligen Abgang endlich Platz für Neues zu schaffen:

> Es ist genug. Autokraten gehen. Moritz Benedikt möge gehen, seine Zeit ist um. Dieser Fäulnisprozeß darf nicht in die neue Ordnung herübergenommen werden. Schon versichert man uns, oh Schreck, der Mann sei eine Kraft und sie werde sich auch in der Neuen Zeit verwendbar zeigen. / Das darf nicht geschehen. Dieser Zauber der fingerfertigen Schwäche, Magie der alles bewältigenden Mittelmäßigkeit muß aussterben wie das Reich von gestern. Das System der Verdünnung, Domestizierung, Verharmlosung, der schlimmsten Literarisierung und des Feuilletons, – und auch das ohne einen Funken Natur und Talent – dieses System, das unseren Typus mittels einer durch Aufmachung und Inseratenpomp animierenden Lektüre korrumpiert, muß fallen. [...] Der niemals neuen freien Erpressung an Geist und Sinnen muß ein Riegel vorgeschoben werden.[346]

Die dichtgefügte polemische Prosa Müllers lebt von einem elaborierten Wortwitz, der an Karl Kraus geschult erscheint. Im Unterschied zum Pressefeind Kraus jedoch setzt der Aktivist Müller jener – oben zitierten – Berufung der *Neuen Freien Presse* auf Pressefreiheit einen anderen Begriff derselben entgegen: »Es lebe die Pressefreiheit! Die Freiheit der schriftlichen Kundgebung sei gefeit gegen Rote Garden: aber auch gegen den Papierumfangs- und Schwatzterror absolutistischer, eigensüchtiger, sozial maskenhafter Zeitungspotentaten.«[347] Freiheit muss demnach stets mit Verantwortung einhergehen, sonst ist sie ihren Namen nicht wert.

Es sind (presse-)politische Analysen solchen Kalibers, auf die Kisch und seine Mitstreiter in der Publizistik ungeduldig warteten, die sie angesichts der realen Verhältnisse in der Presse aber nur selten zu Gesicht bekamen. So überrascht es nicht, dass ein Auszug aus diesem »ausgezeichneten Aufsatz« am 30. November 1918 in der von Kisch redigierten Beilage *Die Rote Garde* der sozialistischen Wochenschrift *Der freie Arbeiter* erschien, eingeleitet durch ein euphorisches Lob Müllers, dessen »unerhört gescheite Bücher« zu dem »wenigen gehören, was aus dem Schrifttum der vier Kriegsjahre unverfaulbar übrigbleibt«.[348] Was eine qualitativ hochstehende literarische und politische Kritik betrifft, sollte es aus der Perspektive der Rotgardisten auch nach dem Krieg bei wenigen wertbeständigen Beispielen bleiben.

»Die Wiener ›Rote Garde‹. Eine Gründung der Prager Kaffeehausliteraten«? Publizistische Attacken

Aus dem Rückblick seiner *Erzählung eines Lebens* (1930) erinnert sich Franz Blei mit dem üblichen ironischen Unterton an die Ereignisse des 12. November 1918 rund um das Parlament und die Redaktion der *Neuen Freien Presse* und kommt dann auf die Folgen des Gewaltausbruchs zu sprechen, die ihn ganz persönlich betroffen hätten:

> Andern Tages [es müsste sich um den 13. November handeln, N.C.W.] lasen wir in der Zeitung, gro[ß]aufgemacht, daß wir, Gütersloh und ich, die Kugel wohl nicht aus dem Lauf gelassen, aber das Gewehr geladen hätten. Einige Nummern eines Wochenblattes, das wir gemeinsam schrieben und »die Rettung« nannten, waren erschienen und kaum sonst bemerkt worden als vom schlechten Gewissen jener, die vier Jahre lang mit ihrer nie sauber gewesenen Feder das unsaubere Geschreibe der Kriegspressequartiere besorgt hatten und die die letzten Monate als sehr unbeteiligte Kollegen und gar nicht mitmachende Kameraden gesehen hatten. Diesen zweien [Blei und Gütersloh, N.C.W.], man konnte nicht wissen, was sie noch vorhatten mit ihrer Rettung, mußte rasch der öffentliche Kredit genommen werden, am besten indem man ihnen Blutschuld gab an einem zwölfjährigen Buben und einem alten Mann.[349]

Mit den zuletzt genannten Personen bezog Blei sich auf die Opfer des 12. November. Nicht Kisch oder gar Werfel seien demnach als geistige Väter der politischen Gewalt beschuldigt worden, sondern der Schriftsteller, Herausgeber und Kritiker Blei sowie der Maler und Schriftsteller (Albert) Paris Gütersloh. Es ist aus heutiger Sicht nicht ganz einfach, die hier gemachten Angaben nachzuvollziehen und historisch adäquat zuzuordnen, zumal die von Blei und Gütersloh gemeinsam herausgegebene politisch-philosophische Wochenschrift *Die Rettung. Blätter zur Erkenntnis der Zeit* erst ab dem 6. Dezember 1918 überhaupt erschien. Sie kann also keineswegs schon am 13. November durch eine Wiener Tageszeitung als Urheberin der gewaltsamen Unruhen denunziert worden sein. Gleichwohl hatte der von Gütersloh selbst verantwortete Leitartikel der erst genau einen Monat später ausgelieferten zweiten Ausgabe der *Rettung* den suggestiven Aufmacher: *Wer ist der Mörder.*[350] Ein Blick in den Wortlaut dieses Artikels erlaubt besseren Aufschluss über die historischen Zusammenhänge und die daran Beteiligten als die ungenaue Erinnerung bzw. rückblickende Darstellung Bleis; so heißt es bei Gütersloh gleich einleitend in seinem charakteristischen blumigen Stil:

> Auf die Frage, wer die Schuld trägt an dem Blute, das am Tage der Verkündigung des republikanischen Staates vor dem Wiener Parlament geflossen ist, gab eine ungefragte Wiener Abendzeitung die schwere, in ihren Beweggründen gar nicht so leicht zu begreifende Antwort: die Schriftsteller Dr. Franz Blei, P. Gütersloh, Erwin Kisch [sic] und Franz Werfel, Soldaten, alle Soldaten des ehemaligen k. u. k. Kriegspressequartiers sogar – ein sozialistischer Katholik, ein dezidierter Christ, ein Sozialdemokrat und ein Weltfreund, diese also seien Schuld. Eine Anklage, wie sie schwerer gegen einen Menschen nicht erhoben werden kann, schwer auch dann noch, wenn man mildernd, das heißt der Wahrheit nur die halbe Ehre gebend meint, dadurch nur, daß wir die sogenannte rote Garde gegründet hätten – die weder Werfel, noch Blei, noch ich »gegründet« haben – dadurch allein hätten wir auch jene schlimmen Schüsse abgefeuert, in deren Folge zwei Menschen das Leben verloren.[351]

Nach der Darstellung der öffentlichen Anprangerung sozialrevolutionär gesinnter Schriftsteller durch eine »ungefragte Wiener Abendzeitung«, die mit Gütersloh einer der medial Angeklagten zeitnah selbst verfasste, sind nicht allein Blei und Gütersloh, sondern auch Kisch und Werfel öffentlich beschuldigt worden, persönlich Mitverantwortung am Gewaltausbruch des 12. November zu tragen. Dies kam einer gezielten Rufschädigung gleich, einmal abgesehen von den strafrechtlichen Implikationen. So überrascht es nicht, dass die genannten Autoren empört reagierten. Zunächst einmal soll jedoch der Anlass und Gegenstand ihrer Erregung in den Blick genommen werden, ein am 16. November im *Neuen 8 Uhr-Blatt* erschienener Leitartikel von Georg Bittner, dem Herausgeber des Revolverblattes; er trug den süffisanten Titel *Die Wiener »Rote Garde«. Eine Gründung der Prager Kaffeehausliteraten*.[352] Dass es sich bei dem von Gütersloh und mit historischem Abstand auch von Blei inkriminierten Zeitungsartikel tatsächlich just um diese Polemik Bittners handelt, geht unter anderem aus einer ironischen Anspielung Güterslohs in seiner Replik *Wer ist der Mörder* hervor, wonach »man in der Achtuhr-Abenddämmerung schlecht genug sieht«, obwohl »auch der ungeistige Urheber jenes Schusses im Nebel unrichtiger Informationen, wohin der bohrende Eifer eines Unschuldigen die leichtfertigen Anschuldigungen warnend führt«, jetzt doch unschwer besser urteilen könne.[353] Was war geschehen? Bittner holte in seiner Polemik zu einem Rundumschlag aus, indem er sich die vier jeweils einzeln vorknöpfte, wobei er vor wohldosierten antisemitischen Zwischentönen nicht zurückschreckte:

> Herr Egon Erwin *Kisch*, gebürtig aus Prag – nicht umsonst bisher das »Schmockkästchen« Böhmens genannt – vor dem Kriege Feuilletonist des »Berliner Tageblattes«, Verfasser des mehr pornographischen als erotischen Romans »Der Mädchenhirt«, rückte zu Beginn des Krieges ein, war ein tapferer und guter Soldat (wie man dem jungen Manne denn überhaupt zubilligen muß, daß er in allem, was er tut, durchaus ehrliche, wenn auch vielfach etwas unklare Absichten hat) und wurde nach längerem Frontdienste als Oberleutnant dem Kriegspressequartier zugeteilt. Hier scheint nun Herr Kisch von einem Drange erfaßt worden zu sein, der beim Literaten begreiflich ist und in diesem Falle nur deshalb sehr getadelt werden muß, weil Herr Kisch beschloß, diesem Drange in seiner Eigenschaft als Offizier und, wie er behauptet, Sozialrevolutionär zu frönen. Herr Kisch liest nämlich seinen Namen außerordentlich gern in der Zeitung. Bei der Gründung der »Roten Garde« lagen ihm sicherlich alle selbstischen oder gar unlauteren Absichten ferne und er folgte damit nur dem unklaren und phantastischen Drange seiner jugendlichen Literatenphantasie. Im Kriegspressequartier, das in der letzten Zeit zum Zwecke der Abfassung patriotischer Propagandaschriften eine Reihe von jüngeren federgewandten Leuten an sich gezogen hat, fand nun Kisch einige Gesinnungsgenossen, die ihn bei den Vorarbeiten und bei der Propaganda für die »Rote Garde« unterstützten.[354]

Kischs (und Werfels) Geburtsort Prag wird hier gleich zu Beginn süffisant als »Schmockkästchen« Böhmens tituliert, einem Wortspiel mit dem aus dem Jiddischen stammenden ›Schmock‹, womit man damals gesinnungslose Journalisten oder Schriftsteller – meist jüdischer Herkunft – bezeichnete. Da Böhmen überdies gerade im Begriff war, sich gegen den Willen seiner deutschsprachigen Minderheit von Österreich abzuspalten, aktivierte Bittner einleitend die antisemitischen und antitschechischen Ressentiments eines Großteils seiner Leserschaft und konnte so mit geringen rhetorischen Mitteln gleich einen maximalen Effekt erzielen. Ähnliches gilt auch für seine Apostrophierung des »Literaten« Kisch als Verfasser eines »mehr pornographischen als erotischen Romans«, womit er dessen Seriosität genauso maliziös diskreditierte wie durch die nur angedeutete Unterstellung, Kischs sozialrevolutionäre Einstellung sei eine bloße Behauptung, die sich allein überzogenem Geltungsdrang verdanke. Kischs Gründung der Roten Garde wird sodann in einer ironischen Wendung als Ausfluss einer »selbstischen« und »unlauteren« Intention abqualifiziert oder – schlimmer noch – eines »unklaren und phantastischen Drange[s] seiner jugendlichen Literatenphantasie«, also keines ernstzunehmenden und integren Beweggrundes. Schließlich denunzierte Bittner, der selber für das Kriegspressequartier geschrieben hatte,[355] die dortige Arbeit pauschal als Weltkriegspropaganda und damit das nunmehrige Engagement früherer Mitarbeiter für die Rote Garde als prinzipienlose Wendehalsigkeit.

Derselben Behandlung unterzog Bittner etwas knapper auch den zweiten namentlich angeführten »Kaffeehausliteraten«, wobei er mit ganz ähnlichen denunziatorischen Mitteln operierte:

> Da ist vor allem Herr Franz *Werfel*, Sohn eines Kommerzialrates, auch aus Prag, auch Sozialrevolutionär, auch Literat. Man kennt ihn als unzweifelhaft starke literarische Begabung. Während des Krieges hielt er sich längere Zeit auf Kosten des österreichisch-ungarischen Armeeoberkommandos in der Schweiz auf, um dort österreichische Propaganda zu betreiben. Jetzt ist er, wie gesagt, Revolutionär, und wenn er es auch schon damals war, als er in der Schweiz auf militärische Kosten lebte, dürfte man ihm billig den Vorwurf machen, daß er dieser Art der militärischen Dienstleistung jede andre hätte vorziehen müssen. Gewiß hätte ihn niemand davon abgehalten.[356]

Als staatlich alimentierter österreichischer Kriegspropagandist, der nach der Niederlage schnurstracks zum Revolutionär geworden sei und entweder vor oder nach Kriegsende seine wahre Gesinnung – wenn er denn eine gehabt hätte – verraten habe, erschien Werfel hier bar jeder Glaubwürdigkeit. Geflissentlich unterschlug oder ignorierte Bittner die damals keineswegs unbekannte Tatsache, dass Werfel bereits im Jänner 1918 auf besagter Reise offenbar unter dem Einfluss Kischs und unter dem Eindruck der russischen Oktoberrevolution in Davos befehlswidrig die Sowjetunion gepriesen hatte, deshalb den Schweiz-Aufenthalt unverzüglich abbrechen musste und auch bestraft werden sollte, wovon man dann nur angesichts der damit verbundenen negativen Schlagzeilen absah.[357] Mit Kisch und Werfel waren die titelgebenden Autoren Prager Herkunft auch schon abgehandelt, denn bei den beiden danach genannten »Kaffeehausliteraten« handelte es sich nachweislich um gebürtige Wiener, die jedoch nicht weniger der Gesinnungslumperei geziehen wurden:

> Damit ist aber die Runde der geistigen Väter der Wiener »Roten Garde« noch nicht vollkommen geschildert. Zu ihnen gehört auch der ebenfalls im k. u. k. Kriegspressequartier eingeteilte Schriftsteller Franz *Blei*. Er gehörte in seiner Jugend ganz kurze Zeit der sozialdemokratischen Partei an. In den langen Jahren, die seither verflossen sind, hat er mannigfache Wandlungen durchgemacht. Unter anderm gab er eine pornographische Zeitschrift »Der Amethyst« heraus. Zu Beginn des Krieges gründete er in Berlin mit dem Gelde eines dortigen Finanzmannes eine Zeitschrift »Der Kleiderkasten«, welche die Abschaffung der Pariser Mode propagierte und sich natürlich heftig gegen alles wandte, was nicht deutsch war bis ins Mark. Dieser deutschnationalen Periode des Herrn Franz Blei folgte eine katholische, als er zum Militärdienst nach Wien eingezogen wurde. Er kam hier in die Umgebung eines bekannten Finanzmannes, als dessen Sekretär er längere Zeit lebte und der ihm auch, obwohl selbst keineswegs katholisch, die finanziellen Mittel zur Gründung der katholischen Zeitschrift »Summa« zur Verfügung stellte. Nebenbei wirkte die ganze Familie Bleis eine Zeitlang auf ärarische Kosten bei den Aufnahmen für einen militärischen Propagandafilm mit.[358]

Indem Blei, den ansonsten wenig zum ›geistigen Vater‹ der Wiener Roten Garde qualifiziert,[359] eine extreme Wandlungsfähigkeit und zugleich eine enorme Findigkeit nachgesagt wird, stets einen willigen Financier für seine wechselhaften ideologischen Neigungen und Leidenschaften zu gewinnen, erscheint der Intellektuelle als käuflicher, sich prostituierender Charakter.[360]

Am kursorischsten geht Bittner auf Gütersloh ein, wobei er ihn mit bürgerlichem Namen nennt und diesen maliziös entstellt – die Verhunzung von Eigennamen ist eine beliebte Technik der Polemik: »Der vierte in diesem Bunde ist Herr Kühtreiber [recte: Albert Conrad Kiehtreiber, N.C.W.], der sich in seiner Eigenschaft als expressionistischer Maler und Schriftsteller Paris von *Gütersloh* nennt.«[361] Es mag sein, dass diese knappe Abfertigung den nicht uneitlen Gütersloh besonders kränkte, zumindest hat er mit dem von ihm verantworteten Leitartikel *Wer ist der Mörder* die mit Abstand ausführlichste Entgegnung verfasst, womit er seinen Gegner in gewisser Weise nobilitierte. Bei der Rekapitulation der vier inkriminierten »Kaffeehausliteraten« folgte er freilich einer anderen Reihenfolge als Bittner, indem er in der Wochenschrift *Die Rettung* deren Herausgeber zuerst nannte und Blei überdies mit seinem Doktortitel anführte, was wohl gegen den versuchten Rufmord durch das Revolverblatt Seriosität vermitteln sollte. Diese Umstellung ist sicherlich genauso bezeichnend für das unbescheidene Selbstverständnis der Herausgeber Blei und Gütersloh wie der Fortgang der Gütersloh'schen Erwiderung, die in ihrer ausufernden Langatmigkeit wohl nur mit viel gutem Willen als »brillante Entgegnung«[362] auf die schlanke Schmähschrift gelten kann. Von Belang für die Thematik des vorliegenden Buchs ist sie aber deshalb, weil sie die prekäre Rolle von Literatur in der Gesellschaft insgesamt in den Blick nimmt:

> Welch unmittelbare Wirkung auf das Böse, auf den Hahn noch einer Büchse – noch immer gesetzt, ich wäre einer der geistigen Urheber des Schießens – traut uns ein Mensch zu, der unsere Wirkung im Guten, eine Einflußsphäre überhaupt zu haben, unter friedlichen Umständen glatt geleugnet hätte! Welchen Einfluß will man jetzt plötzlich der Literatur unterschieben, den Dichtern, deren Weltfremdheit bisher der Spott der sicheren Bürger, deren Unverständlichkeit das gönnerhafte Gaudium der ihrer Verständlichkeit sicheren politischen Machthaber jeder Richtung war? Macht man uns nur deswegen um einen Kopf größer, um uns köpfen zu können?[363]

Deutlich wird hier die massive Verunsicherung, welche die medialen Anwürfe unter den attackierten Autoren auslösten, die ihren gesellschaftlichen Wirkungsgrad selbst offenbar nicht annähernd so hoch einstuften wie der Herausgeber des aggressiven Boulevardblattes. Gütersloh äußerte in diesem Zusammenhang einen schwerwiegenden Vorwurf, der *pars pro toto* für reale Befürchtungen vieler damaliger Künstler und Intellektuellen steht:

> Als eine nachkommenden Historikern dezidierte Merkwürdigkeit der letzten Wochen will ich die Tatsache verzeichnen, daß jetzt in dieser Hoch-Zeit des Umlernens den Antisemitismus in Wien das Antiliteratentum abgelöst hat. Dieselbe Stimme nämlich, die vor kurzem »Nieder mit den Juden« schrie, hetzt nun unter bedenklicher Zusammennennung jüdischer und christlicher Schriftstellernamen zu einem Intellektuellenpogrom.[364]

Aus diesen in mehrfacher Hinsicht, doch nicht unbedingt absichtsvoll übertriebenen Worten – der Wiener Antisemitismus hatte seinen traurigen Höhepunkt noch vor sich – spricht die große Angst und Unsicherheit, in die sich die Mitglieder der literarischen Intelligenz zu Beginn der Ersten Republik geworfen sahen, wie Ernst Fischer betont: »Sie wollten im neuen Staat geistige Führer sein und fanden sich als Geächtete wieder.«[365] Die eminente Gefahr bestand gerade auch in ökonomischer Hinsicht, wie die rückblickenden Erinnerungen Bleis an die gemeinsam mit Gütersloh geleistete Arbeit am Wochenblatt *Die Rettung* bestätigen:

> Wir schrieben hungernd, frierend und ohne Entgelt unsere Zeitung in eine gedachte, erhoffte Welt hinaus, die nicht nur dann zu leben meint, wenn es sich bezahlt macht. Daß Not unseres Leibes unserm Denken nicht falsch souffliere, hatten wir angespannteste Sorge und wollten, so lockend er sich auch mit roter Farbe anstrich, dem Politiker die Beute nicht lassen, den vor dem aufgerissenen Rachen des Redners erstarrten, ihm im kostbarsten Augenblicke schon zu verfallen bereiten Menschen des simplen Lebens. Es hätte sich ja in diesem kostbaren Augenblick entscheiden können, daß jeder nur so viel Wert besitzt, als er durch die Liebe des andern wert ist und er nichts mehr seinem Kleid, Abzeichen, Titel, Amt verdankt, ja nicht einmal seinem Talent, das nichts oft ist als Niedrigkeit.[366]

Der hier als Zielgruppe der Zeitschriftengründung apostrophierte ›Mensch des simplen Lebens‹ ist in der Regel freilich kein Leser oder gar Abonnent der *Rettung* geworden, die ein äußerst anspruchsvoll zu studierendes und inhaltlich nicht leicht verdauliches Wochenblatt der Wiener Revolutionstage war.

Dem öffentlichen Denunzianten Bittner hingegen konnte man kaum nachsagen, in seiner harschen Polemik besondere Anspruchs- oder Qualitätskriterien oder auch nur simple journalistische Sorgfalt obwalten zu lassen; offenbar wider besseres Wissen gelangte er zum eigentlichen Gegenstand seiner Anklageschrift:

> Das Werk dieser einigermaßen gemischten Gesellschaft ist also die Wiener »Rote Garde«, die, wie aus dem Berichte der »Arbeiter-Zeitung« hervorging, am Tage der Proklamierung der Republik die Schießerei vor dem Parlament verschuldet hat. Daß sie in dieser Form gegründet werden konnte, muß als ein schwerer Fehler der sozialdemokratischen Parteileitung bezeichnet werden. Diese wurde wiederholt und nachdrücklich darauf aufmerksam gemacht, daß Oberleutnant Kisch, wenn auch von bestem Willen beseelt, doch sicherlich nicht die Persönlichkeit sei, der man es zutrauen dürfe, daß sie im gegebenen Falle eine Schar radikalst gesinnter Männer in der Hand behalten werde. Kurze Zeit lang schien man darum in der Parteileitung der Bildung der »Roten Garde« auch ablehnend gegenüber zu stehen, von der einzig richtigen Ansicht ausgehend, daß eine derartige Institution innerhalb einer Volkswehr überflüssig sei.[367]

Inwiefern alle vier genannten Autoren mit Recht als die »geistigen Väter der Wiener ›Roten Garde‹« bezeichnet werden können, bleibt in dieser Schmähschrift geflissentlich im Dunkeln – ein Nachweis dieser Behauptung wäre auch kaum zu erbringen gewesen. Zwar handelt es sich bei den vier Autoren um fleißige Besucher und miteinander gut bekannte – aber nicht sämtlich befreundete – Diskutanten der Cafés Central und Herrenhof, die im November 1918 eine sozialrevolutionäre Gesinnung verband, doch das war auch schon alles. Der Zeitungsherausgeber Bittner betätigte sich offensichtlich weniger als investigativer Journalist, sondern allererst als journalistisches Sprachrohr der bürgerlichen Parteien im Staatsrat, die ja ebenfalls die sofortige Aufhebung und Entwaffnung der Roten Garde verlangt hatten, und klagte die in dieser Angelegenheit angeblich naiven Sozialdemokraten an:

> Leider ließ man sich dann aber von der Versicherung der besonnenen Elemente, die auch in der »Roten Garde« sicherlich in nicht geringer Zahl vertreten sind, es handle sich nur um die Bildung eines Musterbataillons, überreden. Der Unterstaatssekretär Dr. Deutsch glaubte dieser Versicherung leider so sehr, daß er der »Roten Garde« am kritischen Tage sogar die Bewachung des Parlaments überantwortete. Natürlich bekamen dort rasch, wie immer, die unklaren und unbesonnenen Elemente die Oberhand, die glaubten, sich mit einem Handstreich der Herrschaft über die gesamte übrige Bevölkerung bemächtigen zu können.[368]

Wie deutlich geworden sein sollte, entspricht diese Darstellung nur sehr partiell der historischen Realität, befanden sich Deutsch und mit ihm die österreichische Sozialdemokratie doch Ende 1918 in einem viel komplexeren politischen Spannungsfeld, als es hier den Anschein hat. Der Herausgeber und eklatante Komplexitätsreduzierer Bittner hingegen bediente sich zahlreicher Scheinevidenzen (»sicherlich«, »natürlich«, »wie immer«) und appellierte zugleich an den Antiintellektualismus seiner Leserschaft:

> Es ist kein Zweifel, daß die sozialdemokratische Parteileitung das, was sich vor dem Parlament und im Redaktionsgebäude der »Neuen Freien Presse« zugetragen hat, auf das Entschiedenste mißbilligt. Schon deshalb, weil es ja unser aller gemeinsame Pflicht ist, die Umgestaltung des Staates in Ruhe und aus eigener Kraft zu vollziehen und den *Ententetruppen* keinerlei Anlaß zur *Besetzung Wiens* zu geben. Man darf aber die Wahrung solch ungeheurer Staatsinteressen nicht den Fähigkeiten einiger unklarer oder nicht vertrauenswürdiger Köpfe aus der Kaffeehausliteratur überlassen. Dessen dürfte sich die sozialdemokratische Parteileitung bewußt geworden sein und wird jetzt hoffentlich nicht daran zweifeln, wie sie gegen die literarische »Rote Garde« vorzugehen hat.[369]

Georg Bittner, der Verfasser dieser Polemik, unterschied hier pathetisch zwischen ›ungeheuren Staatsinteressen‹ und den zweifelhaften »Fähigkeiten einiger unklarer oder nicht vertrauenswürdiger Köpfe aus der Kaffeehausliteratur«. Damit versuchte er nicht nur, einen Keil zwischen die gemäßigteren Kräfte der Sozialdemokratie und die radikalere Linke zu treiben bzw. den bereits bestehenden Graben zu vertiefen, sondern verlangte indirekt die vollständige organisatorische Eliminierung letzterer und betrieb zugleich die öffentliche Diskreditierung der mit ihr sympathisierenden Autoren. Das wollten diese selbstredend nicht auf sich sitzen lassen und schickten – mit Ausnahme Kischs, der ja tatsächlich als Gründer der Roten Garde bezeichnet werden konnte – der Redaktion des *Neuen 8 Uhr-Blatts* gemeinsam folgende Gegendarstellung, die unter der Überschrift *Die Wiener Rote Garde* drei Tage nach dem besagten Leitartikel auf der zweiten (!) Seite der Boulevardzeitung abgedruckt wurde:

> Wir erhalten folgende Zuschrift:
> »An die Redaktion des 8 Uhr-Blattes.
> Wir ersuchen Sie mit Berufung auf den bezüglichen Paragraphen des Preßgesetzes um den Abdruck der folgenden Berichtigung auf der ersten Seite der nächsten Nummer Ihres Blattes: Es ist unwahr, daß wir Gründer oder Mitglieder der Roten Garde sind. Es ist unwahr, daß wir mittel- oder unmittelbar an den unglückseligen Vorfällen vor dem Parlament Schuld tragen. Es ist unwahr, daß wir je, weder im Aus- noch im Inland, weder in Wort noch durch Schrift einer andern Gesinnung Ausdruck gegeben haben als jener, für welche wir auch jetzt tätig sind. Wahr ist, daß wir in der sozialistischen Republik die rationellste Staatsform und in einer Roten Garde den Grundstock ihrer künftigen Miliz sehen.
> Dr. Franz Blei Franz Werfel
> Gütersloh-Kiehtreiber.«[370]

Diese Entgegnung wird in Anführungszeichen wiedergegeben, was typografisch eine deutliche Distanzierung durch die Redaktion signalisiert. Erheblicher aber war die direkt im Anschluss abgedruckte »neuerliche Attacke gegen die Unterzeichner, anonym, aber zweifellos von Bittner« verfasst, wie Marcus G. Patka in seiner Kisch-Biografie mitteilt.[371] Darin heißt es zunächst scheinbar großzügig: »Wir geben, obwohl gesetzlich in keiner Weise dazu verpflichtet, der obigen Einsendung gerne Raum. Unser Artikel über die Rote Garde scheint, wie einer Kundmachung des Kommandos zu entnehmen war, zu einer Umgestaltung dieser Einrichtung geführt zu haben, und das genügt uns.«[372] Damit ließ es Bittner aber trotz seiner gegenteiligen Versicherung nicht bewenden, sondern fügte süffisant hinzu:

> Wir haben keinen der drei Herren Einsender als Gründer oder als Mitglied der Roten Garde bezeichnet. Herr Werfel wurde bei der ersten Versammlung der Roten Garde auf dem Deutschmeisterplatz gewählt – zu welcher Funktion und zu welchem Zwecke ist uns unbekannt – Herr Blei trat in einer der ersten Versammlungen als Redner auf. Es war also zweifellos berechtigt, die Herren, wie wir es getan haben, als »geistige Väter« der Wiener Roten Garde zu bezeichnen und als

»jene, die mit den Vorarbeiten und der Propaganda für die Rote Garde beschäftigt waren.« / Herr *Kiehtreiber* bekennt sich ja selbst als dazugehörig. Die Herren dementieren somit mit dem ersten Satze ihres Dementis etwas, was im »Neuen 8 Uhr-Blatte« mit keinem Worte behauptet wurde.[373]

Es stimmt zwar, dass Bittner nirgendwo Blei, Gütersloh oder Werfel explizit »als Gründer oder als Mitglied der Roten Garde« bezeichnet hatte, doch hat er die Entstehung des gegenteiligen Eindrucks durch seine Überschrift *Die Wiener »Rote Garde«. Eine Gründung der Prager Kaffeehausliteraten* aktiv befördert oder zumindest billigend in Kauf genommen, zumal die Rote Garde ausdrücklich als ihr »Werk« apostrophiert wurde.[374] Davon unbenommen ist die Tatsache, dass Werfel und offenbar auch Blei[375] tatsächlich bei einer der frühen Versammlungen der Roten Garde als Redner auftraten und Gütersloh im Kaffeehaus Sympathie dafür bekundete. Ob man sie deshalb triftig »als ›geistige Väter‹ der Wiener Roten Garde« bezeichnen kann, ist jedoch äußerst fragwürdig – denn das waren mit Ausnahme Kischs keine Intellektuellen, sondern politisierte Proletarier vom Schlage eines ›Haller‹ oder Rothziegel. Gänzlich inadäquat ist schließlich die implizite Unterstellung, die geistigen »Vorarbeiten« und die »Propaganda für die Rote Garde« hätten direkt zu den Opfern des 12. November geführt. Gerade bei Kisch lässt sich dies definitiv ausschließen, hatte er doch die von ihm befehligten Rotgardisten vor dem Abmarsch zum Parlament zur Gewaltlosigkeit ermahnt, ergebnislos auf Munition hin untersucht und sie direkt nach Beginn der Schießerei wieder zurück in die Stiftskaserne geführt, und auch Blei war nicht nur »an den Ausschreitungen überhaupt nicht beteiligt«,[376] sondern wahrscheinlich nicht einmal anwesend gewesen. Doch ließ sich Bittner auf die Klärung solcher Einzelheiten gar nicht ein, sondern drehte die Schraube polemischer Eskalation stattdessen gezielt weiter, indem er die Intellektuellen zuerst des Maulheldentums und sodann der Feigheit zieh:

> Wir wußten sehr wohl, daß die Herren es bei den *Worten* hatten bewenden lassen. Nachträglich dann zu behaupten, daß sie an den unglückseligen Vorfällen vor dem Parlamente nicht schuld waren, ist leicht. Wer selbst bekennt, eine Rote Garde für die richtige militärische Form unsres Staates zu halten, der treibt die Kühnheit wohl etwas zu weit, wenn er sich in dem Augenblicke unschuldsvoll aus der Affäre ziehen will, in dem diese Rote Garde eine unsinnige Schießerei beginnt, in deren Gefolge es Tote und Schwerverwundete gegeben hat.[377]

Die scheinbare Beweisführung Bittners führt die Kunst demagogischer Rede nahezu vollendet vor Augen, denn nirgendwo unternimmt er den Versuch, eine tatsächliche Kausalität zwischen den – opak bleibenden – »Worten« der Intellektuellen und den

»unglückseligen Vorfällen vor dem Parlamente« herzustellen, was aber notwendige Voraussetzung für eine Schuldzuweisung an die Schriftsteller gewesen wäre. Ähnliches gilt für deren generelle Haltung zu Roten Garden im republikanischen Staat, aus der nicht zwingend auf eine persönliche Verantwortung für das Fehlverhalten einer ganz bestimmten Einheit geschlossen werden kann. In der Folge jedoch lenkte Bittner die Aufmerksamkeit seiner Leserschaft auf ein Terrain, auf dem er nicht ohne Berechtigung Punkte machen konnte:

> Die Herren schreiben: »Es ist unwahr, daß wir je usw., einer andern Gesinnung Ausdruck gegeben haben, als jener, für welche wir auch jetzt tätig sind.« / Wir halten dem die folgende Feststellung entgegen: Es ist wahr, daß Herr *Werfel auf Kosten des Ministeriums des Aeußern und des Armeeoberkommandos* in der *Schweiz* war, um dort österreichische Propaganda zu betreiben, es ist wahr, daß die Herren *Blei* und *Kiehtreiber* Mitarbeiter der vom Kriegspressequartier herausgegebenen Soldatenzeitschrift »Die Heimat« waren.[378]

An diesen für sozialrevolutionäre Schriftsteller peinlichen Tatsachen gab es wenig zu leugnen oder gar schönzureden, obwohl daraus keinerlei persönliche Verantwortung für den Gewaltausbruch am 12. November folgte. Deshalb konzentrierte Bittner sich auf Ersteres und bohrte seine Feder immer insistierender und tiefer in die Wunden seiner Gegner:

> Nun werden die Herren vielleicht behaupten wollen, sie seien zu diesen Diensten kommandiert worden, aber auch dieser Einwand wäre vollkommen unstichhaltig. Man kann jemanden zum Schießen, zum Handgranatenwerfen, zum Abzählen ärarischer Schuhe oder zum Schreibmaschinschreiben kommandieren, auch wenn ihm diese Betätigung nicht paßt. Man kann aber niemandem schriftstellerische Tätigkeit kommandieren, die er nicht leisten will. Folglich ist nicht nur dieser Teil der Berichtigung der Herren gänzlich unwahr, sondern es ist auch erwiesen, daß sie es sehr wohl verstanden haben, die »Gesinnung, für welche sie jetzt tätig sind«, auszuschalten, als es ihnen bequemer dünkte, auf Staatskosten in der Schweiz zu leben, beziehungsweise in einer Wiener Kanzlei [zu] sitzen, anstatt an der Front oder auch nur in einer minder bequemen Kanzlei Dienst zu tun. Herr Blei war beispielsweise vorher in einer Wiener Spitalskanzlei eingeteilt gewesen und bat unter Hinweis darauf, daß er doch zu einer schriftstellerischen Tätigkeit besser geeignet sei, so lange und so oft um seine Einteilung ins Kriegspressequartier, bis er diese Zuteilung erhielt, obwohl er sicherlich nicht voraussetzen durfte, er werde dort »in Wort und Schrift jener Gesinnung Ausdruck geben« dürfen, »für welche er auch jetzt tätig« ist.[379]

Mit diesen Ausführungen, Erläuterungen und Anschuldigungen schaffte es Bittner unmerklich, den Streitgegenstand auf ein für ihn vorteilhaftes Gebiet zu verschieben: die fragliche Standfestigkeit der revolutionären Autoren – und dies, obwohl er doch selbst »seinerseits ausführlich Kriegspropaganda betrieben« hatte und »somit keinesfalls die moralische Autorität« besaß, über die ehemaligen Mitglieder des Kriegspressequartiers »den Stab zu brechen«, wie Patka gezeigt hat; Bittners demgegenüber für sich selbst beanspruchte Gesinnungstreue bestand ironischerweise darin, dass er weiterhin treuer Monarchist blieb.[380] Nachdem er also die angebliche ›Wendehalsigkeit‹ seiner ideologischen Gegner vorgeführt hatte, gelangte er zu einer besonders maliziösen Schlusswendung, die den ›Literaten‹ bzw. ihrem politischen Standpunkt auch noch den letzten Kredit – nämlich irgendeine Form von Bedeutung für die Allgemeinheit – nahm: »Im übrigen sind die politischen Anschauungen, zu denen sich die Herren persönlich bekennen, für die weitesten Kreise gänzlich uninteressant. Sie haben etwas zu widerlegen versucht, was nicht behauptet wurde, haben Unwahres zu behaupten versucht, und gehen über vielerlei, was wir über sie festgestellt haben, stillschweigend hinweg.«[381] Eine solche öffentliche Bloßstellung kam einer sozialen Hinrichtung der attackierten Schriftsteller gleich.

Kein Wunder, dass der besonders intensiv geprügelte Blei, der in Bittners »Meisterstück der Etikettierungskunst«[382] als liederlicher Gesinnungslump erschien, sich mangels eines eigenen Massenblatts nicht anders zu helfen wusste, als auf Ehrenbeleidigung zu klagen, was ein langwieriges juristisches Nachspiel auslöste, das als »Justizgroteske«[383] exemplarisch für den obrigkeitlichen und antidemokratischen Geist in der österreichischen Justiz der Zwischenkriegszeit stehen kann und mittlerweile gut aufgearbeitet wurde;[384] seine genaue Rekonstruktion würde aber den Rahmen des vorliegenden Buchs sprengen. So soll es im Folgenden nur um die publizistischen Auseinandersetzungen gehen.

Berta Zuckerkandl, die – neben der bereits angeführten Alma Mahler – zweite wichtige Wiener Salonnière dieser Jahre und Freundin bedeutender Männer, veröffentlichte fünf Tage nach dem oben zitierten Bittner'schen Schmähartikel gegen die revolutionären Literaten in der Rubrik *Theater, Kunst und Literatur* der *Wiener Allgemeinen Zeitung* vom 21. November 1918 eine Art Verteidigungsschrift unter dem Titel *Der Fall Franz Werfel*, worin sie nur auf diesen bezogen feststellte:

> Seit einigen Wochen spricht man von dem Revolutionär Franz Werfel mit leidenschaftlicherem Interesse, als je dem Dichter Werfel zuteil wurde. Des Fragens und Schreibens ist kein Ende, seitdem es hieß, Werfel sei in die »Rote Garde« eingetreten. Ich verehre Werfel als Dichter, liebe ihn als Menschen und stehe ihm als »aktivistischem Denker« mit größtem Vorbehalt gegenüber. Weil sein Denken zutiefst aus dem Elementaren quillt. Aus dem Gefühl. Ein Utopist lebt ihn [sic]

ihm, der in seinem Werk den Weltgedanken immer beflügeln wird, in seiner Tat aber immer Schiffbruch leiden muß.[385]

Ähnlich wie 1960 die auf ihr Leben zurückblickende Alma Mahler-Werfel zeichnete deren ›Kollegin‹ Zuckerkandl den »Dichter Werfel« schon 1918 als weniger intellektuelle denn erdverbundene und gefühlsbestimmte Künstlernatur, der ästhetische Utopien näher lägen als die profane Politik, in der sie somit kraft ihres Charakters nur scheitern könne. Angesichts dessen müsse sie – Zuckerkandl – sich nun aber für das bedrohte Genie einsetzen:

> Deshalb interessierte mich der Fall Werfel wenig. Bis das Traurige geschah, daß in diesen Tagen, wo es gilt, Träger der Geistigkeit, mögen sie den konträrsten Richtungen angehören, zu schützen, zu einen, gegen den sittlichen Menschen in Werfel die Verfolgung einsetzte. Ein Blatt, welchem Werfel die Berichtigung zugeschickt hatte: er sei niemals Mitglied der »Roten Garde« gewesen, auch sei es unwahr, daß er je, weder im Ausland noch im Inland, weder durch Wort und Schrift, einer anderen als der auch jetzt betätigten Gesinnung Ausdruck gegeben habe – nahm gegen dieses Bekenntnis Stellung.[386]

Die von Bittner erhobenen Vorwürfe fasste Zuckerkandl folgendermaßen zusammen: »Es sei erwiesen (so wurde geschrieben), daß Herr Franz Werfel auf Kosten des Ministeriums des Aeußern und des Armeeoberkommandos in der Schweiz war, um dort österreichische Propaganda zu treiben.«[387] Um dies zu entkräften, berief sich die Journalistin, Kritikerin und Salonnière auf private Unterlagen:

> Da zog es mich doch zu meinem Tagebuch und zu der Mappe mit Zeitungsausschnitten, die ich während meiner Schweizer Reisen angelegt hatte. Ein besseres Alibi kann Franz Werfel nicht werden. Im Winter 1918, nachdem er anderthalb Jahre lang im Feld gestanden hatte (seiner Überzeugung nach als Gemeiner, da er die Freiwilligencharge als Bevorzugung nicht akzeptierte), gelang es endlich dem Erholungsbedürftigen, einen Weg ins Freie zu bahnen. Das Kriegspressequartier wurde bewogen, einem Geist vom Range Werfels die Ausreise in die Schweiz zu geben. Er sollte im Rahmen österreichischer Propaganda Vorträge halten. Thema? Nun, die eigenen Gedichte hatten wohl klar genug dargetan, was Werfels Seele geben konnte. Er ist ein Liebender der Menschheit. So sandte man ihn wohl einfach hinaus als Qualitätsprobe: Seht, solche Dichter haben wir Oesterreicher![388]

Nachdem Zuckerkandl solcherart über die verborgenen Motive des k. u. k. Kriegspressequartiers gemutmaßt hat, dem die Dichternatur Werfels ja hinreichend bekannt gewesen sei, zitierte sie direkt aus ihren Reisenotizen:

> Mein Tagebuch, Zürich, 8. Mai 1918, vermerkt: Hier in unserer österreichischen intellektuellen Kolonie herrscht größte Aufregung, Werfels wegen. Man ergeht sich in Vermutungen, ob er bei seiner Rückkehr nach Wien gehängt oder geköpft worden ist. Was man mir erzählte, ist allerdings toll. Werfel hielt bei seiner Ankunft in Zürich einen einzigen Vortrag – vor jugendlichen Arbeitern. Er bemühte sich, wohl umsonst[,] sei[n] pazifistisches Bekenntnis in eine nicht allzu stürmische Form zu kleiden. Jedenfalls wurde nach diesem Debüt, die zwischen Werfel und der Wiener Behörde bestehende Verbindung gelöst.[389]

Folgt man dieser Darstellung, dann hätte an diesem Punkt die Vortragsreise eigentlich beendet sein müssen. Doch kam es offenbar noch zu zwei weiteren Auftritten des von sozialrevolutionären Gedanken beseelten Dichters:

> Werfel sprach dann noch in Bern und in Davos. In Bern beging er eine arge Taktlosigkeit, über die man sich noch heute unterhält. In dem nur aus eigenen Dichtungen bestehenden Vortrag war, mit dem österreichisch-ungarischen Gesandten an der Spitze, die gesamte österreichisch-ungarische und die deutsche Gesandtschaft erschienen. Werfel aber hatte ganz gedankenlos ein Spottgedicht auf die Diplomatie auf das Programm gesetzt. Es soll damals eine sonderbare Stimmung im Saal geherrscht haben.[390]

Selbst die offensichtlichsten Akte der Insubordination im k. u. k. militärisch-diplomatischen Auftrag erscheinen hier als unwillentliche »arge Taktlosigkeit« des »gedankenlos«-träumerischen Dichters, der dann auf der letzten Station seiner Dienstreise gleichwohl visionäre Gedanken zum Besten gegeben habe:

> Davos aber war der Höhepunkt des Werfelschen Abenteuers. Dort sprach er vor einer großen Versammlung über das österreichische Problem. Ein Reporter stenographierte mit, und der Vortrag erschien in einem Westschweizer Blatt. Hierauf wurde gegen Franz Werfel von der Schweiz aus die Anzeige an das Kriegspressequartier gemacht. Der Dichter hatte allerdings nichts anderes gesagt, als was in vielen der besten Köpfe längst als richtige Politik gedacht worden war. (Zur Tat läßt man beste Köpfe ja nie gelangen!) Aber es blieb immerhin ein seltsam nachtwandlerischer Poetenausflug. Der über die Gefahr, als ein dem Kriegspressequartier noch Unterstehender, sich solcher Aussprüche hinzugeben, unbewußt blieb.[391]

Es bleibt unerfindlich, weshalb man den Dichter als Vertreter der ›besten Köpfe‹ seiner Nation denn unbedingt ›zur Tat gelangen‹ lassen sollte, wo es doch einleitend geheißen hatte, dass er »in seiner Tat« notwendig »immer Schiffbruch leiden muß«. Bezeichnend an dieser öffentlichen Verteidigung und Rechtfertigung des »unbewußt« denkenden und sprechenden Werfel sowie seines ›seltsam nachtwandlerischen Poetenausflugs‹ ist indes der Umstand, dass um die fragliche Mitgliedschaft Werfels in der Roten Garde offenbar schon seinerzeit mit großer Verbissenheit gestritten wurde. Nachdem Zuckerkandl in diesem Zusammenhang Werfels sozialrevolutionär-pazifistische Aktivitäten in der neutralen Schweiz diskutiert und legitimiert hat, schloss sie mit einem flammenden Plädoyer für den großen Künstler und Dichter im Menschen, der in gewisser Weise »unbewußt« seinen militärisch-diplomatischen Auftrag doch erfüllt habe:

> Franz Werfels Erfolg als Dichter war in der Schweiz stürmisch. Er hatte vielleicht, wie es Don Quichottes ewiger Ruhmestitel ist, durch die kindliche Ekstase seiner Idealität die allerbeste österreichische Propaganda gemacht. Dies zu konstatieren scheint mir Pflicht. Der Politiker Werfel mag mit Recht Angriffe ergulden [sic]. Wer sich heutigentags in Chaos stürzt, darf nicht wehleidig sein. Aber für die menschliche Qualität Werfels muß man eintreten. Denn er gehört zu der Klasse der sittlich Unantastbaren.[392]

Es überrascht nicht, dass Karl Kraus angesichts dieses Urteils über den von ihm seit langem als »unsauberen Menschen«[393] bekämpften Dichter »die vom neuen Weltgefühl berückte Zuckerkandl« vorübergehend abwatschte.[394] Aus heutiger Sicht mindestens ebenso spannend wie ihre unterstützende Sympathiebekundung ist freilich Werfels eigene romaneske Darstellung der politischen Debatten des 1. November 1918 um die Wiener Rote Garde, aber auch der politischen und militärischen Auseinandersetzungen des 12. November, worauf der zweite Teil des vorliegenden Buchs genauso eingehen wird wie auf Kraus' kunstvolle Invektiven.

Ein weiterer Versuch individueller Rechtfertigung eines der öffentlich attackierten Schriftsteller bestand in Kurt Sonnenfelds Essay *Der Zuhälter*, der in dem zum Jahreswechsel 1918/19 erschienenen Doppelheft der von Karl F. Kocmata herausgegebenen anarchistischen Wiener Kulturzeitschrift *Ver!* abgedruckt wurde und sich der Apologie Kischs widmete:

> Ein Kaffeehausliterat ist Kisch gewiß nicht. Sein abenteuerliches Leben [...] wäre zwar durchaus kein Beweis für diese meine Behauptung, denn man kann in allen Verbrecherkneipen, Bordellen und Opiumhöhlen diesseits und jenseits des Ozeans heimisch und dabei doch ein unverbesserlicher Kaffeehausschmock sein [...].

> Aber Kisch wäre auch dann kein Kaffeehausliterat, wenn er sein ganzes Leben aus seinem Prager Kaffeehaus nicht herausgekommen wäre. Denn er ist – ich muß pathetisch werden – ein echter Dichter.[395]

Damit ist aus Sonnenfelds Sicht der zentrale Streitgegenstand benannt, den er in der Folge mit Blick auf Kischs Vorkriegsroman *Der Mädchenhirt* als ›neusachliches‹ Sprachkunstwerk *avant la lettre* würdigt. Erst gegen Ende seiner Ausführungen kommt Sonnenfeld auch auf den »häufig erhobenen Vorwurf der Charakterlosigkeit« zu sprechen, gegen den er Kisch verteidigt, weil »eine patriotische Entgleisung« beim Kriegsausbruch vielen ahnungslosen jungen Menschen unterlaufen sei: »Damals war der Patriotismus ein Rausch, ein Fieber, eine schmutzige Seuche – und da war ein junger Mensch, der von Politik und künstlicher Stimmungsmacherei keine Ahnung und vom Jammer eines Krieges keinen Dunst hatte, bald angesteckt.«[396] Die charakterliche Konsequenz eines Autors sieht Sonnenfeld, der Kisch am 12. November 1918, »am blutigen Revolutionsdienstag, in der Stiftskaserne besuchte«, gerade in dessen schriftstellerischer Arbeit verbürgt:

> Als ich ihn, umgeben von seinen treuen Freunden, den Soldaten seiner Roten Garde, sah, da vergaß ich es sogar, über diese neue Art von Vereinsmeierei einen Witz zu machen… Er nahm Meldungen entgegen und diktierte eine für die Tageszeitungen bestimmte Kundmachung. […] An diesem Abend sprach ich mit dem Kommandanten der Roten Garde auch über seinen »Mädchenhirten«. Und ich sah deutlich die Brücke, die von diesem Buch zu den Barrikaden führt.[397]

Der sozialrevolutionäre Autor erscheint in dieser Apologie eines überzeugten Anarchisten nicht zuletzt aus seiner charakterlichen Integrität und literarischen Geradlinigkeit heraus gerechtfertigt.

Bittners Schmähschriften waren demgegenüber nur die Spitze eines gewaltigen Eisbergs an medialer Denunziation, die Kisch, Werfel und der Roten Garde nach dem 12. November zuteilwurde und die sich zusehends auch antisemitischer Stereotypen bediente. Vergleichsweise zivilisiert verfuhr die *Arbeiter-Zeitung*, die zu einer regelrechten Artikelserie ausholte, welche am 14. November mit einem ausführlichen Bericht *Nach der Demonstration* einsetzte. Dort wird die oben zitierte Mitteilung aus dem *Neuen 8 Uhr-Blatt* über einen mit gezogenem Säbel auf die Parlamentsrampe stürmenden »Leutnant [Fritz] Groß« aufgegriffen, der ebenfalls ein – allerdings unerheblicher – Schriftsteller war, um in der Folge – wiederum ohne Namensnennung, um dessen ›Reklamebedürfnis‹ nicht zu entsprechen – Kisch frontal zu attackieren:

> Heute berichtet ein Blatt von einem Leutnant Groß, »der gestern mit gezogenem Säbel an der Spitze einer Abteilung Roter Gardisten das Parlament erstürmte«, daß dieser Leutnant während des ganzen Krieges als Einjährig-Freiwilliger im *Präsidialbüro des Kriegsministeriums* Dienst getan. Zum Leutnant habe er sich offenbar selbst ernannt und sein Kriegersinn ist vermutlich erst mit dem Eintritt des Waffenstillstandes erwacht; der junge Mann stammt *»aus einem sehr wohlhabenden Hause«*. Diese Abstammung aus »wohlhabendem Hause« wäre überhaupt von etlichen dieser »Sozialisten« zu konstatieren. Jeden Augenblick taucht da auch irgend ein Mitglied des früheren Kriegspressequartiers als »Führer« auf; es wäre also, wie gesagt, höchste Zeit, daß sich die wirklichen Sozialdemokraten, die sich bei der Roten Garde befinden, von dem Reklametreiben gewisser Führer mit Entschiedenheit abwenden.[398]

Die Kisch zugeschriebenen Epitheta – bürgerliche Abstammung, Mitarbeit im Kriegspressequartier und Reklametreiberei – verfestigten sich allmählich zu stehenden Motiven, zu denen sich bald auch das sogenannte »Literatenmäßige« gesellte, wie einen Tag später unter der Überschrift *Erhebungen über die Vorfälle vom 12. November* ebenfalls in der *Arbeiter-Zeitung* deutlich wurde, wo nun die inkriminierten Namen Groß und Kisch aufgrund einer nicht bestehenden Gemeinsamkeit miteinander verbunden erschienen:

> Aus der Stiftskaserne wird uns mitgeteilt, daß ein Leutnant Groß in ihren Listen nicht vorkommt, daß aus dem Korpskommando nur Oberleutnant Kisch stammt, daß sie mit der Besetzung der »Neuen Freien Presse« nichts zu tun hat. (Aber es sind auf dem »Flugblatt« zwei Unterschriften der Roten Garde!) Das Literatenmäßige der gegenwärtigen Führung der Roten Garde geht schon daraus hervor, daß sie ununterbrochen Kommuniqués, Berichtigungen, Erklärungen produziert.[399]

Eine Woche später, am 21. November, soll auch Friedrich Adler bei seinem ersten Auftritt vor den Angehörigen der Roten Garde vor sittlich ungefestigten, sprich: ›literatenmäßigen‹ Anführern vom Kaliber eines Kisch gewarnt haben, wie wiederum die *Arbeiter-Zeitung* unter dem Titel *Hauptversammlung der Roten Garde* und einmal mehr ohne Namensnennung berichtet:

> Adler wies vor allem auf den großen Ernst der Situation, in der wir uns befinden, hin, die nicht nur Verstand und Begeisterung, sondern auch Verantwortungsgefühl und ruhige Ueberlegung im höchsten Grade erfordert. Wir brauchen als Vorkämpfer Genossen, die die Gedanken des Sozialismus und der Revolution

> schon *vor* dem Kriege vertreten haben, nicht aber solche, die erst im Augenblick, da die Revolution *in Mode* kommt, sich uns anschließen wollen. Jeder soll uns willkommen sein, der reinen Herzens mitarbeiten will, aber wir werden uns bei jedem Mann fragen, ob er über die Mode hinaus ein treuer Anhänger sein wird. Wir haben uns zu hüten vor den »*Revolutionsgewinnern*«, die um nichts weniger gemeingefährlich sind als die *Kriegsgewinner*.[400]

Dem Zeitungsbericht zufolge habe Adler in seiner Warnung vor bloßen ›Modesozialisten‹ diese nicht nur mit den verhassten Kriegsgewinnlern verglichen, sondern darüber hinaus eine bezeichnende Analogie hergestellt:

> Im Kriege setzten hohe Generale [sic] für ihren persönlichen Ruhm, für ihre Eitelkeit viele Tausende von Menschenleben aufs Spiel. Man braucht sich nur zu erinnern an jene Herren, deren einzige Sorge im September 1914 die Erringung des Maria Theresien-Ordens gewesen ist. Ebenso sehen wir, daß auch die Revolution Leute an die Oberfläche bringt, die glauben, daß die große Umwälzung keinen anderen Zweck habe, als ihrer persönlichen Eitelkeit als Folie zu dienen. Und ebenso wie im Kriege eine ganze Schicht von Kapitalisten auf Raub ausging, um sich auf Kosten der Gesamtheit Millionengewinne zu verschaffen, so kennt jede Revolution auch den Versuch, durch Raub und Plünderung einzelner auf Kosten der Gesamtheit vorzugehen, wenn auch das Ergebnis dieser Expropriationen relativ klein ist gegenüber den Riesengewinnen der kapitalistischen Kriegsgewinner.[401]

Den ›literatenmäßigen‹ Anführern der Roten Garde vom Schlage eines Kisch wird hier das niedere Motiv ›persönlicher Eitelkeit‹ unterstellt. Wenn Adler, der für die Linke innerhalb der SDAP stand, im weiteren Verlauf seiner Darlegungen unter Berufung auf »die Gesamtdelegation der russischen Sozialdemokraten und Sozialistenrevolutionäre« im Jahr 1905 erklärte, »daß die sogenannten Privatexpropriationen [...] nichts anderes« seien »als Raub and Diebstahl«,[402] dann bezieht er sich offensichtlich auf die der Roten Garde nachgesagten wilden Requirierungen, die auch Kisch nicht verhindern konnte. Wolle »die Rote Garde ihrer Aufgabe entsprechen«, dann seien

> vor allem zwei Dinge nötig: *Geduld* und *Disziplin*. Geduld, das heißt, daß wir nicht glauben dürfen, mit der jetzigen Formation gegen alle Gefahren der Gegenrevolution gefeit zu sein, sondern einige Monate ernster Arbeit brauchen, um eine *kampffähige* proletarische Wehrmacht zu schaffen. Disziplin, dieses verpönte Wort, bedeutet nicht mehr knechtischen Gehorsam vor volksfremden Führern,

für volksfremde Ziele, sondern Teilung und Organisation der Arbeit, auf Grundlage der Solidarität. Die Leistung der Roten Garde wird erfolgreich sein, wenn sie im Dienste des proletarischen Klassenkampfes stets *den Blick aufs Ganze* gerichtet hält.[403]

Im Umkehrschluss ist Adlers Worten zu entnehmen, dass mit Kisch die bisherige Führung der Roten Garde ungeduldig, undiszipliniert und unernst gewesen sei, was aus dem Mund dieser unbestrittenen Autorität sämtlicher Linken einem Vernichtungsurteil gleichkam. Damit lieferte die *Arbeiter-Zeitung* Munition für andere, noch viel weniger zimperliche Blätter, sodass nun gegen Kisch »eine mediale Treibjagd mit voller Wucht« einsetzte, wie Patka gezeigt hat: »Diese richtete sich eigentlich gegen die gesamte Rote Garde, doch als deren Gründungsmitglied, zeitweiliger Kommandant und als Redner und Werbeoffizier auch Aushängeschild, tauchte Kischs Name in Verbindung mit den übelsten Verleumdungen immer wieder in den Zeitungen auf.«[404] Die Polemik gegen das ›Literatentum‹ – zumal, wenn es aus ›wohlhabendem Hause‹ stammte – wurde dabei so unverhältnismäßig, dass Hermann Bahr dem inkriminierten Milieu und Berufsstand am 22. November 1918 ein apologetisches Feuilleton widmete, das mit Blick auf Kisch in folgende ironische Feststellung mündete: »Und wenn die Literaten aus gutem Hause sind, so sind sie doch eben damit, daß sie Literaten wurden, schon dem guten Hause meistens entsprungen.«[405] Eine besonders unrühmliche Rolle in der Diffamierungskampagne spielte der deutschvölkische *Wiener Mittag*,[406] dessen Redakteure »voll auf die Karte des latenten Antisemitismus und der Ausländerfeindlichkeit« setzten, »womit sie in Wien leichtes Spiel hatten. Die häufigste Adjektivpaarung in der Berichterstattung über die Revolution ist ›jüdisch-bolschewistisch‹, und auch sonst kann man hier schon 1918 den späteren Nazijargon erkennen.«[407] Folgende wenig erhebende Kostproben aus den Tagen unmittelbar nach der Republikausrufung und der anschließenden Schießerei mögen das veranschaulichen:

Die Stimmung unter den deutschen Abgeordneten über den gestrigen Ueberfall der Roten Garde auf die deutsche Nationalversammlung ist eine äußerst erbitterte. Allgemein herrscht die Meinung vor, daß solche Zustände unter gar keinen Umständen länger geduldet werden können. Unter den Soldaten der Roten Garde befindet sich auch eine Anzahl nichtdeutscher Elemente. So hatten gestern abends zum Beispiel den Ausgang aus dem Parlamente auf der Herrenhausseite zwei Mann besetzt, *mit denen man sich nicht verständigen konnte, da sie der deutschen Sprache nicht mächtig waren*. In eingeweihten Kreisen wird behauptet, daß die unter dem Kommando des jüdischen Oberleutnants *Kisch* stehende Rote Garde auch russische Bolschewiki aufgenommen habe, welche eigens zu dem

Zwecke nach Wien geschickt wurden, hier den Umsturz herbeizuführen und die bolschewistische Herrschaft zu errichten. Es ist unabweisbare Forderung, daß die Rote Garde sofort aufgelöst und alle nicht nach Deutschösterreich zuständigen Elemente in ihre Nationalstaaten abgeschoben werden.[408]

Dass es sich bei den fremdsprachigen revolutionären Soldaten, die nicht unbedingt Rotgardisten sein mussten, um aus den Kronländern stammende, aber in Wien beheimatete ehemalige Angehörige der k. u. k. Armee handeln konnte, wird in dieser Darstellung gar nicht erwogen. Stattdessen wird Kischs jüdische Herkunft ausgeschlachtet, als ob diese irgendeinen Schlüssel zu den berichteten Ereignissen lieferte. Da Kisch zu diesem Zeitpunkt noch kein Näheverhältnis zur kleinen KPDÖ (und deren russischen Agitatoren) hatte, gehen die Unterstellungen – zumindest was ihn betrifft – gänzlich fehl. Dass die sich in der völkischen Propaganda allmählich verfestigende Gleichung ›jüdisch = bolschewistisch = kapitalistisch‹ nicht stimmen konnte, änderte wenig an ihrer Zählebigkeit. In diesem Zusammenhang ist es besonders dekuvrierend, dass die Redakteure des *Wiener Mittag* völlig schamlos aus den Artikeln der oft ebenfalls als ›jüdisch‹ diffamierten *Arbeiter-Zeitung* abschrieben, wie folgende Passage aus dem Pamphlet *Die Volksentrüstung gegen die Rote Garde* vom 14. November 1918 zeigt, die sich als offenbar eiligst erstellte Kompilation und denunziatorische Umschrift aus dem oben zitierten *AZ*-Bericht desselben Tags erweist:

> *Diese Abstammung aus »wohlhabendem Hause« wäre überhaupt von etlichen dieser »Sozialisten« zu konstatieren. Jeden Augenblick taucht da auch irgend ein Mitglied des früheren Kriegspressequartiers als »Führer« auf* [...]. Sagen wir es doch offen heraus: die diebskommunistelnden Juden, die *Kisch* und *Werfel*, Leute, die auch aus »sehr wohlhabenden Häusern« stammen, wie der *Groß*, wollen im Interesse der jüdischen Riesen-Kriegsgewinner Unordnung stiften nach der alten Methode des »Haltet den Dieb!«-Rufes. Ihnen muß das Handwerk gründlich gelegt werden. Sie sind nicht »Unbesonnene«, sondern nur kalte Wühler im Interesse der Hochfinanz, gegen deren Blatt sie gar nichts haben.[409]

Der abschließende Satz ist als absurdes Statement zur Redaktionsbesetzung der *Neuen Freien Presse* durch die Rote Garde zu lesen, deren Vorgesetzter angeblich erklärt hat, »gegen die Tendenz des Blattes der alles bewuchernden Hochfinanz der *Neuen Freien Presse*, [sic] absolut nichts« zu haben, wie die (oben zitierte) Aussage Julian Sternbergs aus der Darstellung des *Neuen Wiener Tagblatts* vom 13. November 1918 entstellend ergänzt wird.[410] Wie daran zu ersehen ist, war es dieser Spielart des ›Journalismus‹ nicht darum zu tun, Aufklärungsarbeit zu leisten, sondern im Gegenteil, diese gezielt zu hintertreiben. So druckte dieselbe Zeitung zwei Tage später direkt auf der Titelseite einen Leserbrief, dessen Autor der Redaktion seinen Namen sowie seine jüdische Zugehörigkeit preisgegeben und darauf beharrt hatte, »daß die ›Rote Garde‹ mit dem deutschösterreichischen Judentum in seiner Gesamtheit ebensowenig zu tun hat, wie mit den deutschösterreichischen Ariern«, und dass deren Mitglieder – nämlich »Kommunisten«, »die im Trüben fischen wollen« – aus beiden Bevölkerungsgruppen kämen.[411] Die »Schriftleitung« beantwortete den Einwand mit der Erklärung, wonach diese »Anschauung« von der des *Wiener Mittag* »durchaus nicht abweicht. Es wäre aber sicher zu begrüßen, wenn auch die offizielle Vertretung der Judenschaft gegen das Treiben jüdisch-anarchistischer Elemente der ›Roten Garde‹ Verwahrung einlegen würde.«[412] Von der ›offiziellen Vertretung‹ der Christenheit verlangte man selbstredend nichts Entsprechendes. Während die Redaktion auch weiterhin großzügig die kritische Berichterstattung der *Arbeiter-Zeitung* über Kisch und die Rote Garde ausschlachtete, statt eigene journalistische Recherchen anzustellen, setzte sie den Verleumdungen aus eigenem Fundus die Krone auf, wie Patka gezeigt hat, indem der oben zitierte *Tagesbericht* zur *Besetzung der Hofburg, Schönbrunns und des Militärkommandos* aus dem *Neuen Wiener Tagblatt* in charakteristischer Weise ergänzt wurde: Das Gerücht von der Requirierung dreier Automobile durch Rotgardisten, unter denen »sich auch der Wagen eines sehr bekannten Barons und Finanzmannes« befunden haben soll,[413] wird dahingehend weitergedichtet, dass der empörte Lenker »zunächst vergeblich Einspruch« erhob:

> Seine Bemerkung, der Kraftwagen gehöre dem *Baron Rothschild*, änderte die Lage mit einem Schlage. Die Roten Gardisten gaben den Kraftwagen nicht nur frei, sondern die Rote Garde *entschuldigte* sich auch noch bei *S. M. Rothschild* wegen des Vorfalls. Wie man sieht, versteht die Rote Garde zu unterscheiden. S. M. Rothschild erfreut sich ihrer Rücksicht, als ob die Garde des Zukunftsstaates die Aufgabe einer Rothschildgarde zu erfüllen hätte.[414]

Aus allem bisher Berichteten wird deutlich, dass es sich hier nur um eine besonders hinterhältige Verleumdung und Umkehrung tatsächlicher Sachverhalte handeln kann, die sich nicht zuletzt einer billigen Wortspielerei bedient. Die publizistische Auseinandersetzung um die Rote Garde erreichte damit einen bisher ungekannten Tiefpunkt.

Andere Blätter komplettierten die Kampagne durch die »wohl zeitloseste Form der Diffamierung eines politischen Gegners«, nämlich »seine Kriminalisierung«, wie Patka schreibt, indem sie die Rote Garde »nur in kleingedruckten Kurzmeldungen« erwähnten, »deren Überschriften schon für sich sprechen«, etwa *Wieder die Wiener Rote Garde. Unterschlagungen und Plünderungen ohne Ende*[415] oder *Die Rote Garde. »Apachistische Elemente, die sich die Taschen füllen«*[416] in der nunmehrigen *Kleinen*

Volks-Zeitung (vordem: *Oesterreichische Volks-Zeitung*). Beide Texte, die tatsächlich gar nicht kurz und kleingedruckt, sondern in normaler Type gesetzt und im Blatt prominent plaziert waren, schlossen mit der Aufforderung, einmal »*gründlich und rücksichtslos Ordnung*« zu machen, oder martialischer formuliert: »da muß ein *eiserner Besen* die Reinigungsarbeiten durchführen!«[417] Nicht von ungefähr wurde *Der Eiserne Besen* ab 1921 zum Namen einer vom österreichischen Antisemitenbund herausgegebenen (zwei-)wöchentlich erscheinenden Hetzschrift.

1918/19 jedenfalls machten die Meldungen über Kischs Taten im ganzen deutschen Sprachraum Furore, indem etwa der Wiener Korrespondent des *Berliner Tageblatts*, der damals auflagenstärksten überregionalen Tageszeitung Deutschlands, für die vor dem Krieg auch Kisch gearbeitet hatte, bereits am 13. November unter der bezeichnenden Überschrift *Kommunistische Exzesse der Roten Garde in Wien* unter anderem Folgendes zum Besten gab:

> Um genauere Bekanntschaft mit der Roten Garde zu machen, habe ich mich schon am gestrigen Abend einige Stunden an ihrem Hauptsitz in der Stiftskaserne in Mariahilf verbracht. In den Sälen dieser Kaserne hausen nun Arbeiter und Soldaten, die aus den proletarischen Vierteln Wiens gekommen sind, Pazifisten, denen die Revolution die Tore der Gefängnisse oder der Verbannung geöffnet hat. In einem Zimmer treffe ich zwischen vielen Bekannten einen Berliner Kollegen, Egon Erwin *Kisch*, ferner die Gardisten *Rothziegel*, *Wertheimer* [sic] und einige andere, denen von ihren Kameraden die Leitung der Roten Garde anvertraut wurde, die einen Bestandteil der allgemeinen Volkswehr bildet.[418]

Bis hierher klingt die Reportage noch wie ein zwar illustrativ ausschmückender, aber dennoch weitgehend sachlicher Bericht. Dies ändert sich in der Folge, indem der Berliner ›Sonderberichterstatter‹ aus Wien sich quasisoziologische Seitenblicke gestattete, die für das besondere Wiener Lokalkolorit der ansonsten sehr kritisch dargestellten Roten Garde stehen sollten:

> Das Hauptkontingent zu diesem Teil der Volkswehr stellen Arbeiter, die aber außerhalb der sozialdemokratischen Partei stehen. Doch hat sich eine ganze Reihe *Intellektueller* an die Spitze dieser kommunistischen Bewegung gestellt. Unter jenen, die an den ersten Tagen am Deutschmeisterplatz zur Bildung der Roten Garde aufgefordert haben, stand auch *Franz Werfel*, der bisher k. u. k. Zugführer gewesen ist. Uebrigens zählt die Rote Garde auch einen Teil *gewesener Aristokraten*, so den Grafen *Lamezen* [sic] und Neffen der Prinzessin *Luise von Koburg*, den Baron *Mattasich* [sic]. Auch ein *Prinz Hohenlohe* hat um Aufnahme in die Rote Garde nachgesucht.[419]

Patka zufolge handelt es sich dabei um den weniger bösartigen als »grotesken Höhepunkt«[420] der medialen Kampagne gegen Kisch und seine sozialrevolutionäre Truppe. Unter dem Titel *Die Rote Garde. Prinzen, Grafen und Barone* erschien nämlich zwei Tage später wiederum in der Wiener *Volks-Zeitung* ein nicht ganz wörtlicher Auszug aus diesem Artikel, der die vom *Berliner Tageblatt* falsch geschriebenen Eigennamen der Angehörigen des österreichischen Hochadels stillschweigend korrigiert. Er schloss mit folgender süffisanten Bemerkung, welche die Berliner Leserschaft gar nicht zu Gesicht bekommen hatte: »Eine rote Garde, in die *Prinzen, Grafen und Barone eintreten*, ist jedenfalls eine Wiener Spezialität.«[421]

Auf all diese Anwürfe, Diffamierungen und Verhöhnungen antwortete Kisch mit seinem Artikel *Angst, Rote Garde und Presse* in der sozialistischen Wochenschrift *Der freie Arbeiter*, indem er gut internationalistisch, aber gänzlich unmarxistisch »die Psyche des Wieners« für die publizistische Bekämpfung der »einzige[n] Möglichkeit einer proletarischen Bewegung« verantwortlich machte, »gegen die die Proletarier vom Jenseits der Grenzen niemals ankämpfen würden«:

> Sozialismus?! Kommunismus?! Rote Garde?! Alles begann zu zittern, alle Politik, alle Friedenshoffnung versank vor diesen Worten und alles bekam Angst davor, die Roten Garden könnten die vier Kilogramm Mehl verschleppen, welche die Hausfrau im Badezimmer versteckt hat, oder gar in ihrem Salon das rubinrote Überfangglas zertrümmern. Da mag doch lieber der Krieg weiter wüten, da mag doch lieber die Entente Wien besetzen, da mag doch lieber die Welt zugrunde gehen, als meine vier Kilogramm Mehl und mein Rubinglas![422]

Nachdem Kisch sich noch am 9. November selbstzufrieden über alle bis dahin erhobenen Vorwürfe lustig gemacht hatte, die er zu wenig ernst nahm, wie Patka moniert, erfolgte nach der zweiten »Verleumdungswelle« nun seine neuerliche, schärfere »Gegenpolemik«, in welcher er die Unterstellungen und Verunglimpfungen zusammenfasste und ihre Urheber beim Namen nannte, »völlig unzureichend und verspätet.«[423] Tatsächlich war es wohl naiv zu glauben, man könnte die unter der Bevölkerung grassierende Furcht vor der Roten Garde durch Spott und Pathologisierungen bekämpfen:

> Diese hysterische Angst spiegelt sich getreulich in der Wiener Presse – wie es denn überhaupt nur Krankheitserscheinungen sind, denen die Wiener Presse ein getreuliches Spiegelbild gibt. Plünderungen, Diebstähle, Gewaltrequisitionen, alles was in den Novembertagen von 1918 in Wien geschehen ist, nein, geschehen sein könnte, all das und noch viel mehr haben die Roten Garden aus der Mariahilferstraße am Gewissen. Daß die Rote Garde am Tage der Republikerklärung einen

> Putsch gegen das Parlament unternommen hat und im geschlossenen Zuge die Rampe hinaufgestürmt ist, daß sie die Staatssekretäre teils erschossen, teils gefangengenommen hat, daß sie eine Regierung einsetzen wollte, daß sie entwaffnet wurde und dergleichen, war schon am Dienstag Abend in den Blättern zu lesen. Am Mittwoch kamen weitere Details. Jede Zeitung hatte ihre besondere Moritat zu singen.[424]

Kisch nimmt nun die massivsten Auswüchse der Kampagne aufs Korn und schießt sich dann auf seinen publizistischen Intimfeind ein, »das gemeinste und feigste Blatt von Wien, die neue freie Presse der Sozialdemokratie, die ›Arbeiter-Zeitung‹«, der er ihr opportunistisches Verhalten im Weltkrieg und bis zur »Proklamierung der Republik« vorhält:

> Aber was für einer Republik! Einer Republik, die die schlimmsten Alldeutschen und christlichsozialen Kriegshetzer zu Staatsräten machte, einer Republik, deren Symbol der von fremdem Blut befleckte Waffenrock der Babenberger ist, die von schwarz-rot-goldenen Hohenzollern wimmelt, eine Republik mit dem alten Polizeipräsidenten an der Spitze der politisch schnüffelnden Polizeidirektion, eine Republik mit täglichen Verhaftungen aus politischen Gründen. Über all das ist die ›Arbeiter-Zeitung‹ vor Freude aus dem Häuschen gewesen und jeder, der den Jubel zu schmälern wagte, ist natürlich ein Ehrgeizling, ein Reklameheld, ein Volksfremder, ein Dilletant [sic].[425]

Den Umstand, dass der *Wiener Mittag* so großzügig die kritische Berichterstattung der *Arbeiter-Zeitung* über Kisch und die Rote Garde ausschlachtete und dabei kaum verändern musste, verwendet Kisch als Argument gegen *beide* konträren Presseorgane:

> Es ist charakteristisch, daß jede Notiz, die die »Arbeiter-Zeitung« morgens über die »Akteure« der Roten Garde veröffentlichte, vier Stunden später ohne Änderung und mit Zitat im »Mittag« abgedruckt werden konnte. Die antisemitische Überschrift und die persönliche Glosse hätte sich dieses alldeutsche Hetzblatt füglich sparen können, es konnte den Denunziantenton der »Arbeiter-Zeitung« nicht mehr übertreffen.[426]

Die Entfremdung zwischen den immer erbitterter verfeindeten linken Gruppen ist hier gleichsam mit Händen zu greifen, wobei sich der auf Öffentlichkeitswirkung bedachte Kisch auch über die beliebte Taktik des ›Totschweigens‹ echauffierte, dem er einen ganz perfiden Hintersinn unterstellte:

> Die Namen unserer wirklichen Führer wurden natürlich nie genannt, das Totschweigen versteht ein Friedrich Austerlitz [der Chefredakteur der *AZ*, N.C.W.] so gut wie ein Moritz Benedikt, und in der Wienzeile [dem Redaktionsort der *AZ*, N.C.W.] befiehlt die Angst, die Namen jener zu unterdrücken, von denen man befürchtet, daß sie bei den Wahlen in die Konstituante den privilegierten Sozialisten die Diäten streitig machen könnten.[427]

Die Unterstellung niedriger Motive entfaltet meist größere Evidenz als ihr Gegenteil, darin stand Kisch seinen Gegnern um nichts nach. Sodann wies er mit Blick auf den oben zitierten *AZ*-Bericht vom 14. November darauf hin, dass viele der großen Arbeiterführer wie Marx, Engels und Lassalle, auch Paul Singer und Jean Jaurès, ja sogar der aus »derselben volksfremden, unwienerischen Prager Gesellschaftsschichte« wie Kisch stammende Victor Adler »keine Fabriksarbeiter gewesen« seien, sondern eben »aus wohlhabendem Hause« stammten, und dass die *Arbeiter-Zeitung* »das einzige Wiener Blatt« gewesen sei, das der Roten Garde verweigert habe, ihre Distanzierung vom Gewaltausbruch vor dem Parlament abzudrucken.[428] Dennoch konnte Kisch auch mit seinem Hinweis darauf, dass im Unterschied zu ihm manche Redakteure der sozialdemokratischen Parteizeitung wie Hugo Schulz und Adolf Koester sich sogar »freiwillig als Kriegsberichterstatter« gemeldet hätten,[429] nicht mehr die üble Nachrede aus der Welt schaffen, mit der die Rote Garde spätestens seit dem 12. November behaftet war und die schließlich 1919 auch – aber nicht allein – zu deren wenig rühmlichem Ende beitragen sollte.

»Der Kampf gegen den Operettengeist«. Bleis Inszenierung eines Theaterskandals

Die gesellschaftspolitischen Erneuerungsbestrebungen der revolutionären Wiener Schriftsteller und Künstler machten vor den überkommenen Vorstellungen von Kultur nicht halt. Auch hier wurden radikale Veränderungen eingefordert – und das wiederum im Einklang mit den überregionalen Entwicklungen. So bezog sich etwa der sozialistische bayerische Ministerpräsident Kurt Eisner in einer Rede vor dem provisorischen Nationalrat am 3. Jänner 1919 auf eine frühe Theaterschrift des Jahres 1888 aus eigener Feder, in der er »die Sozialisierung des Theaters« als »Stätte der Volksbildung, der politischen Erziehung, des Strebens nach dem Höchsten und Besten der Menschheit gefordert« hatte. Angesichts des von der Kommerzialisierung bedrohten, ja zugeschütteten Potenzials theatralischer Kunst rief er die Presse auf, »in ihren Druckerzeugnissen auf die Erwähnung von jeglicher Form von Kitsch, Operette, Tingeltangel zu verzichten und nur noch die wahre, große Kunst zu besprechen.«[430] Eisner sah die Kunst ausschließlich »als Mittel, die Menschen zu verbessern«, wollte sie emphatisch »als Weltkunst« verstanden wissen.[431] Entsprechende Vorstellungen standen auch bei den Wiener Revolutionären hoch im Kurs, wie eine bemerkenswerte Protestaktion zeigt, die Franz Blei initiiert hat.

Am 4. Dezember 1918 brachte das *Neue Wiener Journal* gleich auf der dritten Seite unter der reißerischen Überschrift *Ein beispielloser Theaterskandal im Stadttheater. Die Jubiläumsaufführung verhindert* einen ausführlichen »Originalbericht«, der den Vorfall, mit dem Blei »als echter politischer Aktionist in Erscheinung trat«,[432] relativ detailliert wiedergibt:

> Gestern sollte im Wiener Stadttheater die 25. Aufführung der Operette »*Der Kongreß tanzt*« vor sich gehen. Die Vorstellung stand gleich von allem Anfang an unter einem ungünstigen Stern. Anstatt um ½7 Uhr begann sie erst nach ¾7 Uhr [...]. Als die Vorstellung dann ihren Anfang nahm, mischte sich gleich in den ersten schüchternen Applaus [...] ein etwas weniger schüchternes Zischen, das von den höheren Regionen, vom Balkon und den Rängen seinen Ausgang nahm. Immerhin war es nur ein sanftes Säuseln gegen den Lärm, der sich erhob, als [...] das Publikum applaudieren wollte. Als *Tautenhayn* [...] einen Witz auf Kosten [Ferdinand] Raimunds machte, erhob sich von neuem ein wüster Lärm. Aus dem Balkon und in den Rängen wurde gezischt und gepfiffen und laute Rufe wurden vernehmbar. »Lassen Sie Raimund aus dem Spiele!«, »Das ist Leichenschändung!«, »Machen Sie keine Witze auf Kosten Raimunds!«, »Vorhang herunter!« In dem neuerlichen Lärm der beiden Parteien, die sich bald für und wider gebildet halten, fiel der Vorhang.[433]

Bis hier scheint es noch, als seien die Protestrufe aus dem Publikum angesichts des dargebotenen Librettos spontan erfolgt. Dieser Eindruck wird in der folgenden Darstellung jedoch gründlich ausgeräumt – schon dadurch, dass der Berichterstatter angeblich genauestens über die Urheber der Störaktion – eben wiederum ›Kaffeehausliteraten‹ – im Bilde war, aber auch durch den weiteren Verlauf der Ereignisse:

> Nun begann der eigentliche Skandal. Die Demonstranten, ein Stammtisch des Café Central und dessen Anhänger, schrien unentwegt: »Man schändet Beethoven!« »Es ist eine Schande, daß man so etwas in Wien aufführt!« »Pfui Lafite!« »Pfui Wittmann!« »So einer schreibt Kritiken über das Burgtheater!« / Die Zuschauer wollten anderseits nicht um ihr bezahltes und erwartetes Vergnügen kommen und suchten nun die Opposition ebenfalls durch Schreien unschädlich zu machen. Als der Lärm gerade seinen Höhepunkt erreicht hatte, flatterten

> plötzlich Hunderte von Flugzetteln von der Galerie auf das Parkett. Das Publikum riß sich förmlich um die Flugzettel [...].[434]

Es handelte sich also offenbar um eine minutiös geplante Aktion, um eine aktionistische Form des Protestes gegen die kommerzielle Verwertung und Ausbeutung großer Künstler und Kunstwerke der Vergangenheit in einer seichten Operette. Auch den Inhalt der so begehrten Flugblätter enthält das *Neue Wiener Journal* seiner Leserschaft nicht vor:

> Menschen! Der Zeitpunkt geistiger Befreiung naht heran. / Ihr, in deren Gegenwart sich das Verbrechen dieser Aufführung abspielt, sollt sehend werden. / Wir wollen euch die Augen öffnen, damit ihr den richtigen Weg wiederfindet, denn ihr seid irregeleitet. / Gewissenlose Nutznießer eurer Verblendung ziehen die unsterblichen Meister in den Kot eines verlogenen Machwerkes, indem der kapitalistische Ausbeutetrieb selbst vor den hehren Schöpfungen des Geistes, dem reinsten Gut der Menschheit, nicht halt macht. / *Menschen, wollt ihr die Kunst noch länger prostituiert wissen?* / Soll das Blut der europäischen Jugend nur darum vergossen worden sein, damit der Pestilenzgeist, der den Krieg verschuldet hat, weiter herrsche? / Sollen unsere Ohren von dem schrecklichen Lärm der Granaten, von den Schmerzenslauten der Hingeopferten so lange erfüllt gewesen sein, damit sie immer wieder durch die Diebstähle zynischer Geldjäger besudelt werden? / Menschen, lernt die große Prüfung der vier abgelaufenen Jahre verstehen! / Leget Verwahrung ein gegen die schamlose Vergewaltigung der Werke eurer großen Künstler durch geldgierige Fabrikanten der Schundoperette![435]

Aus heutiger Sicht überrascht der hohe Ton, der hier angeschlagen wird, der gar nicht polemische, vielmehr erhabene Stil der Anklagen, die in ihrem Pathos an expressionistische Lyrik à la Werfel erinnern; zugleich weisen sie einen irritierend prophetischen Gestus auf, der in seiner priesterhaften oder gar oberlehrerhaften Art kaum dazu angetan war, die Herzen des ›irregeleiteten‹ und ›verblendeten‹ Publikums zu erobern. Dieses zeigte sich in seiner ›billigen Vergnügungssucht‹ denn auch wenig einsichtig. So versuchte der an dieser Stelle endlich namentlich genannte Verfasser dieser aufrüttelnden Zeilen und Hohepriester des Guten, Wahren und Schönen, sich direkt an seine Herde zu wenden:

> Dieses Flugzettelbombardement wurde mit einem *ohrenbetäubenden Lärm, Schreien und Pfeifen auf Schlüsseln und auf schrillen Militärsignalpfeifen* begleitet. In einer Loge am Balkon erhob sich nun der Schriftsteller Franz *Blei*, mit einem schon vorbereiteten Manuskript in der Hand, um dem Publikum eine Rede vor-

zulesen. Er konnte sich aber in dem andauernden Gejohle und Klatschen kein Gehör verschaffen.[436]

Es mag auch dieses Unvermögen Bleis gewesen sein, sich vor einem agonalen Forum rhetorisch durchzusetzen, das Werfels spätere Darstellung seines Versagens als revolutionärer Redner im *Barbara*-Roman inspiriert hat. Im historischen Zusammenhang der Wiener Protestaktion gegen die Aufführung seichter Operetten unmittelbar nach der Niederlage in einem selbstverschuldeten Weltkrieg mit 17 Millionen Toten führte es jedenfalls zu deren Scheitern:

> Nun *griff [die] Wache ein.* Polizisten drängten unter dem Beifall eines Teiles des Parketts, das nicht nur applaudierte, sondern auch den Wachleuten mit den Fingern die Störenfriede bezeichnete, diese heraus. Demonstranten in Offiziersuniform wurden ebenso wie ihre Freunde im Zivil buchstäblich hinausgetragen. Auf einmal erschien Direktor *Hertzka* mit einem weißen Tuch in der Hand in einer Loge und machte durch Handbewegungen erkenntlich, daß er reden wolle. Jetzt gelang es für einige Minuten, so etwas wie Ruhe herzustellen. Nach den ersten Worten aber, in denen Direktor Hertzka vorschlug, daß jener Teil des Publikums, der die Aufführung wünsche, bleiben, der andere aber das Theater verlassen solle, verstärkte sich das Pfeif- und Schreikonzert und das Pfuirufen noch mehr. Unterdessen war der Vorhang einige Male unter Beifall und Protestbezeigungen in die Höhe und wieder heruntergegangen, schließlich senkte sich der eiserne Vorhang, aber nicht ganz, sondern ließ noch eine Spalte frei, aus der die Schauspieler, denen die ganze Sache sehr viel Spaß zu bereiten schien, ins Publikum schauten. Nun wurden wieder Rufe laut, daß Blei sprechen solle.[437]

In einer klassischen Tragödie, der die Dramaturgie der theatralischen Aktion in gewisser Weise entspricht, wäre dieser Augenblick als ›retardierendes Moment‹ zu bezeichnen. Die kulturbeflissenen ›Störenfriede‹ konnten noch einmal Hoffnung schöpfen, sie würden sich mit ihrem volkserzieherischen Anspruch schließlich durchsetzen; tragödiengemäß wurde diese Chance von dem offenbar wenig schlagfertigen Blei – laut Polizeibericht »der Arrangeur der wohlvorbereiteten Kundgebung«[438] – aber ohne Not verschenkt, seinen Anhängern blieb nur ohnmächtiger Protest:

> Endlich wurde es wieder still und Blei erhob sich aus der Loge. »Ich sehe,« sagte Blei, »daß wir leider in der Minorität sind. Die Mehrheit der Anwesenden scheint es weiter ruhig mit ansehen zu wollen, daß man unsere großen Meister und Künstler in den Kot zerrt. Ich für meine Person verlasse das Theater …«

> Der übrige Teil seiner Worte ging wieder im Lärm unter. Tatsächlich nahm Blei Hut und Mantel und verließ das Theater. Direktor Hertzka hatte noch einmal Gelegenheit, einen Vorschlag zur Güte zu machen, aber trotzdem ein großer Teil der Demonstranten bereits unter dem Beifall des Parketts von Wachleuten und Dienern aus dem Saal geschleppt worden war, konnte die Vorstellung nicht mehr aufgenommen werden. Erneute Protestrufe ertönten, der Lärm dauerte ununterbrochen an, bis endlich gegen ¼9 Uhr der »Eiserne« ganz herunterging und die Lichter gelöscht wurden.[439]

Immerhin hat diese Form des Protests den uneinsichtigen Operettenkonsumenten ihr seichtes Vergnügen gründlich vermasselt, wenn sie daraus auch in keiner Weise geläutert hervorgingen und die Lust an der Auseinandersetzung mit vorrückendem Abend immer schwächer wurde: »Auf der Straße setzten sich die Szenen zum Teile noch fort, aber im allgemeinen blieb die Ruhe gewahrt, da beide Parteien jetzt das größte Interesse daran hatten, eine Elektrische zu bekommen, um nach Hause zu fahren.«[440] Damit endet die Darstellung der Ereignisse in der gemäßigt liberalen Wiener Tageszeitung.

Die trotz ihrer kriegsbejahenden Vergangenheit und ihrer vielbeklagten kulturkonservativen Tendenzen insgesamt ebenfalls als liberal geltende *Neue Freie Presse* sekundierte auffallend knapper und an weitaus weniger prominenter Stelle – nämlich kleingedruckt unter den verstreuten *Theater- und Kunstnachrichten* hinten im Blatt:

> Im Wiener Stadttheater ist heute die Ausführung der musikalischen Komödie »*Der Kongreß tanzt*« durch Lärmszenen verhindert worden. Das Stück sollte heute zum 25. Male in Szene gehen, und das Haus war anläßlich dieser Jubiläumsvorstellung ausverkauft. Bereits in den ersten Szenen machte sich, so oft Beifall laut wurde, eine lebhafte Opposition geltend, deren Anhänger augenscheinlich in allen Rängen, im Parkett und in den Logen sowohl als auch auf den Galerien Platz genommen hatten. In den Applaus und in das Händeklatschen mischten sich jedesmal schrille Pfiffe und heftiges Zischen. Diese abfälligen Kundgebungen verstärkten sich nach dem Entreelied des Herrn *Tautenhayn*. Am Ende des Liedes hat dieser Darsteller im Stück zu seiner Partnerin, dem Fräulein *Ruska*, die scherzhafte Bemerkung zu machen: »Sag' Raimund zu mir!« Diese Apostrophe schien das Stichwort zu einer lärmenden Demonstration zu bilden. Laute Rufe gegen die Operetten überhaupt erschollen, gegen die Verschlechterung des Wiener Kunstgeschmacks und gegen die Verwendung klassischer Musik in modernen Werken. Gleichzeitig flatterten von der Galerie gedruckte Flugzettel in das Haus, deren Inhalt sich gegen die moderne Operette richtete und »das Herannahen einer geistigen und künstlerischen Befreiung« in Aussicht stellte.[441]

Bis hierhin entspricht die geraffte Darstellung jener des *Neuen Wiener Journals*. In der Folge aber setzte die *Neue Freie Presse* einen anderen Akzent, indem ihr Berichterstatter, von dem es nicht verbürgt ist, ob er bei der Aufführung überhaupt zugegen war, eine anrührende Szene offenbar frei erfand:

> Als der Lärm immer ärger wurde und die Fortsetzung des Spieles unmöglich schien, wurde der eiserne Vorhang heruntergelassen. Ein Bühnenarbeiter trat vor die Rampe und versuchte die Demonstranten dadurch umzustimmen, daß er auf die Gefahr hinwies, welche die Arbeiter laufen, wenn die Vorstellungen unterblieben und sie um ihr tägliches Brot gebracht würden. Seine Worte schienen auf einen Teil der Demonstranten Eindruck auszuüben; die übrigen jedoch setzten mit noch lauteren und noch schärferen Rufen ein.[442]

Eine Peripetie im Sinne des Glückwechsels der klassischen Tragödie konnte der Journalist der *Neuen Freien Presse* angesichts des widerstrebenden Stoffes offenbar trotz besten Willens nicht gestalten; so ließ er dem nicht mehr steuerbaren Geschehen seinen unaufhaltsamen Lauf in die Niederungen des Alltags:

> Nun hielt Direktor *Hertzka* von einer Loge aus eine Ansprache an das Publikum, die in der Frage gipfelte, ob die Fortsetzung des Spieles gewünscht würde. Darauf erteilten die Rufer beider Parteien entgegengesetzte Antwort. Der Lärm aber war auch weiterhin so stark, daß an eine Wiederaufnahme der Vorstellung nicht gedacht werden konnte. Als der eiserne Vorhang nicht neuerdings in die Höhe ging, kam es im Zuschauerraum zu heftigen Auseinandersetzungen, die teilweise auch in Tätlichkeiten ausarteten. Die Polizei mußte einschreiten und nahm mehrere Arretierungen vor. Die Verhafteten wurden nach Abnahme ihres Nationales [d. i. eine Identitätsfeststellung, N.C.W.] wieder auf freien Fuß gesetzt. Es dauerte ziemlich lang, bis sich die erregten Gemüter wieder einigermaßen beruhigt hatten und das Publikum das Theatergebäude verließ.

Es ist auffallend, dass die *Neue Freie Presse* sich jeder eigenen Bewertung der Vorfälle enthielt. Offenbar war sich die Redaktion nicht darüber im Klaren, welche Stellung sie zu der hitzigen Auseinandersetzung um die seichte Operette nehmen sollte, zumal sich ihre Leserschaft in dieser Frage wohl ebenfalls in unterschiedliche Fraktionen aufgespalten hätte.

Tendenziöser war hingegen die Darstellung des Ereignisses im antisemitischen Zerrbild der christlichsozialen *Reichspost*, die unter der despektierlichen Überschrift *Wieder ein Theaterskandal. Eine Prügelei im Stadttheater* stand. In ihr wurden neben der spezifischen Machart erstmals nicht ganz unerhebliche inhaltliche Aspekte der fraglichen Operette angesprochen, die in den bisher zitierten Berichten geflissentlich unerwähnt geblieben waren:

> Für heute, ½7 Uhr abends, war im Stadttheater die 25. Aufführung der Operette »Der Kongreß tanzt« von [Hugo] Wittmann und Julius Bauer, Musik von Lafite, angesetzt. Die Operette hat nach dem Muster ähnlicher neuer Bühnenstücke, die zahllose Aufführungen erlebt haben, zum Teil Motive alter Meister der Tonkunst in die Komposition aufgenommen. Ihr Libretto hat einen gewissen aktuellen Einschlag. Es ist darin von »Drückebergern«, »Kriegsgewinnern«, Juden und von der Leopoldstadt die Rede.[443]

Ganz offenbar wurde direkt nach Kriegsende im leichten Gewand der heiteren Operette also bereits die sinistre antisemitische Mär von den jüdischen »Drückebergern« und »Kriegsgewinnern« transportiert, was die *Reichspost* mit unverhohlener Sympathie quittierte. Zunächst freilich war ihr Berichterstatter damit beschäftigt, einen Verschwörungszusammenhang zu entfalten, indem er die von Franz Blei – einem dezidierten Katholiken – inszenierte Störaktion als das konspirative Werk ›jüdischer Studenten‹ identifizierte:

> Schon gestern verlautete, daß für heute eine gewaltsame Störung der Aufführung geplant sei, und es zeigte sich alsbald im Zuschauerraum, daß etwas im Zuge sei. Zahlreiche jüdische Studenten hatten sich eingefunden. Als sich mit halbstündiger Verspätung der Vorhang hob, begann alsbald ein Zischen der erschienenen Demonstranten, wogegen die Mehrheit des Publikums mit Beifallskundgebungen demonstrierte. Mit jeder Szene nahm jedoch der Lärm immer mehr zu. Nach der ersten Pause teilten die Demonstranten Flugzettel aus, auf denen es hieß, es müsse dagegen protestiert werden, daß klassische Werke der Tonkunst zu kapitalistischen Zwecken ausgebeutet würden. Die ganze Musik der Operette sei gestohlen und gegen diesen Unfug müsse Stellung genommen werden.[444]

Nach diesem scheinbar wertfreien Bericht über die Voraussetzungen und den Beginn der Aktion ergriff die Darstellung immer stärker Partei gegen die Protestierenden, denen als lästigen ›Ruhestörern‹ auch die alleinige Verantwortung für die im Laufe des Abends erfolgten Handgreiflichkeiten zugeschrieben wurde:

> Der Beginn des neuen Aktes brachte erneute Lärmszenen, wobei das Publikum erbittert gegen die Ruhestörer Stellung nahm. Es schien jeden Augenblick im Saale zu *tätlichen Angriffen* kommen zu wollen. Jeder Versuch, Ruhe zu stiften, scheiterte, so daß schließlich Direktor *Hertzka* um 8 Uhr vor die Rampe trat und erklärte,

daß infolge der offenbar vorbereiteten Skandale die Vorstellung abgebrochen werden müsse. Neuerliche Tumulte folgten, die schließlich im Vestibül des Theaters zu einer *regelrechten Rauferei ausarteten*, wobei zwei Personen ziemlich erheblich verletzt wurden. Die einschreitende Wache nahm zwanzig Arretierungen vor.[445]

Während die erklärten Motive der Protestierenden – darunter eine Anzahl Rotgardisten[446] – kaum ernst genommen wurden, widmete sich die Darstellung umso intensiver ihrer angeblich ›jüdischen‹ Herkunft, ihrem sozialen Status und ihrer sozialistischen Gesinnung, aus denen sie dann auf einen unterstellten ›eigentlichen‹ Hintergrund der Störaktion schloss; sie tat das aber feigerweise nicht im eigenen Namen, sondern in jenem des ›anwesenden Theaterpublikums‹:

Die Verhafteten sind fast ausnahmslos jüdische Studenten; sie wurden nach der Feststellung ihrer Personalien wieder entlassen. Es verlautet, daß der Skandal vom Verein der sozialistischen Studenten ausgegangen ist[,] und von dem anwesenden Theaterpublikum wurde laut in stürmischen Zurufen der Meinung Ausdruck gegeben, daß nicht die Liebe für die Kunst, sondern die gewissen aktuellen Anklänge des Stückes für die Urheber des Skandals Anlaß zu den Angriffen gaben.[447]

Mit keinem Wort wird hier erwähnt, dass »die gewissen aktuellen Anklänge des Stückes« einer antisemitischen Entgleisung und Diffamierung gleichkamen; indem sie hingegen implizit als unausgesprochener Grund für die Empörung der Protestierenden ›entlarvt‹ werden, erscheinen diese »Anklänge« und ihre hintersinnige Erwähnung geradezu gerechtfertigt.

Angesichts der offen antisemitischen Schlagseite des im Wiener Stadttheater zur Aufführung gebrachten Librettos überrascht es nicht, dass das *Deutsche Volksblatt*, »das bedeutendste deutschnational-antisemitische Organ in Österreich«,[448] den Protesten gar nichts, der »aus alten Motiven glücklich zusammengestellten Operette« jedoch recht viel abgewinnen konnte – genauso wie ihrer Aufführung und ihren Darstellern, denen, wie es scheinbar völlig arglos heißt, rauschende Ovationen zuteil geworden seien.[449] Überhaupt nicht politisch, sondern rein formaljuristisch – und zudem ziemlich obrigkeitsstaatlich – argumentierte hingegen die Abendausgabe des als deutschliberal, bürgerlich-demokratisch und antimarxistisch[450] bekannten und damals weit verbreiteten *Neuen Wiener Tagblatts*. Für kritische Studenten, Künstler und Intellektuelle musste folgende kurze Notiz, die unter der Überschrift *Die Demonstrationen im Stadttheater* zu finden war, recht bedrohlich klingen:

Die Polizei hat wegen der Vorfälle im Stadttheater, durch welche die Aufführung des Singspiels »Der Kongreß tanzt« verhindert wurde, eine strenge Untersuchung

> eingeleitet. Die Erhebungen haben ergeben, daß die Demonstrationen seit einigen Tagen vorbereitet waren. Die diesbezüglichen Besprechungen der Veranstalter und der Teilnehmer haben in einem von jüngeren Schriftstellern besuchten Kaffeehause in der Innern Stadt stattgefunden. Die Namen der Veranstalter des Theaterskandals sowie jener Personen, welche die Flugzettel zu der gestrigen 25. Aufführung des Singspiels gekauft und verteilt haben, sind der Behörde bereits bekannt, ebenso wie die Namen einer Anzahl jener Personen, welche sich an diesem Theaterskandal beteiligt haben. Auch die Druckerei, in welcher die Flugzettel hergestellt wurden, ist bereits ermittelt.[451]

Auf ein gewachsenes Verständnis für neue Formen des künstlerischen Protestes gegen gesellschaftliche Missstände kann aus solchen Drohgebärden nicht geschlossen werden.

Eine merklich andere Position nahm die sozialdemokratische *Arbeiter-Zeitung* in dieser Frage ein, wie schon aus der Überschrift ihres einschlägigen Artikels deutlich wurde, der in der Rubrik *Theater und Kunst* erschien und als programmatische Einlassung dazu gelten konnte: *Der Kampf gegen den Operettengeist*. Dass hier ein ganz anderer Wind als in den bürgerlichen Blättern wehte, erweist sich schon in den *medias in res* einsetzenden Eröffnungsworten:

> Dienstag ist einigen jungen Leuten die Galle übergelaufen und sie sind zur Tat geschritten. Sie haben mitten in einer Operette, die alle guten Geister der deutschen Musik zu Operettenzwecken mißbraucht, ihren Protest hineingeschrien. Sie wollten nicht dulden, daß es ein Jubiläum dieser künstlerischen Schmach gebe. Wir wollen nicht fragen, warum eine *Schubert*-Schändung in Wien allein siebenhundertmal, eine andere noch immer halb so oft möglich war; wir billigen es, daß solchem Unfug ein Ende droht.[452]

Dass der Zorn der Protestierenden ein heiliger gewesen sei, wird hier mit keinem Wort in Zweifel gezogen. Das sozialdemokratische Massenblatt stellte sich ohne jeden Vorbehalt auf die Seite jener, die den »Unfug« des seichten ›Operettengeistes‹ der Vorkriegszeit nicht mehr hinnehmen wollten, und schloss vom bekämpften Einzelfall auf generelle Missstände der Wiener Theaterkultur:

> O gewiß, die Operette »Der Kongreß tanzt« wird, wenn die Theater wieder einmal geöffnet werden, weitergespielt werden, und vielleicht hilft ihr sogar ein bißchen die Neugier der Leute, die sehen wollen, warum diese Operette musikalisch gar so grauslich ist. Aber von dem Protest der Jugend ist die ganze Wiener Theaterschweinerei getroffen; daß sie erschüttert wurde, dafür müssen noch andere

> sorgen, vor allem das Volk, an das sich die Protestierenden in einem vielleicht nicht durchaus glücklich abgefaßten Flugblatt (es spricht die Theaterbesucher schlechthin als »Menschen« an!), doch von heiligem Ernste und Idealismus erfaßten Flugblatt wenden.[453]

Kein Wunder, dass das oben in Gänze wiedergegebene Flugblatt Bleis aus der Perspektive der damals noch uneingeschränkt dem Marxismus verpflichteten Sozialdemokratie »vielleicht nicht durchaus glücklich« formuliert gewesen ist, klang es in seinem vor Idealismus triefenden Pathos doch so gar nicht nach materialistischer Weltanschauung. Dennoch griff der kurze Artikel, nachdem er drei markante Sätze aus Bleis Flugblatt zitiert hatte, dessen Rede von der »Schundoperette« zustimmend auf, knüpfte daran allerdings folgende begriffskritische Überlegung, deren Reflexionsniveau im Kontext einer dezidierten *Arbeiter-Zeitung* durchaus überrascht:

> Ja, die Schundoperette! Der Gattungsbegriff ist groß, leider sehr groß; wer die tierischen Szenen in der neuesten Operette des Apollotheaters gesehen, das johlende Gelächter der Zuschauer gehört hat, wird sich besorgt fragen, ob es jetzt möglich sei, diesen Begriff einzuengen, wenn schon nicht ganz aus der Welt zu schaffen. Wir wollen es hoffen, und wir wollen das Unsere dazu tun, wie wir es immer getan haben, so oft als die einzigen, aber nicht allein, weil die arbeitende Klasse immer mehr ihr Lebensinteresse an der Kunst erkennt.[454]

Während das sozialdemokratische Blatt mit Blick auf die Wiener Rote Garde, die der Partei den Anspruch streitig machte, als legitime Vertreterin der Arbeiterklasse aufzutreten, aus taktischen Gründen vor offenem Antiintellektualismus nicht zurückschreckte, trat es hier nachdrücklich für einen Schulterschluss zwischen Proletariern, Studenten, Künstlern und Intellektuellen ein:

> Wir begrüßen die künstlerische Jugend auf unserer Seite in diesem Kampf. Wir lassen uns an ihr nicht irremachen, weil, wie immer, auch diesmal die Unvermeidlichen mit dabei sind, die aus jedem Ernst eine Operette machen, sei es nun die Revolution oder die Kunst. Sie werden bald auf die andere Seite treten, wenn sie sehen, daß es Ernst bleibt; dafür zu sorgen ist die Aufgabe aller Kräfte des Volkes.[455]

Man mag in der Rede von den »Unvermeidlichen«, »die aus jedem Ernst eine Operette machen, sei es nun die Revolution oder die Kunst«, einen versteckten Seitenhieb auf den intellektuellen Rotgardisten Kisch oder Sympathisanten à la Blei erkennen – der Name dieses revolutionären Schriftstellers, der gemeinsam mit Josef

Kranz und Gina Kaus die ganze Aktion initiiert hatte, wird im Artikel immerhin konsequent ausgespart. Gleichwohl liegt mit ihm ein bemerkenswertes Dokument für die Möglichkeit zukunftsweisender Kulturpolitik in der Revolutionszeit vor.

In eine ähnliche Richtung deutet auch ein inhaltlich vergleichbarer, nun aber von einem veritablen Intellektuellen verantworteter Artikel, der um den Jahreswechsel 1918/19 in Karl F. Kocmatas Kulturzeitschrift *Ver!* erschien.[456] Kocmata übrigens war im November 1918 zum Soldatenrat der Wiener Garnison gewählt worden und gab in dieser Eigenschaft auch die damals neugegründete Wochenschrift *Revolution!* heraus.[457] Der von einem gewissen Braun-Hochberg – es handelt sich wohl um ein Pseudonym – verfasste Text trug den unspezifischen Titel *Der Skandal im Stadttheater* und bescheinigte den Ereignissen rund um die Jubiläumsaufführung der wenig geschätzten Wiener Operette Beispielhaftigkeit für die gesamte Kultur der Großstadt und des demokratischen Staates:

> Den Vorfällen im Stadttheater bei der 25. Aufführung der Mache »Der Kongreß tanzt« kommt eine weitaus größere Bedeutung zu, als man ihnen im Publikum, in den maßgebenden Kreisen unserer verluderten Gesellschaft und in den Spalten der keineswegs besseren Presse einräumt, die sich alle mit der bloßen Wiedergabe des Geschehenen begnügen und als einziges Argument gegen die Demonstranten die Phrase aufbringen: »In diesen schweren Zeiten hat man andere Sorgen«. Ja, man *hat* andere Sorgen, gleich die, zu solchen profanen, vertrottelten Operetten zu gehen und die Leichenschändungen der Herren Karczag-Lafite zu unterstützen. Leider gibt dieses kleine Geschehnis des Tages das einzig getreue Bild unserer Zeit und die Art, wie man sich zu ihm stellte, ist geeignet, dem künftigen Historiker die Wahrheit über das Märchen unserer Kultur, über die Geistesverfassung der Theaterstadt Wien zu berichten.[458]

Die anderswo als Erklärung herangezogene Macht des Faktischen wird hier als das eigentliche Problem einer Kultur identifiziert, die sich längst selbst aufgegeben habe. Statt sich um die drängenden Herausforderungen des neuen demokratischen Gemeinwesens – im Wortsinn eben der *res publica* – zu kümmern, pilgerten dessen trotz der Niederlage im Weltkrieg in erster Linie vergnügungssüchtige Bürger in ›profane, vertrottelte Operetten‹, die in ihrer aufgesetzten Heiterkeit keineswegs als satirische Auseinandersetzung mit der schlechten Gegenwart gelten konnten, vielmehr als deren plane Verdrängung. Erschwerend kam für den Kritiker hinzu, dass es sich bei dem inkriminierten Theater um eine rein kommerzielle Unternehmung des Imperiums von Wilhelm Karczag handelte, deren enormer Erfolg jeder ernsthaften Reflexion über die Erfordernisse neuer, demokratischer Kunst und Kultur den Boden entzog:

> Bezeichnend für Herrn Karczag ist es, daß alle drei Schandoperetten der Kunstparasiten Lafite und Berté in seinen Theatern über die Bühne gingen. Und Herr Karczag wieder ist, wieder für die Zeit bezeichnend, die in ihm den Theaterdirektor hat, den sie verdient. Aber diese Zeit, die sich an solchen Dingen erfreut, muß endlich vorbei sein! Herr Lafite, dem das Publikum gestattet, daß er in den Konzertsälen Mozart, Beethoven und Schubert spielt und sich gleichzeitig seine Taschen durch Schändung derselben Musiker füllt, muß endlich seine Rolle als Professor der Akademie für *Musik* und bildende *Kunst* und als ausübender Künstler (?!) ausgespielt haben. Es wäre schon im Hinblick auf die geplante Heine-Mendelssohn-Operette (Treumann in der Titelrolle!!) an der Zeit, daß der in Deutsch-Oesterreich gebildete Kunstrat die Aufführung derartiger Werke, die unter der Flagge »Kunst fürs Volk« segeln, verbietet.[459]

Interessanterweise fordert hier ein revolutionärer Intellektueller in der neuen Republik eine Art von Zensur – und dies mit dem alleinigen Zweck, das kulturelle Niveau der Gesellschaft bzw. der Bevölkerung zu heben und antisemitische Machwerke zu verhindern. Um seine Forderung zu untermauern, bezieht sich Braun-Hochberg auf das anspruchsvolle Vokabular des Blei'schen Flugblatts, dessen sprachlichem Niveau auch der eigene Text entspricht: »Trotz der Demonstration gegen den ›tanzenden Kongreß‹ wurde dieses Machwerk weiter angesetzt und gespielt. Daß dies möglich war, ist nur der Indolenz des Wieners zu danken, der, als er auf den hinabgeschleuderten Flugblättern das Wort ›prostituiert‹ las, dachte: ›Ja, was will ma denn von dö Frauenzimmer?‹«[460] Auf die Niederungen demokratischer Massenkultur antwortet der Intellektuelle hier mit einer neuen Form von Elitismus sowie mit einer deutlichen Anklage gegen die noch antirepublikanisch geprägte Exekutive, sich auf die falsche Seite geschlagen zu haben:

> Nicht scharf genug kann das Vorgehen des Herrn Karczag sowie, von einigen rühmlichen Ausnahmen abgesehen, der Polizeiorgane verurteilt werden. Direktor Karczag hatte die Kühnheit, Bühnenarbeiter auf das demonstrierende Publikum zu hetzen[,] und die Unverfrorenheit, die Arbeiter durch Androhung des Lohnentzuges aufzuwiegeln. Die Folgen waren, wie vorauszusehen, wüste Raufereien, bei denen Blut vergossen wurde. Die Polizei hat die Aufgabe, die ihr im weiland österreichischen Staate zugefallen war, keineswegs vergessen und hielt sich nicht für bemüßigt, gegen die Mißhandlungen einzuschreiten.[461]

Folgt man dieser Argumentation, dann müsste eine republikanische Exekutive – genauso wie eine zeitgemäße Presse als vierte Gewalt, deren reale Erscheinungsform dem Kritiker aber nicht reifer als jene schien – die revolutionären Bestrebungen der intellektuellen und künstlerischen Kritik nachhaltig befördern und nicht obrigkeitsstaatlich bekämpfen, wie es die Abendausgabe des *Neuen Wiener Tagblatts* in Aussicht gestellt hatte:

> Was die scharfmacherische Notiz über die geplante strenge Verfolgung der Schuldigen durch die Polizei in der Abendausgabe des N. Wr. Tgbl. betrifft, erklären wir und glauben im Namen aller sprechen zu dürfen, die noch genug Schamgefühl besitzen, angesichts der Einkleidung Mozarts, Beethovens und Schumanns in ein »Libretto« zu erröten[,] und Tatwillen, dergleichen zu verhindern, daß kein noch so drohender Gesetzesparagraph und kein noch so gefürchteter Polizeigewaltiger uns von der Meinung abbringen werden, daß eine Gesellschaft, die solche Verbrechen gegen die Großen des Geistes duldet, die sich über die Tatsache des, ach so bitteren kommenden Kongresses zu Versailles hinwegtröstet, indem sie in Wien einen Kongreß tanzen läßt und der die fürchterliche Duplizität dieser Ereignisse nicht zu denken gibt, verdient das Schicksal des tanzenden Kongresses zu teilen: gesprengt zu werden.[462]

Mit seiner rhetorisch fulminanten Schlusswendung versuchte Braun-Hochberg ein Bewusstsein zu wecken für die Erfordernisse einer zeitgemäßen Kunst, die sich der eigenen Gegenwart ohne mentale Reserve stellt. Dass die reale Politik und Presse sich auch in den Folgejahren solche Forderungen nicht oder nur sehr zögerlich zu eigen machten, braucht nicht hervorgehoben zu werden.

»Begräbnis der lebendigen Volkswehr«. Ernüchterung und Enttäuschung, Teilung der Roten Garde, Rückzugsgefechte

Dass die revolutionäre Situation schon nach wenigen Wochen aufgrund der Konflikte zwischen den unterschiedlichen ideologischen Gruppen den Keim ihres Zerfalls in sich barg, zeigten die ständigen Querelen, in die die Rote Garde und ihre Proponenten verstrickt waren. Zunächst entzündete sich der Streit an den Konsequenzen, die aus dem Gewaltausbruch vor dem Parlament zu ziehen seien – die SDAP wurde seitens ihrer christlichsozialen Koalitionspartner massiv unter Druck gesetzt, etwas gegen die kommunistische Rote Garde zu unternehmen.[463] So sah sich sogar die *Arbeiter-Zeitung* am 13. November 1918 genötigt darauf hinzuweisen, dass die Unruhestifter der KPDÖ »in der *Roten Garde* […] – zur Ehre der Roten Garde muß […] das ausdrücklich festgestellt werden – einen verschwindend *kleinen Anhang*« hatten.[464] Gleichwohl sann Julius Deutsch schon länger darauf, das Problem an der Wurzel anzupacken. Der erste Schritt in diese Richtung war die oben erwähnte Installation seines Vertrauensmanns Josef Frey als mäßigender Kommandant der Roten Garde am 11. November gewesen, die laut Kisch »unter Beschwörungen und Drohungen« des Unterstaatssekretärs erfolgte.[465] Der zweite Schritt bestand in der Einleitung einer Untersuchung der Vorfälle, »deren Ergebnis am 16. November in einem Kommuniqué bekanntgegeben wurde«, wie Hautmann darlegt: Alle, »die sich am 12. November 1918 Eigenmächtigkeiten hatten zuschulden kommen lassen, wurden aus der Roten Garde ausgestoßen«: der Zugführer Karl Robert Lindner wegen Eigenmächtigkeiten vor dem Parlament und die Leutnants Osternig und Koniakowsky wegen Eigenmächtigkeiten, begangen durch die Besetzung der *Neuen Freien Presse*.[466] Daneben suchte man die Rote Garde auch gezielt zu unterwandern: »Gleichlaufend mit diesen Maßnahmen wurden von Julius Deutsch viele verläßliche Sozialdemokraten in die Rote Garde hineingeschleust, die nun das Kommando übernahmen. Josef Frey wurde als Kommandant bestätigt; Vorsitzender des Soldatenrats der Gardisten – damals die zweitwichtigste Stelle – wurde nun der Sozialdemokrat Heinrich Mohsbauer.«[467] Er ersetzte den radikalen Leo Rothziegel, der gemeinsam mit Peter Waller einfacher Soldatenrat blieb, während man Kisch gänzlich ausbooten wollte.[468]

Es versteht sich von selbst, dass diese Maßnahmen bei den Sozialrevolutionären nicht auf Begeisterung stießen, sodass es seit dem 16. November zu anhaltenden internen Spannungen zwischen ihnen und den Sozialdemokraten kam, die sich bei jeder Gelegenheit zu Auseinandersetzungen entzünden konnten – etwa bei der ersten Hauptversammlung der Roten Garde am 21. November im Turnsaal der Stiftskaserne, in der Friedrich Adler als Gastredner auftrat,[469] was den dritten Schritt der Maßnahmen Deutschs bedeutete. Wie bereits erwähnt, berichtete die *Arbeiter-Zeitung* vom 22. November 1918 ausführlich von diesem Ereignis, bei dem Adler von den versammelten Rotgardisten zunächst »Verantwortungsgefühl und ruhige Ueberlegung« einforderte, eindringlich vor bloßen ›Modesozialisten‹ à la Kisch warnte und schließlich zu seinem zentralen Gegenstand gelangte, der neugegründeten KPDÖ, die sich ja vergeblich darum bemüht hatte, ihn als Parteiführer zu gewinnen, und die als Urheberin der Unruhen rund um das Parlament identifiziert wurde:

> Adler ist überzeugt, daß die Rote Garde jede andere Wehrorganisation des klassenbewußten Proletariats nicht in ihrer Mitte dulden kann. Er bedauert die Gründung der sogenannten *»kommunistischen Partei«*, da vielleicht vor zwei Jahren die Frage einer Spaltung in der Arbeiterklasse in Frage kommen konnte, heute aber die Ideen des internationalen revolutionären Sozialismus die Massen ergriffen haben und jedenfalls es zu spät sei, inmitten der rapid vor sich gehenden Entwicklung neue Parteien zu gründen. Der Unterschied zwischen den »Kommunisten« in *Rußland* und den »Kommunisten« in *Oesterreich* zeige sich vor allem darin, daß der Führer der ersteren, *Lenin*, Jahrzehnte ernstester revolutionärer

> Arbeit hinter sich habe, während bei der Neugründung, mit der wir es hier zu tun haben, gar manche sind, die vor dem Kriege für die Probleme der Arbeiterbewegung recht wenig Interesse gezeigt, sogar solche, die zu Anfang des Krieges noch die Mode der Kriegsbegeisterung mitmachten.[470]

Nachdem Adler auf diese Weise versucht hatte, die Agitatoren der KPDÖ innerhalb und außerhalb der Roten Garde mangelnder Seriosität im Sinne der marxistischen Lehre zu überführen, stellte er ihre einzige öffentlichkeitswirksame Aktion, die Besetzung der *Neuen Freien Presse*, mit der oben bereits zitierten Formel als ganz und gar lächerliche Maßnahme hin:

> Man muß offen sagen, daß das erste öffentliche Auftreten dieser Partei, die Besetzung der »Neuen Freien Presse«, wie eine *Operette* erscheint, und zwar eine *recht dumme Operette*. Wir wollen uns vor allem auf solche Genossen verlassen, die schon *vor* dem Kriege revolutionär waren und auch während des Krieges ihre Ueberzeugung bewahrt haben. Deshalb sei es hoch erfreulich, daß die Rote Garde jetzt einen Kommandanten, den Genossen *Frey*, gefunden habe, der *schon im Frieden* als unentwegter und überzeugter internationaler revolutionärer Sozialdemokrat seine Pflicht voll und ganz erfüllt hat.[471]

Das Lob der von Deutsch initiierten Installation Freys als Kommandant der Roten Garde diente eindeutig der Rückgewinnung sozialdemokratischer Diskurshoheit und Befehlsgewalt, was aber nicht gänzlich gelang, weil die Ausführungen Adlers zwar »mit frenetischem Beifall« aufgenommen wurden,[472] in der anschließenden zweistündigen Debatte aber der Gegensatz zwischen den sozialdemokratischen und den sozialrevolutionären Rotgardisten heftiger denn je zum Vorschein kam, wie Hautmann gezeigt hat: »Mehrere Redner griffen die Parteileitung und die *Arbeiter-Zeitung* heftig an«, und schließlich »wurde bei der Abstimmung zunächst Josef Frey einstimmig das Vertrauen ausgesprochen, anstelle von Mohsbauer aber Egon Erwin Kisch unter großem Jubel einstimmig zum Vorsitzenden des Soldatenrates der Roten Garde gewählt. Damit war das Gleichgewicht wieder hergestellt: Ein Sozialdemokrat war Kommandant, ein revolutionärer Sozialist Vorsitzender des Soldatenrates.«[473] Merklich verhalten klingt deshalb auch die diesbezügliche Formulierung im Bericht der *Arbeiter-Zeitung*, die hinter Wahltechnischem versteckt erscheint:

> Bei der Abstimmung wurde zunächst unter stürmischem Beifall dem Kommandanten Genossen *Frey* einstimmig das Vertrauen ausgesprochen, sodann eine Resolution angenommen, in der beschlossen wird, alle Elemente, die den Namen der Roten Garde zu ihren egoistischen Zwecken mißbrauchen, von der Roten

> Garde auszuschließen. Schließlich wurde neben einer Reihe technischer Wahlvorschläge auch der Beschluß, den der Soldatenrat Mittwoch faßte, *Kisch* mit dem Vorsitz zu betrauen, bestätigt.[474]

Keine Rede davon, dass die SDAP genau dies zu verhindern getrachtet hatte. Die Differenzen zwischen sozialdemokratischen und sozialrevolutionären Rotgardisten waren damit nicht behoben, sondern nur verschoben. Der von Adler zwar ohne Namensnennung, doch recht deutlich angegriffene Kisch rückte in die Wochenschrift *Der freie Arbeiter* bzw. die von ihm redigierte Beilage *Die Rote Garde* eine Notiz ein, die unter der Überschrift *Friedrich Adler bei der Roten Garde* ätzte, der bekannteste Vertreter der Linken innerhalb der SDAP sei »von der Partei mit der Aufgabe betraut« worden, »die Rote Garde, die in letzter Zeit sich in einer der Partei unangenehmen Kritik Luft machte, in die Arme der offiziellen Sozialdemokratie zu führen«.[475] Interessanterweise wird Adler in der Folge auch die von der *Arbeiter-Zeitung* offensichtlich unterschlagene Aussage zugeschrieben, man müsse das, was »die Sozialdemokratie in ihrem Programm will«, von dem unterscheiden, »was die Personen wollen, die jetzt an der Spitze stehen. Es gibt Leute, die in dem parlamentarischen Kretinismus aufgehen« – gemeint sind Anhänger des rechten Parteiflügels wie der ›reformistische‹ Parteiführer Karl Renner; demgegenüber habe Adler seine eigene, kritische Haltung folgendermaßen bestimmt: »Wir verlassen nicht den Boden der Sozialdemokratie, sondern wir sagen uns, unsere Aufgabe besteht darin, die Partei zu ihrem Programme zurückzuführen.«[476] Diese knappe Darstellung, die sichtlich noch darum bemüht war, die Brücke zur Linken innerhalb der SDAP nicht abzubrechen, mündete in eine Apotheose der eigenen, FRSI-nahen Position und ihrer maßgeblichen Vertreter innerhalb der Roten Garde: »Allem Anschein nach war Friedrich Adler erstaunt, an Stelle der unreifen Dilettanten und Brettelliteraten, wie die ›Arbeiter-Zeitung‹ unsere Genossen von der Roten Garde zu nennen beliebt, zu einer ernsten, sozialistischen Diskussion fähige Männer vor sich zu sehen.«[477] Kischs Empörung über seine Diffamierung als verantwortungsloser und eitler ›Literat‹ ist hier deutlich spürbar.

Auch die KPDÖ, der Kisch damals noch keineswegs nahestand, ließ Adlers Kritik nicht auf sich sitzen; sie versuchte ihrerseits, die Herzen der sozialrevolutionären Arbeiter und Soldaten für sich zu gewinnen, wie der von einem »G. F.« gezeichnete Artikel *Friedrich Adler über die »kommunistische Partei«* aus dem offiziellen KP-Blatt *Der Weckruf* zeigt:

> Die Sozialdemokraten haben eingesehen, daß die Rote Garde gebraucht werden könne und daß es von ihnen also nicht klug gewesen sei, sie unaufhörlich in der »Arbeiter-Zeitung« verhöhnt und heruntergemacht zu haben. Und da sie gleichzeitig einsehen, daß für die, die nur allzuviele Fehler schon machten, ein

> Gutmachen dieses Fehlers unmöglich sei, haben sie Friedrich Adler hingeschickt. Sie haben jenen Mann gesendet, der sein Leben – daß es nicht genommen wurde, lag wahrlich nicht an ihm – einsetzte, um die Fehler ihrer Partei durch eine persönliche Tat gutzumachen oder zu mildern. Friedrich Adler ist zur Roten Garde gegangen. Manche haben ihm das vorgeworfen. Aber mit Unrecht! Denn Friedrich Adler ist ein Mensch, der bewiesen hat, daß er den *ehrlichen* Willen hat, Fehler anderer gutzumachen; der das, was er für notwendig und also für Pflicht hält, und nur das, tat, mag es persönlich auch unangenehm und opfervoll sein.[478]

Man merkt diesen Worten an, dass die Hoffnung der Kommunisten, den in der Arbeiterschaft verehrten Adler für die KPDÖ zu gewinnen, Ende November 1918 zwar enttäuscht, aber noch nicht ganz aufgegeben war. Gleichwohl wurde im weiteren Verlauf der Ausführungen jener moralistische Ton angeschlagen, der aus späteren KP-Verlautbarungen hinreichend bekannt ist:

> Und so ist er zur Roten Garde gekommen und hat dort gesprochen. Auch gegen die »kommunistische Partei«. Vielleicht hat er auch das für seine Pflicht gehalten. Oft mit sehr unschönen, kleinlichen Worten. Doch vielleicht hat er auch das für seine Pflicht gehalten. Aber wir haben erwartet, daß ein Friedrich Adler, wenn er gegen uns spricht, nicht kleinlich, gehässig, versteckt gegen uns spricht. Daß er nicht gegen uns mit jenen Mitteln arbeitet, mit denen seinerzeit gegen uns gearbeitet wurde.[479]

Auf ein Resümee der Rede Adlers, das weitgehend dem Referat der *Arbeiter-Zeitung* entspricht und die zentralen Argumente relativ getreu wiedergibt, folgte eine ausholende Rechtfertigung der auch innerhalb der Linken umstrittenen Parteigründung:

> Daß Friedrich Adler die Gründung der »kommunistischen Partei« bedauert, ist begreiflich. Wir bedauern auch, daß die Haltung der Sozialdemokratie diese Gründung notwendig machte. Während des Krieges konnte man noch immer, wenn auch gerade wegen ihrer Haltung in diesem Kriege[,] mit sehr wenig Zuversicht hoffen, sie würde ihre Kriegsschuld gutzumachen versuchen, wenn sich eine Gelegenheit dazu böte. Und nun ist eine Gelegenheit da und diese Partei behauptet, sie sei keine Gelegenheit. Mit leichtem Herzen, aus reiner Freude an Parteigründungen, entschließen sich Arbeiter, die selbst viele Jahre in der sozialdemokratischen Partei gearbeitet haben, sicher nicht, aus der Partei auszutreten und eine andere zu gründen. Was von Friedrich Adler gegen die Gründung der »kommunistischen Partei« in diesem Zeitpunkt geltend gemacht wird, daß nämlich die Ideen des internationalen, revolutionären Sozialismus die Massen ergriffen hätten, war für uns ein Grund zur Parteigründung. Friedrich Adler hat recht,

> wenn er auch zum Schluß seiner Rede bemerkte, die Massen sind von diesen Ideen ergriffen worden. Aber die Führer der deutschösterreichischen Massen sind unergriffen geblieben, jene also, denen der revolutionäre Geist stets innewohnen sollte. Diese sind im Gegenteil bemüht, die für die Menschheit heilbringende Flamme zu löschen; nichts zu nehmen, was die Stunde bietet und alles zu unterlassen, was dem Proletariat helfen könnte.[480]

Wie sich hier und auch im restlichen Artikel zeigt,[481] bediente sich die KPDÖ ganz ähnlicher Argumentationsfiguren wie die FRSI. Dies bildete eine Grundlage für die jetzt einsetzende sukzessive Annäherung der linksradikalen Gruppierungen.

Angesichts der wachsenden Verbitterung unter allen Beteiligten wurden die Gegensätze zwischen den sozialdemokratischen und den sozialrevolutionären Rotgardisten allmählich unüberwindbar und konnten durch geringfügige Anlässe aktiviert werden. Die nächste Gelegenheit für Zwistigkeiten bot der Plan der Regierung, am 10. Dezember als weithin sichtbares Lebenszeichen der Republik eine öffentliche Vereidigung der 17.000 Volkswehrangehörigen an sechs repräsentativen Plätzen Wiens abzuhalten. Wie Hautmann berichtet, musste diese Angelobungsfeier jedoch am Vorabend von Julius Deutsch abgesagt werden, »weil die Rothziegel-Kisch-Wertheim-Gruppe der Rotgardisten die Eidesformel zurückwies.«[482] Was war geschehen? Kisch selbst stellte den Stein des Anstoßes im unmittelbaren Rückblick seiner Glosse »*Kappe ab, zum Schwören!*« als eher marginal dar, nachdem er zunächst ausgreifend und obrigkeitskritisch über die generelle Problematik des Soldateneides reflektiert hatte:

> Die Rote Garde hat sich nur gegen die Formel gewehrt, die mit unfreiwilliger Ironie vom »freien Staate Deutschösterreich« sprach, als ob nicht – wenns nach dem Herzen manches heutigen Nationalrates ginge – schon morgen der Kaiser Karl sich an die Spitze des »freien Staates Deutschösterreich« stellen könnte, ja ob er nicht gegebenenfalls zu seinen unterschiedlichen Titeln auch noch den eines Präsidenten des Staatsrates annektieren könnte, als ob wir nicht noch mehr seiner so bewährten militärischen Thronstützen als Befehlshaber in den Pelz gesetzt bekommen könnten. Ein solcher Eid war eine Verwegenheit, und die Ausrede des Staatsrates (»es ist der Wortlaut des Nationalversammlungs-Beschlusses vom 30. Oktober«) ist der alten bureaukratischen Monarchie gewiß nicht weniger würdig, als der neuen bureaukratischen Republik wider Willen.[483]

Ironischerweise machte Kisch mit der Veranschaulichung seines zentralen Arguments unwissentlich genau den (oben referierten) angeblichen Geheimplan seines sozialrevolutionären Kompagnons Waller, den alten Kaiser als Präsidenten der neuen Republik zu installieren, zum Gegenstand der Empörung. Abgesehen davon war er sichtlich darum bemüht, die Wogen zu glätten und den Konflikt herunterzuspielen: »Man wird also den Eid ändern und wir werden schwören. Und werden ihn treu und gewissenhaft erfüllen – solange er unserer Überzeugung entspricht. Wir werden ›im Interesse des Wohles und der Sicherheit meiner Mitbürger nach bestem Wissen und Gewissen mit allen Kräften meinem ... Volke dienen‹. / Dem arbeitenden Volke nämlich!«[484] Die nachfolgenden Erklärungen und Einschränkungen waren freilich nicht dazu angetan, verlorenes Vertrauen wieder zurückzugewinnen:

> Und wenn jemand im Staatsrate glauben sollte, daß wir, wenn wir geschworen haben, nun auch gegen arme, um ihre Rechte kämpfende Proletarier Salven schießen werden, daß wir uns nun auch von nationalen und Vaterlandsphrasen blenden lassen werden, um für Kriegsgewinner und Friedensausbeuter unsere Patronen gegen magyarische, tschechische oder südslawische Proletarier abzufeuern oder eine Wach- und Schließgesellschaft dieser pfäffisch-kapitalistisch-großagrarisch-nationalistischen Regierung bilden werden, dann kann ihnen dieser Eid verhängnisvoll werden. / Warnung: Sie mögen den Eid nicht ernster nehmen, als wir.[485]

Wie Hautmann ausführt, hielten die sozialrevolutionären Rotgardisten die Republik Deutschösterreich für einen bürgerlich-kapitalistischen Staat, dem zu geloben und zu dienen eine Verletzung des proletarischen Internationalismus bedeutet hätte, worin sich »die ganze wild-revolutionäre Situation im Wien des Winters 1918/19« niederschlage: »Das Staatsamt für Heerwesen mußte den Forderungen der Rotgardisten nachgeben, verschob die Vereidigung und änderte in der Tat die Eidesformel auf ›Deutsch-österreichische Republik‹.«[486] Auch durch diese Konzession konnte aber die Eskalation des Streits nicht mehr abgewendet werden, was darin begründet liegt, dass sich die Gruppe um den sozialdemokratischen Kommandanten Frey mit der vom Staatsrat ursprünglich vorgeschriebenen Formel einverstanden erklärt hatte und damit die Sozialrevolutionäre genauso gegen sich aufbrachte, wie Frey seinerseits aufgebracht war. Ihm, der am 5. Dezember zum Vorsitzenden des Vollzugsausschusses des Soldatenrates der Wiener Volkswehr gewählt worden war, blieb als damit praktisch mächtigstem Mann der Wiener Volkswehr nichts anderes übrig, als sich Rothziegel und dessen Verweigerungshaltung gegenüber der Eidesformel zu beugen.[487] Das kam natürlich einer öffentlichen Demontage gleich, sodass *Die Spaltung in der Roten Garde* nicht mehr aufzuhalten war; am 17. Dezember berichtete etwa das *Neue Wiener Tagblatt* unter dieser Überschrift:

> Wie gemeldet, hat sich gestern im Schoße der Roten Garde auch äußerlich eine Scheidung vollzogen. Die *sozialdemokratische* Gruppe trennte sich von der *kommunistischen*, indem sie gestern aus der Stiftskaserne in die Roßauer Kaserne über-

siedelte, während die kommunistische, wie eine Korrespondenz meldet, ebenfalls die Stiftskaserne verließ und in einer Schule in der Stelzergasse in Hernals Quartier nahm. Noch in letzter Stunde wurden Einigungsversuche gemacht; sie schlossen damit, daß gestern früh alle Mitglieder der Garde im Hofe der Stiftskaserne zusammentraten, wobei die beiden Gruppenführer Ansprachen hielten, in denen sie von einem Zusammenarbeiten auch in der Zukunft sprachen, was aber, der erwähnten Quelle zufolge, wohl nur der Form wegen geschah. In der Stiftskaserne verbleiben nur mehr das Jägerbataillon Nr. 21 und die Kriegsliquidatur.[488]

Die Spaltung der bisherigen Truppe in ein sozialdemokratisches Volkswehrbataillon (VB) 40 unter Frey und ein sozialrevolutionäres VB 41 unter Waller war damit unwiderruflich vollzogen, die Rote Garde empfindlich geschwächt, worüber Kisch zufolge »die dunkelmännerische Presse der Bourgeoisie vor Jubel ganz aus dem Häuschen« war.[489] Tatsächlich äußerte sich das *Neue Wiener Tagblatt* eher abwartend und nur vorsichtig optimistisch:

> Die *Volkswehr* verhält sich gegenüber den Vorgängen in der Roten Garde reserviert, und ihre Führer versichern, daß sie die Schaffung einer wirklich parteilosen Volkswehr anstreben, die ihre Aufgaben – was natürlich *sehr* zu wünschen wäre! – ausschließlich aus dem Gesichtspunkte des Sicherheitsdienstes zu erfüllen vermag. Dies setzt aber voraus, daß es ihnen gelinge, allen Teilen ihrer Truppe ausnahmslos jenen Geist mitzuteilen.[490]

Was Kisch zu diesem Zeitpunkt nicht wissen konnte: Die von schon zuvor nur noch 700 auf jetzt 400 Mann weiter dezimierte sozialrevolutionäre Rote Garde sollte sich von ihrer erheblichen Schwächung trotz aller Kompensationsversuche durch Rothziegel und Genossen letztlich nicht mehr erholen.[491] Vorerst aber übte sich Kisch weiter in Zweckoptimismus, wenngleich er sich aus der konkreten operativen Arbeit als Befehlshaber zurückzog, wie *Der freie Arbeiter* nur recht indirekt in einer kurzen Notiz zu erkennen gab, in der sich der ungenannte Verfasser über die wenig revolutionär erscheinende Umstandskrämerei der ungeliebten Sozialdemokraten mokierte:

> *Hauptmann Josef Frei* [sic] ist mit seinem Anhang in die Rossauerkaserne übersiedelt. Seine Tätigkeit war von der bekannten sozialdemokratischen »Organisationsarbeit«, das heißt von Protokollen, Kanzleischreibereien, Entschuldigungen an Zeitungen, Beschwichtigungen von Beschwerdeführern ausgefüllt. Die sozialrevolutionären Volkswehrmänner, der Stamm der Roten Garde, bleibt unter Kommando des Genossen Peter *Waller*, der schon im Frieden wegen seiner beim Militär betätigten freiheitlichen idealistischen Gesinnung hart verfolgt worden war.[492]

Interessant an dieser Notiz ist der Umstand, dass die Linksradikalen damals noch keinerlei Reserve gegenüber der ideologischen Linientreue Wallers artikulierten. Dieser jedenfalls begab sich mit dem verbliebenen VB 41 und dem von ihm gar nicht geschätzten Soldatenrat Leo Rothziegel in eine leerstehende Schule in der Selzergasse im 15. Wiener Gemeindebezirk, also nicht in Hernals, sondern in Rudolfsheim-Fünfhaus; Rothziegel ließ die restlichen Rotgardisten auf die III. Kommunistische Internationale vereidigen.[493]

Kisch hingegen zog sich zurück, seine schriftliche Abrechnung *Hauptmann Frey – ein Gendarm?* erschien erst im Sommer 1919, nun schon im KP-Parteiblatt *Die Rote Fahne*, das den Text des noch kurz vorher geschmähten Intellektuellen kommentarlos abdruckte; er verwahrte sich darin gegen die von Frey nicht erst in einer vorangehenden »Vollversammlung der Soldatenräte« wiederholt vorgebrachte »Behauptung«, er – Kisch – habe »während des Krieges patriotische Gedichte veröffentlicht«, und mutmaßte: »Diese glatte Lüge hat Herr Hauptmann Frey bewußt vorgebracht, um in dem Augenblicke, in dem er sich durch seine Rede gegen das 41. Bataillon schroff auf die Seite der Bourgeoisie stellte, den unbequemen Mitwisser seiner weißgardistischen Vergangenheit verdächtig zu machen.«[494] Im Anschluss an diese Unterstellung berichtete Kisch ausführlich über angebliche opportunistische Aktivitäten Freys während des Weltkriegs und kam dann direkt auf die gemeinsame Zeit in der Roten Garde zu sprechen:

> In der Stiftskaserne ist er am 11. November v. J. in Begleitung des damaligen Unterstaatssekretärs Dr. Deutsch erschienen, der in offener Soldatenratssitzung mit materiellen Repressalien des Heeresstaatsamtes drohte, mit Entziehung von Löhnung, Menage usw., wenn man Herrn Dr. Frey nicht aufnehme. Diese Drohung wurde – speziell von *Rothziegel* und *Wertheim* – energisch zurückgewiesen, aber Herr Dr. Frey schließlich doch aufgenommen und ihm als einem Funktionär des Heeresstaatsamtes die im Argen liegende militärische Organisation mit dem Titel eines Kommandanten übertragen, der jedoch in allen Fragen dem Soldatenrat unterstellt war. Nun legte er es darauf an, mich vom Soldatenrat zu eliminieren. Er veranstaltete bei der Vollversammlung eine unbeschreibliche Affenkomödie, mißbrauchte den eben aus dem Kerker entlassenen Friedrich Adler dazu, der einen fast einstündigen Teil seiner Rede damit verbrachte, ein Loblied auf »Genossen« Frey zu singen und gegen mich die unsinnigsten persönlichsten Anwürfe vorzubringen.[495]

Die enorme persönliche Enttäuschung und Betroffenheit ist in diesen Worten nicht zu verkennen. Gleichwohl versuchte Kisch, einen überlegenen Ton anzuschlagen, wenn er sich über das magere Ergebnis der Denunziationen Freys mokierte:

> Das Resultat? Der »Abend« vom 21. November 1918 berichtet darüber: »Zum Schluß wurde unter großem Jubel der Gründer der Roten Garde, E. E. K. einstimmig zum Vorsitzenden des Soldatenrates der Roten Garde gewählt.« Herr Dr. Frey ließ allerdings durch seinen damaligen Vertrauensmann Wackler, einem vorher und nachher gerichtlich abgestraften Betrüger, einen Zeitungsartikel für die »Arbeiter-Zeitung« verfassen, – das war immer seine erste Sorge! – in dem von Genossen Dr. Frey ruhmreich die Rede ist.[496]

Kisch echauffierte sich offenbar über eine gewiefte Pressepolitik seins Gegners, der seine eigenen Anstrengungen freilich in nichts nachstanden, zumal sämtliche Kombattanten sich gegenseitig der wissentlichen Kollaboration mit Kriminellen bezichtigten. Außerdem habe der »von Dr. Deutsch persönlich eingeführte Funktionär des Heeresstaatsamtes« und nunmehrige »Vorsitzende[ ] der gewählten Soldatenräte [...] sich über verhaftete und gepeinigte Gesinnungsopfer, wie über den wackeren *Haller*, lustig« gemacht, womit Kisch auf die wiederholte illegale Einreise, kommunistische Agitation und jeweils anschließende Festnahme und Ausweisung des polnischen Staatsbürgers Bernhard Förster im Frühjahr und Sommer 1919 anspielte.[497] Und auch darüber hinaus habe Frey eine »Anklagerede gegen das Volkswehrbataillon 41« gehalten, an deren Ende er »›beantragt‹ habe, die Soldatenräte mögen ›beantragen‹, das Heeresstaatsamt, sein Heeresstaatsamt (!) möge das Bataillon 41 auflösen«,[498] wie Kisch die Bürokratensprache der Sozialdemokratie persiflierte. Schließlich kam er noch einmal auf den zentralen Stein des Anstoßes zu sprechen, der ja der Anlass der ganzen Abrechnung war:

> Was die Vorwürfe des Herrn Hauptmannes anbelangt, so kann er mich – – nicht auflösen lassen. Ich bin, ein schwerverwundeter Frontsoldat, als französischer Uebersetzer in die Auslandsstelle des Kriegspressequartiers kommandiert worden und alle Versuche, mich zu einer kriegsbejahenden, patriotischen, verhetzenden oder verherrlichenden Tätigkeit zu zwingen, waren vergeblich, ebenso habe ich in den paar Tagen meiner Lokalberichterstattertätigkeit beim »Neuen Tag« – ich habe schnell gekündigt! – keine politische Silbe geschrieben. Ich bin kein Dichter und habe auch keine Kriegsgedichte drucken lassen.[499]

Wieder und wieder musste sich Kisch gegen solche Unterstellungen verwahren, wobei er seine eigenen Bemühungen um die eventuell lebensrettende Aufnahme ins Kriegspressequartier geflissentlich unterschlug.[500] Was er in seiner Polemik gegen Frey ebenfalls unerwähnt ließ: Der Vollzugsausschuss des Soldatenrats der Wiener Volkswehr hat dessen von Kisch verhöhntem Antrag auf Auflösung des VB 41 am 27. August 1919 tatsächlich stattgegeben, wodurch die knapp zehnmonatige Geschichte der Wiener Roten Garde sang- und klanglos zu Ende ging.[501] Deutsch kommentierte das im Sinne der von ihm betriebenen sozialdemokratischen Politik: »Sie ging zugrunde, nicht weil sie, wie ihre Wortführer gern glauben machen möchten, der Revolution stärkste Stütze war, sondern umgekehrt, weil ihre Tätigkeit der Konterrevolution nützlicher zu werden drohte als der Revolution.«[502]

Doch zurück zur Jahreswende 1918/19: Die nächste Gelegenheit für Zwistigkeiten zwischen dem sozialrevolutionären (und zunehmend kommunistisch unterwanderten) VB 41 und den Sozialdemokraten stellte der »Gesetzesentwurf über die vorläufigen Bestimmungen der bewaffneten Macht« dar, ein provisorisches Wehrgesetz nach den Plänen der SDAP, das beim VB 41, dem mittlerweile zur Kompensation der Schwächung linksextremer Soldaten eingesetzten »Revolutionären Soldatenkomitee« sowie der KPDÖ auf heftigsten Widerstand stieß.[503] Unter dem Titel *Auf in den Kampf, Torero!* kommentierte Kisch es sarkastisch in der letzten Dezember-Nummer 1918 des *Freien Arbeiters* als »Einleitungsarbeiten zu einem neuen Krieg«, unternommen vom »Schnackerlland Deutschösterreich«, das »seinem noch bluttriefenden, erschöpften, niedergeschmetterten Volke ein neues Wehrgesetz zu bieten« wage.[504] Diese und zahlreiche weitere polemische Einlassungen wie *Der gesetzlich eingeführte Wahlschwindel* oder *Das Begräbnis der lebendigen Volkswehr* verfasste Kisch freilich aus der Distanz des bloßen Zeitungsredakteurs.[505] So war aus dem revolutionären Soldaten institutionell ein Zivilist geworden, der nur noch durch die von ihm weiterhin redigierte Beilage *Die Rote Garde* sowie durch eigene Beiträge zur sozialistischen Wochenschrift *Der freie Arbeiter* im Sinne der Sozialrevolution wirkte. Am 28. Dezember 1918 teilte Martha Musil ihrer Tochter Annina die Neuigkeiten über den gemeinsamen Bekannten aus den Tagen des Kriegspressequartiers mit:

> Kisch sehen wir nicht mehr so oft; (er ist nicht mehr bei der roten Garde.) Zu Weihnachten hat er sehr viele Geschenke bekommen, hatte immer alles im Kaffeehaus mit, weil dort seine Garderobe ist, sein Zimmer war ihm im diesem Monat gekündigt worden und er schläft seit 14 Tagen jeden Tag wo anders, weil er zu faul ist, sich Wohnung zu suchen. 1 Kilogramm Honig, das er auch geschenkt bekam, hat er in einem Tag aufgegessen, gleich am Abend 12 Brote mit Honig. Sein Bruder [eben Paul Kisch, der Redakteur der *Neuen Freien Presse*, deren Redaktion von der Roten Garde vorübergehend besetzt worden ist, N.C.W.] ist immer entsetzt über ihn; aber sie sind doch alle stolz auf einander; er erzählte, daß der dritte Bruder wirklich bildhübsch sei, alle Mädchen laufen ihm nach – –, er ist aber garnicht hübsch.[506]

Auch hier erscheint Kisch wieder als Freund des öffentlichen Wirkens auf andere sowie als stolzes Mitglied einer wohlhabenden Prager Tuchhändlerfamilie, der sich

Abb. 12: Wiener Trauerkundgebung für die ermordeten Berliner Arbeiterführer Karl Liebknecht und Rosa Luxemburg am 18. Jänner 1919; Franz Koritschoner als Redner in der Mitte, Egon Erwin Kisch wahrscheinlich rechts davon in Uniform vom Transparent verdeckt

trotz Wohnungslosigkeit nicht allzu sehr abmühte, eine neue Bleibe zu finden. Er residierte angeblich lieber – tatsächlich aber nicht zuletzt aus Sicherheitsgründen[507] – im Kaffeehaus und erhielt bei Bekannten mit offenbar ausreichend großen Domizilen Unterschlupf, etwa bei den Freunden Leo Perutz[508] oder Franz Werfel, wie Martha Musil am 28. Jänner 1919 ihrer Tochter nach Berlin mitteilte (und damit den anhaltenden Kontakt der Musils mit Kisch belegte): »Werfel war bis jetzt verreist, so lange hat Kisch in seiner Wohnung gewohnt, – er hat noch immer keine eigene Wohnung.«[509] Glaubt man den Augenzeugenberichten, dann konnte Kisch seinen gutbürgerlichen Habitus trotz des ostentativen Linksradikalismus letztlich nicht ablegen, »seine Verbitterung mischte sich mit hoffnungsloser Überschätzung der Lage und kontraproduktiver Großspurigkeit«, wie sein ansonsten loyaler Biograf Patka feststellt.[510] Entsprechendes geht auch aus dem mit dem Kürzel »h. b.« unterzeichneten Zeitungsbericht *Die Wiener Kommunisten vor dem Rathaus* über die von der KPDÖ veranstaltete Trauerfeier für die in Berlin ermordeten Kommunistenführer Karl Liebknecht und Rosa Luxemburg hervor, der unter der Rubrik *Tagesneuigkeiten* im *Neuen Wiener Journal* vom 19. Jänner 1919 erschien; es ist ungewiss, ob sich hinter dem Namenskürzel der ansonsten eher für das Feuilleton schreibende freie Redaktionsmitarbeiter Hermann Bahr verbirgt:

> Dann spricht der Schriftsteller Egon Erwin *Kisch*, der Vater der Roten Garde in Wien. Offiziersmantel, Distinktion vom Kragen abgetrennt, die Kappe zerknüllt in der geballten Faust, so spricht er von irgendeinem geschwind erstellten Podium. Alles an ihm ist Marke Volkstribun. Eine eherne Stimme, glühende Augen, bühnenreifer Gestus. Nur was er sagt, ist vielleicht zu gebildet für dieses schlichte Publikum, das aus Soldaten und Arbeitern – arbeitslosen Arbeitern, wie mir dünkt – besteht.[511]

An dieser ersten Großkundgebung der KPDÖ, die am 18. Jänner vor dem Wiener Rathaus stattfand, nahmen Hautmann zufolge etwa 1.500 Personen teil, darunter 70 Rotgardisten. Kisch ergriff dort das Wort neben den Parteifunktionären als Vertreter der Roten Garde, Rothziegel sprach im Namen der FRSI, die sich nun nicht mehr von ihrer Schwesterpartei distanzierte.[512]

Für eine Gesamtbewertung der Rolle von Literatur und Literaten in der Wiener Revolution von 1918 interessiert freilich nicht nur die Charakterologie der Wiener Revolutionäre, sondern auch der alles in allem wenig radikale Charakter dieser Revolution selbst, der auch Thema des zitierten Zeitungsberichtes ist:

> Die Polizei, die nahezu in gleicher Stärke wie die Versammlung selbst ausgerückt war, wohl damit das Rathaus von dem Funken einer Brandrede nicht Feuer fange, mag tatenlos nach Hause ziehen. Das Ungeheuer Spartakus liegt einstweilen in Wien noch an der Kette seiner Führer, mit dem bösartigen Berliner Bruder verglichen, ist es überhaupt nur erst ein Drachenbaby…[513]

Das sollte ›Spartakus‹ in Österreich auch bleiben. Mit seiner Diagnose stand der Verfasser des Artikels im *Neuen Wiener Journal* übrigens keineswegs allein da. Noch gut zehn Jahre später bezeichnete Franz Blei die Wiener Revolution rückblickend als »das Paradoxe einer Konterrevolution vor der Revolution. Ihr wollte man zuvorkommen, nicht nur in Österreich-Ungarn.«[514]

»Urlaub von der Politik«. Die Polemik um Kischs Abschied aus der Roten Garde

Nachdem Kisch angesichts der Spaltung der Roten Garde das Kommando des bisherigen 2. Bataillons zurückgelegt hatte, engagierte er sich zunächst noch weiterhin als Redakteur in der Wochenschrift *Der freie Arbeiter* für die Beilage *Die Rote Garde*. Dafür erhielt er aber aus naheliegenden Gründen – die Publikation war ja alles andere als gewinnorientiert – keinerlei Honorar, was sich auf längere Sicht fatal auswirkte, wie sein Weggefährte Guido Žamis in seinen Erinnerungen berichtet:

> Durch einen Eintritt in die Volkswehr hatte sich Kisch von der alten Armee selbst demobilisiert, so daß er auf den Sold von sechs Kronen täglich angewiesen war. Als er aber aus der Roten Garde und damit aus dem Besoldungsverhältnis ganz ausschied, verlor er auch die sechs Kronen täglich. Durch journalistische Arbeit konnte er sich in Wien keinen Heller verdienen, denn ihm, dem Kommunisten, waren die Spalten der bürgerlichen Presse verschlossen. So kam Kisch in eine verzweifelte Lage, die er in einem Brief vom 3. Januar 1919 an seine Mutter schilderte.[515]

Aus dem hier angesprochenen Brief an Ernestine Kisch wurde oben bereits in anderem Zusammenhang zitiert; der Autor klagte: »Das Leben ist wahnsinnig teuer, Gage habe ich seit zwei Monaten nicht mehr gekriegt, Artikel kann ich für bürgerliche Zeitungen vorläufig nicht schreiben, sondern nur für Zeitschriften, so daß meine Geldausgaben kein Wunder sind. Du wirst mir *sehr* bald wieder einen neuen Nachschub schicken müssen, am besten sofort nach Erhalt dieses Briefes.«[516] Angesichts der wenig revolutionär wirkenden Abhängigkeit des erwachsenen Mannes von der eigenen Mutter versuchte der Schriftsteller, wenigstens wieder in ein reguläres Anstellungsverhältnis zur Roten Garde zu gelangen. Dies wurde ihm aber verwehrt, denn – wie Žamis nicht ohne Bitterkeit formuliert – »die Aufnahme hing nun vom Staatssekretariat für Heereswesen ab, das sich zwar eifrig darum kümmerte, alle ehemaligen monarchistischen Offiziere irgendwo unterzubringen, dem Oberleutnant Kisch aber auch den bescheidenen Mannschaftssold verweigerte.«[517] So musste er, finanziell in zunehmende Bedrängnis geraten, sich wohl oder übel nach anderen Verdienstmöglichkeiten umsehen.

Eine gute Gelegenheit schien sich zu bieten, als einige linksliberale Journalisten aus der Konkursmasse des *Fremden-Blattes* eine neue Tageszeitung lancierten und Kisch anboten, in die Redaktion einzutreten.[518] Es handelte sich um die relativ kurzlebige Wiener Boulevardzeitung *Der Neue Tag*, die ab 23. März 1919 als Nachfolgerin des mit dem 22. März 1919 eingestellten *Fremden-Blattes* vom Verlagshaus Elbemühl produziert wurde. Ende März nahm Kisch das Angebot an und war von nun an zuständig für den Lokalteil – zumindest kurzzeitig. In diesem Zusammenhang verließ er nicht nur die Redaktion des Wochenblatts *Der freie Arbeiter*, das damit die Beilage *Die Rote Garde* einbüßte, sondern nun auch nominell das Volkswehrbataillon 41 – also die Rote Garde selbst.[519]

Kischs Engagement beim Boulevardblatt *Der Neue Tag* wurde nicht nur von seinen Gegnern mit unverhohlener Häme quittiert, sondern auch von einigen seiner bisherigen Kombattanten, wie ein so knapper wie vernichtender Artikel aus der von Franz Koritschoner sowie dem Russlandheimkehrer Karl Tomann herausgegebenen und von Paul Friedländer redaktionell betreuten Zeitung *Die soziale Revolution* belegt, dem *Zentralorgan der kommunistischen Partei Deutschösterreichs*. Es handelt sich um die am 26. März 1919 anonym erschienene polemische Glosse *Ein Revoluti-*

onär mit Retourbillet, in der Koritschoner und sein Kreis endlich ihre offenbar längst ersehnte Abrechnung mit Kisch ins Werk setzen konnten, der ihnen als bürgerlicher Intellektueller seit jeher politisch unzuverlässig war; jetzt bot sich eine willkommene Gelegenheit zum Gegenschlag, die sie ohne Zaudern sogleich ergriffen:

> Vor dem Rathause ist am Sonntag auch Herr Egon Erwin *Kisch* als Redner aufgetreten. Was er gesagt hat, wissen wir nicht, doch glauben wir annehmen zu dürfen, daß er an die Revolution eine Abschiedsrede gehalten hat. Er ist nämlich von der Spritzfahrt, die er ins revolutionäre Lager unternommen hat, glücklich wieder in die bürgerliche Welt zurückgekehrt. Das heißt, er ist in die Redaktion des »Neuen Tag« eingetreten, in der Herr Dr. Karpeles experimentell feststellen will, ob man mit Hilfe des Herrn Schöller ein anständiges bürgerliches Blatt machen kann.[520]

Der Verdacht bedurfte keines Beweises, sondern war zirkelschlüssig; ohne jede Differenzierung warf der Schmähartikel den pazifistischen sozialdemokratischen Publizisten Benno Karpeles mit seinem Financier, dem nobilitierten Finanzmann Paul Eduard von Schoeller in einen Topf. Die Gehässigkeit, mit der hier über einen vermeintlich abgefallenen Gesinnungsgenossen hergezogen wurde, ohne dass diesem die Möglichkeit eingeräumt war, sich zu erklären, erinnert an den Umgang mit Renegaten in sektiererischen Glaubensgemeinschaften und weist auf die eminente Gefahr für Leib und Leben voraus, die in der Sowjetunion wenige Jahre später mit einem unterstellten Verrat an der kommunistischen Dogmatik einherging. Es überrascht nicht, dass der auf das Schließen der eigenen Reihen bedachte Žamis darüber in seinen Kisch-Memoiren kein Wort verliert – es würde seiner bisweilen hagiografisch anmutenden Darstellung auch wenig frommen. Stattdessen betont er ohne Angabe von Hintergründen, die KP-Wochenzeitung *Der Rote Soldat* – ihrerseits ja das linientreue Konkurrenzblatt zu *Der freie Arbeiter* – habe sich hinter Kisch gestellt.[521] Die ungenannten Verfasser der bösen Glosse *Ein Revolutionär mit Retourbillet* fuhren hingegen fort, gleichsam *ex cathedra* Kischs Exkommunikation zu erklären und ihm gleich noch Ärgeres anzudrohen:

> Man mag über diesen Versuch [des Benno Karpeles, ein anständiges bürgerliches Blatt zu machen, N.C.W.] denken, wie man will, so viel ist gewiß, daß, wer an ihm teilnimmt, bei den Arbeitern nichts zu suchen hat. Sollte jedoch Herr Kisch wider Erwarten der Meinung sein, daß ein anständiger Mensch rechts schreiben und links reden kann, so wollen wir ihn in diesem Glauben nicht stören. Nur müssen wir ihn bitten, seinen Revolutionarismus wo anders [sic] auszutoben, als in den Versammlungen der kommunistischen Partei, der er ja ohnedies niemals angehört hat. Er könnte sonst unangenehme Erfahrungen machen.[522]

Noch bevor Kisch seinen ersten Artikel in *Der Neue Tag* veröffentlicht hatte, wurde seitens der KP-Funktionäre schon der Stab über ihn gebrochen. Kein Wunder, dass er sich in einem drei Tage später erschienenen *Abschiedsbrief an meine Genossen* – so der Untertitel des Artikels *Urlaub von der Politik* – in seinem bisherigen Hausblatt *Der freie Arbeiter* ausführlichst rechtfertigen zu müssen meinte. Er rekapitulierte darin noch einmal seine Zeit als Wiener Sozialrevolutionär sowie als umstrittener Rotgardist, wobei er geschickt mit der pazifistischen Vorgeschichte im Weltkrieg begann:

> Vor anderthalb Jahren wurde von Dr. Benno Karpeles die Wochenschrift »Der Friede« gegründet. Meine Freunde machten dieses Blatt, das den Krieg bekämpfte und in das der Zensor weiße Flächen riß. Ich – obgleich Soldat – arbeitete natürlich mit. Von der ersten Nummer an bis zum letzten Oktoberheft 1918. Damals schrieb ich von der Front, wie ich ein Kriegshetzedenkmal zertrümmert hatte und forderte zu Steinwürfen gleicher Art auf. Dann kam die Revolution in Wien, ich war dabei, stand leider, leider im Vordergrund der Debatten, man fahndete von allen Seiten nach Material gegen mich.[523]

Der in publizistischen Attacken selbst nicht immer zimperliche Kisch präsentiert sich hier als ein Opfer der medialen Auseinandersetzungen in der Revolutionszeit, in die er wider Willen geraten sei. Dass er dabei neben den üblichen Verdächtigen nicht zuletzt auch an seine eigenen Gesinnungsgenossen dachte, zeigt der unmittelbar anschließende Satz: »Aber darin, daß ich weiter für den ›Frieden‹ schrieb, fand niemand ein Haar, konnte auch niemand ein Haar finden, denn diese Zeitschrift war radikal wie keine.«[524] Ginge es nur um bürgerliche Kritiker, dann wäre die legitimierende Bemerkung dysfunktional. Im weiteren Verlauf seiner ausholenden Rechtfertigungsschrift zeichnete Kisch genauestens seine Lebensverhältnisse seit dem Ausscheiden aus dem Kriegspressequartier nach, wobei er die eigene Obdachlosigkeit zu diesem Zeitpunkt bei weitem nicht so pittoresk malte wie zuvor die Beobachter aus seinem bürgerlichen Umkreis:

> Seit zwanzig Wochen, seit mein Name im Zusammenhang mit der »Roten Garde« zum erstenmal genannt worden war, habe ich keine Wohnung mehr. Jede Nacht schlafe ich bei einem anderen Freund. Die Genossen wissen, wo ich nächtige: auf der Erde in der Stiftskaserne, im Eisenbahnerheim, in der Föderation [FRSI], in Wohnungen der Kameraden.[525]

Nicht eigens erwähnt werden vor dem imaginären Revolutionstribunal die wohl besser ausgestatteten Privatwohnungen der bürgerlichen Schriftstellerfreunde Franz Werfel oder Leo Perutz. Wie dem auch sei – offenbar hatte sich der Reiz des bohèmehaften Revoluzzerdaseins irgendwann auch für den Bürgersohn Kisch erschöpft, wie er ziemlich ernüchtert klagte:

> Ich habe in den fünf Monaten insgesamt K 140.–, sage hundertvierzig Kronen, verdient. Das Geld, das ich besaß, war aufgezehrt, als die Postsperre mit Tschecho-Slowakien kam, konnte ich nicht einmal mehr meine Mutter angehen. Ich habe keinen Zivilanzug, meine Uniform ist schäbig. Alle Blätter schickten mir meine Beiträge zurück. Die politischen waren zu scharf (nur ein einziger von denen, die ich dem »Abend« auf Bestellung gesandt hatte, erschien; die K 40.– Honorar sind in den obigen Gesamtbetrag von K 140.– eingerechnet), die literarischen Beiträge wurden – mit dem Hinweis, daß ich ja ein Bolschewik sei, – überall abgelehnt, sogar von einer Münchner Literaturzeitschrift.[526]

Die fehlenden Zivilkleider (Mantel, Anzug), die mangels Einkommen nicht neu zu erwerben und mangels geregelten Grenzverkehrs auch nicht gebraucht vom Prager Familiensitz nach Wien zu bringen waren, begegnen häufig als wiederkehrendes Motiv in Kischs Selbstdarstellungen dieser Zeit und in Fremddarstellungen durch Personen, die ihm damals nahestanden. So musste er als eine Art Berufsrevolutionär weiterhin eine ›schäbige‹ Uniform tragen, was ihm ja schon vor Ausbruch der Revolution Kopfzerbrechen bereitet hatte. Im Sinne der Redewendung vom geteilten Leid als gemindertem Leid wendete Kisch sich direkt an die Genossen und appellierte an ihre Empathie: »In all dieser Zeit habe ich meine ganze Arbeitskraft dem sozialrevolutionären Gedanken gewidmet. Die Föderation [FRSI], alle ihre Sektionen, den ›Freien Arbeiter‹, die ›Rote Garde‹ habe ich mitbegründet, und die Genossen könnten Auskunft darüber geben, ob ich der schlechteste Arbeiter am guten Werk war.«[527] Gleichwohl – so lautet die Suggestion – wurde dem stets solidarischen Revolutionsanführer seitens der bürgerlichen, aber auch der sozialdemokratischen Presse übel mitgespielt; zur Veranschaulichung nennt Kisch die krassesten Verleumdungen und zeigt zugleich eine Struktureigenschaft moderner Medienöffentlichkeit auf, die heute aktueller ist denn je:

> Es gibt keinen Angriff, keinen Vorwurf, der mir erspart geblieben wäre. Von der Behauptung, ich sei nicht im Felde gewesen, bis zur feierlichen Verkündigung im Soldatenrat, ich sei mit Erzherzog Max photographiert, hätte Kriegsgedichte veröffentlicht und dergleichen. Ich konnte diese Lügen tausendmal richtigstellen, in jeder Versammlung warf sie mir ein Gegner wieder ins Gesicht. Etwas bleibt immer hängen. Besonders, wenn es sich um den Vorwurf schlechter Charaktereigenschaften handelt.[528]

Mit dieser Diagnose hatte Kisch nicht Unrecht, sie ist aber wohl nicht allein auf kapitalistisch organisierte Medien zu beziehen, wie die Denunziationskampagnen des Stalinismus bald zeigen sollten. Um die perfide Wirkungsweise persönlicher Verleumdung durch unaufhörliche mediale Anwürfe plastisch vor Augen zu führen, ging der ehemalige Anführer der Rotgardisten direkt auf einen zentralen Vorwurf seiner Kritiker ein:

> Warum sollte man also daran zweifeln, daß ich alles aus Eitelkeit tue, nur um in der Zeitung zu stehen? Mein Name stand ja wirklich fast täglich in der Zeitung. Daß ich es war, der die Veröffentlichung der Namen der Redner von [sic] Deutschmeisterplatz (darunter natürlich meines eigenen) verhindert hatte, daß ich nie daran gedacht hatte, daß die in Kellerlokalen auf mich gefallene Wahl zum Kommandanten der »Roten Garde« jemals Gegenstand einer Zeitungsnotiz werden könnte, und daß die Angriffe gegen meine Person um [sic] dem wütenden Neid der selbst gehetzten Preßmeute darüber entstammten, daß auch ein Journalist eine eigene Meinung, nicht die seines kapitalistischen Herausgebers zu vertreten wage – all das, konnten nur wenige Genossen wissen.[529]

Wie überzeugend man diese Selbstapologie auch immer finden mag – Kischs persönliche Betroffenheit äußert sich in der etwas entgleisten Syntax und Interpunktion des zuletzt zitierten Satzes. Er zeigte sich hier als ein angesichts der unaufhörlichen haltlosen Vorwürfe zutiefst verletzter und darüber mit der Zeit erheblich frustrierter Kämpfer für die gemeinsame gute Sache, dem allmählich auch die engsten Freunde aus Erschöpfung nicht mehr beistehen wollten: »Aber auch jene, die alle die Anfeindungen nicht glauben durften, weil sie mich kannten, wurden begreiflicherweise müde, mich immer wieder verteidigen zu müssen, gegen die Beschuldigungen der bürgerlichen Presse, gegen die Reden der sozialdemokratischen Parteimänner und gegen die Beeinflussungen einer eifersüchtigen Frau.«[530] Offenbar waren dem von den politischen und medialen Rückschlägen ziemlich mitgenommenen Revolutionär auch noch amouröse Verstrickungen in die Quere gekommen, über die er sich im Weiteren aber vornehm ausschwieg – Privates sollte nicht im Vordergrund stehen – und stattdessen noch einmal auf seine verzweifelte ökonomische Lage zu sprechen kam, die mit dem Politischen zutiefst verquickt war: »Ich bewarb mich neuerlich um den Eintritt als Volkswehrmann in die ›Rote Garde‹, um die 6 Kronen zu bekommen. Es ist mir nicht geglückt, dort eintreten zu können.«[531] So wird das auch inhaltlich verlockende Angebot einer bürgerlichen Zeitung, das Kisch von Personen gemacht worden sei, die im Sinne der Sozialrevolution politisch angeblich völlig untadelig waren, zum letzten Rettungsanker stilisiert – wobei die Initiative offenbar von Kisch selber ausging:

> Zum Glück machten meine Freunde, die den »Frieden« geschrieben hatten, ein neues Blatt. Unter ihnen Karl Otten, politischer Hauptmitarbeiter der spartakistischen »Aktion« von Berlin, die vom ersten Kriegstag an die Revolution gepredigt hatte, wofür Otten auf Jahr und Tag in den Kerker mußte. Auch die meisten anderen: Sozialisten radikaler Prägung. »Werdet Ihr mir etwas abdrucken?« fragte ich sie. – »Alles, was Du schreibst. Auch Politisches.« – Ich lehnte das ab. Politik will ich nur bei einem Blatt schreiben, das einer Partei oder einer Parteigruppe Gleichgesinnter gehört. Aber ich erbot mich, *Lokalreporter* zu werden, und war glücklich, als man das annahm. Auch gewährte man mir die Forderung, daß ich immer eine Richtigstellung mit meinem Namen unterfertigt, im Blatte veröffentlichen könne, wenn über Kommunismus oder Sozialrevolutionismus eine Unrichtigkeit ins Blatt geraten wäre.[532]

Der in die bürgerliche Presse wechselnde Sozialrevolutionär ist sich keines Vergehens bewusst, das man ihm zur Last legen könnte – zumal jedem Marxisten die Unterworfenheit unter materielle Zwänge einleuchten müsste: »Jetzt kann ich meine Schulden bezahlen, mir ein Zimmer suchen und kann von gefestigter Lebensführung aus dem sozialrevolutionären Gedanken leben, dem ich unwiderruflich mein Leben geweiht habe. Und frei von materiellen Sorgen für ihn wirken.«[533] Gerade letzteres gestehe man Kisch aber aus einem völlig unmaterialistischen Denken heraus nicht zu: »Man macht mir's zum Vorwurf, daß ich zur Zeitung ging, die das radikalste und anständigste Blatt von Wien werden soll.«[534] Auffallend ist in diesem Zusammenhang nicht nur die Gleichung zwischen ›Radikalität‹ und ›Anständigkeit‹, sondern auch der Umstand, dass Kisch seinen nunmehrigen Arbeitgeber, das wenig revolutionäre Wiener Druckerei- und Verlagshaus Elbemühl, mit keinem Wort erwähnt. Stattdessen vergleicht er sich ohne falsche Bescheidenheit mit ›großen Politikern‹ wie Karl Marx, Theodor Herzl oder Kurt Eisner, die ebenfalls als Redakteure »bürgerlicher Blätter« für die Revolution, nur eben »außerhalb der Parteiorgane«, gearbeitet hätten, und gelangt zu folgendem Fazit in eigener Sache:

> [O]rganisierte sozialdemokratische Setzer müssen täglich antisozialistische Hetznotizen setzen, sozialdemokratische Drucker, Stereotypeure, Austräger als Munitionsarbeiter und Munitionszuträger, diese gegen sie selbst und gegen ihre Klassenbrüder vergifteten Geschosse des Kapitalismus schuften [sic]. Und ich soll charakterlos sein, weil ich Lokalnachrichten für ein Blatt schreiben will, das tausendmal weiter links stehen soll, als unsere ganze sozialdemokratische Tagespresse, die doch heute Regierungsorgan ist und sein muß?[535]

Die linke Ausrichtung des Boulevardblatts *Der Neue Tag* wurde von Kisch aus schlechtem Gewissen ein wenig überbetont, wohingegen er dessen Apostrophierung als »Schöllerblatt« kategorisch zurückwies: »Kein Herr Schöller hat mit dem Blatt etwas zu tun. Aber wäre er […] mein Brotgeber, ich wäre glücklich, diesem Blutsauger öffentlich sagen zu dürfen, daß er mit seinem Geld noch niemals etwas so gutes gestiftet habe, wie dadurch, daß er mir Gehalt bezahlte.« Dass Kisch sich mit solchen Aussagen rhetorisch auf dünnes Eis begab, war ihm offenbar bewusst, denn er fügte dem hinzu: »niemand kann und wird mich hindern, von meinem Erwerb und sogar in meinen Artikeln, meine einzige Leidenschaft zu befriedigen: die sozialistische Idee zu fördern.«[536] Die erstaunliche Aussage, es handle sich dabei um Kischs »einzige Leidenschaft«, macht die Angelegenheit nicht unbedingt glaubhafter. So konnte selbst die übrige Redaktion der sozialistischen Wochenschrift *Der freie Arbeiter* nicht umhin, in einer »Nachschrift« zu bemerken, sie sei trotz aller Anerkennung seines Engagements und seiner Leistungen für die gemeinsame Sache »mit dem Weg nicht einverstanden«, den Kisch »jetzt eingeschlagen hat«.[537]

Kisch hingegen rechtfertigte seinen Austritt aus der Redaktion mit der angeblichen Sorge ›einzelner Genossen‹, »daß die so heftig eingesetzte gegnerische Agitation die Angriffe gegen meine Person diesmal mit besonderer Wirkung auf unsere ganze Sache ausdehnen könnte«; es handelt sich demnach um ein hehres, selbstloses Motiv, dem er nicht aus eigener Veranlassung folge, sondern allein um der »Sache« willen:

> So gehe ich denn. Die »Rote Garde«, Beilage zum »Freien Arbeiter«, die ich vom 1. November an geschrieben und redigiert habe, wird nicht mehr erscheinen. Sie hat ihre Pflicht getan, den Gedanken der sozialen Revolution in die Kasernen zu tragen, und ein vor kurzem entstandenes Soldatenblatt »*Der rote Soldat*«, Organ des Revolutionären Soldatenbundes[,] arbeitet in zielbewußter, vortrefflicher Weise für die Verbreitung und Vertiefung dieser Idee.[538]

Es ist nicht ohne Ironie, dass Kisch hier seine »soldatischen Genossen« und Leser »zum Abschied« ultimativ auffordert, gerade jenes Blatt »zu abonnieren«, das gegründet worden war, weil seine eigenen Artikel aus *Der freie Arbeiter* von den KP-Funktionären abgelehnt wurden – und zwar »hauptsächlich deshalb, weil sie zu ›journalistisch‹ waren und der üblichen Parteisprache entbehrten«, wie Hautmann berichtet: »Dieser *Rote Soldat* half sehr stark mit, die Differenzen zwischen der FRSI und der KPDÖ allmählich zu überwinden und das VB 41 auf die Linie der Kommunistischen Partei zu bringen«, während die Rote Garde noch im November/Dezember 1918 unter dem Einfluss nicht der KPDÖ, sondern der FRSI gestanden war.[539] An diesem Beispiel zeigt sich, welche Verrenkungen ideologische Linientreue bewirken konnte – Verrenkungen, die nur mit dem Pathos und dem Zweckoptimismus des Abschieds zu verdecken waren:

> Und nun muß geschieden sein. Von einer Zeit, in der ich so glücklich war, keinen anderen Beruf als meine Gesinnung haben zu können. Und von der politischen Arbeit, die mich erfüllt hat. Und von Euch, Genossen, die ich geliebt habe und die mich geliebt haben. Unsere Sache steht gut! Wenn sie aber je schlecht stünde, würdet Ihr mich wieder an Eurer Seite finden. Dann könnt Ihr auf mich zählen. / Nein, Ihr könnt *immer* auf mich zählen![540]

Unbeirrbar hielt Kisch an der (Auto-)Suggestion größter politischer Standhaftigkeit fest. Eine habituelle Voraussetzung dafür benannte Robert Musil wenige Wochen später, indem er dem ehemaligen Mitarbeiter im Kriegspressequartier Arne Laurin über dessen ehemaligen KPQ-Kollegen und Landsmann Kisch nach Prag berichtete:

> Er hat einmal zu meiner Frau über irgend einen Tratsch im [Café] Herrenhof geklagt und meine Frau erwiderte ihm darauf: »aber Sie sind doch dabeigesessen, ohne fortzugehn.« – »Ja«, sagte er, »aber ich bin feindselig sitzengeblieben.«! – Ich finde diese Naivität ebenso echt dort, wo er »zu beschäftigt« ist, um sitzen zu bleiben; es gelingt ihm ebenso ehrlich freundselig abwesend zu bleiben wie feindselig anwesend zu sein.[541]

Wahrscheinlich bedurfte es tatsächlich auch einer gewissen Naivität, um als Intellektueller im dogmatischen Umfeld der Kommunistischen Partei bestehen zu können. Kisch trat nämlich weiterhin, durch den am 26. Mai 1919 erfolgten FRSI-Anschluss an die KPDÖ[542] jetzt offiziell auch deren Mitglied, im linksextremen Umfeld auf. Gleichwohl scheint er sich an den kommunistischen Parteifunktionären, die so wenig Sinn für sein freigeistiges Schreiben aufbrachten, gerächt zu haben: So kritisierte er im Dezember 1919 auf dem dritten Parteitag der KPDÖ, an dem er »als Delegierter der Soldatengruppe« teilnahm, dass *Die Rote Fahne* »weder kommunistisch noch aktuell sei und dadurch in der Öffentlichkeit überhaupt keine Beachtung errege.«[543] Die Kritik traf das nun unter anderem von Franz Koritschoner verantwortete *Zentralorgan der Kommunistischen Partei Oesterreichs (Sektion der Kommunistischen Internationale)*, wie der Untertitel verrät, das am 26. Juli 1919 von *Die soziale Revolution* eben zu *Die Rote Fahne* umbenannt worden war. Kisch, der mit seinem Wechsel zu *Der Neue Tag* in seiner bisherigen Redaktion des *Freien Arbeiters* so ›freundselig abwesend‹ war, dürfte sich mit dieser Wortmeldung eines ›feindselig Anwesenden‹ unter den Parteigenossen nicht nur Freunde gemacht haben. Gedankt wurde ihm hingegen für seine nachdrückliche Abonnementsempfehlung vom Organ des Revolutionären Soldatenkomitees *Der rote Soldat* selbst, indem dort bereits am 26. April 1919 gegen die Kisch-Verächter unter den Kommunisten zu lesen war: »Wir sind [...] überzeugt, daß wir Genossen Kisch, mit dem wir zwar nicht in allem übereinstimmen, aber den wir entgegen allen Verleumdungen als begeisterten und mutigen Genossen kannten, bald wieder im gemeinsamen Kampf finden werden.«[544]

Was Kischs Gastspiel bei der relativ kurzlebigen Tageszeitung *Der Neue Tag* betrifft, so war es von noch kürzerer Dauer: Bereits am 21. Juni 1919 berichtete er seiner Mutter, er »habe selbst gekündigt, war politisch zu exponiert, man hat mich schweren Herzens ziehen lassen. Ich aber bin *leichten* Herzens gegangen, meinen Lebensunterhalt werde ich mir durch Artikel schon erwerben, um so mehr als ich jetzt wieder bescheiden lebe.«[545] Offenbar bereitete Kisch die anhaltende Polemik gegen seinen Redaktionswechsel, den man ihm als Gesinnungswechsel auslegte, anhaltende Probleme, wie er am 1. August wiederum der Mutter schrieb:

> Allerdings ist es wahr, daß ich seelisch in einer Depression bin, wie ich's schon seit Jahren nicht mehr war. Das hat viele Gründe. Vor allem kränkt mich mein seinerzeitiger Austritt aus dem politischen Leben und die Folgen vor mir und den anderen. [...] Ich stand nun einmal im Vordergrund der Ereignisse, und die Beobachtung und Bekrittelung meiner Person hat durch den Austritt sich nicht vermindert, mir die Ausübung der Journalistik erschwert, mein Leben kompliziert.[546]

Von allen sozialrevolutionären Schriftstellern des November 1918 hatte sich Kisch am weitesten in die Arme des Parteikommunismus begeben, und sie ließen ihn nicht mehr los – obwohl er dort mit dem Vorwurf des unzuverlässigen Dichters leben musste. Am 5. Juni 1920 zog er nach Prag, am 26. November 1921 schließlich nach Berlin[547] und wurde zum weltbekannten ›rasenden Reporter‹, als den er sich allerdings selber niemals sah. Nach Wien sollte er nur noch als Vortragsreisender kommen, und das eher selten,[548] wozu auch ein 1932 aus politischen Gründen verhängtes Einreiseverbot beitrug.[549]

Die weiteren exponierten literarischen Revolutionäre Wiens sollten zwar zumindest bis in die dreißiger Jahre in der österreichischen Hauptstadt bleiben, haben sich jedoch in unterschiedlicher Weise von ihrem sozialrevolutionären Engagement wegbewegt: Franz Werfel wurde zum gemäßigt konservativen Erzähler, Franz Blei zum scharfsinnigen, politisch kaum fixierbaren Essayisten und Albert Paris Gütersloh ist neben seiner zunächst expressionistischen, dann aber zunehmend eigenwillig-manieristischen Dichtung vor allem als Maler, Lehrer und Wegbereiter der Wiener Schule des Phantastischen Realismus in Erscheinung getreten. Nur Leo Perutz engagierte sich weiterhin sozial, so schon 1919 kurzzeitig in verschiedenen Räten und in der Gewerkschaft.[550]

Ganz andere Schicksale waren denjenigen Wiener Sozialrevolutionären beschieden, die keine schriftstellerischen oder künstlerischen Interessen im engeren Sinn verfolgten: Leo Rothziegel etwa sollte nach Ausrufung der ungarischen Räterepublik am 21. März 1919 mit 1200 freiwilligen Wiener Rotgardisten für Bela Kuns Regierung in den Krieg ziehen, wo er in einer Schlacht mit rumänischen Truppen am 22. April tödlich verletzt wurde.[551] Peter Waller gründete Ende 1926 eine Kompanie von »Wardanieri«, mit denen er ein »Reich Mora« im Morgenland suchen wollte. Dieses Reich – so der kuriose Plan – sollte mit Arbeitslosen aus Österreich und den ehemaligen Kronländern errichtet werden. Waller selbst bezeichnete sich als »Wodosch der Warden« und verkündete in der Lobau bei Wien vor den künftigen Auswanderern eine Heilslehre. Seine Anhängerschaft erreichte zeitweise die Zehntausende und erstreckte sich bis nach München, ja sogar bis Luxemburg. Im Mai 1928 startete eine Gruppe von 140 abenteuerlich uniformierten »Wardanieri« mit ihren Familien nach einem Bittgottesdienst in einer Kirche am Wiener Stadtrand zu Fuß über die Alpen Richtung Tarvis; ihr Ziel war Abessinien. Nach wochenlangen Märschen wurde der erschöpften Gruppe aber die Einreise nach Italien verwehrt. Es kam zu Tumulten, die frustrierten Menschen wurden in ihre Heimatorte zurückgeschickt. 1934 versuchte Waller in Ecuador vergebens einen anderen geeigneten Platz für seine »Wardanieri« zu finden. Nach der Auflösung der Bewegung zog er sich 1935 als »Großfürst in Pension« zurück, um dann 1938 in einem Brief an die deutsche Reichskanzlei Adolf Hitler eine Leibwache vorzuschlagen, die aus Manabi-Indianern, Ureinwohnern Ecuadors, bestehen sollte. Nach dem Zweiten Weltkrieg war Waller als Gutsverwalter und später bis Mitte der 1950er-Jahre als Bürogehilfe eines deutschen Verlags in Wien tätig.[552]

Und Franz Koritschoner schließlich, ein kurzzeitiger Antipode Kischs unter den Kommunisten, der bis 1924 dem Zentralkomitee der KPDÖ – später KPÖ – angehörte, engagierte sich zeitweilig als Redakteur der von Kisch kritisierten *Roten Fahne*. 1928 entsandte ihn die KPÖ nach Russland, wo er am 1. September 1936 denunziert, aufgrund angeblich terroristischer Akte und Mitgliedschaft in einer konterrevolutionären Organisation verhaftet und aus der Partei ausgeschlossen wurde. Wegen antisowjetischer Agitation verurteilte man ihn zu acht Jahren Freiheitsstrafe. Das Urteil wurde am 5. Oktober 1940 vom Obersten Gericht der UdSSR aufgehoben und durch Landesverweisung ersetzt, was die Sache nicht besser machte: Stalins Schergen übergaben ihren Gesinnungsgenossen Koritschoner den verbündeten nationalsozialistischen Behörden. Er kam als Sonderhäftling in Gestapo-Gewahrsam nach Wien. Am 7. Juni 1941 wurde Franz Koritschoner ins KZ Auschwitz überstellt, wo man ihn am 9. Juni 1941 ermordete.[553] Die Ideale, Ziele und Hoffnungen all dieser Revolutionäre des Jahres 1918 waren längst verraten.

TEIL II

Die ›österreichische Revolution‹ im Spiegel der Literatur

Spätestens seit Hayden Whites Arbeiten zur Poetologie der Geschichtsschreibung, die er in zahlreichen Studien entworfen und in seinem bekanntesten Buch *Metahistory* exemplarisch für das 19. Jahrhundert ausgearbeitet hat,[1] ist die Tatsache der konstitutiven Poetizität jeglicher erzählenden Gestaltung geschichtlicher Zusammenhänge in das Bewusstsein der Historikerzunft getreten. Geschichtsschreibung – so White – sei notwendig narrativ, selbst wenn sie vorgibt, es nicht zu sein; sie unterliege als sprachliche Darstellungsform automatisch poetologischen Kategorien.[2] Whites These der sinngenerierenden »narrativen Modellierung« (*emplotment*) von Geschichte durch die Historiografie[3] bedarf gar nicht des als schematisch kritisierten Postulats vierer Erzählweisen in der Geschichtsschreibung des 19. Jahrhunderts – Romanze (Michelet), Komödie (Ranke), Tragödie (Tocqueville) und Satire (Burckhardt)[4] –, um Evidenz zu entfalten. Wie immer man zu der umstrittenen Theorie des *Geschichts*theoretikers White stehen mag – für eine literaturwissenschaftliche Annäherung an die zahlreichen ›protoliterarischen‹ und literarischen Texte über die österreichische Revolution von 1918 ist die ›tropologische‹[5] Herangehensweise ausgesprochen anregend. Sie lädt dazu ein, den literarischen Ursprung historischer Narrative zu untersuchen, die bis heute im Umlauf sind. Mehr noch: Wenn man die unterschiedlichen Gattungen und hervorragenden Einzelexemplare literarischer Revolutionsdarstellung Revue passieren lässt, dann kann man die allmähliche Herausbildung und Verfestigung des Klischees von der österreichischen Revolution als ›unernster‹ Posse oder gar Operette, das auch von manchen Historikern bedient und verbreitet worden ist, aus der Nähe beobachten. Die im Folgenden vorgestellten Texte werden stets unter dem leitenden Gesichtspunkt ihrer Gestaltung der Wiener Revolution bzw. ihrer Darstellung von Umständen und Ereignissen aus dem Umfeld des politischen Umbruchs betrachtet. Andere, zum Teil wichtige, Aspekte bleiben deshalb notwendig unbeleuchtet.

»Ein Bastard aus Wiener-Strizzitum und jüdisch-demagogisch-bösartiger – Activisten Wirrköpferei«. Revolution im Tagebuch (Arthur Schnitzler und Leopold von Andrian)

Robert Musil bezeugte in seinem *Revolutionstagebuch* am 2. November die damals herrschende Unklarheit und Unsicherheit der Situation: »Abends das Gerücht verbreitet, daß zehntausend italienische Kriegsgefangene gegen Wien ziehen. Fräuleins Röhrich packten schon.«[6] Um wen immer es sich dabei handelt – offenbar wusste niemand, was sich in nächster Zukunft noch alles ereignen konnte. Einen genaueren Einblick in die damalige Informationslage erhält man, wenn man die minutiös geführten Diarien Arthur Schnitzlers konsultiert, die aus der unmittelbaren Perspektive des Zeitgenossen Tag für Tag die sich überstürzenden Ereignisse verzeichneten, ohne in ihrer »segmentierte[n] Entstehung«, »Unabgeschlossenheit und Offenheit der verwendeten Formen« – so Sibylle Schönborns Bestimmung von Gattungsmerkmalen des Tagebuchs[7] – über die distanzierte Sicherheit und den souveränen Überblick der Nachgeborenen zu verfügen. Ergänzt werden sie durch Notizen und Tagebucheinträge Leopold von Andrians, die ideologisch aus konträrer Perspektive erfolgten. Um den ständigen Wechsel der Befürchtungen und Erwartungen der Schriftsteller nachzeichnen zu können, muss man mit Eintragungen aus dem Oktober 1918 beginnen. So notierte Schnitzler anlässlich eines gemeinsam mit seiner Frau Olga bei Josef Popper-Lynkeus gemachten Besuchs am 11. Oktober: »Er sieht die Zukunft, besonders Wiens, und ganz besonders der Juden ganz schwarz.«[8] Mit Letzterem sollte der Sozialphilosoph und Schriftsteller in damals noch gar nicht vorstellbarer Drastik Recht behalten. Zwei Tage später berichtete Schnitzler über seinen Freund Leo Van-Jung: »Leo brachte alarmierende Nachrichten, wohl übertriebene Gerüchte. Als charakteristisch sei die dumme Anekdote erwähnt, dass im Cottage [wo auch die Schnitzlers wohnten, N.C.W.] die jüdischen Häuser für bevorstehenden Pogrom mit Todtenköpfen bezeichnet seien (unsichtbar für die Besitzer und Bewohner!).«[9] Die antisemitischen Exzesse, die zwanzig Jahre später real werden sollten, werden hier imaginär vorweggenommen, was auf die um das Kriegsende extrem aufgeheizte Stimmung schließen lässt – sowohl unter den als Juden diskriminierten Bewohnern Wiens wie unter ihren Verächtern.

Auch vor einer sozialen Revolution hatte nicht nur die jüdische, sondern ganz allgemein die bürgerliche Bevölkerung massive Ängste, wie ein Eintrag zum 14. Oktober zeigt:

> Lili v. Landesberger [Olga Schnitzlers Freundin, N.C.W.] bringt beunruhigendes. Der Ernährungsminister [Ludwig] Paul hat dem Praesidenten L.[andesberger] gegenüber gesprochen, als hielte er eine Revolution in diesem Winter für unausweichlich. – Gerty, Lilis Schwester, in Verbindung mit einem Führer der Berliner Revolutionäre, will wissen, daß hier eine organisirte Revolution für unmöglich gehalten wird, umsomehr sei die unorganisirte zu fürchten. Höchst plausibel. Die innern Zustände total unhaltbar. Regierung machtlos;– Verwaltung kopflos. Die Villenviertel, insbesondre Cottage wären natürlich vor allem gefährdet. Olga verfällt in eine wahre Revolutionspsychose.[10]

Es ist aus heutiger Sicht kaum zu vergegenwärtigen, wie massiv die Furcht vor einer sozialen Revolution beim damaligen jüdischen Wiener Bürgertum war, das alles – insbesondere auch die gesellschaftliche Errungenschaft der Assimilation – zu verlieren fürchtete. Am 8. Oktober hatte Schnitzler ja schon gemutmaßt: »Anfänge des Bolschewikismus?«;[11] und am 16. Oktober berichtete er wieder von einem Gespräch mit Popper-Lynkeus:

> Über die neuen Wilsonschen Bedingungen; seinen Willen, Deutschland zu demütigen – Wahrscheinlichkeit, daß die Hohenzollern gehn. Auflehnung in Deutschland – wird es doch zu dem »Freiheitskrieg« kommen den ich vorhersagte?– Zustände in Böhmen. Die Republik so gut wie proclamirt.– Anzeichen des Bolschewikismus. – Und hier?– Im November soll es mit dem Getreide vorbei sein. Schurkerei der Bauern. Machtlosigkeit der Regierung.– Die Weiber beim Anstellen: »Wir wissen schon, wo was zu holen ist… Hietzing – Cottage… Wenn unsre Männer zurückkommen –!« Die Ententefreunde in Deutschland und bei uns. – Es war beinah rührend, wie der alte Popper, und seine alte Wirtschafterin, beide krank zu Bett – ich saß zwischen ihnen – über das Renegatenvolk loszogen, das die Vernichtung Deutschlands wünscht![12]

Aus diesen und weiteren Notaten spricht abwechselnd Resignation und Empörung, stets aber totale Verunsicherung: »Morgen soll der Bundesstaat proclamirt werden; und alle Nationen sind dagegen. Wohin steuern wir?«[13] Die vollkommene Ahnungs- und Ratlosigkeit Schnitzlers über die weitere Entwicklung wird nur durch seine Ablehnung der ihm allzu einseitig erscheinenden Position des Karl Kraus kurzzeitig in den Hintergrund gedrängt:

> Lese Nm. die neue Fackelnummer. Bei aller Begabung bleibt Karl Kraus eine durchaus widerliche Erscheinung. Trotzdem er in vielem was er sagt recht hat, ein Verläumder schon dadurch, daß er so vieles verschweigt – was er weiß. Er weiß nur von jüdischen Kriegsgewinnern und Wucherern; – und Deutschland scheint, wenn man ihn liest, nicht nur allein Schuld an diesem Kriege zu tragen;– es hat überhaupt den Krieg erfunden.[14]

Schnitzlers sarkastische Bemerkungen bezeichnen eine Haltung, welche durch die Einseitigkeit ihrer Anklagen deren Triftigkeit gleich wieder desavouiert und den Grund, von dem aus argumentiert wird, als sakrosankt erachtet. Eine solche über allen Legitimationszwängen stehende Instanz, die gleichwohl mit den niederen Ressentiments des Publikums liebäugelt, kann Schnitzler keineswegs akzeptieren – weiß er doch, wen der einmal losgelassene ›Volkszorn‹ mangels der öffentlichen Sichtbarkeit von Schuldigen an der Misere treffen wird; am 19. Oktober notiert er: »Voraussichten, Möglichkeiten von Unruhen in Wien. Julius räth, einzelnes in Sicherheit zu bringen. Welche Zeit!– […] Kinder, mit Ruthen, am Türkenschanzpark, im Takt schlagend: ›Noch ein Jud – noch ein Jud.‹«[15]

Und die allgemeine Lage wird nicht besser, wie der Eintrag zum 21. Oktober belegt: »Furchtbare Stimmung in Wien; schlimmste Erwartungen.«[16] In politischer Hinsicht gibt es gar keine Hoffnung mehr: »Wilson's Antwort an Oesterreich Ungarn; dilatorisch-hinterhältig.– Es ist klar, er will die Revolution.–«[17] Jene Revolution, vor der Schnitzler und seine Freunde sich aus sozialen und ideologischen Gründen so fürchten müssen. Zwar glaube Richard Beer-Hofmann »nicht an angesagte Revolutionen;– wenn aber, fangen sie im Cottage an, und die Hesser (in den Baracken) plündern mit«; so bleibt den bürgerlichen Schriftstellern jüdischer Herkunft nur, »Verhaltensmaßregeln für den Fall der vorherzusehenden Hungerrevolten« zu besprechen, wie es am 23. Oktober heißt.[18] Am darauf folgenden Tag notiert Schnitzler über »Wilsons Note« nach Berlin: »im Grunde verlangt er Deutschlands Capitulation. Ich war tief bedrückt.«[19] Doch hat der deutsche Kaiser Wilhelm II. am 26. Oktober »noch immer nicht abgedankt«, während Schnitzler in seiner Wiener Bank »Erkundigungen« zum ausgegebenen »Notgeld« einholt und außerdem erfährt, wie schlimm die deutschen Truppen in den besetzten Gebieten gewütet haben, was ihn aber nicht sonderlich beeindruckt: »Aber hätten die anderen in Feindesland besser gehaust?«[20] Mehr als die Kriegsverbrechen der Mittelmächte beschäftigen den Schriftsteller die bestehenden »Revolutions- und Plünderungsmöglichkeiten«, über die er am 27. Oktober wieder »Enervantes« vernimmt.[21]

Dass in dieser unklaren Lage die seltsamsten Vorstellungen gedeihen konnten, zeigt Schnitzlers Eintrag vom 28. Oktober über ein Gespräch mit dem Ehepaar Bahr und Egon Friedell: »Bahr redete geistreich-albernen Unsinn. Z. B. für Erhaltung der Dynastie – damit die Amerikaner eine Sehenswürdigkeit mehr in Europa haben (der Papst und der letzte Monarch –); über die Gestaltung der Zukunft in Wien – Wohlfahrtsausschuß unter Weiskirchner [d. i. der damalige christlichsoziale Wiener Bürgermeister, N.C.W.], dann Bolschewikismi, Pogroms u. s. w.«[22] Abgesehen von den ins Fantastische gehenden Ausführungen des alten Bekannten und Kollegen – ›Freund‹ wäre bei dieser alles andere als spannungsfreien Beziehung wohl zu viel gesagt – vernimmt Schnitzler »aus dem Auswärtigen Amt […] Nachrichten von den Prager und Budapester Unruhen« sowie von »der Parlamentsaufregung anläßlich der oesterr.[eichischen] Separatfriedensbitte«, die noch am 29. Oktober zur Empörung des Journalisten Hugo Ganz über »Oesterreichs Treulosigkeit« führt.[23] Am nächsten Tag schließlich überschlagen sich die Ereignisse: »Nachrichten, daß der Nationalrath heute die deutsch-oesterr.[eichische] Republik proclamiren wird. Ferner, daß das Kaiserpaar am Ballhausplatz mit Hochrufen begrüßt wurde. Ferner daß für heute ein

Pogrom im 2. Bezirk erwartet wird. Weltgeschichte in Wien!– [...] Wie ich eben die Worte schreibe [...] kommt O.[lga]: die Republik sei bereits proclamirt (was sich als nicht ganz zutreffend herausstellt).«[24] Die erhältlichen Informationen sind so beängstigend wie verwirrend, weil vollkommen widersprüchlich, sodass Olga Schnitzler die familiären »Silbersachen auf den Boden« in vermeintliche Sicherheit bringt.[25]

Am 31. Oktober findet Schnitzler die »Berichte über die gestrige Sitzung des Nationalrats« »irgendwie beruhigend.«[26] Die Lockerung bzw. faktische Aufhebung der Zensur erlaubte es zudem, das bis dahin in Österreich-Ungarn verbotene sozialkritische Drama *Professor Bernhardi* (1912) zu spielen, was der Volkstheaterdirektor Alfred Bernau »sobald als möglich« plane und tatsächlich sofort – nämlich noch im Dezember 1918 – realisiert hat.[27] Es handelt sich immerhin um die erste Aufführung des antisemitismuskritischen Stücks in Wien; Schnitzler quittiert diese für ihn nach dem sechsjährigen Verbot des Dramas äußerst positive Nachricht mit den sarkastischen Worten: »Erfreulich – aber etwas kostspielig: Weltkrieg und Revolution,– damit – diese Aufführung in Wien möglich wird!«[28] Da stehen Ursache und Wirkung in keinem angemessenen Verhältnis mehr, zumal der Autor von seinem Freund Felix Salten erfährt, dass der junge Kaiser die politisch-ökonomische »Situation noch immer nicht eigentlich versteht« und die »Sicherheitsverhältnisse, besonders [im] Cottage«, sehr beunruhigend seien: »Das Militär von der Front, Arbeitslose, Hunger, Mob« würden drohen; angesichts zahlreicher Versammlungen »von Cottage Villenbesitzern« und »Sicherheitsberathungen« sowie der grassierenden ›komischen‹ Berichte über Nachbarn, die ihre »Bilder im Thurm einer Kirche in Sicherheit bringen« wollen, erwägen die beiden Schriftstellerkollegen »allerlei«, doch versucht Schnitzler sich selbst zu kalmieren: »Je besorgter die andern werden, umsoweniger bin ich geneigt, all diese furchtbaren Möglichkeiten zu glauben.«[29] Zumindest zu seinen Lebzeiten sollte er damit Recht behalten, dem sezierenden Analytiker des österreichischen Antisemitismus ist das Schlimmste erspart geblieben.

Am 1. November, dem Tag der Gründung der Wiener Roten Garde, notierte er wieder besorgter: »Die Zeitungsnachrichten beunruhigend: Eine ziemlich bolschewiskotische Rede im Soldatenrath [gemeint ist offenbar die aufpeitschende Rede des ›Korporals Haller‹, über die oben ausführlich berichtet wurde, N.C.W.]. Plünderung in Budapest. Ermordung Tiszas [d.i. István Tisza, der als Ministerpräsident Ungarns 1903 bis 1905 und 1913 bis 1917 ein führender Politiker der Donaumonarchie war, N.C.W.].«[30] Zwar seien die »Unruhen« in Wien »noch mäßig«, doch wurde kolportiert, die Engländer »seien in Triest und Laibach« einmarschiert, während die geschlagenen österreichisch-ungarischen Truppen sich anschickten ›zurückzufluten‹,[31] was angesichts der unter den Soldaten herrschenden Frustration ebenfalls als besorgniserregend gelten konnte. So überrascht es nicht, dass Felix Salten mit seinen »Kindern, wegen der bevorstehenden Gefahren, in eine weniger bedrohte Gegend«

übersiedeln wollte und der Familie Schnitzler »dringend dasselbe« nahelegte, wodurch die Ehefrau Olga »in Aufregung« geriet und Arthur sie mahnen musste, »nicht den Kopf zu verlieren.«[32] Dies war nicht so einfach in einer Situation, die sich dem Diaristen selbst völlig chaotisch präsentierte:

> Frühblätter meldeten, Engländer in Triest;– Gerücht Mittag in Triest, um 7 in Wr. Neustadt. Aufathmen. Ich äußere Zweifel. Warum nicht, findet man;– per Auto –?!– (All das ernsthaft!–) Ich sage: dies war der Krieg: zwischen zwei Stimmungen – im October 1914 Angst, die Russen kämen;– Nov. 1918 Hoffnung auf die Engländer!– S.[alten?] teleph.[oniert] ins Büro;– von den Engländern keine Spur; hingegen schlimmste Revolution in Budapest.– Aber – ob die Italiener nicht kommen – und dies das Gerücht erklärt? (fragt S.–) – Leo [Van-Jung?] erzählt von der sich bildenden jüdischen Garde, die auch ihre »speciellen Lieblinge bewachen werde«. – Schmidl versucht auch zu beschwichtigen. S.[alten?] übernuancirt, übertreibt, nach seiner Art... Wie er weg ist, hat O.[lga] geradezu einen Anfall; morgen will sie mit Lili in die Beethovengasse (wo wir ohnehin einiges hinschaffen). Sie bleibt unberuhigbar.[33]

Die seltsame Wortschöpfung »unberuhigbar« ist eine treffende Bezeichnung für die verunsicherte jüdisch-bürgerliche Bevölkerung, die ihr Silber zu vergraben sich anschickte.[34] Von Abraham Sonne (d. i. Avraham Ben Yitzhak, N.C.W.) erfuhr Schnitzler an diesem ereignisreichen Tag über die Vorbereitungen zu einem »jüd.[ischen] Nationalrath«, der sich angesichts der allenthalben lauernden Gefahren des Antisemitismus in Wien »constituiren« werde und zu dessen Unterstützung der Autor sich aufgefordert sah; er setzte dem österreichisch-jüdischen Lyriker, Literaturkritiker und Gelehrten deshalb seine kulturpolitischen »Ansichten auseinander – als oesterr.[eichischer] Staatsbürger jüdischer Race zur deutschen Kultur [s]ich bekennend.«[35] Die große Not der Bevölkerung sowie der damit spekulierende Wucher wird in einer beim Tee vernommenen Erzählung Paul Schotts deutlich, die »von den Volkscenen am Tag der Constituirung des Nationalraths, vor dem Landhaus« berichtet: »Während der Begeisterung – Reden vom Balkon herab – flüstert ihm einer zu: Brauchen Sie Mehl.«[36]

Am 2. November schließlich gibt Arthur Schnitzler dem psychischen Angstdruck selber nach: »N[ach]m.[ittag] packen wir etliche Koffer. Wenn wir doch auf diese Tage bald wie auf einen bösen Traum zurücksehn könnten!«[37] In einem benachbarten Haus findet wieder eine »Berathung einiger Villenbesitzer über Sicherheitsmaßnahmen« statt, doch »kam nicht sehr viel heraus«.[38] Gleichzeitig erfährt Schnitzler davon, dass die sich um die Zukunft des Burgtheaters streitenden Kollegen Hermann Bahr und Leopold von Andrian-Werburg »ihre Angelegenheiten dem [Wiener] Cardinal [Piffl] vor[tragen]; was nicht hindert, daß B.[ahr] nun ins nationalrätlich-sozialdemokratische segelt.«[39] Der Diarist kommentiert die nicht nur ideologische Wendigkeit des ehemaligen Förderers und Konjunkturritters sarkastisch: »Morgen wird er Bolschewik sein.«[40] Die Pläne der Familie Schnitzler, Wien zu verlassen, werden am 3. November von den sich überstürzenden Nachrichten allerdings durchkreuzt:

> Alarmierender Aufruf des Nationalrats, wegen der drohenden Gefahren; dazu allerlei Notizen und Telegramme: Gerüchte (z. B. von 12000 ausgebrochenen ital.[ienischen] Gefangnen Anmarsch auf Wien, zugleich dementirt);– O.[lga] völlig aus der Fassung, telefonirt wegen Pässen – frägt wegen Bahnverkehr an;– will in die Schweiz, nach Bayern;– beruhigt sich allmälig ein wenig.– Das gefährlichste, fast unmöglich wäre jetzt eine Reise.[41]

Julie Wassermann, die Frau des Schriftstellerkollegen Jakob Wassermann, berichtet am Abend des 3. November »komisch von ihrer Fahrt nach Tulln« am Vormittag: »[E]in Offizier kam ins Coupé, warnte die Damen: 30.000 Gefangene ausgebrochen, plündern… etc… die Damen ergreifen [sic] fluchtartig das Coupé«.[42] Dies ist aber nicht die einzige Revolutionsgeschichte, die Schnitzler an diesem Abend vernehmen sollte; signifikanter noch für die damals herrschende Atmosphäre ist wohl die folgende, die der Wiener Maler Josef Engelhart erlebt haben will und die Schnitzler wie ein kleines Dramolett notiert:

> Aus dem Anstandsort [d.i. die Bedürfnisanstalt, N.C.W.] Schwarzenbergplatz tritt, noch mit der Ordnung der Toilette beschäftigt, ein Bürger – in dem Moment kommt eine Schar mit rother Fahne vorüber. Der Bürger… ganz paff – Ja, was is denn –? Ein andrer zu ihm: Ja, sehns des nicht? Umsturz is!– Der erste (immer ordnend): Was is –? Umsturz? Der andre. Na ja. Umsturz. Der erste: Was denn für ein Umsturz?– Der andre: Na Umsturz halt – mehr waß i a ned. Schönherr folgert daraus, dass in Wien kein Boden für Bolschewikismus!–[43]

An solchen vorderhand unscheinbaren Anekdoten zeigt sich bereits die literarische Fruchtbarkeit des revolutionären Stoffes, der in seiner Wiener Variante meist ins Komische tendiert und nicht nur eine Vielzahl von unterhaltsamen Einzelszenen voller Absurdität hervorbringt, sondern zudem die mental angeblich fehlende Revolutionstauglichkeit der Wiener Bevölkerung – bald ein stehendes Motiv – anschaulich in Szene setzt.

Doch am 4. November schlägt dann politisch unerwartet eine Bombe ein: »Waffenstillstand. Ungeheuerliche Bedingungen Italiens. Oesterreich Aufmarschgebiet gegen Deutschland. Tirol bis Brenner an Italien.«[44] Schnitzlers diarische Notierfreude lässt angesichts der dramatischen Ereignisse merklich nach und beschränkt sich auf das knappe Registrieren wichtiger Tagesvorfälle. Am 5. November berichtet er von einem erneuten Gespräch mit Popper-Lynkeus, das unter anderem über »die Entente Bedingungen« geführt wird, aber auch über die bisherigen Herrscher: »Daß der deutsche Kaiser noch nicht abdankt, habe darin seinen Grund (erzählt ein von Berlin kommender), daß die Generäle ihn für diesen Fall mit dem Tod bedrohen.«[45] In Wien hingegen ist Felix Salten mittlerweile in die innere »Stadt gezogen« und scheint am 6. November »etwas beleidigt« zu sein – so Schnitzler augenzwinkernd –, »daß im Cottage noch immer nicht geplündert wird«.[46] Daran kann auch der »Einmarsch der Bayern in Tirol« wenig ändern, genauso wie die kursierenden Gerüchte über »Wahrscheinliche Packeleien des Kaisers mit der Entente.«[47] Um die enorme allgemeine Verunsicherung zu veranschaulichen, eignet sich ein Blick in Leopold von Andrians Notizheft aus dieser Zeit, worin der dezidiert monarchistische Autor und damalige Generalintendant der k. k. Hoftheater zum 6. November 1918 über einen Besuch beim letzten k. k. Finanzminister Josef Redlich festhält:

> Aufgeregt, Katastrophenstimmung, aber unklar. Für den 12ten befürchtet er Putsch der Socialisten, die die Macht an sich zu reißen versuchen werden. Die hiesigen Soc.[ialdemokraten,] auch die orthodoxen, scheinen von ihrer Evolutionsthese abgekommen zu sein, u.[nd] aus Angst vor den Radikalen, eine sofortige Durchsetzung ihres soc.[ialistischen] Programmes versuchen zu wollen. Sie sind jetzt auch für Anschluss an Deutschland um größeres socialis.[tisches] Propagandafeld u.[nd] Machtgebiet zu haben. [...] Im Auftrage der Nationalversammlung werde in Salzburg in Kais.[erlichem] Schloss beschlagnahmt. Redlich glaubt, der K.[aiser] werde abdanken müssen. Möglichkeit für Dynastie: Ezhg. Eugen Regent u.[nd] Vormund des Kronprinzen, so kann man vielleicht Deutsch-Oest.[erreich] gewinnen.[48]

Abgesehen von Andrians Überlegungen, wie man die Monarchie retten könne, ist an diesen Zeilen die bürgerlich-aristokratische Angst vor der Sozialdemokratie bezeichnend, die es ihm nicht erlaubte, sich ein realistisches Bild von deren Absichten zu machen. Insofern begrüßte er am 8. November »die Propaganda der Priester auf dem Lande, um sie [i. e. die Bevölkerung, N.C.W.] vor dem Socialismus zu warnen, dessen Theorien für die Bauern so schädlich. Arbeit erfolgreich, so dass günstige Ergebnisse für die Constituante [also für eine verfassungsgebende Versammlung, N.C.W.] zu erwarten.«[49] Doch lässt sich der monarchistische Autor dadurch noch nicht beruhigen: »Ich mache auf die Gefahr aufmerksam, dass Umsturzparteien nicht die Constituante abwarten, sondern mit Hilfe des bewaffneten Wiener Pöbels dem weniger organisierten Land eine Gewaltherrschaft aufzuoctroyiren versuchen könnten.«[50] Der Gedanke an die von Andrian hier nicht eigens erwähnte Rote Garde liegt nahe und wird in der Folge bestätigt. So unterstützt er den »Plan[,] die Front-Officiere bei Rückkehr zu einer Ordnungs-Partei zu verwenden«,[51] und trifft noch am selben Tag Franz Schmitz, den Direktor des Katholischen Volksbunds, über den er dann notiert:

> Begreift, wenngleich ohne Enthusiasmus, den Nutzen, im dynastisch-bürgerlichen Interesse auch mit Nichtkatholiken zu cooperiren – nur nicht mit Juden – ungern mit Aristokraten. – Wünschenswerthe Entscheidung über Monarchie hinausschieben, weil Stimmung jetzt nicht gut. [...] Seinen Informationen nach Arbeiter noch fast zur Gänze in der Hand der orthod.[oxen] social.[demokratischen] Parteileitung, die sehr gegen gewaltsamen Umsturz – schon deshalb[,] weil Adler u.[nd] Consorten als Erste auf der Proscriptionsliste (Hängen) der sogen.[annten] »Asiatiker« stehen. Rothe Garde ziemlich unschädlich gemacht, indem sie nun ein Bataillon der Volkswehr.[52]

Jetzt offenbar beruhigter resümiert Andrian abschließend über Schmitz: »Er repräsentiert eine Macht. Hat 30 000? organisirte, bew.[affnete] Leute hinter sich[,] die das Feld nicht kampflos räumen würden – im Fall eines social.[istischen] Putschversuches.«[53] Schnitzler hingegen verzeichnet am 8. November 1918 in politischer Hinsicht nur knapp: »Revolution in Deutschland (Kiel, Hamburg u. s. w.).«[54] Zum 9. November heißt es genauso kommentarlos: »Nachricht von der Abdankung Wilhelms; Ausrufung der Republik.«[55] Doch auch in Österreich sollte es mit der Vollendung des längst begonnenen Umsturzes nicht mehr lange dauern, wie der Eintrag zum 11. November bestätigt:

> Abdankung des Kaisers. Hohenzollern und Habsburg innerhalb drei Tagen.– Die furchtbar-unsinnigen Waffenstillstandsbedingungen der Entente an Deutschland. Sie überspannen den Bogen. Angeblich schon Verbrüderung der Arbeiter- und Soldatenräte an den feindl.[ichen] Fronten.– Zugleich mit der Nachr.[icht] von der Abdankung des Kaisers – die vom Tode Victor Adlers. Gott? Nein. Sudermann.–[56]

Ohne des blinden Patriotismus verdächtig zu sein, weiß Schnitzler um die kontraproduktive Wirkung der harten Waffenstillstandsbedingungen der Entente für Deutschland. In diesen Tagen werden die ersten Samen für späteres Unheil gesät. Die zufällige Koinzidenz zwischen der Demission des bisher allmächtig scheinenden Monarchen und dem Ableben des oppositionellen Parteiführers Victor Adler erscheint dem Autor freilich weniger als bedeutungsschwangere Schicksalsverkettung, vielmehr als billiger Theatereffekt, welcher der konventionellen Sensationsdramatik eines Hermann Sudermann entstammen könnte. Schnitzler begegnet an diesem denkwürdigen Tag sogar der »Escorte, die den Kaiser in Sicherheit [...] bringen soll«, ohne zu wissen, »wohin« dessen Reise gehe.[57] Mehr besorgt ihn allerdings »das Anwachsen der ›rothen Garde‹. Warum wählen sie diesen Namen? Als wenn der Polizeipraesident das Pseudonym Grasl annähme.–«[58] Und als ob nicht schon genug passiert wäre an diesem Tag, macht »Spät Abend« das »Gerücht von Clemenceaus Fall« die Runde sowie von »Poincarés Flucht«; anlässlich dieses gegenstandslosen Klatsches über den französischen Ministerpräsidenten und Präsidenten notiert Schnitzler lapidar: »Weltrevolution!«[59] Am geschichtsträchtigen 12. November ist es dann in Österreich auch offiziell soweit:

> National-Versammlung. Proclamirung der Republik. Zeitungen und tel.[efonische] Nachrichten. Schießerei, von der rothen Garde ausgehend. Albern-lausbübischer Streich: Besetzung der Neuen Fr.[eien] Presse – für ein paar Stunden. Diese r.[ote] G.[arde] scheint z.[um] Th.[eil] ein Bastard aus Wiener-Strizzitum und jüdisch-demagogisch-bösartiger – Activisten Wirrköpferei.– Charakteristisch: Der Gerty v. L.[andesberger?] tel.[efonieren] ihre Freunde schon vorher, daß ein Putsch bevorstehe; sie solle sich nicht fürchten.– / Ein welthistorischer Tag ist vorbei. In der Nähe sieht er nicht sehr großartig aus.[60]

Schnitzlers Sympathie für die Rote Garde im Allgemeinen und für ›Aktivisten-Wirrköpfe‹ à la Kisch im Besonderen – der Begriff des ›Aktivismus‹ wird hier ganz unspezifisch verwendet[61] – scheint nicht sehr groß gewesen zu sein, wie diesen Worten zu entnehmen ist. Auch er präsentiert die ›literatenhaften‹ Protagonisten der Wiener Revolution als provinzielle Schmierenkomödianten – durchaus in gewisser Analogie zu seiner Revolutionsgroteske *Der grüne Kakadu* (1899). Dass ihr Autor die Besetzung der Redaktionsräume der *Neuen Freien Presse* als ›albern-lausbübischen Streich‹ qualifiziert, entspricht der im ersten Teil dieses Buches referierten kritischen Sichtweise Friedrich Adlers und zeigt wenig Sinn für revolutionäre Symbolpolitik.

Ernsthafter war es ihm offenbar am 10. November während eines von ihm kolportierten Gesprächs mit Rosa Gußmann zumute, in dem er eine Reflexion »Über den Umsturz« anstellte: »Ich sehe noch keinerlei Anlaß zur Freude.– Staats*formen* bedeuten nichts, man zeige mir erst den oder die Menschen, auf die ich Hoffnung setzen dürfte,– in Deutschland – oder gar bei uns... Es sind ja doch dieselben, die vor 4 Jahren – vor 1 den Kaiser noch bejubelt haben und heute schreien: Hoch die Republik.«[62] Angesichts solch ernüchternder Einsichten scheint die neue Staatsform ihre Existenz gleich mit einer schweren Hypothek zu beginnen, die zusätzlich noch von einer unglücklichen Siegermentalität der Entente-Staaten verschärft wird. Der von Kaiser Karl kurz vor dem Ende der Monarchie zu spät und vergeblich proklamierte »Bundesstaat, den keiner will«,[63] war gleichsam über Nacht zur Republik geworden, die keiner wollte.

Einer der wenigen, die nach wie vor alles auf den Fortbestand der Monarchie setzten, war der zunehmend frustrierte Andrian, der seinerseits am 12. November notierte:

> Trübselige letzte Tage – sorgenvolle Nächte fortwährende Verschlechterung der Situation. Alle paar Stunden neue gravirende Nachrichten. Matrosenmeutereien in den Deutschen Nordseehäfen – dann maßloses Erstaunen über die Revolution in Bayern (Kurt Eisner) – dann die Abdankung Kaiser Wilhelms u.[nd] der Sieg der Revolution in Berlin, – dann die bolschewikischen Allüren des neuen social.[demokratischen] Régimes (Anschluss der bürgerl.[ichen] Parteien – keine Constituante etc.) – dann die Aufforderung des Staatsrathes an unsern Kaiser zurückzutreten – die schlechten Nachrichten über die Stimmung in Wien, die Zuchtlosigkeit u.[nd] Unverlässlichkeit der rothen Garde, die Furcht der Gemäßigten, das Stocken aller Militärorganisation außer der rothen Garde – das Telegramm des Staatsrathes an den Reichskanzler über den Anschluss an Deutschland, – der Verzicht des Kaisers auf die Regierungsgeschäfte u.[nd] die Abreise nach Eckartsau, – endlich heute die Proclamierung der Republik u.[nd] des Anschlusses an Deutschland.[64]

Der zuletzt zitierte Punkt betraf den Beschluss des Nationalrats, dass die neugegründete Republik Deutschösterreich an die ebenfalls neue deutsche Republik angeschlossen werden sollte, was dem Wunsch sämtlicher im Parlament vertretenen Parteien entsprach. Aus Andrians Sicht handelte es sich bei diesen Nachrichten ausschließlich um Hiobsbotschaften, wie der zunehmend verzweifelte großösterreichische Patriot in einer Reihe von weiteren Notizen deutlich macht:

> Die Todeszuckungen des Oesterr.[eichischen] Patriotismus – das Gefühl der wankenden materiellen Existenz – der bedrohten persönlichen Sicherheit – Möglichkeit des unerträglichen Régimes einer Tyrannei des bewaffneten Pöbels. Unter diesen Umständen vollzog sich gestern u.[nd] heute mein Rücktritt vom Amte [als Generalintendant der k.k. Hoftheater, N.C.W.] – zunächst als unbefristeter Urlaub.[65]

Trotz dieser existenziellen Ängste versuchte Andrian, sich in Zweckoptimismus zu üben, und verzeichnete in aller Bescheidenheit auch jene Gedanken, die ihn vor der gänzlichen Resignation bewahrten:

> Im Zusammenbruch aller übrigen Hoffnungen scheint es jetzt ein relatives Glück[,] wenn mitunter – minuten- oder stundenweise – bis zur naechsten schlimmen Nachricht die Überzeugung sich bei Einem festsetzt, dass wenigstens ein *bischen* [sic] Geld, ein bischen Möglichkeit, sein Leben zu leben, einem für die Zukunft übrig bleiben wird – 30 000 Kr.[onen] Rente scheint einem schon das Paradies! – Dass heute nur die Republik, aber *noch* keine socialistische proclamirt wurde, – dass man voraussichtlich ruhig nach Aussee oder Ischl wird gelangen – dort ruhig wird leben können[,] scheint einem fast das Glück![66]

Selbst seine katholisch-monarchistischen Pläne und Erwartungen scheint Andrian noch nicht ganz aufgeben zu wollen: »Auch der Cardinal [Friedrich Gustav Piffl, der Fürsterzbischof von Wien, N.C.W.], vorgestern, sieht schwere Prüfungsreihen voraus, – rechnet mit zeitweiliger Schließung der Kirchen, – wenn er auch an eine Rückkehr der Monarchie bei sich zu glauben scheint.«[67] Weder das befürchtete Erstere noch das erhoffte Letztere hat sich historisch bestätigt, sodass Andrian nur fünf Tage später, am 17. November 1918, in Bad Ischl in seinem Tagebuch eine Art persönlich-politisches Testament niederzuschreiben beginnt, das einer ausgreifenden patriotischen Selbstrechtfertigung und zugleich einer bitteren Anklage der neuen republikanischen Regierung gleichkommt; die Länge und das heterogene Themenspektrum des Textes verbieten es freilich, ihn hier vorzustellen.[68]

Während sich der enttäuschte Andrian also in das Salzkammergut zurückzog, kam Schnitzler einen guten Monat später in der Hauptstadt sogar persönlich in Berührung mit einigen Angehörigen der argwöhnisch beäugten, revolutionären Literatengruppe, als er sich am 22. Dezember »zu Frau Mahler-Gropius« – also der späteren Alma Mahler-Werfel – begab, wo Olga schon auf ihn wartete; zur dort versammelten Salongesellschaft hielt er fest:

> Werfel, Gütersloh, Blei und ein paar andre junge Leute von der äußersten Linken. Karpath. Bald nur Werfel und Karpath. W. sprach geistreich über Fritz Eckstein. Frau Mahler confus-fahrig. / – Mit Werfel fort, der etwas verworren nach seiner Art mir den Communismus zu erklären suchte, ohne selbst irgendwie überzeugt zu sein.– Aber man spürt immer in ihm den Menschen, den Dichter.–[69]

Dies klingt weniger besorgniserregend als frühere und spätere Tagebucheintragungen Schnitzlers, etwa jene vom 31. Dezember 1918, die angesichts der »Zeitungen mit den grauenhaften Nachrichten« unter anderem Folgendes festhält: »Marterung der Czarenfamilie vor Ermordungen; Posener Pogrom; – Bolschewistisches von da und dort; Kohlen- und Lebensmittelnöte«.[70] Auch im neuen Jahr lässt die Beunruhigung nicht nach: So diskutiert Schnitzler am 6. Jänner 1919 mit dem Ökonom Julius von Landesberger »Über Wiens Zukunft;– Unfähigkeit des Staatsraths – Thorheit eines Anschlusses an Deutschland in diesem Augenblick; Zusammenbruch des Sozialismus, Rolle der Juden im Bolschewismus.«[71] Die Revolutionsangst bleibt groß,[72] wie die Notizen zum 16. Jänner 1919 zeigen: »Vm. bei Gustav; politisches. Die bolschewistisch schillernde Haltung der Sozialdemokratie; die widerliche Phrase von der Dictatur des Proletariats.«[73] Der Autor, dem »der sog.[enannte] ›Glaube an die Menschheit‹ absurd erscheint«, hegt tiefes Misstrauen gegenüber der Utopie einer gerechten nachrevolutionären Gesellschaft wie auch gegenüber dem ihr mehr oder weniger zugrundeliegenden Axiom der prinzipiellen menschlichen Güte:

> Leute[,] die in Weltverbesserungsplänen eine Möglichkeit ethischer Besserung der Menschheitsmasse in Rechnung stellen, erscheinen mir wie Mathematiker, die ein Problem auf der Basis von 2 x 2 = 5 weiterzuentwickeln suchen. Güte so selten wie Genie,– da Güte Genie des Herzens. Von allen Menschen, denen ich begegnet bin, hat es nur (vielleicht) Popper Lynkeus. Das Problem Joseph II. – der Dilettant der Menschenliebe.–[74]

Folgt man dieser Kritik, dann führt ein humanistischer Ansatz *in politicis* nicht weiter, wie Schnitzler auch am 31. Jänner 1919 in einem Gespräch mit dem Freud-Schüler Fritz Wittels über Josef Popper-Lynkeus' Hauptwerk *Die allgemeine Nährpflicht als Lösung der sozialen Frage* (1912)[75] betont: »Über Poppers ›Nährpflicht‹. W.[ittels] sieht darin eine (annähernde) Lösung der sozialen Frage. Ich zweifle – nicht aus Skeptizismus, sondern aus Überzeugung. Übrigens ist mein Ekel vor der Menschheit so beträchtlich, daß mir ihre Zukunft fast gleichgiltig ist. Ich betrachte sie als – Element – wie Feuer und Luft – der ›Einzelne‹ ist was völlig andres.–«[76] Schnitzler ist und bleibt als Künstler Individualist. Insofern kann er sich auch nicht für jene Literaten erwärmen, die den gegenläufigen kollektivistischen Materialismus zur Grundlage ihres Schreibens erklären, wie ein ausführlicher Eintrag zum 5. Februar zeigt, der sich Kurt Sonnenfeld widmet, von dem schon die Rede war und dessen würdigender Kisch-Essay *Der Zuhälter* oben kursorisch vorgestellt wurde. Dieser Essay findet auch in Schnitzlers Tagebuch ausdrückliche Erwähnung, ja Kisch selbst wird hier erstmals namentlich genannt, doch erscheint er in einem nicht besonders vorteilhaften Licht:

> [Sonnenfeld] bringt mir einiges journalistische mit, so einen Artikel (Ver) über Kisch, mit dem er jetzt verkehrt. Besucht auch viel communistische Versammlungen. Scheint ein Gemisch von literarischen Judenbuben, Raubgesindel und Idioten. Zu Plünderungen wird ungescheut gehetzt. Cottage ist das Schlagwort. Sonn.[enfeld] scheint überzeugt, daß es noch dazu kommt und räth mir, mich

> mit Hrn. Kisch in Verbindung zu setzen, der geschmeichelt sein würde; was ich dankend ablehne.[77]

Der damals allenthalben grassierende Antisemitismus ist sogar in diesem Notat des dezidierten Juden Schnitzler über die »literarischen Judenbuben, Raubgesindel und Idioten« – sowie in jenem vom 12. November 1918 über die »jüdisch-demagogisch-bösartige[ ] – Activisten Wirrköpferei« – spürbar, ganz ähnlich wie in den Polemiken eines Karl Kraus, die Schnitzler sonst gerade aus diesem Grund ablehnt. Nachdem er solcherart zumindest verbal kurzen Prozess mit den sozialrevolutionären Soldaten und Schriftstellern gemacht hatte, gelangte er zum eigentlichen Gegenstand seiner Empörung:

> Die verschiedenen Gruppen – Die anarchistische, mit »Pierre Ramus« (Rud.[olf] Großmann) – Nirgends Idee – nur Journalismus,– nirgends Idealismus nur Hochstapelei.– Auch Herr Sonn.[enfeld] gibt nächstens ein Blatt heraus »Die Kraft«.– Wollte in einem der links eingestellten Blätter eine Kritik über Cas[anovas] Heimfahrt veröffentlichen; er wurde in die Redaction gebeten; man bedeutete ihm, mit dem Ersuchen, das Blatt nicht zu nennen, daß über mich als »Dichter der Bourgeoisie« nichts gebracht werde.[78]

Es versteht sich, dass Schnitzler Derartiges nicht goutieren konnte, das ihn an die schlimmste Unterdrückung seiner Werke in der reaktionären Vorkriegszeit erinnern musste, jetzt aber mit ideologisch umgedrehten Vorzeichen. Das in Klammern mit Ausrufzeichen nachgeschobene Verdammungsurteil »Literar.[ischer] Bolschewismus!«, das in mehrerer Hinsicht an Goethes polemischen Essay *Literarischer Sansculottismus* denken lässt, trägt das Seinige dazu bei, die angespannte Gesprächsatmosphäre fast zum Eskalieren zu bringen. Immer deutlicher glaubt der Autor zu wissen, wo das eigentliche Übel zu lokalisieren ist, und reproduziert damit unwillentlich die haltlosen Unterstellungen und antiintellektuellen Stereotypen der Presse, wie er am 16. Februar, dem »Wahltag«, vor Augen führt: »Dort, bei den Snobs nemlich, liegt die Hauptgefahr – nicht die armen Teufel, die wirklichen Proletarier sind die hassenswerthen Elemente: die Sensationsliteraten ohne literarisches Talent.«[79] Dabei weiß Schnitzler nur zu gut, von wo die allergrößte Gefahr für ihn und seinesgleichen droht, wie die wenig euphorische Begründung[80] seiner Wahlentscheidung zeigt:

> Wir gaben unsre Stimme für die sozialdemokr.[atischen] Kandidaten – so widerlich mir die Arbeiterzeitung, die ganze Partei mit ihrer einerseits zum Antisemitismus, anderseits [sic] zum Bolschewismus schielenden Haltung geworden ist. Aber es handelt sich darum[,] so weit von rechts wegzurücken als möglich – und

> ferner: der sozialdem.[okratischen] Partei eine ansehnliche Minorität zu verschaffen, da sonst Unruhen sehr wahrscheinlich.–[81]

Schnitzlers Antipathie gegen die »bösartigen Snob Literaten« verfestigt sich zusehends, wie der Tagebucheintrag zum 20. März 1919 zeigt, der den »Seuchencharakter« der bolschewistischen Mode unter »junge[n] Burschen und Mädeln« geißelt, bei deren »Verbreitung« eben diese angeblich untalentierten Schreiberlinge »eine gefährliche Rolle« spielten, die der Autor mit den kommunistischen Parteifunktionären mehr oder weniger gleichsetzt: »Die hiesige Führerin, Frau Friedländer, lebt von russischem Geld glänzend.«[82] Schnitzler kommt nicht mehr davon los, auch auf langen Spaziergängen durch den Wienerwald, die – wie am 25. März – eigentlich zur Erholung bestimmt waren, über so ärgerliche Dinge wie »Bolschewismus« und »die Verbindung von Pöbel und Literatentum« statt über erhebende Naturerscheinungen »nachzudenken«.[83] So beklagt er sich am 8. Juni, dem Pfingstsonntag, nach einem weiteren ausgedehnten Spaziergang mit seinem Schriftstellerfreund Richard Beer-Hofmann »über den Geist des Heine'schen Burgtheaters« und die dort offenbar drückende »Gütersloh – Blei Atmosphäre«, die den berühmten Schauspieler Alexander Moissi zum »Communisten« werden ließ.[84] Am 15. Juni schließlich, dem Tag des missglückten kommunistischen Putschversuches, hält Schnitzler so alarmiert wie enerviert fest:

> Nachrichten (an Bauer, Extrablatt) von Schießerei, Verwundungen, etc. die sich bestätigen. In der Arbeiter Ztg. Nachweis der Bestechungen an die Communistenführer hier. Welch ein Gesindel!– Blei (und Genossen) – danken in der Ztg. dem »mutigen Anonymus«[,] der ihre Unterschriften unter jenen Aufruf gesetzt hatte (gegen die Hinrichtung Tollers – die von einem blutrünstigen Bürgertum geplant wird).– / Die Depravation dieses Literatenvolks (Gütersloh, Werfel – Moissi, die Roland, Ehrenstein auch dabei) dies Gemisch aus Opportunismus, Snobismus, Verlogenheit und Schamlosigkeit ist ganz einzig.–[85]

Aufgrund der enormen Erregtheit Schnitzlers gerieten hier die Dinge ziemlich durcheinander, denn die genannten Autoren und Künstler waren an dem Putschversuch in keiner Weise beteiligt, wie Ernst Fischer hervorgehoben hat.[86] Der besorgte Autor vermischte Nachrichten über den politischen Aufruhr mit der damit überhaupt nicht zusammenhängenden öffentlichen Diskussion um eine gefälschte Solidaritätsadresse revolutionärer Wiener Autoren für den in München von der Todesstrafe bedrohten sozialrevolutionären Schriftsteller Ernst Toller, von der im Kapitel über Karl Kraus noch die Rede sein wird: Als zeitweiliger Vorsitzender der bayerischen USPD und Protagonist der kurzlebigen Münchner Räterepublik war

Toller nach deren Niederschlagung im Juni 1919 verhaftet und angeklagt worden. Mit der Verurteilung zu fünf Jahren Festungshaft im Juli 1919 entging er nur knapp einer drohenden Hinrichtung. Nicht allein an dieser Konfusion erweist sich, dass Schnitzler wie viele andere Wiener Beobachter »das Umsturzgeschehen und auch die revolutionären Umtriebe der Schriftsteller keineswegs als jene Operette erlebt« haben, »zu der man die Vorgänge retrospektiv gerne verharmlost hat«, wie Fischer betont.[87] In den folgenden Teilen des Buchs wird unter anderem zu zeigen sein, wie dieser zählebige Eindruck in literarischen Gestaltungen entstand und wie er sich in rückblickenden Darstellungen verfestigte.

»Es lebe der Kommunismus und die katholische Kirche!« Revolution im Journal (Franz Blei und Albert Paris Gütersloh)

Als Medium oder Gattung ist die Zeitschrift relativ heterogen, da sie – so Hans-Albrecht Koch im *Reallexikon der deutschen Literaturwissenschaft* – in der Regel »Texte meist zahlreicher Beiträger publiziert, die von einem oder mehreren Herausgebern inhaltlich und formal koordiniert werden.«[88] Sie kann gleichwohl einer ganz bestimmten Programmatik folgen, etwa einer revolutionären, wie das im Folgenden vorgestellte Beispiel einer philosophisch-politischen Wochenschrift zeigt, von der anlässlich der Polemik gegen die ›Prager Kaffeehausliteraten‹ schon die Rede war. Bei dem von Franz Blei und (Albert) Paris Gütersloh herausgegebenen, seit 6. Dezember 1918 zunächst im Wiener Verlag Karl Harbauer erscheinenden Journal *Die Rettung. Blätter zur Erkenntnis der Zeit* ist das freilich nicht so einfach.[89] Als philosophisches Programm führt Blei im Rückblick relativ abstrakt jenen »tiefsten asiatischen Gedanken« an, »den bei uns Heraklit geformt hat: daß Zerstörung und Erneuerung unzertrennlich sind. Aber die Politiker waren schon am altgewohnten Werke, sich gegen Zerstörung und Erneuerung zu behaupten. Und dazu brauchten sie nur wieder da zu sein. Mehr Aufwand war nicht nötig. Und schon waren sie da.«[90] Mit seinen sarkastischen Worten geißelt Blei die nicht allein in Österreich beliebte Praxis, politisch dringend nötige Reformen und Richtungswechsel auszusitzen, statt anzupacken. Diese zögerliche Haltung hätte auch den Erfolg der eigenen Zeitschrift behindert, die inhaltlich dem »an den Schluß der letzten Nummer« gesetzten »apokalyptischen Ruf« entsprochen habe: »Es lebe der Kommunismus und die katholische Kirche.«[91] Das kuriose Motto wird der Zeitschrift nicht erst seit Bleis autobiografischer Darstellung ganz allgemein zugeschrieben, lässt sich im Text der vorerst letzten Nummer vom 21. März 1919 selbst aber ironischerweise gar nicht nachweisen.[92] Es findet sich lediglich in dem gemeinsam mit einem blauen Umschlag und einem Inhaltsverzeichnis nachgelieferten kurzen Schlusswort zu dem nach nur vier Monaten abgeschlossenen »ersten Jahrgang«; darin appelliert der Herausgeber Blei recht unbescheiden weniger an die kurzlebige revolutionäre Gegenwart als vielmehr an die weitsichtige Nachwelt:

> Dieser jetzt gelebten Zeit und ihr verbunden das höchste menschlich mögliche Zeichen aufgestellt zu haben in diesen Blättern, dessen sind wir uns bewußt, und keine Eitelkeit hindert uns, dies auszusprechen – wer es anspruchsvoll findet, der beruhige seinen Unmut mit dem Gedanken, daß dieser Zeit Niedrigkeit leicht ein Zeichen hoch erscheinen lasse. Es war ihr zu hoch, könnten wir lächelnd sagen, denn kaum, dass sie es wahrnehmen konnte. Den kommenden Geschlechtern aber werden Blick und Horizont dafür klar sein. Denn nicht daran lag uns, dem Kairos ein Opfer zu bringen, sondern Wort und Sinn über dem Chaos zu halten für die Kinder Gottes, die sich wegbereit die Sandalen schon an die Füße binden. Es lebe der Kommunismus und die katholische Kirche![93]

›Kirche‹ ist hier dem Urteil des Expressionismusexperten Armin A. Wallas zufolge »nicht als zeitgenössische Realität, sondern als Idee auf urchristlicher Grundlage« zu verstehen und stellt in diesem Sinn »die Gegeninstanz zum Staat als Urform institutionalisierter Gewalt« dar.[94] Das angebliche »Motto«, das man nicht besser erfinden hätte können, sollte literarisch noch eine veritable Konjunktur erleben: So witzelte Karl Kraus schon im August 1919 in der *Fackel*, Bleis Zeitschrift *Die Rettung* habe »ihrem Namen nicht nur durch ihren frühzeitigen Untergang, sondern auch durch ihren Bestand« widersprochen und sei »in Erfüllung ihres Schicksals mit dem Rufe« gestorben: »Es lebe der Kommunismus und die katholische Kirche!« Kraus kommentierte beißend: »Dieser Protest, der nur die Wirkung haben konnte, zwei Weltanschauungen miteinander zu kompromittieren, und sowohl in Rom wie in Budapest verstimmt haben soll, ist so recht für den obszönen Verkehr der zwei Seelen bezeichnend, die in der Brust unseres unverwüstlichen Franz *Blei* ihr Unwesen treiben.«[95] Daraus machte er in der Folge ein stehendes Motiv, indem er mit seiner Rede vom »galante[n] Abbé des ancien regime«, der »unserer Ära der Zersplitterung« zum Trotz zugleich »ein französischer Enzyklopädist zu sein« beanspruche,[96] ironischerweise das von seinem Erzfeind Hermann Bahr gezeichnete Bild Bleis als »geborner Abbé der galanten Zeit« bzw. »galanter Abbé mit einem Medusenblick«[97] aufgriff. Gegen Ende der dramatisierten Literatursatire *Literatur oder Man wird doch da sehn* (1921) schloss er es dann mit den Insignien eines in revolutionärer Emphase atemlosen Rotgardisten sowie mit jenen eines dekadenten Erotikers kurz und etablierte damit den Topos lächerlicher Theatralik:

Franz Blei

in der Tracht eines Abbés und mit der Kappe eines Rotgardisten tritt in größter Eile auf und ruft

Es lebe der Kommunismus und die katholische Kirche!

Allgemeines Hoch! Bacchanten und Mänaden umringen den Rufer. Faune heben ihn auf den Schultern empor.[98]

Die Dramenfigur des ›Onkels‹ kommentiert diese Szene ebenso sarkastisch wie ihr Autor: »Die Kirche hat einen guten Magen.«[99] Auch der von Kraus noch weitaus heftiger attackierte Werfel übernimmt Bleis Formel später wörtlich in die romaneske Darstellung der Ereignisse rund um die Wiener Revolution im Roman *Barbara oder Die Frömmigkeit* – und das sogar wiederholt.[100]

Blickt man einmal eingehender in Bleis und Güterslohs merkwürdige Zeitschrift selbst, die sich, wie Wallas resümiert, »als Beitrag zur Erneuerung der individuellen und sozialen Ethik«[101] verstand und die den ambitionierten Untertitel *Blätter zur Erkenntnis der Zeit* trug, dann stellt sich allerdings auch aus heutiger Sicht bald Ernüchterung ein: »In den Beiträgen, die zum Großteil von den Herausgebern verfaßt und in Briefform veröffentlicht wurden, läßt sich eine heterogene Mischung aus sokratischem, sozialistischem und christlichem Gedankengut feststellen.«[102] Mehr noch: Die abgedruckten Texte – insbesondere jene des Herausgebers Gütersloh, des späteren Vaters der Wiener Schule des Phantastischen Realismus – zeugen nicht nur in ihrer eigenwilligen Heterogenität und ihrer Freude an rabulistischen Paradoxen, sondern auch in ihrer eklatanten Langatmigkeit von ideologischer Abstraktheit, Desorientierung und letztlich auch von Ratlosigkeit, die ihresgleichen sucht und symptomatisch für die damalige Umbruchszeit ist. Dabei folgt die epistolarische Form schon der Eröffnungsbeiträge einem dialogischen Gestaltungsprinzip, das sich wohltuend von den ewig monologisierenden Polemiken eines Karl Kraus abhebt. So bezog sich Blei einleitend auf »Sinn und Bedeutung dieser sokratisch-christlichen Blätter in Hinsicht auf die Möglichkeiten eines publizistischen Ausdrucks«, die er mit seinem Kompagnon Gütersloh »in vielen Stunden« intensiv »besprochen« habe, »nachdem wir uns als Personen getroffen hatten und treffen mußten, weil wir einen gleichen, wenig bevölkerten Weg gingen.«[103] Im Gespräch habe sich auch die »Sicherheit« verstärkt, »auf dem rechten Wege zu gehen«, den Blei folgendermaßen charakterisiert:

> Ich hätte einen der Berichte davon, den ich menschliche Betrachtungen zur Politik nannte, auch und besser menschliche Invektiven gegen die Politik nennen können, oder um positiver mich auszudrücken, auch: Die Kirche – das Wort

> nicht im heutigen verfallenen Sinn verstanden, sondern in dem einer vollkommenen christlichen Gemeinschaft, die sich gegen den Staat in jeder Form stellt.[104]

»Die Kirche« erscheint in dieser Optik als nachgerade anarchistische Kraft und eben nicht als Institution, denn: »Kirchen, die sich dem Staate unterwerfen, beweisen damit, daß sie keine sind.«[105] Blei spricht damit ein Verdammungsurteil gegenüber dem ›real existierenden‹ Katholizismus und setzt diesem einen imaginären und idealen entgegen:

> Die Klage, daß in dieser Zeit die Kirche »versagt« habe, ist heuchlerisch oder dumm, denn die Kirche ist längst ein Institut geworden, dem der Staat nicht dient, sondern dessen er sich bedient. Es gibt wohl noch Kirchliches, aber nicht mehr die Kirche. Gerade der Gläubige muß dies uneingeschüchtert von allen Theologismen aussprechen, und nur er darf es und niemand sonst. Denn ihm muß, daß die Kirche sei, am Herzen liegen.[106]

Gleichsam als Antwort auf dieses als Brief an einen ›lieben Freund‹ stilisiertes Editorial inszenierte Gütersloh seinen eigenen ausgreifenden Einleitungstext zum ersten Heft ebenfalls als privates Schreiben an einen ›verehrten Freund‹, das voller gedanklicher Höhenflüge war. Er vertrat darin eine individualistische Anthropologie und formulierte zugleich eine dezidiert antiideologische und antichiliastische Programmatik, die in folgender Erklärung gipfelt:

> Was uns als erlösendes Ziel, als Rettung, als einzige erscheint, das ist: zu dem unzulänglichen Menschen, der wir sind, zurückzukehren von den Parforceidealen seiner politischen Kollektivität, nichts mehr zu zweien, zu dreien, en masse anzustreben, was wir nicht allein erreichen können; kein Opfer zu verlangen um des vollkommenen Endzustands dieser Welt willen, die in ihrer Art, da wo es sich um das »Leben« handelt, nie vollkommener, nie glücklichmachender war als im Chaos [...].[107]

Zumindest eines wird offensichtlich: Das hier artikulierte Programm, wenn man ein solches überhaupt klar identifizieren kann, weicht meilenweit ab von den marxistischen oder pseudomarxistischen Auslassungen eines Egon Erwin Kisch, mit dem Gütersloh und Blei von den Gegnern einer Sozialrevolution immer wieder in einen Topf geworfen wurden. Was den Herausgebern der *Rettung* vorschwebte, war keine Diktatur des Proletariats im Sinne der leninistischen Lehre, sondern eher eine Art expressionistischer Überwindung der herkömmlichen Politik und des herkömmlichen Staates – im Sinne eines Primats des Ausdrucks über den Inhalt:[108]

> Wohl stellt der Geist immer wieder das alte Chaos in sublimierter Form her, indem er als Funke von oben über Disparatem leuchtet, Klaffendes gerade betont und mit romantischer Urnacht die künstliche Ordnung der Dinge bedeckt. Nichts steht dann am Himmel als das Feuerwerk des Paradox, lesbar nur für Kabbalisten des Lebens und ihnen den unaussprechlichen Namen des Lebens ergebend, der, solange es noch Rudimente des Chaos, letzte Instinktsicherheiten, erste Unterscheidungsrasereien, erste Dämmerungen zwischen Ich und Du gibt, aus all diesem sich zusammensetzt.[109]

Tatsächlich scheinen diese umständlichen, ideologisch kaum lokalisierbaren und politisch unkonkreten Ausführungen nicht dazu angetan, eine gewaltsame soziale Revolution durch die ausgebeuteten Massen anzuzetteln. Die hier artikulierte Ablehnung der ›Parforceideale‹ des politischen Kollektivismus kann jedenfalls als deutliche Distanzierung von den radikalsozialistischen Bestrebungen à la Kisch gelesen werden. Gütersloh fährt denn auch höchst individualistisch und mehr als eigenwillig fort, über den ›Meliorismus‹ – also den Glauben an die Verbesserbarkeit der Welt und der menschlichen Verhältnisse – zu sinnieren:

> Darin nur sähe ich die eine, die große, die größte Freiheit: jedem Individuum möge verstattet sein, die Welt, was seine Person anlangt, zu vernichten, d. h. zu verbessern. Aber vom Leben selber möge der Meliorist die Hand lassen! Er soll nicht das Recht haben, die Vernichtung des »Lebens«, dieser Ursache der erdlichen Erschütterungen der Oberflächenordnung, als den kategorischen Imperativ der sozialen Moral seit Christus auszurufen. Und sollte sich das Leben selber für eine allgemeine Humanisierung und die schließliche Aufhebung seiner selbst entscheiden, sollte wirklich schon und zwar durch das Auftreten des sozialen Gewissens der Untergang, die endgültige Entwirrung und Entsinnlichung beschlossen sein, so sei es Recht der Chaotiker, Heiden und letzten Lateiner aller Zungen, in der Isolation einer unakademischen Schönheit zu sterben, zu sterben mit einem Ja zur Welt wie sie war, voll berechneter Grausamkeit und voraussetzungslosen Glückes, ihrer Wiederkehr todesselig.[110]

Die apostrophierten »Chaotiker, Heiden und letzten Lateiner« sind weder auch nur partiell mit dem damaligen Proletariat gleichzusetzen, noch hatten sie irgendein Identifikationspotenzial für dieses. Man kann sich die Arbeiterschaft überhaupt nicht als Publikum der outrierten *Rettung* vorstellen, mit der Gütersloh und Blei eine nicht existente Leserschaft beglücken wollten, aber nicht mussten – profitierten sie mit ihrem Zeitschriftenprojekt doch von der großzügigen finanziellen Unterstützung seitens des zwielichtigen Finanzmannes Dr. Josef Kranz, des Adoptivvaters und

Geliebten der Gina Kaus,[111] sodass sie auf einen Verkauf des Journals nicht angewiesen waren. Angesichts des Inhalts und der Postulate ihrer Ausführungen scheint es im Übrigen tatsächlich abwegig, eine Verantwortlichkeit dieser Verfasser für den Gewaltausbruch am 12. November zu behaupten. Genauso abwegig scheint zumindest aus dem Rückblick freilich auch ihre Erwartung, mit dem revolutionären Journal irgendetwas politisch Konkretes zu bewirken. Am ehesten wird die Blattlinie von Wallas' summativer Zusammenfassung der Absichten Bleis und Güterslohs bezeichnet:

> In ihren wöchentlichen Kommentaren nehmen die Herausgeber auf die aktuellen Ereignisse der Wiener Revolutionszeit Bezug und diskutieren grundsätzliche Fragen wie Staat, Kirche, Religion, Revolution, Gesellschaftsreform, Sozialismus, Pazifismus, Demokratie, Frauenwahlrecht, Sexualität und Ehe. Das sozialreformerische Anliegen der Zeitschrift basiert auf der Überzeugung von der Notwendigkeit zu einer »Durchschauung« und »Entzauberung der Macht« […]; die skeptische Grundhaltung der Beiträge relativiert utopische Zukunftsentwürfe ebenso wie kulturkonservative Befürchtungen […].[112]

Joseph Pfeifer hat die Zeitschrift einer genaueren Untersuchung unterzogen und dabei gezeigt, dass die leitenden Ideen der *Rettung* vom politischen Expressionismus gekennzeichnet waren. Generell zielte dieser weniger auf einen ›wissenschaftlichen‹ als auf einen irrationalen und sentimentalen Sozialismus ab und trachtete dessen kollektivistische Tendenzen irgendwie mit einem – zuweilen übersteigerten – Individualismus zu versöhnen.[113] Was das von der *Rettung* vertretene Geschichtsbild betrifft, das auch ihr Urteil über die österreichische Revolution mit bedingte, so war es dezidiert antiprogressistisch, ja überhaupt zeitenthoben und erfahrungsfeindlich, eher ästhetisch als politisch, wie Gütersloh in seinem Aufsatz *Der Ruhetag* betonte:

> Die wahre Revolution aber will auf gar keine Erfahrung schon blicken, vielmehr das erste Experiment wieder versuchen und noch keinen Realpolitiker kennen, ja das neue Dasein recht mit dem Herzenswunsche beginnen, keine solchen Zustände mehr herbeizuführen, die den Realpolitiker je wieder ermöglichen könnten. […] Die Revolution ist naiv wie die Sünde der Lust, die sich vergeblich nach dem Teufel umsieht, dessen man sie beschuldigt. Die Revolution hofft nach rückwärts, viel weiter rückwärts als je ein Reaktionär gewagt hat zu hoffen. Für sie gibt es kein historisches Zeitalter und in diesem keine, worin auch immer vorzüglichen Einrichtungen, zwischen denen man sich entscheiden müßte. Für sie gibt es nur eine mythische Zeit, von da sie kommt, dahin sie will, unter völliger Verachtung, sowohl der Tyrannis, wie der Reformatoren, ja auch der Menschenliebe,

> die dem hinfälligen Leibe nur dient, gibt es nur in unbegreiflich nie erloschenem Gedächtnisse jenen ersten Sabbath, da Gott ruhte und sahe, daß alles gut war.[114]

Pfeifer hat herausgearbeitet, dass die ursprünglich revolutionäre Gesinnung der Herausgeber in dem Maß von einer skeptischeren Haltung verdrängt wurde, in dem sich herausstellte, dass sich die reale Politik nicht in die gewünschte Richtung entwickelte.[115] Zum einen erwies sich die österreichische Bevölkerung als weitgehend unfähig, sich selbst als handlungsmächtiges Subjekt zu begreifen, wie Blei in einem Essay *D. Ö. R.* – gemeint ist *Deutschösterreichische Republik* – beklagte: »Ich weiß, daß ein Volk, welches sich in seiner Mehrheit ohne ›sein Kaiserhaus‹ überhaupt keine Vorstellung von seiner Existenz machen kann, wenn überhaupt so nur höchst langsam darauf kommt, daß es plötzlich ›ohne Kaiser‹ da sein und leben soll und bis ins Innerste verblüfft ob solchen Paradoxes ist.«[116] Mit einer unreifen Bevölkerung sei nicht gut ›Republik‹ zu machen: »Und nun bestehen die Bewohner der Republik auf ihrem alteingesessenen Recht, passive Untertanen auch dieser Republik zu bleiben. Dazu, aktive Bürger dieser Republik zu werden, sind sie nicht zu bringen.«[117] Ein Grund für die Lethargie der Bevölkerung liege in ihrer unverändert gebliebenen Lektüre: »In ihren Zeitungen lesen unsere Republikaner genau das gleiche, was sie als k. k. Monarchisten gelesen haben«.[118] Insofern überrasche es nicht, so Bleis ernüchtertes Fazit, dass die ›Deutschösterreicher‹ – insbesondere ihr »Wiener Wasserkopf« – klagten, es habe sich durch den Wechsel der Staatsform letztlich »nichts geändert«.[119] Zum anderen – so suggerieren etwa Gütersloh in den Überlegungen *Zu Kirche und Ehe*[120] oder Blei im Essay *Die Krise der Kirche*[121] – sei der Staat als solcher das Problem, denn er bemächtige sich immer weiterer Bereiche des Lebens, indem er ursprünglich kirchliche Domänen wie die Institutionen der Ehe und der Schule an sich reiße und sie damit inhaltlich entleere.[122] Hier zeigt sich die ästhetische Grundlage dieser politischen Reflexionen. Auch die Kirche selbst sei Objekt der tiefgreifenden Säkularisierung, die sie bis zur Selbstaufgabe mitvollziehe.[123]

Die mehr ästhetische als politische Grundierung dieser Reflexionen begründet auch, warum Blei sich in seinem Essay *Die Büchse der Pandora* dezidiert gegen das Frauenwahlrecht aussprach. In gewundenen Sätzen appellierte er an eine vermeintlich angeborene ›Natur‹ und ›Natürlichkeit‹ der Frauen als solche, die man gefährden würde, wenn »man sie ungefragt in den Staat integriert, in dem nicht zu sein sie anarchisch, wie sie aus Natur sind, bisher so glücklich waren«.[124] Der für die Frauen und in ihrem Namen sprechende männliche Intellektuelle hingegen legte inmitten des revolutionären Treibens eine erstaunliche Sehnsucht nach Stabilität und Kontinuität der Geschlechterverhältnisse an den Tag,[125] die in ihrer Rückwärtsgewandtheit überrascht. Statt die geglückte Revolution und den demokratischen Staat als abstrakte Summe *aller* seiner Bewohner zu feiern, führte Blei einen verqueren

Kampf für die politische Unbeflecktheit des ›anderen Geschlechts‹: »Aber es war eben nicht die ganze Menschheit dazu verurteilt, das Böse des Staatlichen zu ertragen, und darum hat es Sinn dagegen zu sein, daß auch die andere, bisher davon verschonte Hälfte, die Frauen, von dem Ungeheuer Staat verschlungen werden.«[126] Die Ablehnung von spezifischen Frauenrechten und emanzipatorischen Forderungen wie nach dem gleichen Wahlrecht für alle bediente sich offenbar schon damals einer feministischen Maske, deren Grundierung im männlichen Interesse nicht zu übersehen war: »Wird die erotische Relation durch die politisierte Frau nichts gewinnen, so wird sie auch nichts durch sie verlieren, was sich der hier elementarische Mensch nicht zurückerobern könnte. Aber Verlust droht durch den Einbezug der Frau in die Staatsform der Zukunft unserer menschlichen Rasse: sie wird zur Not noch eine Gebärerin haben, aber keine Mutter.«[127] Es spricht für eine allgemeine ideologische Desorientierung, dass eine derart mystifizierende mutterrechtliche Argumentation um die Jahreswende 1918/19 als Ausdruck linksextremer Positionen gelten konnte.

»Das gute österreichische Revolutiönchen strich in einem sanften Winde«. Revolution in Memoiren (Franz Blei und Robert Neumann)

Gemeinhin gilt die Autobiografie als »Gattung nichtfiktionalen Erzählens lebensgeschichtlicher Fakten des Autors«, wie Jürgen Lehmann in einem einschlägigen Lexikonartikel formuliert hat.[128] Tatsächlich jedoch ist der fiktionale Anteil innerhalb der Memoirenliteratur oft entschieden größer, als es diese gängige germanistische Definition nahelegt, weshalb der französische Autor und Literaturwissenschaftler Serge Doubrovsky 1977 den Begriff der ›Autofiktion‹ eingeführt und die so bezeichneten – häufig ›postmodernen‹ – Texte von der ›klassischen‹, vorgeblich rein faktualen Autobiografie abgehoben hat.[129] Die mit dem Begriff der ›Autofiktion‹ verknüpfte Vorstellung trifft indes auch auf ältere Texte zu, insbesondere auf autobiografische Berichte über Ereignisse aus dem Umfeld der Revolution in Wien. So veröffentlichte der ehemalige Revolutionär Franz Blei im Jahr vor seinem 50. Geburtstag die *Erzählung eines Lebens* (1930) als Resümee seiner bisherigen Leistungen und Erlebnisse. Er erinnert darin alles andere als historisch akkurat und mit deutlich ironischem Unterton auch an die Redaktionsbesetzung der *Neuen Freien Presse* durch Mitglieder der Roten Garde, die er ganz im Geist eines Karl Kraus kommentiert:

> Man hatte die Zensur der Presse abgeschafft, aber die Zensur durch die Presse bestand weiter. Das ahnten die sechs Kinder nicht, die da eines Nachts die Redaktion der Neuen Freien Presse besetzten und die bisherigen Hersteller hinausjagten.

> Die Setzer weigerten sich, die neuen Artikel zu setzen, erklärten, die früheren hätten das gleiche entsprechender geschrieben, wenn man es ihnen nur gut auseinandergesetzt hätte.[130]

Maßgebliche Einzelheiten dieses Berichts entsprechen zwar nicht den historisch verifizierbaren Tatsachen, doch vermittelt er insgesamt einen plastischen Eindruck vom Revolutionsunwillen zahlreicher Wiener Arbeiter, mit denen die Sozialrevolutionäre ihre liebe Müh hatten. Warum dies so war, versucht Blei zu veranschaulichen, indem er den eklatantesten Geburtsfehler der Ersten Republik benennt:

> In diesem neuen österreichisch-deutschen Staatswesen entstand alles, wie dieses Staatswesen selber, als ungewollter, unüberdachter, automatischer Effekt von anderer Leute und Völker etwas überlegterem Denken und Handeln. Als sowohl das K. und K. wie das K. K. davonlief, konstituierte sich der Rest zunächst als Rest, was man zwei Tage später einen Staat nannte. Und indem man rasch einige Dummheit und Unsittlichkeit des alten Regimes beseitigte, meinte man, nicht etwa einen den Mindestansprüchen an öffentliche Moral leidlich genügenden Zustand wiederhergestellt, sondern die Freiheit etabliert zu haben, die sich höflich mit Nestroy meldete: »Ich bin so frei, so frei zu sein.«[131]

Dieses Zitat hat freilich nur sehr inakkurate Entsprechungen in Johann Nestroys Revolutionsposse *Freiheit in Krähwinkel* (1849)[132] und ist tatsächlich auf die Schlussverse der seinerzeit aufsehenerregenden *Salonscene* aus Anastasius Grüns *Spaziergängen eines Wiener Poeten* (1830–1832) zurückzuführen: »Oestreich's Volk ist's, ehrlich, offen, wohlerzogen auch und fein, / Sieh, es fleht ganz artig: Dürft' ich wohl so frei sein, frei zu sein?«[133] Wie dem auch sei – Blei bezeichnet damit in ironischem Duktus eine historische Situation, in der die neue republikanische Freiheit ganz ohne aktiven Kampf errungen worden war:

> Und schon dieser überaus bescheidenen Dame gegenüber, die nicht einmal Platz nehmen wollte, waren die Politiker in größter Verlegenheit, da sie nicht wußten, was mit ihr anfangen, was mit ihr sprechen. Sie bleiben heißen, war peinlich, aber immer noch sicherer als sie auf die Straße hinauszukomplimentieren, wo man sie nach den Erfahrungen dreier Tage schon gar nicht haben wollte. Nun, damit sie nicht zu Wort kam, hat man am besten gefunden, unausgesetzt Reden an sie zu halten.[134]

Aus dem Rückblick und durch den Einsatz literarischer Mittel wie Allegorisierung und Ironie unternimmt Blei es hier, komplexe historische Vorgänge in anschauliche Erzählungen zu überführen und dadurch verborgene Zusammenhänge offenzulegen. Er stiftet mithin historische Erkenntnis, die sich gemeinhin als faktual ausgewiesener Erzählverfahren bedient, durch Fiktionalisierung. Gängige Erwartungen an faktuale und fiktionale Genres sowie an deren unterschiedliche Leistungen werden dabei auf den Kopf gestellt. Besonders hintergründig erscheint dieses Verfahren freilich dann, wenn man berücksichtigt, dass Blei die beiden zuletzt zitierten Passagen gar nicht 1929/30 aus dem Abstand eines guten Jahrzehnts verfasst hat, sondern sie fast unverändert aus seinem Essay *Die Revolution* übernahm, der schon im allerersten Heft der Zeitschrift *Die Rettung* erschienen war.[135] Geändert hat er nur im zweiten Passus die Zeitform der Verben (»sind« → »waren«, »wissen« → »wußten«, »ist« → »war«, »möchte« → »wollte«, »kommt« → »kam«), abgesehen von zwei hinzugefügten rhetorischen Pointierungen (»immer noch«, »Nun«) und einer historisch erläuternden Ergänzung (»nach den Erfahrungen dreier Tage«). Deutlich wird vor diesem Hintergrund, dass es gar nicht der historische Abstand war, der es Blei ermöglicht hat, seine scharfe Diagnose von der fehlenden mentalen Fähigkeit und Bereitschaft der österreichischen Bevölkerung sowie der Politiker zu einem radikalen Neuanfang zu entwickeln; sie war im Gegenteil bereits 1918 fast gleichlautend formuliert. Durch die neue erzählerische Rahmung der Autobiografie betrieb der Autor aber nicht bloß textuelle Resteverwertung, sondern stattete die seinerzeit verpuffte Pointe mit zusätzlicher Evidenz aus.

Bleis Befund einer mehr oder weniger ›anstrengungslosen‹ Revolution ist tatsächlich bezeichnend für jene Länder Mitteleuropas, die praktisch ohne eigenes Zutun ihrer monarchischen Herrschaft verlustig gingen und deren Bevölkerungen deshalb auch danach nicht lernten, Verantwortung für die eigene Geschichte zu übernehmen:

> In den demokratischen Staaten der Entente hätte der im Fall des Kriegsverlustes Schuldige nicht so bequem »Haltet den Schuldigen« rufen können, wie es bei uns geschah, wo es alle auf einmal so sehr nicht gewesen sind, daß sie keine geeigneten An- und Aufwärter für die neuen Republiken finden zu können behaupteten als ihre erprobte Wenigkeit. Und es war ohne weiteres zuzugeben: als Arrangeure der Konterrevolution und altgesottene Verschwörer gegen die Menschen kannten sie ja alle Schlingen und Schleichwege, Fuchsfallen und Wolfsgruben, spanischen Reiter und giftigen Gase der Politik weit besser als die sozialdemokratischen Kleinbürger des Reiches, deren Politik, wenn was sie taten schon den Namen verdient, dem Auftrag der sie argwöhnisch kontrollierenden Massen entsprechen mußte, wobei sich nicht viel mehr lernen ließ als das Kunststück, seinen kleinen Posten zu behaupten.[136]

Auch diese und weitere Passagen der Autobiografie von 1930 sind geringfügig veränderte Übernahmen aus dem frühen Essay von 1918,[137] was aber an der Triftigkeit der Diagnose wenig ändert. Aufgrund des abrupten politischen Systemwechsels sowie des

Mangels an politisch nicht diskreditiertem bzw. demokratisch legitimiertem Regierungspersonal entstand 1918 eine ähnliche Situation wie nach einem weiteren verlorenen Weltkrieg im Jahr 1945 – mit allen politisch und mentalitätsgeschichtlich bedenklichen Auswirkungen auf die politische Kultur der Folgezeit. Vom Ausgang des Zweiten Weltkriegs konnte der 1942 verstorbene Blei freilich nichts wissen, der 1930 den mangelnden Erneuerungswillen der Österreicher durch die Sanftheit des Umsturzes von 1918 verkörpert sah und dabei wieder auf die Schießerei vor dem Parlament anspielte:

> Das gute österreichische Revolutiönchen strich in einem so sanften Winde, daß es ihren Trägern die Mäntel ganz von selber ohne ihr Zutun und allgemein unbemerkt auf die andere Seite drehte. Aber es waren diese Republikaner im Windumdrehen den paar irrtümlichen Schüssen dankbar, weil sie ihnen vor Gott und der Umwelt, der aufschauenden, so etwas wie eine laute Bestätigung des ja noch kaum Geglaubten gaben, daß man nämlich Revolution gemacht hatte, unblutig zivilisiert, aber doch und immerhin Revolution, genau wie 1789 und nur in den unseren feineren Zeiten entsprechenderen äußern Formen.[138]

Es handelt sich dabei Blei zufolge um eine politisch verhängnisvolle Selbsttäuschung des politischen Führungspersonals und seiner Anhänger. Das oben beschriebene Geplänkel im Anschluss an die Republikausrufung vom 12. November 1918 sowie die davon ausgelöste Massenpanik mit zwei Todesopfern habe eine Legendenbildung ermöglicht, mit der sich die Republik nachträglich und wider besseres Wissen als Resultat einer ›echten‹ Revolution stilisieren konnte:

> Ein paar Schüsse beim Parlament. Sie riefen mich und den Freund, der bei mir weilte, ans Fenster, denn meine Wohnung war nah dem Platz. Menschen liefen die Gasse herauf, die wir bis zum Ring übersehen konnten, liefen vor Schüssen davon, deren einer zu Tode traf. Und ein Bub wurde zertreten. Zwei Opfer, nicht mehr, dem Umfang und der Tiefe der Revolution als ein Zufall entsprechend.[139]

Zwar scheint es prekär, den »Umfang« und die »Tiefe« einer Revolution an der Zahl der Opfer messen zu wollen, die deren Ausbruch kostete. Gleichwohl lag Blei aber sicherlich nicht falsch, wenn er das Ausbleiben eines konsequenten Neuanfangs inklusive tiefgreifender sozialer Veränderungen auf suggestive Weise dafür verantwortlich machte, dass der neue Staat für zahlreiche seiner Bürgerinnen und Bürger so unattraktiv oder aber so gefährlich erschien.

Gänzlich ins Fantastische kippt die Retrospektive in den Memoiren des Robert Neumann. Sie erschienen 1963 unter dem ironischen Titel *Ein leichtes Leben* und behaupteten, wie der Untertitel ankündigt, einen *Bericht über mich selbst und Zeitge-*

nossen zu geben. Zu den Aktivitäten Neumanns während der Wiener Revolutionszeit ist da Folgendes zu lesen:

> Was hatten wir gemacht? So gut wie nichts. Revolution! Es galt, die Habsburger zu stürzen. Egon Erwin Kisch führte das Bataillon – er war der älteste von uns und hatte militärische Erfahrung, er war im Kriegspressequartier gewesen. Stalin hatte wenige Jahre zuvor den Postwagen eines georgischen Eisenbahnzuges gestürmt – wir stürmten den Wiener Bankverein. Franz Werfel repräsentierte den rechten Flügel, mit einem andern Dichter namens Krzysanowsky [sic], einem liebenswerten Mann, der später verhungert ist, und mit einem Verkäufer von Herrenhemden. Ich war zu jener Zeit ein Sportsmann, man sieht es mir leider nicht mehr an, aber ich war der kräftigste unter uns.[140]

Gemessen an historisch verifizierbaren Fakten ist an dieser Passage so gut wie alles falsch: Weder wurde in Österreich die habsburgische Herrschaft durch einen revolutionären Sturm gestürzt, noch in Georgien der Postwagen eines Eisenbahnzuges durch Stalin überfallen – oder gar der Bankverein durch die Wiener Rote Garde gestürmt. Es gab überhaupt keinen von Kisch befehligten Sturmangriff der Roten Garde in Wien, und eine Mitgliedschaft Werfels oder gar des politisch nicht sonderlich linken Bohème-Lyrikers Otfried Krzyzanowski ist dort genauso wenig bezeugt wie irgendeine bewaffnete revolutionäre Aktion der beiden Dichter gemeinsam mit dem viel jüngeren Neumann. Auch die weiteren Angaben sind mit Vorsicht zu genießen: Über den Schnorrer Krzyzanowski wird zwar Einiges berichtet, aber kaum, er sei ein ›liebenswerter Mann‹ gewesen.[141] Der ominöse »Verkäufer von Herrenhemden« lässt sich nicht identifizieren, und ob Neumann jemals »ein Sportsmann« gewesen ist, steht in den Sternen. Historisch verbürgt sind hier nur Nebensächlichkeiten wie die beiläufige Aussage über die Altersverhältnisse der an diesem Sturmangriff angeblich beteiligten Literaten (Kisch: * 29.4.1885, Krzyzanowski: * 25.6.1886, Werfel: * 10.9.1890, Neumann: * 22.5.1897). Wenn unter ›Autobiografie‹ nach Lehmanns Definition »ein nichtfiktionaler, narrativ organisierter Text« verstanden wird, »dessen Gegenstand innere und äußere Erlebnisse sowie selbst vollzogene Handlungen aus der Vergangenheit des Autors sind«,[142] dann trifft das hier zweifelsfrei nicht zu. Die alternative Bezeichnung ›Autofiktion‹ wäre bei Neumann noch angebrachter als bei Blei.

Betrachtet man den Text indes genauer, dann lässt sich auch bei Neumann eine intensive, allerdings ironisch gebrochene Bezugnahme auf die historische Wirklichkeit erkennen, auf die seine Erzählung in jedem einzelnen Satz verweist: So hat zwar keine Erstürmung des Wiener Bankvereins stattgefunden, doch rief Werfel in seiner auf einer Parkbank der Ringstraße gehaltenen Rede am 3. November 1918 mit Blick auf die Zukunft tatsächlich indirekt dazu auf (um dies später bei der polizeilichen Vernehmung zu dementieren). Die Angabe, dass der expressionistische Dichter »den rechten Flügel« des Bataillons »repräsentierte«, stellt einen metaphorischen Verweis auf dessen urchristliche Überzeugung sowie die bald darauf erfolgte konservative Wende dar. Dass der Name Krzyzanowski bei Neumann falsch geschrieben ist, könnte man vielleicht als ironischen Hinweis darauf lesen, dass Franz Blei den am 30. November 1918 in Wien verhungerten Bettelliteraten in seiner Grabrede beharrlich ›Othmar‹ nannte – einen Fauxpas, den Werfel in seinem Romankapitel »Dem Bettler wird sein Name genommen« genüsslich ausweiden sollte.[143] Und die Eingangsphrase »Was hatten wir gemacht? So gut wie nichts. Revolution!« verweist wiederum auf den Topos der Unerheblichkeit und des eklatanten Unernstes der Revolution in Wien. Dass es sich bei Neumanns angeblichem ›Bericht‹ um eine augenzwinkernd formulierte Legende handelt, wird im weiteren Verlauf der Erzählung immer offensichtlicher:

> Doch hatte ich eigentlich beschlossen, lieber Pazifist zu werden, die Erstürmung des Bankvereins sollte meine letzte revolutionäre Tat sein [...]. Darum vertraute Genosse Kisch mir nur noch die Nachhut an. Ich sollte der Offensive den Rücken decken, und als Deckung für diese Deckung wählte ich eine strategisch placierte Bedürfnisanstalt auf dem Votivplatz. Er wurde bald darauf umgetauft in Heldenplatz. (Nach mir!). Dabei hatte ich wieder einmal Pech. Der Angriff der Aktivisten vorne wurde zwar abgeschlagen, aber doch blutlos – Kisch und Werfel kamen nicht weiter, die kapitalistische Hochburg hatte unzarterweise das Tor gesperrt, auch die Kriegslist, der Hemdenverkäufer wolle den Herren dort drinnen bloß seine Muster zeigen, wurde kalt lächelnd abgewehrt. / Immerhin – blutlos.[144]

Die Angabe, dass der revolutionäre Bankenstürmer angeblich in einer »Bedürfnisanstalt auf dem Votivplatz« Deckung gesucht habe und dieser Ort deshalb wenig später nach ihm »in Heldenplatz« umbenannt worden sei, dürfte in ihrer Absurdität als Hinweis auf die eminente Fiktionalität der Darstellung zu verstehen sein. So ist es wohl kaum angebracht »zu überprüfen«, ob »die Schilderung der Sache nach als authentisch gelten darf«, wie der Literatur- und Buchwissenschaftler Ernst Fischer allen Ernstes anregt.[145] Er benennt damit freilich ein generelles »Problem« der eher spärlichen Neumann-Forschung, die von dessen »Vorliebe für Pointierung und anekdotische Präsentation seiner Biogaphie« ziemlich verunsichert wird und klagt: »[I]n einigen Fällen läßt sich nicht mit Gewißheit feststellen, ob die geschilderten Ereignisse faktische Informationen vermitteln oder einem fiktionalen Verwirrspiel dienen sollen.«[146] Oder mit den Worten des Neumann-Biografen Hans Wagener über seinen Autor: »Immer wieder geht ihm die Phantasie durch, und er fällt seiner eigenen effekthascherischen Fabuliersucht zum Opfer.«[147] Das lässt die eminente literarische Fiktionalisierung Neumanns als Manko erscheinen, was auf das Pensum traditioneller Biografik zurückzuführen ist: »Fiktion und Fakten lassen sich nicht immer unterscheiden, und um den Fakten seines Lebens auf den Grund zu gehen, muß man aus Neumanns autobiographischen Darstellungen viel Selbststilisierung, Anekdotisches und rein auf Effekte Abzielendes herausfiltern und [...] auf die Originalquellen, auf Briefe, Tagebucheintragungen usw. zurückgreifen.«[148] Bei der Erzählung über die gescheiterte Erstürmung des Wiener Bankvereins dürfte das freilich kaum möglich sein, weil keine solchen Quellen existieren. Dass es sich dabei ganz offensichtlich um eine in künstlerischer Absicht erfundene Begebenheit handelt, geht auch aus der Fortsetzung des Neumann'schen ›Berichts‹ selbst deutlich genug hervor:

> Nur gerade in dem von mir kommandierten Sektor wurde es ernst. Ein Schuß! Daß es ein geplatzter Autoreifen gewesen sei, war eine Verleumdung. Auch daß ich daraufhin in jene Anstalt flüchtete, war eine Verleumdung, ich verweise auf die Verbatim-Protokolle des Revolutionären Kriegstribunals, aus denen klar hervorgeht, daß ich im Augenblick des Platzens, ich wollte sagen des Schusses, schon in der Anstalt war – aus Gründen, die als Feigheit vor dem Klassenfeind zu bezeichnen durchaus nicht angeht.[149]

Neumann qualifiziert die Verwechslung eines ›geplatzten Autoreifens‹ mit einem gefährlichen »Schuß« zunächst genauso als »Verleumdung« wie die Behauptung, sein Verweilen in der »Bedürfnisanstalt« käme einer ›Flucht‹ gleich; er inszeniert aber daraufhin – gleichsam als eine Art Freud'scher Fehlleistung – schriftlich einen dekuvrierenden Versprecher. All dies legt den satirisch-parodistischen Charakter seiner Darstellung offen. Gleichwohl hat die Begebenheit auch hier wieder einen realhistorischen Bezugspunkt, nämlich die banale, aber folgenschwere Verwechslung der Filmkamera auf dem Parlament mit einem Maschinengewehr – ein Auslöser der Massenpanik vom 12. November 1918 und der anschließenden Schießerei.[150] Im Sinne der aristotelischen Unterscheidung zwischen Geschichtsschreibung und Dichtung verweist auch Neumanns autobiografischer ›Bericht‹ nicht auf eine singuläre ›wahre Begebenheit‹, sondern auf eine ›tiefer‹ liegende ›Wahrheit‹. Schließlich schwenkt sie vollends um in groteske Situationskomik, deren ›niederer‹ Schauplatz wie schon bei Schnitzler – typisch wienerisch – eine öffentliche Toilette ist:

> Daß ich mich dort drinnen auf den Schuß hin – es *war* ein Schuß! – zu Boden warf, wurde mir als felddienstmäßig korrekt vom Revolutionären Tribunal attestiert. Auch stand ich sofort wieder auf und rief »Hoch«, als ein paar Augenblicke später ein ebenfalls nicht zu revolutionären Zwecken eintretender Herr

> die Nachricht brachte, die Monarchie sei inzwischen an anderer Stelle gestürzt, die Republik sei ausgerufen worden. Warum also beginnt mit dieser Tat mein Geheim-Dossier der Kommunistischen Internationale, ein Dossier, das ich nur durch eine Indiskretion im vorigen Jahr zu Gesicht bekam?[151]

Neumann operiert hier – wie auch sonst gern – mit Versatzstücken ›niederer‹ Komik, die den humorlosen ›Ernst‹ der Ideologen aller Couleurs konterkariert, wodurch er den damals schon lange etablierten Topos von der eminenten Theatralik österreichischer Revolution aus dem tragischen Fach ins heitere transponiert. Seine erzählerische Auseinandersetzung mit der geschichtlich verbürgten Realität entspricht nicht mehr den gängigen Vorstellungen von Autobiografie, sondern erinnert streckenweise an fiktionale Genres wie den Schelmenroman. Sie beansprucht gleichwohl einen ›höheren‹ Erkenntniswert, erkauft diesen jedoch durch die Verfestigung des Klischees von der österreichischen Revolution als ›unernster‹ Posse oder gar als ›seichter‹ Operette. Insgesamt etablieren Neumanns und Bleis Memoiren in ihrem ironischen Duktus und in ihrer Vorliebe für komische Situationen Charakteristika des Schreibens über den revolutionären Umbruch in Österreich und schließen damit an lokale literarische Traditionen an. Verglichen etwa mit Alfred Döblins vierbändiger Darstellung des Berliner *November 1918* (1949/50) offenbart sich in der ›unernsten‹ Schreibhaltung eine Spezifik der Reinszenierung von Geschichte in der österreichischen Literatur.

»Wenn Teufel zu Gegnern sie hätten, ihr Herz fällt nicht in die Schuh«. Revolution in der Reportage (Egon Dietrichstein)

Die Reportage gilt nach Günter Bentele als »ein journalistisches Genre, das zusammen mit der Nachricht und dem Bericht dem Typ der informierenden, wirklichkeitsbezogenen Textsorte angehört und durch den beglaubigenden Augenschein des ›Reporters‹ von interpretierenden, vor allem bewertenden Textsorten abgegrenzt wird.«[152] Einer der wichtigsten Vertreter der Reportage im 20. Jahrhundert war Egon Erwin Kisch, der sich schon 1913 bei der Aufdeckung des Skandals um den Geheimnisverrat des Oberst Redl einen Namen gemacht hatte. Von Wien aus setzte er sich Anfang 1918 auch theoretisch mit dem Genre auseinander und befand in seinem Essay *Wesen des Reporters* in legitimierender Absicht: »Jeder Schriftsteller, auch der Nichtrealist, bedarf der Milieustudie, und jede Milieustudie ist Reportage.«[153] Ganz zentral war auch für ihn der Realitätsbezug des Reporters: »Er mag übertreiben, unverläßliche Nachrichten bringen – dennoch ist er immer von der Tatsache abhängig, immer von der Sachlichkeit, immer ist ein Patrouillengang, ein Weg, ein Gespräch oder ein Anruf die Grundlage selbst der kleinsten Notiz.«[154] Ein solcher

»Patrouillengang« hat Anfang November 1918 in der Wiener Stiftskaserne stattgefunden, als Egon Dietrichstein der Roten Garde und ihrem Anführer Kisch einen Besuch abstattete. Dietrichstein, ein Journalist des *Neuen Wiener Journals* und alter Bekannter Kischs aus dem Kriegspressequartier, veröffentlichte dann am 12. November eine erste Reportage unter dem Titel *Bei der Roten Garde*, aus der im historischen Teil des vorliegenden Buchs bereits zitiert worden ist. Sie setzt mit einer genretypischen Zeichnung des Lokalaugenscheins ein:

> Im Hofe der Stiftskaserne ist eine Grabschrift der altösterreichischen Tradition erhalten, eine Marmortafel, in die mit Goldlettern folgende Inschrift eingraviert ist: »Kriegs Pflanz Schul aus allerhöchsten Gnaden Ihrer kaiserlichen und königlichen Majestäten Francisci und Maria Theresias für Adelige der Erblandesjugend Offiziere und Söhne zu den künftigen Kriegsdiensten unter der General-Oberdirektion Seiner Exzellenz Herrn Feldmarschall Leopold Grafen von und zu Daun errichtet 1784.« Es wird nichts übrig bleiben, als dieses stolze Dokument der franciscischen Zeit zur ewigen Ruhe auf den Friedhof des Heeresmuseums zu überführen, wo der Herr Feldmarschall Graf von und zu Daun sich neben den Handschuhen und der Perücke seines Kriegskollegen Radetzky behaglich[er] fühlen wird als gegenwärtig im Hofe der Stiftskaserne.[155]

Warum das »stolze Dokument der franciscischen Zeit« nicht mehr zeitgemäß war und weshalb der wiederholt mit ausführlichem Adelstitel angeführte »Herr Feldmarschall« bzw. die an ihn erinnernde Gedenktafel »zur ewigen Ruhe auf den Friedhof des Heeresmuseums zu überführen« sei, erläutert Dietrichstein in der Folge und gelangt damit zu seinem eigentlichen Thema:

> Denn vor der alten Erziehungsanstalt für Adelige der Erblandsjugend stehen die roten Gardisten vergattert. Und keine Erinnerung ist hier unzeitgemäßer, als jene an die Fürsorge der Kaiserin um einen standesgemäßen militärischen Nachwuchs. Denn die Rote Garde erkennt nicht einmal einen dienstführenden Feldwebel als Gott an, ein Hauptmann ist ihr nicht mehr als ein Zugführer und ein Zugführer so viel wie ein Rekrut. Sie hat die Autorität der Sterne, Abzeichen und Litzen, der goldenen und silbernen Auszeichnungen abgeschafft und der Herr Feldmarschall Graf Leopold von und zu Daun müßte seine Menageschale höchstpersönlich tragen...[156]

Die Wiener Rote Garde wird hier als neuartige militärische Formation präsentiert, die alle bisherigen Vorstellungen militärischer Zucht und Hierarchie Lügen straft und für eine revolutionäre Gesellschaft einsteht – obwohl ihr auch Adelige angehören: »Ein Graf Lamezan (alter österreichischer Beamtenadel) ist in ihre Reihen getreten. Die Lamezans, die in den Ministerien und Kanzleien als Hofräte rechtschaffen Akten verwalteten, wären, hätten sie den mißratenen Enkel geahnt, aus Gram und Kummer dreißig Jahre früher in Pension gegangen.«[157] Durch seine beiläufige Erwähnung und anekdotische Ausschmückung von Nebensächlichkeiten im Stil des Klatsches versuchte Dietrichstein, das Interesse des Publikums für seinen Gegenstand zu wecken, indem er etwa nach der oben zitierten, rühmenden Schilderung des ›romantischen Oberleutnants‹ Kisch und seiner außerordentlichen Leistungen bei der Formierungen der Roten Garde »zu einem disziplinierten Körper« auf dessen Kombattanten zu sprechen kommt: »Oberleutnant Kisch wird in seinem anstrengenden Dienst von Herrn Rothziegel, dessen rote politische Ueberzeugungen öfter mit den Gesetzesparagraphen in Widerspruch gerieten, unterstützt.«[158] Die in einem Nebensatz untergebrachte Anspielung auf Rothziegels Inhaftierung nach den Jännerstreiks ist nur als gezielte Bosheit zu werten, ähnlich wie die anschließenden Worte über den ›Korporal Haller‹:

> Noch ein roter Soldat hat sich aus der Masse der Namenlosen erhoben: Korporal Haller, ein etwa 24jähriger Student aus Bielitz, sozialistisch-radikal, revolutionär, lockenköpfig. Bei der Versammlung im Dreher-Saal hat er zuerst das Wort von der »Roten Garte« in die Masse gerufen, vor dem Deutschmeisterdenkmal und dem Parlament mitdemonstriert, dann ist er spurlos verschwunden. Unter etwas legendären Umständen: Man sagt, er sei in der Universität angehalten und um seine Legitimation befragt worden. Als er sich nicht ausweisen konnte, habe man ihn in ein Automobil gesetzt und zum Nordbahnhof expediert, von wo er nicht wiederkehrte. Dieses Ende einer kurzen Gardistenkarriere ist romantischer als ihre Figur…[159]

Wie oben dargestellt, war die Abschiebung des von seinen politischen Gegnern als ›Galizianer‹ oder ›Pole‹ diffamierten Bernhard Förster – tatsächlich stammte er offenbar aus einer damals mehrheitlich deutschsprachigen, protestantischen Stadt im österreichischen Schlesien – nicht zuletzt von deutschnationalen Offizieren betrieben worden. Die dubiosen Umstände dieser behördlichen Ausweisung werden hier als ›etwas legendär‹ und ›romantisch‹ verharmlost und durch die archaisierende Wortwahl »von wo er nicht wiederkehrte« in den Bereich des Mythischen überführt. Diese Verfahrensweise zielt auf eine ›Fiktionalisierung‹ des Faktischen und entspricht dem literaturwissenschaftlichen Befund Benteles, wonach »Reportagen auch narrative Elemente enthalten können«, weshalb »ihnen nicht selten literarischer Wert zugesprochen« werde.[160] Eine Voraussetzung dafür ist im gegenwärtigen Beispiel sicherlich das antithetische Strukturprinzip der Reportage, das sich mittels einer Reihe von wertenden Oppositionen (Kampf vs. Repräsentation, Prunk vs. Prunklosigkeit, materielle vs.

ideelle Güter) der plastischen Gegenüberstellung von ›alter‹ und ›neuer‹ Zeit bedient und in eine geradezu lutherisch anmutende Sentenz mündet, die freilich aus Edmond Rostands ›romantischer Komödie‹ *Cyrano de Bergerac* stammt:

> Im Hofe der Stiftskaserne steht die neue Garde. In einer Zeit, in der sich die alten Garden, die nicht zum Kampfe, sondern zur Repräsentation berufen waren, dem neuen prunklosen Regime ergeben mußten, die einzigen Gardisten Oesterreichs. Sie bewachen keine aus Babenbergerzeit gesammelten Kostbarkeiten, sondern die idealen Güter, welche dieser junge Staat bereits geboren hat... Das sind die Roten Gardisten, ihr Hauptmann ist Oberleutnant Kisch... Wenn Teufel zu Gegnern sie hätten, ihr Herz fällt nicht in die Schuh.[161]

Bei aller bemühten Sentenzhaftigkeit liegt ein Charakteristikum von Reportagen »in deren Produktionsform«, wie Bentele betont: »Reportagen setzen die Anwesenheit des Reporters ›vor Ort‹ voraus, die Reporter müssen ›außer Haus‹ gehen, zumindest um den Grundstoff für die Reportage zu erarbeiten.«[162] Kisch selbst hat diese Einsicht schon 1918 vorweggenommen: »Die Ereignisse der Recherche sind aus erster Hand, sind aus dem Leben.«[163] Um den Eindruck eines unmittelbaren Realitätsbezug zu erzeugen, bedient sich Dietrichstein wiederholt deiktischer Sätze wie: »Das sind die Roten Gardisten«. Er ergänzt damit die erwähnten erzählerischen Mittel um ein besonders aktualisierendes, erhöht also – gattungsstrategisch geschickt – den ›Wirklichkeitseffekt‹ seiner Darstellung.

Wenn freilich der »Grundstoff für die Reportage« einmal erarbeitet ist, dann kann der Reporter länger davon zehren, wie eine zweite, viel ausführlichere Reportage zeigt, die Dietrichstein drei Tage später unter dem Titel *Der Kommandant der Roten Garde. Ein Porträt* ebenfalls im *Neuen Wiener Journal* veröffentlichte und die Kisch weniger erfreut haben dürfte als die erste – wobei es dahingestellt sei, ob Dietrichstein tatsächlich von der zweiten Welle jener oben kolportierten »Haßtiraden« gegen Kisch und die Rote Garde gezwungen wurde, seine bis dahin wohlmeinende Haltung aufzugeben, wie Marcus G. Patka vermutet: Nach dem 12. November 1918 habe Dietrichstein »seine intimen Kisch-Kenntnisse« benutzt, um ihm in den Rücken zu fallen und ihn »mit dem sanften Druck einer Pythonschlange zu umarmen.«[164] Um diese Deutung zu überprüfen, empfiehlt sich ein Blick in den Text, der folgendermaßen einsetzt:

> Bei der Dechiffrierung dieses Titels, den jeder Buchhändler gern in seine Auslage stellen würde, geht viel Romantik verloren. Es könnte der Name eines Sensationsfilms oder gefährlicher Karl Mayscher Abenteuer sein, in denen die rote Farbe noch nicht in Begleitung von Jakobinertum, sondern nur von Indianern

> vorkommt… ist aber in Wirklichkeit jener des Oberleutnants, vor kurzem noch des k. u. k. Oberleutnants Kisch; vor kurzem noch Egon Erwin Kisch, als Signum harmloser, sogar – hört, hört! – patriotischer Feuilletons, in denen die Armee und ihre Siege gefeiert wurden.[165]

Tatsächlich musste die zuletzt zitierte Information Kisch als Zumutung erscheinen, hatte er sich doch nicht nur von den oft verspotteten Feuilletonisten, sondern gerade auch von den patriotischen Kriegsberichterstattern und ihrer Verherrlichungsprosa nachdrücklich distanziert, ohne den insbesondere von der *Arbeiter-Zeitung* unentwegt ausgeschlachteten ›Makel‹ seiner journalistischen Tätigkeit für das Kriegspressequartier aus der Welt schaffen zu können. Doch kam es für den zu diesem Zeitpunkt bereits heftigen Angriffen ausgesetzten Sozialrevolutionär noch schlimmer, indem Dietrichstein sich über seine ›gutbürgerliche‹ Herkunft genüsslich ausbreitete:

> Der Kommandant der Roten Garde ist der Sohn einer Prager Patrizierfamilie, die gutsituierte und wohlstudierte Intelligenz erzeugte: Staatsbeamte, Professoren und brave Leitartikler blühten und gediehen auf dem fruchtreichen Stamm. Egon Erwin schlug vorerst nicht aus der Art. Er absolvierte das Gymnasium und wurde Journalist, er machte sein Einjährigenjahr… Doch hier erhält die bürgerliche Karriere bereits ein Leck. Sein Verkehr mit einer politischen Richtung, die »oben« nicht gern gesehen wird, und am allerwenigsten, wenn dieses »Oben« ein Regimentskommandant ist, störten seine antimilitärische Laufbahn, die nur bis zu zwei subalternen Sternen und zum Spitznamen »der ewige Korporal« avancierte. Dies hob nicht seine Vorliebe für die k. u. k. Armee.[166]

Die Rede von Kischs ›antimilitärischer Laufbahn‹ ist hochgradig ironisch. Seine legendäre ostentative Entfernung der militärischen Rangabzeichen als Revolutionär wirkt angesichts der hier vermittelten Informationen hingegen wie ein später Ausdruck des Ärgers über die steckengebliebene Laufbahn als k. u. k. Offizier, der zudem in seiner zivilen Tätigkeit als Journalist noch kein auffallendes politisches Interesse gezeigt habe:

> In den ruhigen Prager Schilderungen, die er in der »Bohemia« veröffentlichte, ist nicht mehr zu finden als eine ungewöhnliche journalistische Begabung, die politische Fronde wird einem anderen Gebiet seiner Tätigkeit reserviert. Politik und Schriftstellerei haben sich in Prag seither besser vertragen, als in dem leidenschaftslosen ästhetischen Wien. Denn nur das eine wollte Egon Erwin Kisch, der alles sein will und viel ist, nicht sein: Ein Ästhet, einer jener Literaten, die mit einem Federstil, einem Schreibtisch und einigen Kaffeehausimpressionen aus-

> kommen. Er braucht Erlebnisse. Sein ganzes, einige dreißig Jahre langes Leben ist eine ruhelose Jagd nach solchen Erlebnissen, die ihn frühzeitig über die ganze Erde herumtrieben.[167]

Damit bezeichnete Dietrichstein auf das Genaueste Kischs schriftstellerische Programmatik, die dieser 1918 in eine polemische Note gepackt hat: »Ganz sinnlos aber ist der geringschätzige Unterton der Bezeichnung ›Reporter‹, dem eine kolossale Überschätzung des Leitartikelschreibers, des Kunstrezensenten, des Verfassers national-ökonomischer Artikel und besonders des feuilletonistischen Plauderers gegenübersteht.«[168] Die antiästhetizistische Tendenz solcher und weiterer Urteile Kischs ist genauso mit Händen zu greifen wie seine gattungspolitische Nobilitierungsarbeit: »*An sich* ist immer die Arbeit des Reporters die ehrlichste, sachlichste, wichtigste.«[169] Genau darauf nahm Dietrichstein nun ironisch Bezug, wenn er über Kisch feststellte:

> Als Journalist ist er stolz, nie snobistisch mit literarischem Buchstabenehrgeiz kokettiert zu haben, sondern ein Journalist im ursprünglichen, simplen, nicht durch Schriftstellereitelkeit entstellten Sinne zu sein. Ein Journalist der alten Schule, der nicht nur schreibt, sondern auch sieht, der nicht nur über die Ereignisse berichtet, sondern sie erzeugt. Ein Journalistentyp, wie man ihn hierzulande nicht antrifft, den man in Amerika suchen muß. Wenn man will: Ein Reporter…[170]

Lange vor Kischs Etablierung als ›rasender Reporter‹ in Berlin unternahm Dietrichstein – so Patka – »die allererste bisher bekannte ›Würdigung‹ der Persönlichkeit« Kischs in Wien, wobei er der hiesigen lokalen Tradition entsprechend »eine an Bosheit kaum zu übertreffende Meisterleistung« bot.[171] Er zeichnete den revolutionären Journalisten nämlich augenzwinkernd als fantastischen Abenteurer:

> Ein guter Reporter zu sein, das beiläufig war des Schriftstellers Egon Erwin Kisch Ehrgeiz; ein Reporter, der zugleich Abenteurer und Detektiv, Weltreisender und Sensationsjäger in allen geographischen und sozialen Revieren ist, der das Leben als Jules Verneschen Phantasieroman sieht und seine Geheimnisse und Utopien als Tatsachenrealitäten in Zeitungsspalten zu [sic] Strecke bringen will. Auf allen seinen Reisen hat ihn eine routinierte Reporternase zu solchen Abenteuern geführt, in Spelunken und Kanäle, in verrufene Spielsäle und Viertel, die man nur mit geladenem Browning betritt. Mit jenem in Detektivromanen und Filmen üblichen Mimikry der Verkleidung und Verwandlung hat er sie aufgesucht, er war ein Strolch unter Strolchen, ein Hochstapler unter Hochstaplern, ein Kavalier unter Kavalieren. Er war alles, ebenso wie er alles kann. Er wäre ein guter Reporter gewesen, auch wenn er ohne Feuilletonspalte wäre geboren worden.[172]

Diese Charakterisierung klingt nach vielem, aber gerade nicht nach jenem ernsthaften und verantwortungsvollen Offizier in stürmischen Zeiten, als den Kisch sich in diesen Tagen gegenüber der Öffentlichkeit hinzustellen bemühte. Alle Anstrengungen um eine seriöse Erscheinung schienen umsonst, wenn er von Dietrichstein *coram publico* als artistischer Tausendsassa gerühmt wurde:

> Egon Erwin Kisch gehört zu den Vielseitigen. Mehr noch: zu den Vielseitigsten. Das Schreiben kann er so nebenbei. Er war in Berlin Dramaturg und turnte sich zum »Berliner Tageblatt« hinauf. Auch die Politik ist eine belanglose Zugabe, auf die es bei einem solchen Reichtum an Talenten kaum ankommt. Er ist ein Konversationslexikon, das einen mit [sic] allem unterrichten kann, was seit dem Bestehen der Welt auf allen Planeten vorging. Er ist vor allem ein biographisches Lexikon, das über Persönlichkeiten, selbst wenn sie kaum Persönlichkeiten sind, eingehend referiert. Er könnte damit im Variété [sic] auftreten. Aber es wäre für Egon Erwin Kisch beschämend, nur in einer Nummer aufzutreten. Fregoli könnte von ihm lernen, wie man sich zu allen nur denkbaren Verwandlungen und Verkleidungen verrenkt, er jongliert, er zaubert, er ist der beste Tänzer, der beste Schwimmer und der beste Deklamator…, der erste Dilettant und der beste Künstler.[173]

Kischs vielseitige Tätigkeit erscheint hier als gleichsam ›turnerische‹ Übung, sein politisches Engagement als »belanglose Zugabe«, er selbst als talentierter Vielwisser, der seine Zeit mehr mit unfokussierter Lektüre als mit politischen Studien verbracht hat und mit seinen Fertigkeiten als Varietésensation auftreten könnte – der wenig revolutionäre Gedanke an die heutige ›Millionenshow‹ liegt nahe. Wenn Dietrichstein in diesem Zusammenhang den italienischen Verwandlungskünstler Leopoldo Fregoli als Vergleichsgröße anführt, dann wirkt Kisch endgültig wie ein halbseidener Zirkusartist und die Erzählinstanz wie ein Conférencier:

> Und hat daneben noch einige Spezialitätentricks. (Durchaus originell! Noch nie dagewesen! Ein Sensationsrekord allerersten Ranges!): Man bringe ihm irgendein Buch, man stöbere es aus den Geheimkammern eines Archivs auf, man hole es aus den verstaubtesten Bibliotheken, man zerbreche sich den Kopf nach dem verstecktesten, verbotensten, seltensten, noch von niemandem gesehenen Werk und trage es zu Egon Erwin Kisch und schlage eine Seite auf. Bitte, meine Herren und Damen, Egon Erwin Kisch sieht nicht den Einband, nicht den Titel, sehen Sie und staunen Sie, Egon Erwin Kisch liest nur einige Buchstaben, und Egon Erwin Kisch nennt den Titel, den Autor – und nun kommt das Verblüffende, die Glanznummer des Exzentriques, dasjenige, was man das Wunder, das Ueberirdi-

> sche, das vollkommen Rätselhafte nennen muß – Egon Erwin Kisch kennt den Verlag und die Jahreszahl. Und nun spannen Sie ein Seil in die Luft und Egon Erwin Kisch wird darauf tanzen. Bringen Sie ein Reck und er wird die Riesenwelle ausführen, wie Sie es noch nie in Ihrem Leben gesehen haben, nie sehen werden. Egon Erwin Kisch wäre eine Akquisition für Barnum und Bailey.[174]

Spätestens hier verlässt Dietrichstein die ausgetretenen Pfade einer Gattungsgeschichte der Reportage, über deren Genregrenzen er augenzwinkernd hinausgeht, indem er satirische Elemente in seinen Text integriert. Die maliziöse Anspielung auf das seinerzeit weltbekannte amerikanische Zirkusunternehmen, das sich selbst als »The Greatest Show on Earth« anpries und von Kischs Talenten nur profitieren könne, trägt das Ihrige dazu bei, dessen Bemühungen um einen tadellosen Leumund als ernsthafter Sozialrevolutionär nachhaltig zu hintertreiben, zumal Dietrichstein es sich nicht nehmen ließ, noch einmal ausdrücklich an Kischs Tätigkeit für das Kriegspressequartier zu erinnern:

> Er hat einen Roman geschrieben: »Der Mädchenhirt«, der erst Jahrgängen von der reiferen Jugend empfohlen werden kann. »Ich habe den Roman geschrieben, um zu zeigen, daß ich das auch kann. Was ist schließlich dabei, einen guten Roman zu scheiben? Ah bah!« sagte er mir unlängst. Er ist ein bißchen auf den Meeresgrund getaucht, in Flugschiffen und U-Booten gefahren, als es gerade aktuell war, er hat über diese patriotischen Ausflüge als Offizier des Kriegspressequartiers patriotisch geschrieben und an der Westfront Filmaufnahmen geleitet. Er war im Feuer, als sich ihm hiezu Gelegenheit bot, und brachte eine Verletzung und Tagebuchblätter mit. Er wollte zeigen, daß er das auch kann. Und weil er alles kann, haben wir noch mancherlei von ihm zu erwarten. Wenn noch ein neuer Erdteil zu entdecken ist, Egon Erwin Kisch-Crusoe wird ihn sicherlich auffinden.[175]

Es ist Patka sicherlich zuzustimmen, wenn er dieses Porträt in seiner »Erfassung der Persönlichkeit Kischs« als »geradezu sensationell und in mancher Hinsicht sogar prophetisch« einstuft, denn der damals noch am Anfang seiner Laufbahn stehende Kisch hatte 1918 in Wien zwar erstmals theoretische Überlegungen über die Reportage als Gattung angestellt, war aber noch Jahre von seinem zum Synonym für ihn selbst gewordenen Buchtitel *Der rasende Reporter* (1924) entfernt.[176] In Dietrichsteins Darstellung erscheint Kischs Engagement für die Sozialrevolution weniger als Ergebnis ausdauernder politischer Arbeit und vielmehr als der Gelegenheit und dem Zufall geschuldet: »Weil aber nun just die Welt sehr klein geworden, der Verkehr mit den Abenteurern eingestellt, der Zutritt zur Fremdenlegion gesperrt ist, wurde Egon Erwin Kisch Kommandant der Roten Garde. Aus Begeisterung, aus Ueberzeugung. Und dann, um zu zeigen: daß er das auch kann …«[177] Dietrichsteins Text funktioniert wie eine moderne Heldensaga, wirkt in ihrem übertreibenden Gestus jedoch enorm komisch: Kisch wird als artistischer Tausendsassa dargestellt, dem es in erster Linie auf mehr oder weniger beliebige Sensationen ankomme – koste es, was es wolle. Die Feinheit der Klinge zeigt sich auch in zahlreichen Details, etwa dem Umstand, dass die Reportage *avant la lettre* einige zentrale Charakteristika der ›neusachlichen‹ Ästhetik exponiert. Eine von ihrem Verfasser kaum selbst bewirkte Bosheit kann man in der Kontextualisierung der Reportage durch das Druckbild der Zeitung sehen, das die kolportagehafte Darstellung des Sozialrevolutionärs mit der damals bekanntesten Autorin von Trivialliteratur in Bezug setzte: Unter dem Strich findet sich auf derselben Seite nämlich die 28. Folge eines Vorabdrucks von Hedwig Courths-Mahlers Kolportageroman *Der verhängnisvolle Brief*, der als selbstständige Buchveröffentlichung erst 1924 erschien.

Wie dem auch sei – der Anführer der Roten Garde war damit publizistisch angezählt, wie Patka betont: »Zu jedem anderen Zeitpunkt hätte Kisch dieser Meisterpolemik applaudiert, seinen Popularitätszuwachs begrüßt und mit gewohnter Schlagfertigkeit gekontert.« Doch waren ihm gerade jetzt die Hände gebunden, jede Reaktion hätte die Aufmerksamkeit für die so gar nicht erhabene Darstellung seiner Persönlichkeit durch Dietrichstein nur erhöht: »In der angespannt-ernsten Situation war dieses Feuilleton bei allen ironischen Zwischentönen eine Katastrophe, denn es gibt wohl nichts Schlimmeres für einen Revolutionär, denn als gesinnungsloser Scharlatan zwischen Jakobinertum, Fremdenlegion, kaisertreuem Patriotismus und Varieté abgetan zu werden.«[178] Da half auch die bereits zitierte Versicherung des anarchistischen Kollegen Kurt Sonnenfeld von der Jahreswende 1918/19 wenig, Kisch sei kein »Kaffeehausliterat«, sondern »ein echter Dichter«[179] – zumal sie in der anarchistischen Zeitschrift *Ver!* erschien, die eine viel geringere Verbreitung hatte als das *Neue Wiener Journal*. Kisch selbst übrigens hat sich Anfang 1918 vorab gegen die wechselnden Zuschreibungen und Aberkennungen wahren Dichtertums gewappnet, indem er in seiner Programmschrift *Wesen des Reporters* feststellte: »Was nun das Wiedergeben des Erlebens anlangt, so verfügt über jene lichtempfindliche, eingestellte Platte, deren der Künstler nicht bedarf und die der Durchschnittsbürger […] nicht besitzt, ein dritter: der Journalist. / Wie denn dieser überhaupt zwischen Künstler und Bürger die (von beiden Teilen angefeindete) Zwischenstufe ist und ihr Mittler.«[180] Zumindest die hier apostrophierten Anfeindungen hat er am eigenen Leib erlebt, wie sich am Beispiel des Feuilletons zeigen lässt.

»Jedes Geschlecht hat die Revolution, die es verdient«. Revolution im Feuilleton (Hermann Bahr und Joseph Roth)

Das Feuilleton als »[p]ublizistisch-literarische Textsorte mit Anspruch auf unterhaltsame und stilistisch ausgefeilte Behandlung ernsthafter Themen« gilt dem Linguisten Ulrich Püschel zufolge gemeinhin als »kleine Prosaform [...] mit vielfältigen Varianten und Spielarten«, deren »Form jeweils durch den Gegenstand, dessen Behandlung und die verfolgte Zielsetzung bestimmt wird«, weshalb »keine detaillierte Auflistung fester Gattungsmerkmale möglich« sei.[181] Abgesehen von der noch um 1918 üblichen »Platzierung in der Zeitung ›unter dem Strich‹« sei das Genre formal-stilistisch gekennzeichnet durch den Anspruch auf »Prägnanz, Witz, Anmut und Anschaulichkeit« sowie auf eine besondere »Art des Sehens und Betrachtens«, die »eine subjektive, persönliche Form in Darstellung, Sprache und Meinung« bedinge: »Dabei soll im Anekdotischen und scheinbar Belanglosen des Alltags auf interessante, den Leser ansprechende Weise Wesentliches und Allgemeingültiges sichtbar gemacht werden«.[182] In Wien war das Feuilleton seit dem Jahr 1848 überdies »als direkte Folge der revolutionären Ereignisse« ein eminent politisches Genre.[183] Hier gab es eine besondere lokale Tradition der Kommentierung aktueller Zeitphänomene, die in der historisch vergleichbaren Situation Ende 1918 wieder zum Tragen kam.

Ein in diesem Sinn exemplarisch arbeitender Feuilletonist war sicherlich Hermann Bahr. Nachdem er sich in seinem im *Neuen Wiener Journal* öffentlich geführten *Tagebuch* am 24. November 1918 für den von der Abschiebung nach Prag bedrohten Werfel – »die reinste Stimme dieses Landes, unser größter Dichter«, der »alle Augenblick zur Polizei zitiert« werde, weil er »kommunistisch gesinnt« sei – sowie ganz generell für Gesinnungsfreiheit in der neuen Republik eingesetzt hatte, die er in dieser Hinsicht unvorteilhaft mit der alten Monarchie verglich,[184] widmete er sich am 7. Dezember 1918 ausführlich und eben sehr idiosynkratisch dem ›Phänomen‹ Kisch:

> Kisch, dieser schier schon sagenhafte Kisch, der Jaromir der Roten Garde Egon Erwin Kisch ist zum wahren Bürgerschreck geworden. Je mehr aber einer bei uns bekannt wird, desto unkenntlicher. Und es steht dafür, sich den mythischen Jüngling einmal anzusehen. Er stammt natürlich aus Prag, ist in dem verdächtigen Grenzgebiet der Begabung, wo Leitartikel, Feuilleton und Reportage durcheinander wohnen und es schließlich nur von einer leisen Deklination des Zufalls abhängt, ob das Ganze höchstens einen Literaten oder vielleicht einen Abgeordneten oder aber auch am Ende gar einen Dichter ergibt, aufgewachsen und hat, noch vor dem Krieg, einen Roman geschrieben »Der Mädchenhirt« (Erich Reiß Verlag, Berlin). Der hätte, zwanzig Jahre früher erschienen, ihn über Nacht be-

> rühmt gemacht. Schule Max Kretzer, aber von einer viel höhern, an den Goncourts und Zola geschulten Technik.[185]

Indem Bahr Kisch mit dem mythischen Räuber Jaromir aus dem seinerzeit populären gleichnamigen Gedicht assoziierte und sodann den einzigen Roman des jungen Autors mit den Büchern des von ihm verehrten Berliner Naturalisten Kretzer, ja mit den bekannten französischen Schriftstellern Edmond und Jules de Goncourt sowie Émile Zola verglich, entfaltete er zunächst einen assoziativen Rahmen für seine äußerst wohlwollende Darstellung, den er sogleich selbst zu überschreiten sich anschickte:

> Und doch auch noch mehr: in diesen sehr dokumentierten Schilderungen schlägt ein Menschenherz, sie haben zuweilen fast den Atem Dostojewskis, da versucht ein verschämter Dichter vergebens sich mit Ungebärdigkeiten zu maskieren! Dann kam der Krieg, er zog mit, nicht ins Kriegsarchiv, sondern ins Feld und hat dort seinen tapferen Mann gestellt. Er kehrt zurück und die Woge trägt ihn empor: auf einmal sieht er sich von Vertrauen und Entsetzen umringt.[186]

Die historischen Umstände von Kischs revolutionärem Engagement werden hier weniger offengelegt als vielmehr dissimuliert. Es ist dem Verfasser dieser Zeilen sichtlich mehr um die von Karl Kraus so gehasste Stimmungsmalerei zu tun als um die akkurate Information seines Publikums. Dazu trägt auch der übersprudelnde und wenig selektive Assoziationsreichtum Bahrs bei, wenn er sich etwa auf thematisch mehr oder weniger einschlägige Aussagen anderer Autoren beruft:

> »Es sind,« schrieb Robert Müller neulich, »es sind eben doch die Lyriker, die alles auf der Welt machen.« Meistens aber freilich erst, wenn sie keine mehr sind, wenn ihre Himmelssehnsucht sich ins Irdische verirrt, wenn ihnen schließlich nichts übrig bleibt als, statt in Versen, gleich in Taten zu dichten. Ein gefährlicher, die Mitwelt bedrohender Zustand. Siehe Napoleon, der auch in den Briefen an Josephinen noch rein lyrisch schwelgt. Siehe Bismarck, der für Mußestunden immer noch einen heimlichen Werther in sich übrig behielt. So stark wird in Kisch ja der Schwärmer kaum je gewesen sein, aber einen Schuß davon hat offenbar auch er.[187]

Im Unterschied zu der ›vor Ort‹ recherchierten ›objektiven‹ Reportage Dietrichsteins präsentiert sich das ›subjektive‹ Feuilleton als Ergebnis einer reinen Schreibtischfantasie, die weniger über ihren Gegenstand und mehr über ihren Urheber preisgibt:

> Wer in seiner Jugend einmal stundenlang ein Dichter war, wird ein heftiges Bedürfnis, die tief bei sich erlebte Schönheit irgendwie von sich zu geben, im Leben nicht mehr los; sie muß sich entladen und wenn dazu das Wort nicht reicht, muß dafür die Tat herbei, sein Inneres muß er draußen placieren. Lyriker sind deshalb stets eine für die öffentliche Ordnung nicht unbedenkliche Gesellschaft, und die Monarchie wußte, warum sie sie sich vom Leibe hielt. Der Republik, die das auch will, wird es schwerer, weil ihr Name die Täuschung erregt, Freiheit zu versprechen. So hat sie jetzt den leichtgläubigen Kisch auf dem Halse![188]

Ohne die kontrafaktische Assoziierung Kischs – der angeblich nie ein Gedicht geschrieben habe – mit einem »Lyriker« auch nur ansatzweise zu plausibilisieren, schwenkt Bahr nun um von seinen allgemeinen Reflexionen zu einer spezielleren Charakterstudie des Anführers der Roten Garde: »Sein Verbrechen besteht darin, daß er Ernst machen will (es ist das ewige Verbrechen der Lyriker, mit ihrer inneren Welt Ernst zu machen in der äußeren Welt). Der gute Kisch ist nichts weiter als ein enttäuschter Enthusiast der Revolution. Und vielleicht nur aus angeborener Anständigkeit, nur aus einer gewissen Sachlichkeit, zu der allerdings Naivität gehört.«[189] Es bleibt hier im Dunkeln, inwiefern Kisch eine nicht näher bestimmte ›innere Welt‹ in der ›äußeren Welt‹ realisieren möchte, weshalb er als revolutionärer »Enthusiast« enttäuscht sein und warum zur »Sachlichkeit« so selbstverständlich »Naivität« gehören soll. Aber so genau sollte man bei einem ›subjektiven‹ Genre wie dem Feuilleton wohl gar nicht nachfragen, zumal Bahr selbst seine charakterlichen Schlussfolgerungen als reine Mutmaßungen und hypothetische Analogieschlüsse kennzeichnet:

> Er war wahrscheinlich zunächst gar kein Revolutionär. Er hat vielleicht nie zuvor daran gedacht, einer zu werden. Als aber Revolution wurde, hat er gemeint, sie müsse auch eine sein. Vielleicht erging's ihm auch bloß so, wie es 1848 in Dresden dem jungen Semper erging. Der war ein Künstler und trug nichts als seine Baukunst im Sinn. Da brach die Revolution aus, sie fingen Barrikaden zu bauen an. Semper lag daheim in seinem Fenster, sah von oben denen unten bauen zu und mußte lachen, denn sie stellten sich dabei gar zu dumm an, so dumm, daß er ihnen lachend zurief: »Kinder, so baut man doch nicht!« Da waren sie beleidigt und antworteten: »Kannst du's besser, so komm herab und bau du!« Das ließ er sich nicht zweimal sagen, war schon unten und baute mit. Er baute so gut, daß er dafür dann, als die Revolution geschlagen war, flüchten mußte und jahrelang geächtet blieb. Eigentlich doch bloß seiner Sachlichkeit wegen, seiner Baulust wegen, bloß weil er meinte, man müsse, was man tut, ordentlich tun! Nicht anders erklär ich mir Kisch: er meint, eine Revolution müsse revolutionär sein.[190]

Bahr will keine belastbaren Informationen vermitteln, sondern verbleibt mit seinen anschaulichen ›Erklärungen‹ im Bereich des prinzipiell Denkbaren, Mutmaßlichen und Ungefähren. Gleichwohl vertritt er den Anspruch, an der als ortstypisch gekennzeichneten Missachtung von Talent und Fähigkeit Kritik zu üben, indem er Kisch als eine Art verkanntes Genie präsentiert:

> Der Unterschied ist nur: als Semper lachte, weil sie zu dumm bauten, ist er eingeladen worden zu zeigen, ob er's besser kann. Kisch wird nicht eingeladen. Niemand wird eingeladen, der verdächtig ist, daß er's vielleicht besser könnte. Sie halten darauf, genau nach ihrer Methode zu bauen, die doch eigentlich, scheint's, mehr die Methode Stürgkh ist: Zuzug Baulustiger und Baukräftiger fernzuhalten! So kann's sein, daß es eine echt österreichische Revolution wird: mit Ausschluß aller Revolutionäre.[191]

Als ›österreichisch‹ denunziert Bahr hier auch die Angst vor Expertentum, womit er Kisch implizit als Spezialisten für ›Revolutionäres‹ klassifiziert. Sachliche Anhaltspunkte gibt er freilich für diese gewagten Behauptungen ebenfalls nicht; sie entpuppen sich als bloße Vermutungen. Es ist genau diese dezidiert subjektive Perspektive des Feuilletons, die Kisch Anfang 1918 in seinem Essay *Wesen des Reporters* der ›objektiven‹ Reportage entgegengestellt und ihr gegenüber sichtlich abgewertet hat: »Der Berichterstatter ist der Prosaist der Ballade«, wogegen »des Feuilletonisten Ideal die Lyrik« sei, die man damals mit Goethe als subjektivste literarische Großgattung verstand:

> Der Plauderer, der schlechteste Feuilletonist wird Tatsachen unterdrücken; kann er dies nicht, so gibt er sich wenigstens den Anschein, daß er sie nicht *genau* wisse, um das »rein Gedankliche und rein Gefühlsmäßige« seiner Ausführungen, seine »Unabhängigkeit von dem Meritorischen« und die »Mühelosigkeit seiner Produktion« darzutun. Derartige Unterschlagungen und absichtliche Ungenauigkeiten sind noch schimpflicher als das Protzen mit Informiertheit, das sich in der wahllosen, unorganischen Anhäufung unverarbeiteter Fakten und Zitate kundtut.[192]

Kisch unternimmt hier eine wertende Gegenüberstellung zweier Schreibweisen, deren erste literaturhistorisch tendenziell der ›neusachlichen‹ Nachkriegszeit und deren zweite der ›impressionistischen‹ Jahrhundertwende sowie der Vorkriegszeit zuzuordnen wäre. Es mag sich dabei auch um einen Reflex des jungen Prager Autors gegen das in besonderer Weise mit Wien assoziierte Genre handeln: »Seine Blüte erlebte das Feuilleton im Wien vor und nach der Jahrhundertwende. Es galt als non plus ultra des literarisch ambitionierten Journalismus«,[193] war also um 1918 schon in die Jahre gekommen. Insofern überrascht es nicht, wenn einem an der ›neusachlichen‹ Poetik geschulten Beobachter wie dem Kisch-Biografen Marcus G. Patka das Feuilleton Bahrs verglichen mit Dietrichsteins Reportagen als eine »matte Sache«[194] erscheint.

Vielleicht nicht ganz so ›matt‹ wirkt Hermann Bahrs nächstes Feuilleton über Aspekte der Wiener Revolution. Eine Woche später erschien im *Tagebuch* des *Neuen Wiener Journals*, datiert auf den 16. Dezember 1918, ein Text über die Wiener Wochenschrift *Die Rettung* bzw. über deren Herausgeber Blei und Gütersloh. Darin heißt es – offenbar aufgrund persönlicher Bekanntschaft – etwas anschaulicher und zunächst in einer schier endlosen Phrase vor allem auf den Erstgenannten bezogen:

> »Die Rettung«, Blätter zur Erkenntnis der Zeit, herausgegeben von F. Blei und P. Gütersloh. Ein merkwürdiges Gespann! Blei, durchaus achtzehntes Jahrhundert, Verstandesmensch der höchsten Art, ganz unpathetisch, kühl bis ans Herz, wenn er eins hat, klar wie ein Bach, eigentlich ein geborner Abbé der galanten Zeit, doch so geschmeidigen, polarisch begabten Geistes, daß er immer zugleich auch noch seinen Gegensatz mit in sich hinein nimmt, subtil Sublimes streift, über seine Trunkenheiten raisonniert, selbst mit dem Erhabenen noch tändeln, aber auch dem leichtesten Spiel noch tragischen Ernst abgewinnen kann und an jeder Fläche geheime Tiefen, in Abgründen wieder ganz unten noch einen Sonnenblick aufspürt, ein Mensch, der die Klarheit selbst scheint und doch voll Geheimnis ist, ein ganz durchsichtiger und doch selber unsichtbar bleibender Mensch, ein Mensch, der keinen Schatten wirft, nämlich nicht nach außen, aber allen in sich selbst hinein, überall bekannt, vielen Freund und im Grunde doch allen fremd, vielen vertraut, doch ohne daß in der weiten Runde sich auch nur ein einziger anmaßen dürfte, ihn zu kennen, überall ein erwünschter, belebender, erregender, bewegender und selbst doch eigentlich steinerner Gast, der so viele Masken trägt, daß er zuweilen verdächtig wird, vielleicht überhaupt bloß aus Masken zu bestehen, durch die alle aber dann doch immer wieder ein ewig starres Auge droht: ein galanter Abbé mit einem Medusenblick.[195]

Die Charakteristik der revolutionären Zeitschrift und ihrer politischen Anliegen wird – gut feuilletonistisch – von der Persönlichkeit ihrer Herausgeber her entwickelt, deren ersten Bahr dem revolutionären französischen 18. Jahrhundert zuordnet. Dass die in dem mäandernden Satzungetüm wiederholt begegnende Charakterisierung Bleis als »Abbé« literatur- bzw. motivgeschichtlich folgenreich war, ist oben schon gezeigt worden. Des Weiteren operiert Bahr mit mehreren Anspielungen auf klassisches Bildungsgut wie Mozarts Oper *Don Giovanni* (»steinerner Gast«) oder Goethes Ballade *Der Fischer* (»kühl bis ans Herz«). Generell ›poetisiert‹ das Feuilleton hier die plane Charakterschilderung durch eine rhetorische Anreicherung des essayistischen Prosatextes mit zahlreichen Metaphern und Metonymien. Auf die Apotheose Bleis folgt sodann eine ebenso ausholende Würdigung Güterslohs:

> Und ihm zur Seite nun Gütersloh, diese Stromschnelle, diese Windsbraut, das Pathos selbst! Ein junger Maler, der, als er vor etwa zehn Jahren zum erstenmal erschien, wie die Zukunft in Person über uns herfiel, gleichsam aus dem Hinterhalt eines noch fernen Jahrhunderts, und so siedend heiß von Ueberlebendigkeit, daß in dem aus ihr ausschäumenden Dunst und Rauch zunächst nichts von seiner Gestalt zu sehen, nur die wilde Kraft eines noch formlosen Willens prachtvoll angekündigt war. Er malte damals auch ein Buch »Die tanzende Törin«, etwas einem Roman Aehnliches; ich hab's jetzt nicht zur Hand und erinner mich nur noch, daß es mir einst, in der Wintereinsamkeit des blauen Hauses auf dem Semmering, ein höchst fragwürdiges, stürmisch anklopfendes Erlebnis war: was jetzt Expressionismus genannt wird und eben schon fast daran ist, auch gleich wieder zur bloßen Manier jedermanns zu werden, herrschte mich da zum erstenmal ungestüm an, noch ungestalt, nur ein Kreißen erst, eine Kunst in Wehen.[196]

Der jüngere der beiden Herausgeber des Journals *Die Rettung*, der Bahr offenbar noch näherstand als Blei, wird hier aus der Perspektive des väterlichen Förderers und wohlwollenden Kenners als im höchsten Grad vitaler, kraftstrotzender Künstler porträtiert. Angetrieben werde der Expressionist der ersten Stunde zuvorderst von einem überstarken Kunstwollen. Als Eingeweihter weiß Bahr zu berichten, dass Gütersloh sich noch in der Phase ästhetischer Formung befinde, aus der er gleichwohl schon kräftige Beweise seines Könnens schleudere:

> Gütersloh war inzwischen in Paris gewesen; von dieser großen Erzieherin ist noch keiner unbeschenkt entlassen worden, sie tut jedem sein eigenes Geheimnis auf. Und dann kam er auch noch in die Geistesnähe Claudels [...]. Vielleicht war's Claudels gütig groß kreisender Adlerblick, an dessen entschleiernder Gewalt Gütersloh sich selber fand. Denn nun, in seinen Aufsätzen dieser »Rettung«, siehe!, da steht der eben noch tanzende Tor jetzt auf einmal, wenn auch noch jugendlich in sich eingeballt, doch schon in entschiedener Selbstgewißheit da, sprungbereit zur Entfaltung und Erfüllung[,] noch kein Vollendeter, doch an der Vollendung, längst kein Suchender mehr, sondern ein Finder und selbst ein Führer. Als Anwalt des Geistes tritt er vor.[197]

Bahr bedient sich sämtlicher Topoi der Künstlerbiografik, um den jungen Gütersloh mit Anspielung auf dessen Romantitel *Die tanzende Törin* (1911) als kommendes

Genie und Geistesgröße anzupreisen. Dessen Paris-Aufenthalt des Jahres 1911/12, der aus dem angehenden Dichter auch einen Maler machte, wird als entscheidende Station seiner künstlerischen Lehrjahre inszeniert, wobei Bahr diese Parallele zur eigenen Biografie allein Eingeweihten kenntlich macht. Im Besonderen erscheint der dezidiert katholische Gütersloh dabei als Schüler des religiös inspirierten französischen Dichters Paul Claudel. Bei dieser Gelegenheit kann Bahr nun auch allgemeine Überlegungen zur Rolle des Intellektuellen im neuen Staat bzw. den beiden neuen deutschsprachigen Republiken anstellen:

> Diese deutsche Revolution hat sich ja bisher in völliger Geistesabwesenheit ereignet; die sogenannten Politiker hielten sie ganz besetzt. Und soll denn aber alles deutsche Leben auch ferner bloß eine Frage der Wirtschaft sein? Gleicht die neue Republik auch darin der (nur jetzt in der Form beschnittenen, verschnittenen, doch nirgends im Wesen getroffenen) alten Monarchie, daß auch in ihr wieder der Geist zum Paria verdammt bleibt? Wo sind die Geistigen? In ganz Deutschland nur einer: Kurt Eisner (der denn auch in dieser Gesellschaft der Gewalt unwillkürlich zu seiner eigenen Karikatur zu werden droht). Bei uns nichts als die verzweifelten Ausbrüche des einsamen Robert Müller; und vom Mondsee herüber schreit zuweilen noch Rudolf Pannwitz angstahnungsvoll in die Wüste hin! Aber auch diese beiden, mir beide so wichtig und wert, ich frage mich, ob nicht auch sie schon in Gefahr sind, von sich und ihrer Sendung abgedrängt zu werden, wenn sie sich aus Furcht um den Geist zu tief in den Versuch einlassen, den jetzigen Staatsexperimenten Geist aufzudrängen.[198]

Ähnlich wie Blei und Gütersloh in ihrer Wochenschrift *Die Rettung*, die ja der eigentliche Gegenstand des Bahr'schen Feuilletons ist, im folgenden zweiten Teils des Textes aber nur noch als Aufhänger eigener Auslassungen über die Implikationen und Konsequenzen der politischen Revolution in den deutschsprachigen Ländern dient, bringt auch Bahr selbst dem neuen republikanischen Staatswesen eine gehörige Portion Skepsis entgegen. Er befürchtet, der als ›rein‹ imaginierte Geist könne sich durch sein aktivistisches Einlassen auf Politisches kompromittieren:

> Es ist vielleicht überhaupt ein Irrtum, die Geistigen politisieren zu wollen, es ist jedenfalls ein noch weit größerer Irrtum, wenn man den Augenblick gekommen meint, den Staat an den Geist auszuliefern. Von aller bisherigen Politik ist der Geist als Werkzeug der Gewalt mißbraucht worden, es scheint verzeihlich, wenn er sich nun rächen, sich selber der Gewalt bemächtigen möchte. Doch dies ist ein Selbstmißverständnis des Geistes, der auch damit nur wiederum denaturiert würde: seine Scheinherrschaft über den Staat wäre für ihn ein ähnliches Mißge-

schick, wie der Kirche noch immer bei jeder noch so versteckten Art von Staatskirchentum widerfuhr.[199]

Ohne es explizit auszuweisen, bezieht sich Bahr mit solchen staats- und kulturtheoretischen Überlegungen indirekt auf die Beiträge der von ihm vorgestellten Wochenschrift, die ja ebenfalls äußerste Skepsis gegenüber jeglicher Form der staatlichen Indienstnahme von Kultur und Kultus artikulierten. Er gelangt dabei zu Ergebnissen, die über den engeren Anlass hinaus Gültigkeit und Relevanz beanspruchen:

> Staat ist seinem Wesen nach etwas, womit Geist seinem Wesen nach nichts gemein haben kann; sie sind elementar unverträglich. Alles Ungeistige gehört ins Ressort des Staates; wo der Geist beginnt, hört der Staat von selber auf. Nur in einer Theokratie könnte der Geist am Staatsgeschäft teilnehmen; den letzten großen Versuch davon hat Cola di Rienzo getan, Russen trau ich zu, dies noch einmal zu wagen, mit Dostojewski-Menschen wär's vielleicht möglich. In Staaten des Abendlands aber können sich Staat und Geist, um von ihrer angeborenen gegenseitigen Todfeindschaft keinen Gebrauch zu machen, nur allenfalls dahin ausgleichen, daß der Staat dem Geist irgendeinen Raum überläßt, in dem er ihn so wenig als möglich stört, wogegen der Geist hinwieder es unterläßt, sich in den eigentlichen Staatsraum einzumischen: der Geist wird sozusagen als exterritorial erklärt, mit dem Recht, auf eigenem Grund nach seinem inneren Gesetz zu leben, aber auch mit der Pflicht, nie zu vergessen, daß er im Staatsraum stets ein Ausländer bleibt, der jederzeit ausgewiesen werden kann.[200]

Nach der erfolgreichen Revolution und der Etablierung demokratischer Gemeinwesen waren solche grundsätzlichen Überlegungen zum Selbstverständnis der Intellektuellen sowie zur Neujustierung von ›Staat‹ und ›Geist‹ durchaus an der Zeit. Bahr fordert eine strikte Separation zwischen den beiden als Voraussetzung für die Freiheit des Letzteren. Ausnahmen gäbe es nur in Theokratien, und auch dort höchst selten, wie die Verweise auf den römischen Politiker, Volkstribun und bald auch Diktator der Frührenaissance Cola di Rienzo (1313–1354) sowie die russische Kultur zeigen sollen – wobei offen bleibt, weshalb gerade diese historischen Beispiele für besondere Geistesfreiheit herhalten. Je länger er sinniert, desto abstruser werden die Bahr'schen Gedankengänge, Vorschläge und Ideen, die im Grunde auf die Vorstellung einer staatlich garantierten Autonomie des Geistigen hinauslaufen:

> Freiheit, ein dem Geisteswesen unentbehrlicher, dem Staatswesen unerträglicher Begriff[,] ist immer nur in jenem staatsfreien Raum, der dem Geist zugewiesen wird, im Ghetto des Geistes denkbar (und man sollte, zur besseren Uebersicht,

> die Geistigen verhalten, einen gelben Fleck zu tragen). Das Größenverhältnis zwischen den beiden, dem staatsfreien Raum und dem Staatsraum in einem Land[,] gibt genau die Ziffer seiner Geistigkeit an (im staatsfreien Raum ist alles das wichtig, was im Staatsraum unnütz heißt, und alle Staatsnotwendigkeiten sind im staatsfreien Raum sinnlos, was die diplomatische Verständigung der beiden etwas erschwert). Mit jeder Vergeistigung der Menschheit wächst der staatsfreie Raum im Staat, darum allein gehen alle Revolutionen, die wahren, die nicht bloß anbandelnden; bis schließlich, in abertausend Jahren, der Staat vom staatsfreien Raum verschlungen und die Menschheit vom Staat erlöst wäre.[201]

Die zuletzt skizzierte Prophezeiung einer staatsfreien Menschheit ist bisher fromme Hoffnung geblieben, und Bahrs Vorschlag, die »Geistigen« zur besseren Kenntlichkeit mit einem »gelben Fleck« zu versehen, klingt heute angesichts des Wissens um die Diskriminierung durch den Judenstern im Dritten Reich wie eine makabre Groteske. Dabei zielt Bahr durchaus nicht auf Ausgrenzung und Unterdrückung von Minderheiten, sondern auf das Gegenteil sowie auf Autonomie der Kultur gegenüber dem Staat. Er beruft sich dabei auf so konträre Denker wie Rudolf Pannwitz und Robert Müller, bevor er wieder auf den »mit lohender Stimme« Geistesfreiheit ›verkündenden‹ Gütersloh zu sprechen kommt, den zweiten Herausgeber der *Rettung*, jenes eigentlichen Gegenstands seiner Würdigung:

> Schon vor dreißig Jahren, als Jung-Wilhelm sich zum erstenmal erdreistete, mit seiner kaiserlichen Protektion den Geist zu behelligen, rief ihm Arno Holz mahnend das Diogenes-Wort zu: Geh mir aus der Sonne! Darin ist das einzige, das ganze Verhältnis der geistigen zur irdischen Gewalt, welcher Form immer, ausgedrückt: Geht uns aus der Sonne, bleibt in eurer Finsternis, laßt uns reinlich geschieden sein![202]

Es ist bezeichnend für die Demokratieferne vieler damaliger Kulturschaffenden in Österreich, dass Geistesfreiheit nur als konsequente Abstinenz von allem Politischen imaginiert werden konnte, sodass selbst die katholische Religion mehr geistige Autonomie zu verheißen schien als die Politik. Um diese von ihm selbst vertretene Vorstellung zu beglaubigen und zu veranschaulichen, zitiert Bahr in seinem Feuilleton einen ungewöhnlich langen Passus aus Güterslohs Editorial für die erste Nummer der *Rettung*,[203] der ein recht formales Politikverständnis, dafür aber einen umso emphatischeren Religionsbegriff zum Ausdruck bringt:

> Mehr sagt auch schließlich Gütersloh nicht, aber mit welcher Schlagkraft des kondensierten Worts! »Wollte man sich der Freiheit, der Demokratie, irgendeiner

augenblicklich vielleicht ›besseren‹ Regierungsform so an den Busen werfen, mit demselben Entzücken, mit demselben festlich-ideologisch entarteten Sinn, wie unsre Ahnen den Despoten, dem aufgeklärten Absolutismus, der konstitutionellen Monarchie – was wäre dann überhaupt geschehen, was hätte Wesentliches sich geändert, worin, wenn nicht nur in der Wahl des Götzen, hätte man besser, persönlicher entschieden? Was soll die Geschichte uns gelehrt haben, da das hysterische Verhalten des unbefriedigten Bürgers vor den wechselnden Staatsformen das Bestehende geblieben ist? Nein. Da[,] worin ich die entscheidende Wandlung sehe, in der großen Kühle des Individuums der Form gegenüber, die ihm seine Verpflichtungen der Gesellschaft gegenüber erleichtert, da ist nichts geschehen, kann nichts geschehen sein, insolang das Pathos der Staatsbürgerlichkeit jeden Anlaß der Entwicklung ergreift, sich jeder neuen Fahne ebenso tief und ebenso unberechtigt, auch im Namen der Unmündigen und noch Ungebornen, zu verschwören. Das einzige, was ich als Fortschritt erkennte, wäre eine wesentliche Verkürzung der Einzelpflicht gegen das Allgemeine auf Grund der Anerkennung einer großen Souveränität der einzelnen Menschen, die aber nur durch die Absorption des öffentlich profanen Lebens durch das religiöse errungen wird.«[204]

Verfochten wird in diesen von Bahr zustimmend zitierten Worten Güterslohs, die nur mit einigem guten Willen als ›kondensierte‹ Formulierung zu lesen sind, eine lebensphilosophische Aufwertung ›persönlicher Entscheidung‹ gegenüber den das Individuum einschränkenden »Verpflichtungen der Gesellschaft«. Warum aber gerade eine »Absorption des öffentlich profanen Lebens durch das religiöse« die »Souveränität der einzelnen Menschen« verbürgen soll, bleibt hier angesichts der historischen Erfahrungen ebenso im Dunkeln wie die wesentlichen Unterschiede zwischen den Staatsformen Despotie, Monarchie und Demokratie gerade für die Ermöglichung geistiger Freiheit. Bahr übertüncht die geringe ideologische und intellektuelle Differenziertheit seiner ›antipolitischen‹ Argumentation mit gewaltigem Pathos, das er zuletzt *fortissimo* intoniert und dabei den zur selben Zeit von Thomas Mann antidemokratisch aufgeladenen Begriff des ›Unpolitischen‹ propagiert:

In diesen Worten wird zum Programm einer neuen Partei, der jetzt unvermeidlich und unentbehrlich gewordenen Partei der Geistigen ausgeholt und angesetzt, einer Partei der grundsätzlich Unpolitischen, aller derjenigen, die willens sind, sich fortan von der knarrenden Staatlichkeit nicht länger fortwährend in ihrer stillen Menschlichkeit stören zu lassen, denen der Staat, und wenn er noch so oft das Hemd wechselt, unverbesserlich, denen nicht bloß irgend eine Staatsform überlebt scheint, sondern das Staatswesen selbst nur noch für ein Rudiment überwundener Vergangenheiten gilt, die sich für sich zum Staat höchstens allenfalls noch ein blaß-

> blaues Verhältnis von neugierigen Hospitanten oder bummelnden Kneipschwänzen denken können, die, wenn sie wählen, auch nicht »Abgeordnete« stellen werden, sondern nur allenfalls Gesandte ihrer Macht, als Aufseher, bloß mit einem Veto, wenn der Staat zu dreist wird und ins Geistige übergreift, sonst aber tief gleichgültig und unteilnehmend, weil alles was der Staat treibt, dieser Partei der geborenen Unpatrioten durchaus im Grunde des Herzens höchst unerheblich ist, ihre Leidenschaft aber, ihr Ernst, ihr Leben allein in Kunst, Wissenschaft und Liebe.[205]

Der in diesen endlosen Perioden zum Ausdruck kommende grundsätzliche Vorbehalt gegenüber der Welt des ›Politischen‹ entspricht der in den deutschsprachigen Ländern traditionellen Abwertung aller Formen politischer Delegation und kompetitiver bzw. kompromisssuchender Entscheidungsfindung als Ausdruck ›geistloser‹ Krämerseelen. Dieses Denken ist zutiefst demokratiefeindlich und letztlich wohl auch mitverantwortlich für das, was wenige Jahre später in eine totale Form geistiger Unfreiheit führen sollte.

Dass innerhalb des von Kisch als überlebt diskreditierten Genres ›Feuilleton‹ viel kritischere Positionen als jene Hermann Bahrs möglich waren, ohne die geltenden Gattungsgrenzen in Richtung Reportage zu überschreiten, veranschaulichte Joseph Roth im Jahresabstand des Jubiläums der Republikausrufung. In der im März 1919 mit dem programmatischen Titel *Der Neue Tag* gegründeten linksliberalen Wiener Tageszeitung, zu deren festem Mitarbeiterkreis er von Beginn an zählte[206] und für die kurzzeitig ja auch Kisch gearbeitet hatte, veröffentlichte er am 12. November 1919 einen brillanten Kurzessay mit dem ironischen Titel *Das Jahr der Erneuerung*, der tatsächlich das Prädikat ›kondensiert‹ verdient und mit zahlreichen bildhaften Verdichtungen operiert:

> Als das Jahr einzog, gab man ihm eine Erkennungsmarke: das Jahr der Erneuerung. Aus den Tiefen heraus wollte sich der Mensch der Revolution erneuert haben. Er tat sein schwarzgelbes Portepee ab und wickelte um das Bajonett, *das er behielt*, ein rotweißes. Dann fiel er auf die Knie und sang beim Hochamt der Demobilisierung sein: De *Be*fundis. Der Fortschritt setzte sich in die Automobile der Generalstäbler und in die Equipagen des Hofes. Autos und Equipagen entführten den Fortschritt.[207]

Auf beißend ironische Weise geißelt Roth die fehlende Erneuerungsbereitschaft der österreichischen Bevölkerung und ihrer Leitfiguren. Er geht dabei auch auf jene drängenden Probleme der Zeit ein, die in anderen Publikationen entweder ausgeklammert blieben oder aber dermaßen ästhetisiert erschienen, dass eine politisch produktive Diskussion gar nicht stattfand – etwa die Frage des Wehrdienstes oder

der Frauenemanzipation: »Das weibliche Geschlecht rückte aus der Kategorie der ›Hilfskraft‹ in die Region der Gleichberechtigung empor und durfte durch Versammlungsbesuch und Stimmenabgabe bei den Wahlen in die Nationalversammlung seine politische Überzeugungslosigkeit ebenso geltend machen wie der Mann.«[208] Gedrängter hätte man die überfällige Einführung des Frauenwahlrechts sowie gleichzeitig dessen ernüchterndes Resultat mit sprachlichen Mitteln kaum fassen können. Generell gelingt es Roth, seine kritische Diagnose in äußerst dichte sprachliche Bildlichkeit zu bannen:

> Der »Umsturz« hatte sich so vollzogen, als ob er durch einen Erlaß des Chefs für Ersatzwesen fürsorglich vorgeregelt worden wäre. Es stürzte eigentlich nichts: Der Thron verfiel wie eine morsche Sitzbank in einem vernachlässigten Park; die Monarchie löste sich auf wie ein Zuckerwürfel im Wasserglase. Als kein Kaiser da war, entdeckte man die Republik. Da man nicht mehr loyal sein konnte, wurde man revolutionär.[209]

Nachdem Roth so die auch von Musil und anderen Zeitgenossen kritisierte zögerliche Übernahme der politischen Verantwortung durch die Bevölkerung und ihre parlamentarischen Vertreter plastisch in ein Bild gebracht hat, entwickelt er seinen gar nicht rückwärtsgewandten Befund einer ›verfrühten‹ und »überstürzten Revolution«,[210] ohne dabei deren grundsätzliche Berechtigung auch nur leise im Sinne des ›habsburgischen Mythos‹ in Zweifel zu ziehen:

> Dennoch war die Revolution eine Notwendigkeit. Die Geschichte ging lange schon schwanger mit der Revolution. Hinter den Goldtressen des Byzantinismus stank die Verderbtheit, Kulissen aus Phrasen und Lakaien verbargen den Dreck, der sich durch Jahrhunderte im Augiasstall des »Hofes« aufgehäuft hatte. Die Revolution *mußte* geboren werden. Aber da stolperte die Geschichte über die Drahthindernisse des Weltkrieges. Durch die Erschütterung geschah die Frühgeburt der Revolution.[211]

Die von Roth später angesichts der ernüchternden politischen Entwicklung relativierte Ablehnung des Vergangenen ist hier über jeden Zweifel erhaben. Zugleich erscheint die österreichische Revolution als unbedingt förderungswürdig und pflegebedürftig:

> Diese, ein frühgeborenes Kind, muss in Wärmestuben und Kliniken mühselig aufgepäppelt werden. Sie ist keine kraftvolle Erscheinung. Denn wir, wir, das erbärmlichste Geschlecht, haben sie gezeugt. Jedes Geschlecht hat die Revolution,

> die es verdient. Die unserige [sic], schwach, engbrüstig, kam in die Kinderklinik der Koalition. Und selbst das wäre noch nicht einmal so schlecht. Aber wir haben in jener Klinik keine Ärzte. Und die Revolution stirbt zwar nicht, aber sie lebt auch nicht, sie ist ein gutes österreichisches Kind und »wurschtelt sich fort«.[212]

Die plastische Bildlichkeit der politischen Diagnose Roths ist keineswegs als analytische »Schwäche« zu verstehen, wie der um poetische Genregesetze eher unbekümmerte Literaturhistoriker Dieter Mayer moniert, sondern als Resultat einer Gattungswahl. Mayer kritisiert: »Aus subjektiv gefärbten Einzelbeobachtungen, in der Regel Randphänomenen des gesellschaftlichen Lebens abgewonnen, leitet Roth pauschale Forderungen ab, ohne sich die Mühe zu machen, eine genaue Ursachenforschung zu betreiben. Ihm liegt mehr am Jonglieren mit bestimmten Sprachwendungen und Begriffen.«[213] Genau das bezeichnet aber eine maßgebliche poetische Verfahrensweise des traditionsreichen politischen Wiener Feuilletons, dem der sichtlich an einem expliziteren – etwa Berliner – Kritikparadigma ausgerichtete Germanist indes wenig abzugewinnen vermag. Dabei entwickelt Roth als Journalist durchaus scharfe Gesellschaftskritik im Sinne politischer Aufklärung, indem er zuerst die reine Symbolpolitik der jungen Republik aufs Korn nimmt:

> Wo, frage ich, seht Ihr Erneuerung? Ist das Erneuerung, wenn die Burgmusik um die Mittagsstunde statt zur Burg zum Staatsamt für Heerwesen zieht? Wenn ein Minister Staatssekretär heißt? Wenn der Briefträger nicht »Diener« mehr, sondern »Unterbeamter« ist? Reißt ihm doch die Knechtseligkeit aus seiner armen, gemarterten Brust, und er mag heißen, wie er will, er wird kein Diener *sein*![214]

In einem zweiten Schritt durchsetzt Roth seine Reihe rhetorischer Fragen mit einer immer deutlicher spürbaren Skepsis gegenüber den sozialen und politischen Usancen der angeblich demokratischen Volkswehr sowie der seit einem Jahr regierenden Koalitionsregierung, insbesondere der darin zunächst dominierenden Sozialdemokratie und ihres Sozialismusverständnisses:

> Ist der Befundmensch in Euch schon verlorengegangen? Ihr habt keine Furcht mehr vor dem General? Ihr steht nicht mehr beim Rapport? Ihr seid die Befreier vom Militarismus? Ihr predigt Menschenrechte? / Oh, der Streit um die Auslieferung von Kun und Levien, Fremdenrazzien und Abreisendmachungen, sind das die Folgen Eurer Predigten über Menschenrechte? Militarismus der Geister, ist er nicht schändlicher als der der Leiber? Macht Ihr nicht geistige Gelenksübungen im Sozialismus? [...] Habt Ihr keine Angst vor dem Arbeiterrat? Steht Ihr nicht täglich beim Rapport vor der Partei?[215]

Nach diesen Anspielungen auf das nach wie vor geltende militärische Dienstreglement, auf politisch betriebene Auslieferungen und Ausweisungen von revolutionären ausländischen Politikern und namenlosen Flüchtlingen sowie auf die halbherzige Umsetzung von Mitbestimmungsrechten und gesellschaftlicher Emanzipation formuliert Roth in einem dritten Schritt klare politische Forderungen: »Es ist keine Erneuerung, solange nicht Einkehr ist! Wir müssen uns befreien vom Schwert des Militarismus, der über uns hängt. Die Waffe hat Gewalt gewonnen über die Faust. Werfen wir sie weg, die Waffe.«[216] Der Hintergrund dieser Imperative ist folgender gesellschaftliche Befund: »Der Polizist hat seinen Helm abgelegt, aber die Polizei ist noch da. Den Bösen sind wir los, die Bösen sind geblieben. Der Zweck heiligt nicht die Mittel! Die Mittel profanieren den Zweck.«[217] Das bloße Verschwinden des Monarchen bedeutet eben noch lange nicht Demokratie. Schließlich gelangt Roth zu einem ernüchternden Fazit über die Errungenschaften der österreichischen Revolution in ihrem ersten Jahr: »So ist es denn kein Jahr der Erneuerung gewesen. Höchstens ein Jahr der Neuerungen. Gerngroß hat seine weiße Woche. Der Kramladen der Geschichte hat zuweilen sein Jahr der Novitäten.«[218] Roths sarkastische Klage über inhaltsleere Symbolpolitik impliziert politische Kritik. Darin nur eine »Freude an Wortspielen«[219] wahrzunehmen, hieße, die emanzipatorischen Potenziale sprachlich ambitionierter politischer Essayistik zu verkennen.

»Ich schreib's noch heute der Mama nach Prag«. Revolution in Anekdoten (Friedrich Torberg)

Heinz Schlaffer hat die Anekdote als »eine kurze, zunächst mündliche Erzählung von einem merkwürdigen Vorfall« definiert, »der – glaubwürdig, aber nicht bezeugt – einer bekannten Person widerfahren und wegen seines geistreichen Ausgangs in Erinnerung geblieben ist.«[220] Zwar erhebe sie gattungsstrategisch einen »Anspruch auf Faktizität und die Anbindung an lokal oder historisch bekannte Personen«,[221] doch lasse sich zum »Streit über den Realitätsgehalt der Anekdote« relativierend festhalten, die erzählte Geschichte müsse »nicht wahr, wohl aber müssen ihre Personen wirklich sein.«[222] Genau dies trifft auch auf jene bereits oben erwähnte Anekdote zu, die in zahllosen Varianten bis heute kolportiert wird[223] und wohl die am weitesten verbreitete Erzählung aus der Wiener Revolutionszeit des Jahres 1918 darstellt. Es handelt sich um eine angebliche Episode aus den Stunden der Besetzung des Redaktionsgebäudes der *Neuen Freien Presse* in der Wiener Fichtegasse, deren vielleicht bekannteste Fassung Friedrich Torberg aus großer historischer Distanz in seine Sammlung *Die Tante Jolesch oder Der Untergang des Abendlandes in Anekdoten*

(1975) aufgenommen und dabei auch den Streit um die Faktizität des Erzählten nicht ausgeblendet hat:

> Es gibt da eine schon oft erzählte Geschichte, die allmählich die Patina historischer Wahrheit angesetzt hat. Sie spielt in den wirren Umsturztagen nach dem Ersten Weltkrieg, als ein Trupp der damals in Wien gebildeten »Roten Garde« unter Führung von Egon Erwin Kisch ins Redaktionsgebäude der ›Neuen Freien Presse‹ eindrang und als im Stiegenhaus Paul Kisch, Wirtschaftsredakteur der ›Presse‹, seinem rotgardistischen Bruder entgegentrat:
> »Was willst du hier, Egon?«
> »Das siehst du ja, wir besetzen eure Redaktion.«
> »Wer – wir?«
> »Die rote Garde.«
> »Und warum wollt Ihr gerade die ›Presse‹ besetzen?«
> »Weil sie eine Hochburg des Kapitalismus ist.«
> »Mach dich nicht lächerlich und schau, daß du weiterkommst.«
> »Paul, du verkennst den Ernst der Lage. Im Namen der Revolution fordere ich dich auf, uns den Weg freizugeben. Sonst …!«
> »Gut, Egon. Ich weiche der Gewalt. Aber eins sag ich dir: Ich schreib's noch heute der Mama nach Prag.«
> Verläßlichen Berichten zufolge soll Egon Erwin Kisch daraufhin das Zeichen zum Rückzug gegeben haben.[224]

Um die Evidenz der Pointe verständlich zu machen, bedarf es der Information, dass »die alte Kisch«, Egons Erwins Mutter in Prag, der unangefochtene, allseits respektierte ›Vorstand‹ des ganzen Kisch-Familienclans gewesen sein soll. Sie »war der Prototyp eines matriarchalisch herrschenden Familienoberhaupts, vor dem nicht nur die Söhne, sondern noch die entferntesten Verwandten sich angstvoll neigten.«[225] Es wurde bereits angedeutet, dass der historische Wahrheitsgehalt dieser Anekdote nicht hoch zu veranschlagen ist. Obgleich es weder einen Beleg noch auch nur ein Indiz für eine tatsächliche Konfrontation der beiden Kisch-Brüder in der Wiener Fichtegasse gibt, reizte das Wissen um ihre ideologische Gegnerschaft im Jahr 1918, die sich in der konträren Haltung gegenüber der bürgerlich-liberalen *Neuen Freien Presse* kondensiert, zur erzählerischen Gestaltung einer solchen Konstellation. Die fiktive Begebenheit hat dabei durchaus einen faktischen, historisch-diagnostischen Aussagewert, denn die schiere Möglichkeit der politischen Konfrontation zwischen dem Rotgardistenführer und linken Reporter Kisch und seinem Bruder, dem bürgerlichen Redakteur, beim staatstragenden Blatt, verdeutlicht einerseits den weltanschaulichen Riss, der Ende 1918 quer durch einzelne Familien der untergegangenen

Habsburgermonarchie ging, und führt andererseits vor Augen, wie lächerlich und aufgesetzt für viele Beobachter die ostensible Revolutionsrhetorik und -pose von Egon Erwin Kisch und Konsorten wirkten. Darüber hinaus veranschaulicht sie aber auch die soziale Kohäsionskraft des familiären Zusammenhalts innerhalb der vom Antisemitismus immer stärker bedrohten jüdischen Bevölkerung, die in der Lage war, auch tiefe ideologische Gräben zu überwinden.

»Idiotische Schiessereien vor den Gebäuden der Macht«. Revolution im Roman I: Elegie (Franz Werfel)

Wenn in Güterslohs zeitgenössischer Darstellung der revolutionären Ereignisse von einem »Weltfreund« die Rede ist,[226] dann kann dieser unschwer mit dem zuvor ebenda erwähnten, seinerzeit äußerst erfolgreichen Dichter Franz Werfel identifiziert werden, dessen 1911 beim Verlag Axel Juncker in Charlottenburg (damals bei, jetzt in Berlin) erschienene erste Gedichtsammlung den Titel *Der Weltfreund* trägt. Dass Werfel aber tatsächlich nicht an der Gründung – was Gütersloh ja entschieden verneint[227] – und nur am Rande an den revolutionären Aktivitäten der Wiener Roten Garde beteiligt war, wurde im ersten Teil des vorliegenden Buchs genauer dargelegt. Wie verhält es sich aber in der literarischen Gestaltung? Einer literaturgeschichtlich adäquaten Annäherung an den vertrackten Gegenstand kann eine strikte Trennung zwischen »historische[r] Wahrheit« und »literarischer Widerspiegelung«[228] kaum genügen. Nicht nur deshalb steht es der Literaturwissenschaft gut an, ihr Augenmerk auf die erzählerische Gestaltung der Historie zu richten. Eine besonders lebendig zu lesende Darstellung der Wiener Revolution von 1918 findet sich in Werfels 1929 publiziertem Zeitroman *Barbara oder Die Frömmigkeit*, der nicht nur »die eingehendste literarische Auseinandersetzung mit den Vorgängen jener Umsturzmonate« ist,[229] sondern einer der »wichtigsten Revolutionsromane« in deutscher Sprache.[230] Er soll im Folgenden deshalb unter diesem Gesichtspunkt vorgestellt werden.

Als »Sammelbegriff für umfangreiche, selbständig veröffentlichte fiktionale Erzähltexte« bzw. als »die umfangreichste Gattung der erzählenden Prosa« ist die Romanform so amorph, dass man kaum bestimmte formale Merkmale als genrekonstitutiv voraussetzten kann.[231] Zur gattungstheoretischen Eingrenzung des Werfel'schen Romans ist ein Blick auf die zeitgenössische Rezeption hilfreich, die insbesondere am elegischen Charakter des Buchs Anstoß genommen hat, das 1929 als ›resignativ‹, ja ›reaktionär‹ kritisiert wurde[232] – gilt doch die Elegie »im unspezifischen Sinn« als ein literarischer Text, »der die dichterische Haltung bzw. Stimmung der rückwärtsgewandten Sehnsucht, der Wehmut oder Trauer ausdrückt.«[233] Genau diese Grundhaltung ist für Werfels Abgesang auf die Irrungen und Wirrungen seines *alter ego* Ferdinand R. einschlägig. Im gegebenen Rahmen ist eine komplette Interpretation des 700 Seiten umfassenden Romans unmöglich; die folgende Darstellung beschränkt sich deshalb auf jene Passagen, die sich mit den Voraussetzungen, dem Ablauf sowie der Deutung der politischen Ereignisse im Oktober/November 1918 in Wien beschäftigen. Zentral für diesen Aspekt ist die zu Beginn des Ersten Weltkriegs einsetzende Bekanntschaft der Hauptfigur Ferdinand R. mit dem Kameraden Ronald Weiß, hinter dessen literarischer Figur das historische Modell des Egon Erwin Kisch steht; Werfels Erzähler weiß über Weiß ganz im Sinne der Kisch-Reportage Dietrichsteins zu berichten:

> Unermüdlich witzig, von Leben triefend, mit einer kraftvollen und lustigen Natur begabt, besaß er überdies noch die Gloriole der Kühnheit, die ihm seine Fahrten und Erlebnisse eingetragen hatten. Er fand auch hier beim Ersatzkader sogleich einen Kreis junger Leute, die ihn bewunderten. Als berühmte Persönlichkeit nahm er eine Ausnahmestellung ein, was sich darin zeigte, daß er neben einem Reichsratsabgeordneten, der ebenfalls hier diente, als einziger Einjährig-Freiwilliger gewissen Kameradschaftsabenden des Offizierskorps zugezogen wurde. Diese Einladungen aber hatte er vor allem einigen Gaben zu danken, die in dem reichen Kranz seiner Fähigkeiten nicht fehlen durften. Er konnte die bekannten Schauspieler auf das trefflichste nachahmen, verstand sich mit staunenswerter Fertigkeit auf Kartenkunststücke, ganz zu schweigen von seinem Bauchrednertalent und der Jonglierkunst, die er sich unter Artisten angeeignet hatte, als er einst zwei Wochen im grünen Wagen einer Zirkusgesellschaft zubrachte.[234]

Der suggestiven Darstellung Werfels zufolge handelt es sich bei Weiß' Habitus um die perfekte charakterliche Ausstattung eines erfolgreichen Anführers und Revolutionärs, denn seine Kühnheit, sein Witz, seine Lebendigkeit und Unterhaltungsgabe erlauben es dem beliebten Offizier, auch die niederen Chargen für seine Ansichten und Projekte zu begeistern. Dies bestätigt sich dann Jahre später, als Ferdinand den Kameraden und Freund gegen Kriegsende in Wien wieder trifft und ihm ins »Schattenreich« des düsteren Café Central folgt, um sich dort im Säulensaal einer Gruppe von kritischen Schriftstellern und bolschewistischen bis anarchistischen Intellektuellen anzuschließen. Als Künstler, Egozentriker, Wirrköpfe und Hochstapler verkörpern diese die nervöse und chaotische Atmosphäre der Reichshauptstadt in den Wochen des Zusammenbruchs der Donaumonarchie. Zu den Figuren, die in der Art eines Schlüsselromans fast sämtlich auf ›reale‹ Personen verweisen, zählen neben Ronald Weiß (Kisch) auch der ewige Zeitschriftengründer Basil (i. e. Franz Blei) mit seinem Journal *Der Aufruhr in Gott* (i. e. *Summa* und *Die Rettung*), der Maler Stechler (i. e. Albert Paris Gütersloh), der Financier Aschermann (i. e. Josef

Kranz) sowie dessen Adoptivtochter und heimliche Geliebte Hedda (i. e. die spätere Schriftstellerin und Drehbuchautorin Gina Kaus).[235] Die Atmosphäre des Jahres 1918 wird fast mit dokumentarischer Genauigkeit gezeichnet, zahlreiche Protagonisten der intellektuellen, literarischen und künstlerischen Szene Wiens in der Umbruchszeit, die im Kapitel »Im Schattenreich« porträtiert werden, sind recht einfach zu identifizieren.[236]

Aber auch was die Wiener Revolution betrifft, ist das Personal des Cafés von entscheidender Bedeutung und beansprucht eine tragende Rolle; so heißt es zu einem der ersten öffentlichen Auftritte des Ronald Weiß auf einer revolutionären Abendversammlung, hinter der sich offenbar die Soldatenversammlung im Dreher-Saal vom 31. Oktober 1918 verbirgt:[237]

> Weiß bahnte sich einen Weg aufs Podium. Zunächst herrschte eine kühle und mißtrauische Stimmung. Die Sterne [auf der Brust und den Schulterklappen der Uniform, N.C.W.] waren zwar fort, aber der Herr blieb kenntlich. Ronald begann zaghaft. Seine Phrasen schlugen nicht ein. Tonfall und Färbung kamen dem Ohr der Menge fremd vor. Plötzlich aber hatte Weiß den glänzenden Einfall, sich die goldene Tapferkeitsmedaille von der Brust zu reißen und mit großartigem Schwung in den Saal zu werfen. Dies war der erste starke Augenblick des ganzen Abends. Die Leute tobten. Durch die mächtige Wirkung beflügelt, glückte dem Redner ein Scherz, der populär genug war, in jedem Winkel der Versammlung verstanden zu werden. Das entfesselte Gelächter wirkte kräftigend wie eine Entscheidung. Was keiner blutrünstigen Tirade gelungen war, das Opfer der Medaille und ein grober Witz banden das kopflose Nebeneinander zu einer Einheit. Der Name »Genosse Weiß« pflanzte sich laut durch den ganzen Saal fort. Drei Minuten hatten genügt, und ein Führer war erstanden.[238]

Schon bei seiner zweiten Rede am selben Abend geht Weiß »ganz frei und keck auf der Bühne umher«, während er spricht, womit er wie mit seinem »herzhaft urständigen Ton« wiederum Begeisterung auslöst: »Die Menge lachte ihm mit jener unerschöpflichen Kreditfreudigkeit zu, die sie ihren Lieblingen gewährt.«[239] In der Folge möchte er – wie sein historisches Modell Kisch – sich auch die »goldenen Sterne« immer wieder vom Uniformkragen reißen und sie nach erfolgreichem Auftritt von Neuem annähen.[240] Durch den ostentativen Verzicht sollen die Herzen der niederen Chargen gewonnen werden, was Weiß sogar ohne diesen etwas lächerlichen Akt überzeugend gelingt. Dementsprechend beginnt die Romanfigur selbst – ähnlich wie der historische Beobachter Musil – über die reichlich kontingenten anthropologischen »Vorbedingungen einer historischen Rolle« nachzudenken, die nicht zuletzt im theatralischen Instinkt liegen: »Nur so entsteht Geschichte... Man hat keine Ahnung... Und plötzlich reiß ich mir die Goldene vom Heldenbusen...«[241]

Werfels Roman *Barbara* berichtet nicht nur über die Ereignisse, die zur Gründung und Etablierung der ›Roten Wehr‹ führen, wie die Rote Garde im literarischen Text heißt, sondern auch über eine der öffentlichen Werbeaktionen dieser Einheit am 2. November 1918 bei einer Soldatenversammlung auf einem »Platz vor dem Kriegerdenkmal«[242] – der Gedanke an den Deutschmeisterplatz liegt nahe. In diesem Zusammenhang wird ein Eindruck von den damals gehaltenen revolutionären Reden vermittelt, etwa von einer – historisch nicht verbürgten – Rede Franz Bleis:

> Die Tagung eröffnete ein älterer Invalide von der Höhe des Monuments herab. Dann wurde Basil, der sich im letzten Augenblick zu wehren begann, erbarmungslos hinaufgehoben. Da stand er nun oben, der Verfasser der ›Gegenreformation‹ und fünfzig anderer Bücher, der Herausgeber zahlloser geistvoller Zeitschriften, der Kenner hochnäsig-ausgefallener Literaturen, der Patent-Erotiker, der Meister verwickelter Galanterie, der Preisfecher nächtlicher Gespräche, da stand er nun oben, Basil, der große Schriftsteller und arme Hund. Vor ihm breitete sich die graue niedergedrückte Masse aus, die mit saugenden Augen an seinem Gesichte hing, dessen feine Fremdheit sie mit großer Erwartung erfüllte.[243]

Was Werfel hier eindringlich zeichnet, ist das charakteristische Versagen eines revolutionären Intellektuellen vor der Masse der arbeitenden Bevölkerung, deren Sprache er nicht findet:

> In Basil aber ging etwas Qualvolles vor. Er sah zuerst eine dämmernde Flut von Gestalten und dann einen schwarzen Abgrund, an dessen anderem Ufer sich das gewöhnliche Leben der Stadt abspielte, wohin er gerne entkommen wäre. Sekunden vergingen, und er, dem die Sprache sonst sklavisch diente, fand keine Worte, mit denen er den schwarzen horchenden Abgrund hätte ausfüllen können. So krank und elend war Basil in diesem Augenblick. Totenblässe fiel auf seine Züge. Endlich begann er, an ein paar Sätzen zu arbeiten. Seine sonst so überlegene Stimme war jetzt glanzlos und leise, daß nicht einmal Ferdinand, der in der Nähe stand, ihn verstehen konnte.[244]

Der in erlauchten Kreisen und niveauvollen Diskussionen auf gedankliche Differenzierung und Innovativität bedachte, ›hochgezüchtete‹ linke Intellektuelle macht als politischer Redner vor einer radikalisierten Soldatenmenge eine alles andere als gute Figur:

> Ferdinand empfand ein großes Mitleid mit dieser gravitätisch-müden Gestalt, die sich hier wieder eine Niederlage holte. Denn die Folge der unbestimmten und kaum verständlichen Worte war jene eigentümliche Wegwendung und Gekränktheit, von der eine Menschenmasse immer ergriffen wird, wenn ein Redner, Schauspieler, Sänger »abfällt«. Basil unterbrach sich, machte eine Pause und begann von neuem. Aber das Glück verließ ihn nun ganz und gar, er verhedderte sich und fand überhaupt kein Wort mehr. Ein paar spöttische Zwischenrufe. Da lüftete der Unglückliche mit einem sonderbaren Ruck in höchst zivilistischer Weise die Kappe und rief mit stumpfem Ton: / »Es lebe der Kommunismus und die katholische Kirche!« / Da die wenigsten etwas gehört hatten und die Menge nicht wußte, woran sie war, kam es zu keinem Anstand, nicht einmal zu Gelächter.[245]

Diese Propaganda für neue ideologische Wertvorstellungen und politische Optionen nach dem Untergang der habsburgischen Herrschaft scheint gründlich danebengegangen zu sein, sodass Ferdinands Freund Ronald Weiß als nächster seinen Handschuh in den Ring werfen muss:

> Weiß wurde vorgeschickt und bei seinem Erscheinen mit leidenschaftlichen Zurufen empfangen: / »Hoch, der Genosse Weiß!« Es zeigte sich, daß die ursprüngliche Befürchtung, seine Popularität könne durch Tatenlosigkeit verbraucht worden sein, nicht gerechtfertigt war. Ronald hatte lange über eine Wirkung nachgedacht, in der auch das heutige Meeting gipfeln könne. Er wollte seine goldenen Sterne wieder an den Uniformkragen nähen, um sie neuerdings der Revolution mit kühner Gebärde zu opfern. Etwas Besseres war ihm leider nicht eingefallen.[246]

Um nicht unfreiwillig lächerlich zu wirken, rät der in Revolutionstaktik geschulte russische Agitator Elkan seinem Mitstreiter Weiß heftig, von einer bloßen Wiederholung des ›dramatischen Schlagers‹ Abstand zu nehmen.[247] Hinter Elkan verbergen sich Hautmann zufolge in der realen Geschichte angeblich die zwei russischen Agenten Dr. Jakob Bermann und Leo Suniza.[248] Da in den ersten Novembertagen die KP-gesteuerte Agitation unter den Soldaten noch kaum eingesetzt hatte, könnte man hinter Elkan allerdings auch den auf eigene Faust agitierenden und von seinen Gegnern als ›Galizianer‹ diskreditierten ›Korporal Haller‹ vermuten, und sogar von Peter Waller und Leo Rothziegel verleiht ihm Werfel gewisse Züge. Wie dem auch sei – die von Elkan beförderte politische Rede des Ronald Weiß hat jedenfalls bemerkenswerten Erfolg:

> Immerhin entstand bei Ronalds Auftritt einiges Leben. Als er die Aufforderung in die Menge warf, sich nach dieser Stunde nicht zwecklos zu verlaufen, sondern zu einer festen Macht zusammenzuschließen, um der ganzen Welt den Willen des Proletariats zu diktieren, da kam Bewegung unter die Leute, und in vielen traurig wartenden Augen erwachte ein Feuer. Diese Bewegung ihrerseits steigerte den Schwung des Redners, der mit durchdringendem Schall seine Stimme hell färbte: / »Ihr sollt nun aus Soldaten der Vergangenheit, als Militärsklaven des alten Zwangsstaates zu Soldaten einer besseren Zukunft werden, zu Kämpfern der siegreichen Massen. Keinen Offizieren, keinen Vorgesetzten, keinen entwürdigenden Strafen mehr werdet ihr ausgeliefert sein...«[249]

Dies sind Verheißungen, die für die geschlagenen Kriegsheimkehrer des Jahres 1918 verlockend klingen mussten – zumindest für die unteren Chargen, die an der Front am meisten gelitten hatten. Doch wird der Revolutionär Weiß in seiner utopischen Ausmalung der Segnungen einer linken Räterepublik in Österreich plötzlich von einem reformistisch gesinnten Sozialdemokraten unterbrochen, der dem historischen Modell des Dr. Karl Renner nachgebildet ist:

> Bei diesen Worten geschah etwas Unerwartetes. Ein dicker und gewichtiger Mann hatte sich auf die Rednerplatte hinaufgearbeitet und schob jetzt mit einer ruhigen Armbewegung Weiß beiseite. Es war niemand anderer als Doktor Dengelberger, der Abgeordnete und Freund des Präsidenten Aschermann. Es hatte zuerst den Anschein, als werde dieser alte erfahrene Politiker Weiß und Genossen binnen wenigen Minuten an die Wand drücken. Die schwarze behagliche Gestalt, das graue Professorenbärtchen, die weltdurchschauende Brille, all dies wirkte ungemein vertrauenserweckend und nervenberuhigend. »Auf den kann man sich verlassen.« Dieser Altmeister der Volksversammlung besaß die Kunst, mittels seiner lebensfreudigen Erscheinung und überzeugenden Persönlichkeit dermaßen schöne Gefühlserleichterungen hervorzurufen. Im Gegensatz zu der koboldartigen Aufregung der politischen Neulinge gingen von ihm Ströme dämonischer Väterlichkeit aus. Er sprach ohne jede Mühe, er suchte keine zugespitzten Formeln, verschmähte den leisesten Tonfall von Demagogie, er hielt keine Rede, sondern bahnte eine ernste Unterhaltung in schwerer Stunde an. Wärme, menschenliebende Besonnenheit war das Element, dem seine Worte entfluteten [...].[250]

Der selbstsichere, sympathisch wirkende Habitus des erfahrenen Politikers und Redners, der sich durch jahrzehntelange politische Praxis in der Partei, in Wahlkämpfen und im Parlament herausgebildet hat, wird hier erzählerisch kongenial in Szene gesetzt: Dengelberger erscheint nicht als interessegeleiteter Funktionär, sondern als

Freund des Volkes. Hautmann zufolge handelt es sich bei der literarischen Gestaltung des Politikers als abwiegelnder Beschwichtiger bei einer Soldatenkundgebung um »ein Kabinettstück der Darbietung damaliger reformistischer Rhetorik und des Fundus an Argumenten und Phrasen, die von den Führern der Sozialdemokratischen Partei gegen jede Änderung der Verhältnisse auf sozialrevolutionärem Weg vorgebracht wurden.«[251] Zugleich führt Werfels romaneske Darstellung die im Anschluss an den Ersten Weltkrieg erfolgende definitive Ausdifferenzierung von Sozialdemokraten und Kommunisten anschaulich vor Augen: »Weiß sprang vor und überspannte seine Stimme: / ›Genossen! Laßt euch nicht von den Sozialdemokraten umwerfen. Es ist alles gemeine Lüge! Sie wollen euch entwaffnen, unschädlich machen und dann an die Bourgeoisie verkaufen…‹«[252] Der ungeübte Agitator Weiß ist den rhetorischen Finten eines parlamentarisch langjährig geschulten Redners allerdings nicht gewachsen:

> Er kam nicht weiter. Der gemütvolle Bariton Dengelbergers, der sich des aufgeregten Stichwortbringers herzhaft zu freuen schien, erfüllte wohllautend die Luft: / »Ich kann zwar nicht so schreien wie dieser Herr«, sagte er und räusperte sich, »aber ich will euch dafür aufrichtig und rückhaltlos über unsre Lage berichten. Das arme, besiegte Deutschösterreich ist von blutgierigen Feinden umgeben. Zu den alten Todfeinden treten nunmehr noch die Tschechen, die Ungarn und die Südslawen, unsre ehemaligen Landsleute. All diese Herrschaften warten mit großer Genußsucht auf die grauenhafte Katastrophe, die uns bedroht, auf den Augenblick, in dem wir verhungern, uns zerfleischen und gegenseitig auffressen. Wir haben – und jetzt sag ich euch, Genossen, die lauterste Wahrheit – kaum mehr für eine Woche Lebensmittel in Wien. Unabsehbar wird das Ende sein, wenn es uns Sozialdemokraten nicht in zwölfter Stunde gelingt, diese belagerte Stadt zu verproviantieren. Jeder vernünftige Mensch kann sich ausrechnen, wer bei sinnlosen Unruhen draufzahlen wird. Die Ärmsten der Armen. Eure Mütter, Frauen und Kinder! […]«[253]

Die fiktionale Rede Dengelbergers, die – ähnlich wie die faktualen Berichte der *Arbeiter-Zeitung* – bei Bedarf auch patriotische Untertöne einsetzt und selbst vor xenophoben Anspielungen keineswegs zurückschreckt, um eine Identifikation der Mannschaft mit den politischen Zielen der eigenen Partei zu bewerkstelligen, legt Grundzüge jenes sozialdemokratischen Reformismus an den Tag, der für die Erste Republik kennzeichnend war, und polemisiert gegen ›geltungssüchtige‹ Radikale à la Kisch:

> »[…] Die Partei, Soldaten, baut fest auf euch, auf euren Mut, eure Treue und eure Vernunft. Sie wird euch rufen, wenn die Revolution in Gefahr schwebt und eurer

Arme bedarf. Wer aber die proletarische Solidarität und Disziplin durchbricht, um sich auf eigene Faust wichtigzumachen oder seine persönliche Rachsucht zu befriedigen, der ist ein Feind der Revolution und ein Helfershelfer der finstersten Reaktion. […] Werden diese Herren, die vom Himmel geschneit gekommen, für eure Menage, für eure Unterkunft und Löhnung sorgen können, wenn alles drunter und drüber geht? Und was wird aus euren Angehörigen, Genossen, wenn kein Laib Brot mehr zu finden ist, wenn die Leute auf den Straßen sterben und die ansteckenden Krankheiten sich mit Sturmeseile ausbreiten?« Der Redner sprach immer breiter und ruhiger. Er bekam unwiderstehlich die Leute in die Hand und steuerte ohne Kraftvergeudung auf den Wellen seiner Wirkung.[254]

Bei dieser mäßigenden Wirkung bleibt es freilich keineswegs an diesem 2. November 1918, der als Tag der endgültigen Etablierung der Roten Garde in die Geschichte Wiens eingegangen ist; Werfel gelingt es, die Akzente hier historisch so akkurat zu setzen, dass seine Darstellung durchaus Repräsentativität beanspruchen kann; der gemäßigte Sozialdemokrat wird nämlich durch den bolschewistischen Hardliner getoppt: »Da machte Elkan einen langen, überraschenden Schritt und stellte sich dicht vor Dengelberger auf, indem er die behäbige Gestalt dadurch den Blicken entziehen wollte. Der nicht allzu laute, aber schneidende Ton des Russen fuhr mit harten, fremden Silben in die Menge. Sein dunkles abgezehrtes Gesicht wurde, während er sprach, immer schmäler vor Haß«.[255] Der zuletzt genannte Affekt scheint der erzählerischen Gestaltung zufolge die entscheidende psychosoziale Grundausstattung des Revolutionärs zu sein, wie Elkans Gegenrede mehr als nahelegt. Als rhetorisch noch wirkungsvoller vorgebrachte radikale Position klingt sie aus heutigem Abstand freilich mindestens genauso phrasenhaft wie die Ausführungen Dengelbergers:

»Dieser Abgeordnete hier, der vor langer Zeit, noch im Frieden, als Volksvertreter in das Schwindelparlament der Monarchie gewählt wurde, wagt es, ihr Opfer des Krieges, euch Genossen zu nennen! Ich bewundere euch, daß ihr ihn habt zu Ende reden lassen. Er hat ein einziges Mal die Wahrheit gesagt. Jawohl, Feinde warten auf euren Untergang. Aber nicht die Italiener, die Franzosen, die Tschechen und Südslawen sind euch Feinde. Der Todfeind des Proletariers ist die sozialdemokratische Partei. Dieser Abgeordnete hier war es, der den Krieg nicht nur duldete, sondern sogar begrüßte. Dieser Abgeordnete hier war es, der vor Kaisern, Ministern, Generalen [sic] und medizinischen Massenmördern auf dem Bauche kroch. Dieser Abgeordnete hier war es, der überall, wo während des Krieges die Soldaten aufmuckten und die Arbeiter in den Streik traten, unsere Freiheitsbewegung verriet und niederschlagen half. Dieser Abgeordnete hier war so patriotisch, daß er sich niemals eurer annahm, wenn Offiziersbestien euch anbanden,

> krummschlossen, ohrfeigten, prügelten und bestahlen. Dieser Abgeordnete hier deckte die Militärjustiz. Als vor zwei Jahren ein Held des Proletariats [i. e. Friedrich Adler, N.C.W.] die gerechte Todesstrafe an einem kaiserlichen Ministerpräsidenten [i. e. Karl Graf Stürgkh, N.C.W.] vollzog, war es dieser Abgeordnete hier, der in seiner Zeitung schrieb, jener Held sei nur ein armer Verrückter. [...]«[256]

Der Wortlaut dieser fiktionalen Rede erinnert erstaunlich genau an die Argumentation Kischs in seinem Artikel *Angst, Rote Garde und Presse* für das revolutionäre Wochenblatt *Der freie Arbeiter*, nur war sie dort nicht auf Renner persönlich, sondern auf die *Arbeiter-Zeitung* im Allgemeinen gemünzt.[257] Es ist für Werfels Roman bezeichnend, dass der Kommunist Elkan sich die Ermordung des führenden Politikers der im Krieg befindlichen Habsburgermonarchie durch den Sohn des sozialdemokratischen Parteiführers auf die eigenen Fahnen heftet. Doch damit hat es noch nicht sein Bewenden; Dengelberger – und damit auch der von ihm vertretenen Sozialdemokratie – wird jegliche politische Legitimität prinzipiell abgesprochen:

> »[...] Soldaten, Invaliden! Dieser Abgeordnete hier hat kein Mandat von euch, Ihr hättet ihn nie zu eurem Vertreter gewählt, denn er ist ein ganz gewöhnlicher Opportunist, einer, der den Mantel nach dem Winde dreht. Dieser Abgeordnete hier würde euch, wenn die Niederlage zufälligerweise ein Sieg wäre, jetzt, in dieser Stunde, da er euren Freund spielt, mit Maschinengewehren an die Front jagen lassen. Gebt diesem Herrn Abgeordneten eines monarchistischen Reichsrats, der längst schon krepiert ist, die einzig richtige Antwort, Genossen!«[258]

Mit dieser rhetorischen Konfrontation zweier unversöhnlicher Strömungen einer vordem geeinigten Arbeiterpartei führt Werfel ähnlich dem dramatischen Modell der Konfrontation zwischen Brutus und Antonius aus Shakespeares *The Tragedy of Julius Caesar* vor Augen, wie die Stimmung bei einer Massenkundgebung jederzeit kippen kann und wie ein zwischenzeitlicher Meinungsführer zuletzt doch unterliegt:

> Der alte Politiker, der mit einer solchen Kraft und einem derartig scharfen Angriff nicht gerechnet hatte, geriet ins Wanken. Seine Brille funkelte forschend umher. Die Taktik aufbauender Ruhe und ernsthaft-bodenständiger Gemütlichkeit hatte gegen die schäumenden Heißsporne der eigenen Partei stets noch den Sieg behalten. [...] Dieser russische Jude aber war ein Fall für sich. Seine maßlosen Angriffe verwundeten schwer. Einige Widerhaken blieben auch in Dengelbergers kraftstrotzendem Fell stecken. Mehrere Sekunden lang war das ausgeglichene Selbstbewußtsein dieses so starken Mannes, der ein Leben ehrlicher Arbeit und verdienten Aufstiegs hinter sich hatte, peinlich getrübt. Er unternahm einen er-

probten Abwehrstoß, der unter anderen Umständen den Gegner unzweifelhaft erledigt hätte. Aber angesichts der gefährlichen Zusammenrottung und wütenden Anklage war diese an sich geschickte Parade ein schwerer Fehler [...].[259]

Dengelberger spielt nämlich die lokalpatriotisch-chauvinistische Karte aus, die – heute mehr denn je – in politischen Konflikten gemeinhin zu stechen vermag, aber in diesem spezifisch sozialrevolutionären Kontext unangemessen ist:

»In solchen Zeiten«, sagte er freundlich und mit jovialem Lächeln, »tauchen immer allerlei Zug'reiste auf, die uns nicht gern haben und nicht nach Wien gehören. Sie möchten gern einen Pallawatsch anrichten, der ihnen ja sehr billig zu stehn kommt. Wir Wiener aber sind ein menschliches Volk und bedanken uns für asiatische Sitten und Gebräuche...«[260]

Der kommunistische Agitator lässt sich jedoch nicht auf diese Weise mundtot machen, sondern brüllt »grell« die griffigen Parolen seiner Organisation: »Proletarier aller Länder, vereinigt euch! [...] Ihr seht nun selber, auf welcher Seite der Herr Abgeordnete steht. Kein christlichsozialer und kein deutschnationaler Gemeinderat hätte das schöner sagen können...« Es sind jedoch nicht Schlagworte allein, die in der abschließenden Meinungsbildung den Ausschlag geben, sondern vor allem der folgende, mehr symbolische als politische Schachzug Elkans: »›Seht her, Genossen, was für eine prachtvolle Goldkette der Proletarier Dengelberger hier auf seinem Bauch trägt...‹ / Und er tippte mit dem Finger auf den bürgerlichen Uhrschmuck des gewichtigen Mannes. Geheul von allen Seiten: / ›Abzug, Dengelberger! Nieder die Sozialdemokraten! Nieder! Verräter!‹«[261] Werfels Erzähler kommentiert diesen neuerlichen Glückswechsel mit folgenden Worten: »Die Abfuhr des allbekannten Sozialisten löste aufgischtenden Jubel aus. Es war klar. Die Partei konnte der Anklage nicht standhalten, sie hatte sich als Verräterin entpuppt, sie vertrat nicht mehr den Willen der revolutionären Soldaten und Arbeiter. Mit Dengelbergers Niederlage hatte der Tag einen kaum erhofften Gipfel erklommen.«[262] Zuletzt lässt Werfel auch sein *alter ego* Ferdinand auf einen »Wink Elkans« – nicht auf eigene Veranlassung! – eine anrührende und unter den Zuhörern äußerst erfolgreiche, aber ideologisch merklich unprofilierte Rede halten:

»Brüder!« (›Genossen‹ zu sagen, wäre ihm als eine Zudringlichkeit und unerlaubte Anmaßung allzu schwer geworden.) »Wir alle haben in diesen Jahren Fürchterliches erlitten. Nie kann dieses Leiden an uns wieder gutgemacht werden, ebensowenig wie die Getöteten zum Leben erwachen können! Ein Tag, Brüder, wie heute, kommt für uns kein zweites Mal. Ihr habt schrecklich draufgezahlt, nun

> aber werdet ihr es verhindern, daß in Zukunft wieder ein ähnliches Leid, daß wieder die niedrige Blutschmach eines Krieges über die Welt komme! Ergreifet die Macht, die euch diese Stunde bietet, um die Welt für ewig von der Blutschmach zu erlösen!«[263]

Im unmittelbaren Anschluss an diese Ausführungen Ferdinands schränkt der Erzähler zwar ein, dass »der hier festgehaltene Wortlaut der kurzen Rede nicht zuverlässig sein mag«, doch betont er im selben Atemzug, dass »ihr Sinn doch genau derselbe« gewesen sei.[264] Dies ist freilich eine bezeichnende Anwendung des Prinzips poetischer Freiheit innerhalb eines Schlüsselromans, von der Erstürmung des Bankvereins ist keine Rede mehr. Um die romaneske Darstellungen Werfels historiografisch zu kontrastieren und auch die tatsächliche historische Rolle des Autors noch einmal in den Blick zu nehmen, eignet sich die vergleichende Lektüre des oben zitierten Polizeiakts aus dem allgemeinen Verwaltungsarchiv in Wien, den Hautmann zugänglich gemacht hat. Dass Werfels Darstellung sonst aber insgesamt erstaunlich genau den historischen Fakten folgt – sogar die Besetzung des Militärkommandos durch die Rote Garde und deren Schönbrunn-Pläne werden nachgezeichnet[265] –, geht aus einer kurzen Notiz hervor, die der im Roman als Ronald Weiß camouflierte Egon Erwin Kisch 1929 durchaus apologetisch zu Protokoll gab:

> Als ich das Buch las, hatte ich schon mehrere Kritiken gelesen, in denen stand, daß die Figur [i. e. Ronald Weiß] meine Photographie und eine sehr gehässige Photographie sei. Ein Schriftsteller hat mich sogar geharnischt verteidigt, während ein anderer im »Berliner Tageblatt« es begrüßte, daß mein Typus von Werfel vernichtet worden sei. / Als ich aber das Buch las, habe ich gesehen, daß ich eigentlich nicht karikiert bin. Mit Werfel hat mich damals ehrliche Freundschaft verbunden. (Seither haben wir uns nicht mehr gesehen.) Und ich war schuld – bitte das Wort schuld unter Anführungszeichen zu setzen –, daß er in den Strudel der Revolution gezogen wurde, was er genug bedauerte.[266]

Wie Kisch nicht ohne Stolz bemerkte, war er sich darüber im Klaren, »daß diese Episode in Werfels Leben meinem Einfluß zuzuschreiben sei. Und in diesem Sinne will auch Werfel in seinem Buch sagen, daß Ferdinand der rührigeren Persönlichkeit des Ronald Weiß erliege.«[267] Abschließend betonte der in der öffentlichen Wahrnehmung mittlerweile zum ›rasenden Reporter‹ avancierte Kisch noch einmal die große Faktentreue des Romans: »Das Gedächtnis Werfels ist bewundernswert, und da Gedächtnis Genie ist, ist das Buch bedeutend. Was Ronald Weiß anbelangt, sind die Gespräche, die wir miteinander geführt haben, mit der Genauigkeit einer Grammophonplatte wiedergegeben. Nur hie und da kontrapunktiert er einiges.«[268] Ein

Anliegen auch dieser Äußerungen ist offenbar eine rückblickende Apologie der politischen Aktivitäten Werfels durch einen zeitgenössischen Kombattanten und ehemaligen Freund. Auch der Roman selbst zielt in diese Richtung, wenngleich unter anderen Vorzeichen, indem er Ferdinand – noch ehe dieser »ein Wort sagen konnte« –, gänzlich ohne eigene Mitsprache »zum Mitglied des revolutionären Militärkomitees« der ›Roten Wehr‹ werden lässt.[269] Der charakteristische Weg des Protagonisten in die Politik entlastet ihn zugleich von ihr, woran auch Ferdinands großes Engagement für die Etablierung der linken militärischen Einheit wenig ändert.[270]

Während also Werfels *alter ego* als naiver Verführter gezeichnet wird, erscheint Kischs romanesker Stellvertreter Weiß von seinem ersten Auftreten an als gewiefter Medienprofi:

> Ronald Weiß war mit seinen dreißig Jahren schon ein Journalist von großem Namen. Er schrieb für die bedeutendsten deutschen und österreichischen Zeitungen. Seine Stellung hatte er sich durch einige glänzende Abenteuer im amerikanischen Sinn erobert, die er mit einem niederwerfenden Temperament zu beschreiben wußte. Er war als Leichtmatrose auf einem kleinen Segler über den Ozean geschifft; er hatte als Landstreicher eine Walz durch Deutschland unternommen, um die Obdachlosenheime und ihre Gäste kennenzulernen. Als Flößer, als Teepflücker, als Ausgrabungsarbeiter und als Chorsänger hatte er konditioniert und all diese Lebens- und Berufsformen in Aufsätzen beschrieben, die als besonders schmackhafte Spezialität bei Herausgebern und Publikum ausnehmend beliebt waren. Er kann das Verdienst für sich in Anspruch nehmen, der Schöpfer dieser heute vielgeübten publizistischen Spielart zu sein.[271]

So ist es nur »selbstverständlich, daß Ronald Weiß sogleich bei Kriegsausbruch von allen Seiten die gesuchtesten und gesichertsten Berichterstatterstellungen angeboten bekam. Er lehnte alles schlankweg ab, denn ihm war es darum zu tun, den Krieg als Infanterist, als Grabensoldat zu erleben, mehr aus Gründen der journalistischen Erkenntnis natürlich als aus patriotischem Pflichtgefühl.«[272] Nach Kriegsende dann, als er bereits für die Sozialrevolution agitiert und die ›Rote Wehr‹ befehligt, kommen ihm – im Unterschied zu dem trotz allen Eifers für die revolutionäre Sache unglücklich agierenden und sich auch so fühlenden Ferdinand – seine publizistischen Kenntnisse und Fähigkeiten zugute: »Ronald Weiß hingegen erlebte große Minuten. Ihn umgaben im dichten Kranz sämtliche Zeitungsreporter Wiens. Von einem Berichterstatter war er nun selbst zu einem Gegenstand der Berichterstattung aufgerückt. Die Notizbücher zitterten vor Gier und Ungeduld. Weiß aber, der Kenner und Meister, lenkte mit Umsicht die öffentliche Meinung«.[273] Es ist bezeichnend für die selbstentlastende Tendenz von Werfels Roman, dass er in seiner Zeichnung des ehemaligen Freundes Kisch nur höchst indirekt auf dessen Rolle als Opfer einer Medienkampagne abhebt, sondern sich fast ausschließlich auf dessen Fertigkeiten als so unverwundbarer wie virtuoser Strippenzieher konzentriert, die sich etwa bei der Beerdigung des verhungerten Betteldichters Gottfried Krasny offenbaren:

> Welch ein Rätsel war Weiß. Ferdinand erinnerte sich nicht, ihn jemals so strahlend gesehen zu haben wie an diesem Begräbnistag. Und gestern hatte er doch als Befehlshaber der Roten Wehr eine schwere Blamage erlebt. Sämtliche Morgenblätter waren mit Schimpf und Schande über ihn hergefallen. Er aber trug die Ausschnitte bei sich und verlas die Zeilen, in denen er ein verantwortungsloser Hanswurst, ein opportunistischer Haderlump und ein eitler Schmock genannt wurde. Er behauptete nun, daß diese Anwürfe ihn als Revolutionär ehrten und als alten Journalisten erfreuten. Für weit wichtiger als dasjenige, *was* über jemanden in der Zeitung stehe, halte er es, *daß* ein Name immerwährend genannt werde. Der Ruhm sei eine durchaus amoralische Sache. Eine Lautverbindung, die dem Publikum unablässig eingehämmert werde, weiter nichts.[274]

Weiß, der »über die Kotwürfe der gesamten Presse sich lachend hinwegsetzte« und auch als revolutionärer Stratege vor allem auf eine »Wirkung« abzielt, ohne sich allzu sehr darum zu kümmern, *welche* Konsequenzen er damit auslöse,[275] bleibt Ferdinand als »Repräsentant des konjunkturell begünstigten ›Realbewußtseins‹« und »personifizierter Versucher«[276] letztlich fremd und unverständlich – genauso wie die politische Agenda, die er zunächst selber mit aller Energie verfolgt.

Dass Weiß das Zeug hat, auch ›auf der Straße‹ eine bemerkenswerte agitatorische Wirkung zu entfalten, zeigt die minutiöse Darstellung der Geschehnisse des 12. November 1918, die etwas ausführlicher gewürdigt sei, weil sie die wohl eingehendste literarische Gestaltung der Wiener revolutionären Ereignisse überhaupt ist:

> Um die Mittagsstunde schon begann der große Aufmarsch und Zug der Arbeiter vor das Parlament. / Das hatte Wien, die Kaiserstadt, noch nicht erlebt. Die greisenhaft bröckelnden Fassaden der Ringstraßenpalais starrten entsetzt über diese Schicksalsflut hinweg auf die nackten Gärten gegenüber. Wohl hatte es auch schon in Friedenszeiten Aufzüge, Demonstrationen, Maifeiern, Krawalle gegeben, aber diese seltenen Szenen erregter Menschenmengen spielten sich hinter einem goldgewobenen Schleier ab, der sie entrückte und ihnen alle Bedeutung nahm. In den Vorstädten, Arbeiterbezirken, Verbrecherwinkeln der Residenz gab es eben unzufriedene und umstürzlerische Elemente, die sich in den trüben Tagen des Reiches hervorwagten, wenn die »echtösterreichische Politik« wieder einmal ihre Unglückshand bewiesen hatte.[277]

Der Massenaufmarsch wird hier als Fanal einer radikalen Wende in der Geschichte Wiens inszeniert. Zu diesem Zweck müssen die Fassaden der damals noch gar nicht so alten Ringstraßenpalais nun ›greisenhaft bröckeln‹ und zugleich ›entsetzt‹ auf den zu »nackten Gärten« entstellten, ansonsten aber französisch gepflegten öffentlichen Park mit dem bezeichnenden Namen Volksgarten ›starren‹. Kategorial erscheint die aufgebotene Menschenmasse von den Umzügen, Demonstrationen, Maifeiern und Krawallen unterschieden, die in früheren Zeiten erregte Aufläufe vor das Parlament gebracht hatten. Die gleichsam mythisch als »Schicksalsflut« apostrophierte Menschenmenge auf dem Ring zertrennt jetzt mit einem Schlag jenen »goldgewobene[n] Schleier, hinter dem alles so angenehm unbestimmt« gewogt hatte und der »[v]on Kriegsjahr zu Kriegsjahr« immer »schäbiger« geworden war: »Am zwölften November zerriß er ganz!«[278] Aus der zeitlich und innerlich distanzierten Darstellung des Romans spricht keine politische Begeisterung mehr, sondern der Wille zur gedanklichen Durchdringung der geschichtlichen Ereignisse: »Die Flut der Hunderttausende, die langsam wie ein Lavaarm weiterrückte, war nicht eigentlich schön zu nennen. Aber wie schwerfällig sie auch strömte, wie unerbittlich sie auch Körper und Selbstbestimmung des einzelnen auslöschte, sie schien als Eigenwesen eine ungeheure Freiwilligkeit und Souveränität zu besitzen.«[279] Diesen Worten zufolge löst sich der Einzelne in einer zähflüssigen Masse auf, in einem Kollektivwesen, das zumindest vorübergehend Eigenleben zu entwickeln scheint. Bei allem Staunen darüber artikuliert der Erzähler seine Überraschung angesichts der bewahrten Disziplin:

> Jedermann unter diesen Arbeitern hatte in den vier furchtbaren Jahren die Quälereien der Musterungen, des Einrückens, der Ausbildung erlebt, die meisten waren draußen im Felde gewesen, alle ächzten noch immer unter dem Hunger. Wie sonderbar also war es, daß die Masse als Ganzheit an diesem Tage keine Erbitterung, keine Rache-Regung zeigte, da doch jeder einzelne nach Vergeltung und Abrechnung gierig sein mußte. In diesen Stunden des Aufmarsches bewies die Masse ein geheimnisvolles, höheres Selbstbewußtsein, das sich schon viel zu ruhig im Besitz der Zukunft fühlte, um nach dem Phantom des Gewesenen zurückzublicken, das in den Krämpfen der Niederlage verzuckte.[280]

Man kann durchaus von einer unter bürgerlichen Intellektuellen keineswegs selbstverständlichen, respektvollen Darstellung der notleidenden Arbeitermassen in Werfels Roman sprechen, obgleich der Autor 1928/29 seinen revolutionären Ansichten längst abgeschworen hatte; der Erzähler fährt fort:

> Das Reich war zerstört, das Volk besiegt, aber mit einem Male schien es nur einige tausend Wirklich-Besiegte zu geben, und aus dem Nebel traten fünfhun-

> derttausend Sieger. Alle hatten ihre Sonntagskleider angelegt, in jedem Knopfloch flammte die Nelke, und der Tag äußerster Macht-Vernichtung verwandelte sich in einen Tag äußerster Macht-Entfaltung. So schnell entledigt sich die Zeit ihrer prächtigsten Staats-Leichen, denen das überrumpelte Gemüt lange nachträumt.[281]

Im abschließenden Gliedsatz dieser Passage vermeint man die rasche Geburt des ›habsburgischen Mythos‹ nach dem Tag des Endes der Monarchie angedeutet zu finden – es handelt sich freilich um eine aus über zehnjährigem Abstand entstandene Formulierung. Zugleich wird die Aufbruchstimmung der Revolutionstage auch bildlich vor Augen geführt: »Vor einigen Tagen noch war die Stadt voll von feldgrauen Männern gewesen. Heute sah man kaum eine Uniform mehr. Das kriegerische Grau lag mit andrer, weit edlerer Asche auf dem Abfallshaufen.«[282] Allerdings sind die bisher allgegenwärtigen Uniformen nicht gänzlich aus dem Straßenbild verschwunden:

> Nur eine lange Reihe von Soldaten machte sich bemerkbar. Es war die Rote Wehr. Die Kompagnien standen in ziemlich gelöster Linie vor dem weithinlaufenden Gitter des Volksgartens, so daß sie das Tor des griechischen Parlamentstempels gut im Auge behalten konnte. Man hielt sie im allgemeinen für die militärische Sicherung des Volkshauses. Niemand achtete dieser Soldaten mit den roten Kappenbändern, obgleich sie die Bajonette auf die Gewehre gepflanzt hatten. Noch kannte sich ja kein Mensch in den Machtverhältnissen des werdenden Staates aus.[283]

Die nach dem historischen Vorbild der Roten Garde gestaltete ›Rote Wehr‹ erscheint vorerst als Sicherungseinheit, die ein friedliches Fest gewährleisten soll und von allen Anwesenden geachtet wird: »Auch herrschte heute selbst unter den bürgerlichen Zuschauern, die allenthalben den gewaltigen Zug umsäumten, eine unklare und halbunterdrückte Freude, die weniger der Zustimmung für das Gegenwärtige entsprang als der tiefen Befriedigung darüber, daß der mörderische Zwang der alten Staatsautorität endlich abgewirtschaftet habe.«[284] Bei dieser Gelegenheit stellt der Erzähler sehr allgemeine und zeitenthobene Überlegungen über ›menschliche Schwächen‹ an: »Keine Interessenrücksicht wird den Menschen jemals das vergnügliche Unbehagen versalzen, die unantastbare Herrlichkeit von gestern in Furcht und Schwäche heute zittern zu sehn.«[285] Spannender als solche nachgetragenen Weisheiten über die Niedrigkeit ›des Menschen‹, die anthropologische Konstanten voraussetzen, ist zumindest im Rahmen der vorliegenden Studie Werfels distanzierte Charakterisierung der revolutionären Rhetorik:

> Zur annoch unerforschten Erscheinung der Massenpersönlichkeit gehörte es ferner, daß der Inhalt all dieser Reden an sich völlig gleichgültig war. Das Ohr der Menge vernahm hinter den abgegriffenen Phrasen eine Sprache, die nur sie allein verstand und sonst niemand, weder der Redner noch auch der einzelne Zuhörer. Es war eine einfache Sprache, die nicht aus Begriffen bestand, sondern aus an- und abschwellenden Spannungen, aus Vorhalten, Höhepunkten, Fermaten und knallenden Kadenzen. Zum Übergroßen kann man nicht durch den Verstand sprechen, sondern nur durch Musik.[286]

Nicht um den Inhalt der revolutionären Reden geht es dieser Erläuterung durch den Erzähler zufolge, sondern allein um den von ihnen ausgelösten Affekt, der sich durch eine besondere sprachliche Gestalt und Vermittlung erzielen lässt:

> Das Bewußtsein der Kraft und des trotz allen Unglücks Erreichten, das keine Gefahr anerkannte, erzeugte Humor. Auf dem breiten Gefälle des feierlichen Stromes kräuselten sich überall Gelächter-Wirbel. Auch die Rote Wehr zeigte gemütliche Fröhlichkeit. Die Mannschaften waren aus der Front getreten und standen in lachenden Gruppen. Die Gewehre hingen ihnen schlampig über die Schulter.[287]

Über die Einzelheiten – so die für die folgenden Ereignisse und ihre Deutung nicht unerhebliche Frage nach der Bewaffnung der ›Roten Wehr‹ – wird aus der Perspektive des Protagonisten Ferdinand berichtet: »Einer erzählte ihm, es sei zwar verboten, Munition mitzunehmen, was ihn aber nicht daran gehindert habe, einige Patronenmagazine einzustecken.«[288] Bezeichnend ist auch die wenig schmeichelhafte Darstellung des agitierenden Anführers: »Weiß sah ganz und gar verwandelt aus. Die bleiche Miene der Verantwortung war wieder seinem pfiffigen Kolportagegesicht gewichen.«[289] Werfels erzählerische Gestaltung der allmählich einsetzenden und sich erst später plötzlich überschlagenden Ereignisse verfährt hier dramaturgisch überaus geschickt, indem zunächst eine ganz langsame Bewegung vorherrscht:

> Es waren seit Beginn des Umzuges zwei Stunden schon vergangen, und immer noch strömte es unerschöpflich von den Vorstädten her über die Ringstraße. Man konnte die dickflüssige Bewegung nur an dem trägen Weitertreiben der Fahnen und Bezirkstafeln erkennen, die über dem Strudel der Köpfe schwankten. Plötzlich aber trat auf dem weiten Platz, der durch die Menschenzahl nicht nur räumlich, sondern auch akustisch unendlich verbreitert war, eine aufhorchende Stille ein. Ferdinand und Weiß bestiegen eine Bank, um besser sehen zu können.[290]

Was die beiden gespannten Freunde nun erblicken, ist ein historischer Augenblick in der politischen Geschichte Österreichs:

> »Da schau her«, verkündete Weiß, »die Bonzen kommen, die öden Oberpriester einer schöneren Zukunft.« / Dem Priamus gleich, der auf Trojas Zinnen seiner Schwiegertochter die Namen der reisigen Helden aufzählt, begann auch er jetzt die Namen der verschiedenen Parteihelden aufzuzählen. Langsam, wie aus der Tube gepreßt, quoll ein Haufen schwarzer Herren aus dem antiken Palasttor des Parlaments.[291]

Es handelt sich bei diesen ironisch als »Bonzen« und »Oberpriester« titulierten Politikern um die Spitzen der österreichischen Sozialdemokratie, darunter der Abgeordnete Dr. Dengelberger, der – wie schon erwähnt – dem nicht revolutionär, sondern reformistisch gesinnten ersten Staatskanzler der Republik Deutschösterreich, Dr. Karl Renner, nachgebildet ist.[292] Der selbstsichere Redner mit der »gleichgültige[n] und wohltönende[n] Stimme«, dessen »kleine Augen […] durch eine nickelgefaßte Brille«, »wie sie Handwerker, kleine Kanzlisten und Dorfschullehrer tragen«, »unsichtbar gemacht« sind,[293] erscheint hier zum zweiten Mal in einem explizit politischen Kontext. Nachdem der gemäßigte Sozialdemokrat Dengelberger bei der zeittypischen Konfrontation mit dem revolutionären Scharfmacher Elkan noch den Kürzeren gezogen hat, drehen sich die Machtverhältnisse wenig später im Kontext der Republikausrufung nachgerade um: »Einer der Herren trat jetzt weit vor, öffnete die Arme und begann seine Ansprache. Wenn man auch keinen Laut vernahm, so überwuchs sein Gesicht doch nach und nach die Gesichterunendlichkeit ringsum. Wie ein bleiches und eitles Blinkfeuer signalisierte es rhythmisch und tonlos im Menschennebel.«[294] Es ist für den damaligen Stand der Medienentwicklung bezeichnend, dass die versammelte Menschenmasse aufgrund der noch kaum entwickelten Tontechnik von der historischen Rede nichts hören, sondern ihr nur zusehen kann – eine Szene, die an den damaligen Stummfilm erinnert. Dadurch erhält die geschichtsträchtige Szenerie freilich ein unwirkliches Gepräge, das den Kommandanten Weiß »an der Wirklichkeit der Geschichte« zweifeln lässt:

> »Soll man es für möglich halten? … Beinah genauso, wie es im Büchel steht… Das Volk versammelt sich auf dem Marktplatz, und Perikles oder Solon verkündigt ihm die neue Verfassung… Pardon, ich hab natürlich keine Ahnung von Solon und Perikles… In der Realschule haben wir das nicht gehabt… Übrigens kann nur ein Realschüler ein echter Revolutionär werden und niemals ein Gymnasiast… Ihr Gymnasiasten seid alle verstockte Aristokraten… Kenn ich dich? … Also so etwas wie das dort kommt doch nur in Theaterstücken mit starker

Komparserie vor… Ich hab einmal in Reinhardts ›Ödipus‹ im Zirkus Schumann statiert… Lach nicht! … Ich nehm meinen Beruf ernst…«[295]

Die auffallende Häufung von Auslassungspunkten steht hier für Werfels Versuch, Fetzen einer aufgrund der akustischen Verhältnisse bei einem Massenauflauf nur bruchstückhaft verständlichen Rede in das Schriftmedium zu überführen. Dabei lädt der Realschulabsolvent Weiß die sozialen Unterschiede zwischen einem Realschüler und einem Gymnasiasten symbolisch auf und versieht sie mit einer ideologischen Wertung, wodurch die eigenen Bildungslücken in einen Pluspunkt verkehrt werden – eine auf ähnliche Weise auch heute noch beliebte Taktik in politischen Konfrontationen. Auf die Frage seines gebildeteren Gegenübers, »was das für eine Geschichte mit Ödipus« sei, antwortet die dem späteren ›rasenden Reporter‹ nachgebildete charismatische Romanfigur im Sinne einer noch steigerungsfähigen Dramaturgie:

»No… wir sind wie irrsinnig durch die Manege gelaufen, haben vorsätzlich Staub entwickelt und gebrüllt: Die Pest, die Pest! … Siehst du, das fehlt mir hier… Für ein großes Theaterstück ist das alles zu undramatisch… Da gehört ein Reinhardt her… Ödipus auf den Stufen hat nicht den Hut geschwenkt, sondern die Hände gerungen… […] Weißt du was, ich hab damals mehr an die Pest geglaubt, als ich jetzt an diese Komödie hier glaube… In der ersten Reihe ist ein dicker Kapitalist gesessen mit Brillantknöpfen im Frackhemd… Ich war immer schon ein Rebell… Irrtümlicherweise hat mich meine Großmutter mit einem Lausbuben verwechselt… Der Kerl mit der polierten Millionenglatze ist mir so auf die Nerven gegangen, daß ich unter seinem Platz stehen geblieben bin und ihm minutenlang ins Gesicht gebrüllt hab: Die Pest ist über uns, die Pest, o ihr Götter, die Pest, die Pest! … Hast du eine Ahnung, wie der Mann sich geniert hat?«[296]

Ronald Weiß spricht hier abwechselnd von der gegenwärtigen Wiener Revolution und einer vergangenen Berliner Theateraufführung, die als Massenspektakel in dem von Max Reinhardts Deutschem Theater bespielten Zirkus Schumann vor mehreren Tausend Zuschauern stattfand, wobei durch den ständigen Wechsel der Bezugsgrößen allmählich unklar wird, wovon jeweils genau die Rede ist. Durch die etwas unvermittelte Erwähnung der großmütterlichen Verwechslung von Rebellen- und Lausbubentum wird im Modus der Verneinung eine Deutung Weiß' als bloßer Bengel in den Raum gestellt. Auf diese Weise verschwimmen faktuale Tagespolitik und fiktionales Theater sowie harmloses Kinderspiel miteinander und gehen ineinander über: Auf der einen Seite wird die historische Realität zur Komödie verkleinert, während auf der anderen die im Zirkus Schumann aufgeführte Tragödie das Muster für eine wünschenswerte, aber abwesende Realität abgibt. Der bereits damals traditionsreiche Topos der Revolution als theatraler Akt wird reaktiviert und in der Folge mit besonderem Wiener Lokalkolorit angereichert. Kein Wunder, dass Weiß in dieser Situation nicht in der Lage ist, die äußere Wirklichkeit richtig wahrzunehmen und einzuschätzen:

> Während Ronald noch erzählte, sah Ferdinand, daß in die Abteilungen der Roten Wehr unversehens eine krampfhafte Bewegung gefahren war. Die Soldaten drängten vor und zeigten mit aufgeregten Gesten auf das Dach des Parlaments. Ihr Befehlshaber merkte noch immer nichts. Gott schlug ihn in dieser gefährlichen Spanne mit üppigster Anekdoten-Schwelgerei. / Was sich jetzt entwickelte, geschah so überwältigend schnell, daß auch eine sekundenmäßige Zergliederung den folgerichtigen Ablauf nicht wahrheitsgemäß entwirren und wiederherstellen kann.[297]

Die bisher vorherrschende träge Bewegung der ›lavaartig‹ auf der Ringstraße heranströmenden Masse sowie der würdevoll aus dem Parlament schreitenden und deklamierenden Honoratioren wird schlagartig durch »krampfhafte« Rucke und ›aufgeregte Gesten‹ unterbrochen, die plötzliche Geschwindigkeit der Ereignisse ist so groß, dass sie sich selbst mit den damals neuesten technischen Medien wie einer Filmkamera nicht mehr adäquat einfangen lässt. Umso schwerer tut sich die Erzählkunst, die wiederum auf das Hilfsmittel der typografisch inszenierten Auslassungen zur Vermittlung der sich einstellenden Hektik zurückgreifen muss:

> »Genosse Weiß! … Maschinengewehre gegen uns … Dort oben … Ein Offiziersputsch…« / Dieselben Leute, die noch vor zwei Minuten in freundwilliger Lässigkeit den Dingen zugeschaut hatten, waren verhext und steigerten sich durch wortloses Gebrüll in den Rausch hinan, den sie suchten. Die Verwandlung brauchte keine fünf Pulsschläge, um vollkommen zu sein. Die stärkste Verwandlung jedoch ging mit Weiß vor sich. Er, der noch die Worte im Mund trug, mit denen er die schattenhafte Theatralik solcher Vorgänge kennzeichnete, fiel sofort der Gewalt des Schauspiels zum Opfer, ja drängte sich in seine Mitte. Ferdinand hatte ihn so noch niemals gesehn. Seine Augen waren ganz klein vor Trunkenheit, die Haut über den Backenknochen brannte tiefrot. Jetzt wußte Weiß nicht mehr, daß er nur der Schauspieler dieses Augenblicks war. Von ungeheurer Sucht nach großen Erlebnissen geschüttelt, brüllte er mit überschnappender Stimme: / »Achtung! Maschinengewehre! Vergatterung!«[298]

Was hier und im Weiteren erzählerisch inszeniert wird, entspricht als gesellschaftliches Phänomen dem in der Literatur und den Sozialwissenschaften Wiens intensiv diskutierten Symptom des ›Massenwahns‹ bzw. der ›Massenhysterie‹ – man denke an Freud, Broch, Canetti und Doderer. In seinem Roman setzt Werfel es effektvoll in Szene:

> Auch Ferdinand wurde von unverständlichen Mächten gepackt. Er hatte ja genau gesehn, daß auf dem Dach des Parlamentes ein Filmoperateur seine Kamera in Stellung brachte. Vielleicht war alles ein Irrtum. Von heulenden Soldaten umtanzt, glaubte er zu schreien: »Kein Maschinengewehr! Eine Filmkamera!« War es aber der allgemeine Lärm, der seine Stimme verschluckte, war es eine dämonische Gewalt, die sie lautlos machte, je mehr sie schrie, je mehr seine Kehle ihn schmerzte, um so weniger hörte er sich selbst. Es war wie im Traum. Endlich rang sich doch ein Schrei los: »Maschinengewehr!« Das Wort »Filmkamera« brachte er nicht zustande. Er versuchte Ronald Weiß mit beiden Händen zu packen. Der aber bemerkte das gar nicht. Sein sonst bis in die Augenwinkel waches Gesicht war von einem tragischen Wahnsinn verschleiert. Da spürte auch Ferdinand die Umhüllung durch diesen Wahnsinn, eine wild-süße Luft, einen zerstörerischen Drang, zu rennen, zu schweben, zu brüllen, um sich zu schlagen. Jetzt *wollte* er nicht mehr dem Sturm sich entgegenwerfen, denn er selbst war zu einem Teil des Sturmes geworden.[299]

Was sich hier in Ferdinand Bahn bricht, kann mit Sigmund Freuds Konzeption des ›Todestriebes‹ assoziiert werden; dieser nämlich steht, wie der Titel der 1919/20 verfassten Schrift andeutet, in dem Freud seine Überlegungen dazu ausführt, *Jenseits des Lustprinzips*. Der Todestrieb trachtet im Unterschied zu diesem nach Rückführung des Lebens in den anorganischen Zustand des Unbelebten und des Todes.[300] Gleichwohl kann er sich auch in starken Aktivitäten äußern, wie der Fortgang der Romanhandlung zeigt:

> In diesem Augenblick löste sich vom rechten Flügel der Abteilung ein Zug und stürzte hinter einem der Führer her, der seinen Säbel durch die Luft blitzen ließ. Dies ertrug Weiß nicht. Da er keinen Säbel besaß, wirbelte er mit dem rechten Arm das Galoppzeichen über seinem Kopf und kreischte: / »Mir nach!« / Ferdinand wurde mitgerissen, aber nicht von dem Ansturm der anderen, sondern von der vernichtungsseligen Luft, die auch ihm alle Sinne raubte. Es war eine unbeschreibliche Sekunde orgiastischer Selbstvergessenheit.[301]

Werfels Erzähler versucht hier, die Auflösung des *principium individuationis* in einer amorphen Masse literarisch anschaulich zu machen und zugleich durch den Hinweis auf Weiß' nicht zu bändigende Eitelkeit gleich wieder zu konterkarieren. Er fährt fort:

> Der schwerfällige Riesenleib der Masse hatte der sturmlaufenden Soldateska sogleich einen scheu-erstaunten Fleck geöffnet, an dessen Rändern sich die Menschenmauer dichter türmte. Auf den Parlamentsstufen entstand jetzt ein keifender Knäuel, in dem, das erstemal heute, peitschende Einzelstimmen vernehmbar wurden. Auch dies war nur eine Sache von Sekunden, während welcher die schweigend harrende Mauer immer ernster und schwärzer zu werden schien. Der Streit auf der Rampe zerplatzte in seiner Steigerung, und plötzlich krachten rasende Kolbenschläge, die gegen das aufschallende Holz des Parlamentstores geführt wurden.[302]

Werfels fiktionale Darstellung hält sich hier – trotz aller Aussparungen und Abkürzungen – erstaunlich genau an die historisch verbürgten Abläufe. Die aufgestaute, als unerträglich empfundene Spannung entlädt sich an dieser Stelle entsprechend den realen Vorgängen des 12. November 1918 in einem unkontrollierten Gewaltexzess:

> Alle, die es hörten, aber auch alle, wußten, daß im nächsten Nu der erste Schuß fallen werde. Jeder trug den luftzerreißenden Knall schon im Ohr, dennoch dachte noch keiner daran, zu fliehen oder sich zu decken. / Ohne die geringste Verspätung ging dieser Schuß auch wirklich los. Die Ewigkeit einer kurzen nachlauschenden Stille, und dann etwas Unvorstellbares: Ein hoher weibischer Massenschrei gleich dem prasselnden Wurf von Millionen Kieselsteinen gegen eine Metallwand. Und wie durch keine andre Ursache als diesen Schrei aufgereizt, setzte das tolle regellose Gewehrknattern ein.[303]

Doch sogar dieser plötzliche Gewaltausbruch, der – pejorativ mit Weiblichkeit konnotiert – letztlich gar keine Veränderung der angespannten politischen Situation zu bewirken vermag, erscheint im Romankontext seltsam theatralisch und irreal:

> Was war geschehen? Wer schoß? Die Hunderttausende verstanden nichts. Aber selbst die Soldaten der Roten Wehr, die gegen den First des griechischen Tempels pfefferten, hielten das Echo ihrer Schüsse für einen feindlichen Angriff und begannen jetzt nach allen Richtungen zu feuern. Das schwere Tor des Parlaments wich dem wütenden Hämmern nicht. / Ferdinand, der mit angespannten Muskeln unbewegt dastand, fand sich mitten auf der jetzt so seltsam verkleinerten Fahrbahn allein. Einige Atemzüge hatten genügt, und das Monstrum der Masse war zerschlagen, zerstoben, verschollen. Nur in den Mündungen entfernter Nebenstraßen wogten kleine schwarze Inseln.[304]

Die erzählerischen Mittel der Fiktionalisierung erlauben es Werfel, die Vorgänge um die Republikausrufung viel anschaulicher – nämlich aus der subjektiven Perspektive eines Beteiligten – zu schildern, als das eine historiografische Faktualisierung vermag. Dies gilt auch für den weiteren Verlauf der Ereignisse, deren Darstellung hier als Abgesang auf die sozialrevolutionären Hoffnungen gestaltet wird. Bildspendend ist jetzt plötzlich nicht mehr das Theater, sondern der Krieg; so weiß der ehemalige Soldat Ferdinand aus seiner Kampferfahrung, wie er sich in solchen Situationen verhalten muss:

> Geller, die vom Pflaster abgeprallt waren, trillerten an seinem Ohr vorbei. Er folgte der alten Gewohnheit und suchte Deckung hinter einem Baum der Ringstraßenallee. Schon lagen einige Menschenkörper auf dem Pflaster. Das erstaunte Wimmern von Verwundeten drang zu ihm. [...] Er hatte keinen Rausch mehr in sich, doch auch keine Trauer und keine Empörung, sondern nichts als eine unendliche Interesselosigkeit. Zehn Schritte von seinem Baum entfernt sah er seine Kappe zwischen den Geleisen der Straßenbahn liegen. Noch immer jaulten die Projektile durch die Luft. In drei feldgerechten Sprüngen war Ferdinand bei der Kappe und holte sie. Das rote Band aber, das abgefallen war, vergaß er aufzuheben.[305]

Ferdinands unbedachtsames Liegenlassen des roten Bandes, das die Stelle der kaiserlichen Kokarde eingenommen hatte, ist symbolträchtig für seine Abwendung von der ›Roten Wehr‹, der Wiener Roten Garde im Roman. Das verantwortungslose Agieren dieser von Weiß befehligten Sondereinheit war der romanesken Darstellung Werfels zufolge verantwortlich für die unnötigen Opfer der Massenpanik nach der Republikausrufung – hier deutlich abweichend von Kischs realem Rückzugsbefehl am 12. November 1918. Daran, dass Werfel in seiner literarischen Gestaltung an dieser Stelle die historischen Abläufe in kritischer Absicht zuspitzt, mochte seine spätere, von der erzkonservativen Ehefrau Alma Mahler-Werfel offenbar beeinflusste antirevolutionäre Sicht der Dinge eine erhebliche Rolle spielen. Mahler-Werfel ihrerseits hat die sich überstürzenden Ereignisse des 12. November 1918 am Ring aus noch größerer zeitlicher Distanz in folgende abschätzige Worte gefasst: »Dann die angeblichen Schüsse aus dem Parlament. Sturm! / Dieselbe vorher wohlgeordnete fade Menschenreihe stürmte jetzt schreiend und würdelos zurück.«[306] Abgesehen von seiner wohlwollenderen Zeichnung der Arbeitermassen wird auch in Werfels Roman die geplante Revolution einfach abgesagt, die sinnlosen Gewaltausbrüche der irritierten Mitglieder der ›Roten Wehr‹ implodieren nachgerade:

> Die letzten Schüsse vergellten. In der Leere des Raumes aber breitete sich nicht die scharfgeschliffene Ruhe aus, die einer gelungenen Überrumpelung folgt, sondern das gicksende Stimmengewirre der Blamage. Schon verlor sich das Kolben-

> gehämmer und der peitschende Schimpf im geschwätzigen Hin und Her des Verhandelns. Das Volkshaus war nicht erobert worden. Einige Trupps von Soldaten liefen lachend gegen den Volksgarten zu, als wäre zu ihrer vollkommenen Zufriedenheit der lustige Rummel hiermit vorüber. Ein Sanitätsauto der Rettungsgesellschaft fuhr vor.[307]

Der reflektierende und revolutionskritische Erzähler Werfels vertritt eine skeptisch-zurückhaltende Deutung des sinn- und ergebnislosen Geschehens:

> Elkan hatte die unbekannte Größe, das X seiner revolutionären Mathematik, kaltblütig in die Menge geworfen. Aber dieses X war eine Lüge, und auf einer Lüge läßt sich nichts aufbauen, nicht einmal ein erfolgreicher Putsch. Die dreihundert und mehr Politiker des Abgeordnetenhauses, alles abgebrühte Leute, die an keine unbekannte Größe glaubten, konnten ohne die Hilfe auch nur eines einzigen Bewaffneten ihre Macht behaupten. Dieser Sieg entsprang keineswegs ihrer Tapferkeit – (einige der Herren hatten an allerlei verschließbaren Orten zugewartet, wie sich das Schicksal Österreichs entwickeln werde) –, sondern der geheimnisvollen Logik alles Geschehens, der zweiten Unbekannten in der Menschheitsgleichung, die Elkan niemals in Betracht ziehen wollte. Übrig blieben von dem schneidigen Sturm zwei Tote und einige Verwundete, ein mageres Resultat [...].[308]

Bei Werfels Protagonist Ferdinand, dessen *post festum* gewandelter Sichtweise diese Deutung entspricht, stellt sich rasch Enttäuschung, Ekel und Ratlosigkeit ein:

> War das die Revolution? Ungläubig stellte Ferdinand sich diese Frage. Die Hupe des Rettungsautos klagte platzheischend. Der Motor sprang an. Ringsum lagen Hüte, Fetzen, Schirme und anderes Strandgut der Flucht verstreut. Ein paar Blutlachen starrten bräunlich. / Was nun? Auf der Rampe des Parlamentes keiften noch immer einige kleinere Gruppen. Ferdinand überlegte wieder einmal, wohin er gehöre. Ein trüber Ekel sammelte sich in seinem Zwerchfell. Jetzt erst setzte er die Kappe auf. Nur fort von hier! Was war geschehn? Wie gleichgültig und blöd erschien es ihm. Ein wütender Abscheu vor sich selber begann ihn zu drosseln.[309]

Ferdinands »Abscheu« wird noch stärker, als er von dem so einsamen wie grausamen Hungertod des mit ihm und Ronald Weiß befreundeten Dichters Gottfried Krasny erfährt. Diese Romanfigur, um deren historisches Modell sich in den Tagen des realen Aufruhrs tatsächlich niemand gekümmert hat, ist dem oben schon erwähnten dichtenden Bohémien und Schnorrer Otfried Krzyzanowski nachgebildet. Angesichts von dessen unbemerktem Verhungern macht sich der Protagonist des Romans ganz grundsätzliche und deutlich revolutionskritische Gedanken:

> Werden verbesserte Zustände den Menschen bessern? Läuft nicht alles auf idiotische Schießereien vor den Gebäuden der Macht hinaus? Und selbst wenn die Zustände sich besserten, wird der Mensch nicht genau das gleiche faule und genußsüchtige Vieh bleiben, das sich von der andern Tierheit nur durch technische Mordtalente und eine überfütterte Eitelkeit unterscheidet? Ekelhafte Sackgassen überall![310]

Bezeichnend ist dabei, dass die romaneske Darstellung des 12. November in eine Art Antiklimax mündet: Geschockt vom unmittelbar darauf bekannt werdenden Hungertod Krasnys gelangt der zunächst radikale Protagonist zu einer revolutionsskeptischen Haltung. Aus den zuletzt zitierten Worten des Romans spricht kein sozialrevolutionärer Elan mehr, sondern Resignation und Melancholie, deren politische Implikationen offenbar weniger der zeitgenössischen Wahrnehmung ihres Autors Werfel aus dem November 1918 entsprechen als vielmehr seiner späteren Sicht der Dinge unter dem Einfluss seiner Ehefrau.

»Wien erlebte nun seinen unästhetischesten Tag«. Revolution im Roman II: Satire (Karl Paumgartten)

Dass damals auch ganz andere Formen der Darstellung politischer Vorgänge möglich waren, zeigt ein heute zu Recht vergessener Roman, der nicht »als Diagnose von Zuständen, sondern als deren Symptom«[311] von Bedeutung ist, und das nicht literaturhistorisch, sondern kultur- und mentalitätsgeschichtlich: Karl Paumgarttens *Repablick. Eine galgenfröhliche Wiener Legende aus der Zeit der gelben Pest und des roten Todes* ist 1924 in Graz im nach wie vor existierenden Heimatverlag Leopold Stocker erschienen.[312] Paumgartten war 1872 als unehelicher Sohn des k. k. Finanzrates Carl Ritter von Paumgartten mit dem bürgerlichen Namen Karl Huffnagl in Wien geboren worden und ist ebendort aufgewachsen; er besuchte das Gymnasium, studierte Geschichte und wurde Direktor des Archivs des Wiener Innenministeriums.[313] Als zunehmend fanatischer Antisemit schrieb er unter dem Pseudonym Nithart Stricker für die christlichsoziale *Reichspost* und deren Nebenausgabe *Wiener Stimmen*, aber auch für das satirische Offiziersblatt *Die Muskete*, das eine österreichische Variante des bayrischen *Simplicissimus* zu sein beanspruchte.[314] Dort publizierte er bereits während des Weltkriegs Hetzschriften gegen die Kriegsgegner. Allein eine Aufzählung der Titel weiterer ›Werke‹ dieses Schreiberlings vermittelt einen Eindruck seines

Schaffens: 1920 erschien das 63-seitige Pamphlet *Judentum und Sozialdemokratie*, 1921 die 246-seitige illustrierte Hetzschrift *Juda. Kritische Betrachtungen über Wesen und Wirken des Judentums* und 1924 neben *Repablick* auch eine *Juden-Fibel. Das ABC der viertausendjährigen Judenfrage.* Nach Paumgarttens Tod legte der Verlag Stocker im April 1933 die – neun Jahre zuvor völlig erfolglose – Kolportage *Repablick* neu auf und bewarb sie in einem Zeitschrifteninserat mit folgender Erklärung: »Die ›Entlarvung‹ der Novemberverbrecher, die unter der Maske des deutschen Arbeiters Sendling und Vollstrecker des russischen Bolschewismus waren, ist meisterhaft besorgt in dem totgeschwiegenen Buche.«[315]

Zur Anlage des Romans *Repablick* bemerkt Ulrich Weinzierl in seiner Textsammlung *Versuchsstation des Weltuntergangs* (1983) betont nüchtern, es gehe darin »um die möglichst ekelerregende Darstellung des Umsturzes und der folgenden Monate: Juden, Marxisten, Arbeiter und Demokraten im Allgemeinen werden als Untermenschen oder Tölpel charakterisiert, die das ›deutsche Wesen‹ zerstören und daher bekämpft werden müssen«.[316] In gattungstheoretischer Hinsicht ist *Repablick* der Satire zuzuordnen, also der »Angriffsliteratur mit einem Spektrum von scherzhaftem Spott bis zur pathetischen Schärfe«,[317] wobei der durch diesen Roman vermittelte Spott kaum mehr als ›scherzhaft‹ bezeichnet werden kann. Ein paar näher betrachtete Passagen mögen das veranschaulichen, wobei dialektale Sprechweisen – in einer Art Vulgarisierung der Kraus'schen Satire – bei Paumgartten stets für unverbesserliche Blödheit stehen; dies und generell der elitär-herablassende Ton unterscheiden ihn von heutigen Vertretern seiner politischen Couleur. Das erste Textbeispiel stammt aus dem Kapitel »Die Revolution«, gegen dessen Ende die Republikausrufung vom 12. November 1918 thematisiert wird; während der Zeremonie kommt es zu folgender Szene mit Hauptmann Feitel, hinter dem man schemenhaft Egon Erwin Kisch erkennen kann:

> Eine gemurmelte Frage erhob sich, wie ein unterirdisches Grollen, aus den Massen der frisch ernannten Republikaner: »Is dös alles? Oder kummt no was nach?« / Es kam noch etwas nach. Hauptmann Feitel gab noch eine Sondervorstellung mit seinen dressierten [!] Garden. Mit seiner gewaltigen Stimme schrie er die Garden an:
>
> »Wer ist schuld an dem Weltkrieg?« / »Die Haaabsbuhrgaaaaaah!« antwortete das ganze Bataillon wie aus einem Munde mit dem Aufgebot seiner ganzen Lungenkraft.
>
> »Wer ist schuld an dem ungeheuren Massenmord, dem Millionen unserer Väter, Brüder und Söhne zum Opfer gefallen sind?« schrie Hauptmann Feitel weiter. / Und das Bataillon antwortete wieder: »Die Haaabsbuhrgaaaaah!«

»Wer ist schuld an dem Hunger und Elend, das über unsere Frauen und Kinder gekommen ist?« / »Die Haaabsbuhrgaaaaah!«

»Wer ist schuld an der entsetzlichen Teuerung, der wir zu erliegen drohen?« / »Die Haaabsbuhrgaaaaah!«

»Wer ist schuld, daß unzählige Hunderttausende blühender Männer zu Krüppeln geworden sind?« / »Die Haaabsbuhrgaaaaaah!«

Noch fünfunddreißig solche Fragen brüllte Hauptmann Feitel seinem Bataillon ins Gesicht, und noch fünfunddreißigmal brüllte das Bataillon zurück: »Die Haaabsbuhrgaaaaaah!«[318]

Die Pointe dieser Szene wird lange vorbereitet, bevor der Erzähler mit einer unerwarteten Wendung des Geschehens die satirische Wirkung seiner Darstellung zu entfalten sucht:

Als er die vierzigste Frage stellen wollte, versagte ihm die Stimme. Aber vom Säulenstumpf her, auf dem die Göttin der Weisheit steht, half rasch ein Mann aus, ein Hüne [i. e. Oberst Kernhofer, N.C.W.] mit gewaltigen Schultern und einem Antlitz, das unüberwindliche Entschlossenheit zeigte. Er trug die feldgraue Uniform ohne jedes Abzeichen, war ohne Waffe, nur schwang er in seiner Rechten eine aus starken Lederriemen geflochtene Hundspeitsche. Er rief: »Und wer ist schuld, daß ihr so saudumme Trottel seid?!« / Und das ganze Bataillon antwortete, schwer keuchend und schwitzend, die letzte Kraft aus der leergepumpten Brust holend: »Die Haaabsbuhrgaaaaaah!«[319]

Die träge Soldatenmasse der Roten Garde erscheint hier als Ansammlung geist- und willenloser Vollidioten, die angemessenerweise mit einer Hundspeitsche gezüchtigt werden müssten. Nur im Vorübergehen sei erwähnt, dass dem positiv gezeichneten Oberst Kernhofer die negative Kontrastfigur des Oberleutnant Konitzer gegenübergestellt wird, hinter der sich kein anderer als der ehemalige k. u. k. Offizier und nunmehrige sozialdemokratische Politiker Julius Deutsch verbirgt.[320]

Paumgarttens Darstellung der von der Parlamentsrampe aus erfolgten Ausrufung der Republik Deutschösterreich durch den immerhin deutschnationalen Präsidenten der Provisorischen Nationalversammlung Franz Dinghofer, den Paumgartten Dingelberger nennt, ist für den Zusammenhang des vorliegenden Buchs so einschlägig, dass sie genauer gemustert sei. Zum Zweck der Satire etabliert der Text eine Vielzahl scharfer Kontraste, indem etwa die bisherige Reichshaupt- und Residenzstadt zum Schauplatz der revolutionären Ereignisse geradezu profanisiert erscheint: »Wien, das einzige, weltberühmte, das holde Fürstenkind, das alle deutschen Jahrhunderte als lieblich und schelmisch lächelndes Märchen erquickt hat und selbst in den letzten

Zeiten seiner schwersten Lebensnot und Herzensbangigkeit keinen der süßen Reize seiner Anmut und Zärtlichkeit verlor – Wien erlebte nun seinen unästhetischesten Tag.«[321] Den Grund dieser optischen ›Entweihung‹, die in keiner Weise als Folge der Entbehrungen des Weltkriegs erscheint, entfaltet der Erzähler folgendermaßen:

> Am frühen Nachmittag des zwölften November setzten sich in den äußeren Stadtteilen sonderbare Massenzüge in Bewegung. Die Sozialdemokratie hatte ihren Heerbann aufgeboten und führte unübersehbare Scharen gegen die innere Stadt, am Parlament vorbei, damit das eigentliche Wien und das echte Österreich zu sehen bekomme, wieviele Tschechen und Hannaken, Serben und Kroaten, Polen und Magyaren, Slowaken und Slowenen, Ruthenen und Huzulen und sonstige Völker zweiter, dritter und vierter kulturellen Garnitur ihr zur Verfügung stehen, wenn sie es für notwendig fände, das republikanische Deutschösterreich repräsentieren zu lassen. Um das eingeborene Element in dem Aufmarsch auch vertreten zu haben, war das autochthone Plattenbrüdertum [i. e. Subproletariat, Unterschicht, Verbrechersyndikat, N.C.W.] ebenfalls mobilisiert.[322]

Mit Ausführungen dieser Art werden die Angehörigen des Proletariats generalisierend als kriminell diffamiert. Wie Weinzierl betont, geht der Autor sogar noch weiter: »Paumgartten bemühte sich, das Bürgertum zur haßerfüllten Aktion gegen die Arbeiter zu mobilisieren.«[323] Er negierte dabei in programmatischer Absicht jede Differenzierung zwischen Sozialdemokratie und kommunistischer Bewegung:

> Der gewaltige Zug war auch wahrhaft staunenerregend. Er war vor allem eine Heerschau menschlicher Häßlichkeiten. So weit man blickte, niedrige Stirnen, brutal hervortretende Jochbeine, tief liegende Augen, mächtige, weit ausladende Unterkiefer, Arme, die bis zu den Knien herabhingen. Plattnasen aller Dimensionen reckten sich in überwältigender Anzahl gegen das Firmament – hätte es zu regnen begonnen, es wäre kein Tropfen bis zur deutschen Wiener Erde gelangt, die riesigen, mit dunklen Haarbüscheln ausgekleideten Nasenhöhlen des Proletariats hätten selbst einen Wolkenbruch aufzunehmen vermocht. Es war, als sei eine prähistorisch-anthropologische Sammlung ausgekommen. Es gibt doch bildhübsche Tschechinnen, liebreizende Polinnen, verführerische Magyarinnen – aber die vielen Tausende von Weibern, die in dem Zuge mitgingen, verdienten kaum den Namen »Geschlecht«. Hierher schienen diese Völker alles gesendet zu haben, wovor ihnen selber grauste. War das vielleicht der Ausdruck des Deutschenhasses: Weg mit allem, was scheußlich ist, nach Wien![324]

Die vollkommene Niveaulosigkeit dieser ›Reflexionen‹ der Erzählstimme nicht allein in rassistischer und sexistischer Hinsicht ist entwaffnend. An späterer Stelle des Romans ist anlässlich der großen Arbeitslosen- und Kriegsinvalidendemonstration vom 17. April 1919, die zu blutigen Ausschreitungen führte und sechs Menschenleben (darunter fünf Sicherheitswachebeamte) und 50 Verletzte forderte,[325] sogar ausdrücklich vom »Verbrechertypus mit der niedrigen Stirn und den tiefliegenden Augen« die Rede,[326] womit Paumgartten auf die normalistische Typologie der Kriminalanthropologie Cesare Lombrosos anspielt; Lombroso hatte eine aus heutiger Sicht fragwürdige Typisierung von Verbrechern anhand äußerer Körpermerkmale vorgenommen, die sich als wissenschaftliche Klassifizierung verstand[327] und später den Nationalsozialisten als Vorlage für ihre rassenbiologischen Theorien dienen sollte.

Der fanatische Antisemit Paumgartten hingegen übte sich in seinem ›galgenfröhlichen‹ Roman weniger als Vertreter der Wissenschaft denn als bemühter Satiriker, wenn er die Teilnehmer an der Demonstration anlässlich der Republikgründung mit rassistischem und sexistischem Unterton charakterisiert:

> Von Zeit zu Zeit wurde die Einförmigkeit der himmelanstrebenden Nasenform durch Gruppen von mächtigen Schneuztrompeten unterbrochen, die sich durch das Aufsetzen eines Zwickers ein intelligentes Aussehen geben wollten, aber ihre Ähnlichkeit mit dem eigenartig aus zahllosen Kurven zusammengesetzten Lauf des Jordans doch nicht hinwegtäuschen konnten. Und wenn ihnen dies auch bei stark Kurzsichtigen gelungen wäre, hätten es die ungeheuren Wulstlefzen und das verfilzte schwarze Vlies auf den Schädeln doch verraten, daß sie aus dem Wetterwinkel der Menschheit im Osten des Mittelländischen Meeres stammten, wo sich vor vielen tausend Jahren einmal die Beduinen und Neger und Syrer unter Mitwirkung vorsintflutlicher Pithekoidenreste [pithekoid = affenähnlich, N.C.W.] zu einer Rasse vereinigten, die nach der Ansicht einiger Fachgelehrten ganz abscheulich gewesen sein soll.[328]

Paumgarttens literarische ›Methode‹ besteht darin, politische Gegner durch die herabwürdigende Beschreibung von Körpermerkmalen – indem ihnen etwa hundeähnliche Lippen angedichtet werden – zu ›Untermenschen‹ oder gar Tieren zu machen, die man bedenkenlos ausrotten könne, ja müsse;[329] diese Strategie der Entwürdigung und Entmenschlichung wurde später von den Nationalsozialisten in die Realität umgesetzt, ist aber auch heute noch – oder wieder – aktuell.[330] Vorgeprägt finden sich die NS-Argumentationsmuster in Paumgarttens Roman, der mit Blick auf die Statue der Pallas Athene vor dem Wiener Parlament ›Weisheit‹ und ›Stumpfsinn‹ kontrastiert und die Gegensätze optisch und olfaktorisch ausstaffiert:

> Der Zug marschierte stundenlang an der Göttin der Weisheit vorbei, die Plattnasigen stumpfsinnig glotzend, dichtgedrängt wie eine riesige Schafherde und fast genau so duftend, die Kurvennasigen lebhaft, unaufhörlich mit den Händen gestikulierend, Augen und Lefzen in steter Bewegung haltend, nervös wie hungrige Schmeißfliegen, wenn sie ein Aas wittern.[331]

Die ›stumpfsinnig glotzenden‹ wie die ›nervös gestikulierenden‹ Teilnehmer der demokratischen Demonstration erscheinen aller Menschenwürde beraubt. Anstelle einer ideologischen Differenzierung zwischen Sozialdemokraten und Kommunisten, die Paumgartten ganz prinzipiell und programmatisch über einen Kamm schert,[332] unterscheidet er strikt zwischen ›fremden‹ Elementen und ›eingeborener‹ Bevölkerung, die er als Verführer und Verführte einander manichäisch gegenüberstellt:

> Das bodenständige Volk hatte sich ebenfalls in imposanter Zahl eingefunden. Es hatte sich nicht in Herden zusammenfangen und dann mit Hü und Ho treiben lassen, sondern war freiwillig gekommen, einer früher, der andere später, der eine allein, der andere mit ein paar Freunden, und nun stand es in selbstgewählten Gruppen um das Parlament bis über den ganzen Schmerlingplatz und andrerseits bis zum Burgtheater und ließ nur die Fahrbahn der Ringstraße für den Zug der Sozialdemokraten frei. Wie sich das Bürgertum einige Tage vorher auf dem Park- und Stubenring eingefunden hatte, um genau zuzusehen, wie eine Revolution ausbricht, so gab man sich heute ein Rendezvous, um zu erfahren, wie denn das eigentlich gemacht wird, wenn ein paar Leute ein Kaisertum zur Republik erklären. Außerdem war ein Gerücht ausgestreut worden: Österreich solle sogar eine sozialistische Republik werden. Das war natürlich so interessant, so prickelnd gruselig, daß keinen ordentlichen Wiener und auch keinen Vetter vom Land die Neugierde zu Hause geduldet hätte. Im Grunde genommen war es auch ganz begreiflich, daß die echten Wiener und Deutschösterreicher, wenn schon nicht mitreden, so doch wenigstens mit dabei sein wollten, wenn über ihr künftiges Schicksal als freie Bürger eines freien Staates entschieden wurde.[333]

Nicht allein durch die Suggestion absoluter Fremdbestimmung werden Vorgang und Ergebnis der Wiener Revolution delegitimiert und diskreditiert, sondern auch durch die Reduzierung der handelnden Akteure auf ein Häuflein von gewissenlosen Verbrechern. Dabei fällt es dem selbsternannten Verteidiger der Heimat gar nicht auf, dass seine unvorteilhafte Darstellung der Wiener Sensationslust und des hier herrschenden Opportunismus der eigenen rassistischen Hetze den Boden entzieht, steht doch dadurch die ›eingeborene‹ Wiener Bevölkerung kaum besser da als die angeblich ›fremden‹ Elemente:

> Ihre Gegenwart entbehrte auch jeder Gefährlichkeit, und die Veranstalter der großen Volksbelustigung wußten ganz genau, daß die echten Eingeborenen Deutschösterreichs zwar »Hoch!« und »Heil!« und »Hurra!« schreien, sobald dies kommandiert wird, daß sie aber viel zu mimosenhaft veranlagt sind, um in Gegenwart eines größeren Aufgebotes exotischer Pratzen etwas anderes hören zu lassen, als man von ihnen verlangt. Namentlich der Wiener ist so zartfühlend gegen jeden Gast, vor allem gegen den ungebetenen, daß er sofort sein Selbstbestimmungsrecht aufgibt und jede Äußerung seiner eigenen Gedanken unterläßt.[334]

Angesichts dieser simplen Unterstellung, wonach die »bodenständige« Bevölkerung ein willenloses Opfer ist, sieht sich Paumgartten berechtigt, *ex cathedra* zu verfügen, welche Politik dem deutschen »Selbstbestimmungsrecht« entspreche. Darauf wird noch näher einzugehen sein. Die Grundlage von Paumgarttens politischer Diagnose, die diesen Namen kaum verdient, sind folgende haarsträubende Verballhornungen sozialdemokratischer Forderungen im satirischen Gewand:

> Die Arbeiterschaft war fast in ihrer Gänze von der Sozialdemokratie durch Versprechungen gewonnen: Gesetzliche Festlegung des Zweistundentages [in Wirklichkeit: Achtstundentages, N.C.W.]; einstündige Mittagspause und halbstündige Pause fürs Gabelfrühstück, die in die Arbeitszeit eingerechnet werden; automatische allwöchentliche Lohnverdoppelungen; Erweiterung der Sonntagsruhe auf zweiundsiebzig Stunden durch Einführung des arbeitsfreien Sabbats und des blauen Montags; Aufhebung aller katholischen Feiertage und Ersetzung durch republikanische Doppelfeiertage; Verleihung des Ratstitels und des Amtscharakters an sämtliche qualifizierten, sozialdemokratisch organisierten Arbeiter.[335]

Die von den sozialdemokratischen Reformen profitierenden Arbeiterinnen und Arbeiter werden auf diese Weise als arbeitsunwillige Tachinierer gebrandmarkt. Nicht viel besser steigt allerdings das Bürgertum aus: »Auch breite Schichten des Bürgertums, namentlich ein großer Teil der Intelligenz, waren im letzten Kriegsjahre nach und nach vom Philomarxismus angesteckt worden.«[336] Man beachte dabei die Ansteckungsmetaphorik, die nicht nur eine gesellschaftliche ›Krankheit‹ voraussetzt, sondern auch die Notwendigkeit ärztlicher Intervention impliziert. So gelangt der ressentimentgeladene Erzähler zu folgendem Fazit: »Allen gemeinsam aber war die feste Zuversicht, daß die wahre Demokratie rücksichtslos darangehen werde, die während des Krieges eingerissene Schlamperei und Korruption in gesetzliche Bahnen zu lenken, ohne deren Annehmlichkeiten zu beseitigen.«[337] Die Opfer der ›während des Krieges eingerissenen Schlamperei und Korruption‹ werden somit zu deren eigentlichen Nutznießern erklärt – genauso wie die angeblichen Hauptakteure der demokratischen Revolution:

> Der Marxismus spie seine Vortruppen aus. Die Spelunken und Kanäle schleuderten ihren Bodensatz auf die Wiener Ringstraße. Die erste Tat der Revolution begann: Halbwüchsige, verlotterte Burschen rissen mit ihren dreckigen Händen den Offizieren die Sterne vom Kragen. Die Oberste Heeresleitung trat daraufhin schleunigst ihre Agenden der Obersten sozialdemokratischen Parteileitung ab und behielt als einzige Beschäftigung das Sich-hinter-den-Ohren-kratzen bei.[338]

Aus diesen gehässigen Worten wird wiederum offensichtlich, wie traumatisch das Herunterreißen der kaiserlichen Kokarden und Dienstabzeichen durch die bisher Untergebenen für die Angehörigen der vordem privilegierten Oberschicht gewesen sein muss. Paumgartten demonstriert dies auch plastischer in einer ausführlichen Szene, die zunächst einen kriegsinvaliden Major vorführt, der von einer Bande krimineller Burschen überfallen und wehrlos seiner militärischen Rangabzeichen beraubt wird,[339] und sodann des »Obersten Kernhofer Hühnengestalt«, welche die angreifenden Proleten trotz deren gewaltiger Überzahl in einem heroischen Akt in die Flucht schlägt.[340] Die Revolutionäre bestehen in dieser Darstellung ausschließlich aus einem üblen, niveaulosen Gesindel, das sich bevorzugt durch die Profanation militärischer Rangabzeichen bzw. die öffentliche Demütigung von Offizieren hervortut:

> Zwischen dem Kriegsministerium und dem Schwarzenbergplatz wogte eine ungeheure Menge hin und her. Sie bestand zu einem Teil aus mehr oder weniger jugendlichen Sozialdemokraten, die Revolution machten, obzwar sie das Wort »Revolution« nicht orthographisch schreiben konnten, und zu neunundneunzig Teilen aus Neugierigen, die zuschauen wollten, wie eine Revolution gemacht wird. So oft zwei oder drei Jünglinge, denen man vom Gesicht ablesen konnte, daß sie für Seife nichts und für Alkohol alles übrig hatten, sich auf einen Offizier stürzten, wichen tausend erwachsene Zuschauer in ängstlicher Ehrfurcht zurück, machten für die Szene, die sich nun abspielte, breiten Platz und verhehlten, so gut es ging, die in ihnen aufsteigenden Gefühle: Das Mitleid mit dem, der sein Vaterland mit seinem Leben verteidigt hatte, den Ekel vor denen, die aus der Revolution eine Pöbelhetze machten, die Scham über ihre eigene erbärmliche Feigheit und das angenehme Nervenprickeln der Sensation.[341]

Der eklatante Sozialdünkel Paumgarttens wird hier genauso offenbar wie seine Verdrehung des faktischen Verhältnisses von Opfern und Nutznießern des verlorenen Weltkriegs. Das abschließend zitierte »Gespräch zwischen den beiden arischen Herrenmenschen«[342] mit sprechenden Namen, dem Journalisten Dr. Klaar und Oberst Kernhofer, ist ein Beispiel für die nicht nur in Deutschland, sondern auch in Österreich unter konservativen bis reaktionären Ideologen wirkende Dolchstoßlegende, die der Verschwörungstheoretiker Paumgartten mit seiner Figur des sozialdemokratischen Oberleutnants Konitzer zu untermauern sucht, indem er ihn während der Revolution bekennen lässt: »Italien ist doch unmittelbar vor der Revolution gestanden! Wenn *wir* mit dem Losschlagen noch vierzehn Tage gewartet hätten, wäre der Krieg für die Entente verloren gewesen und wir wären die Sieger.«[343] Nicht erst angesichts der Erkenntnisse neuerer Geschichtsschreibung ist klar, dass es sich hierbei um eine perfide politische Lüge handelt, waren die Mittelmächte im Herbst 1918 doch militärisch *und* ökonomisch am Ende. Paumgarttens romaneske Sympathieträger sehen das freilich anders:

> »Ich sage Ihnen noch einmal: Nein! Das ungeheure Verbrechen, das an unserer Front begangen worden ist, wird *niemals* gesühnt werden. Die Rache für die schändlichste Tat der Weltgeschichte, für die Auslieferung des wehrlos gemachten deutschen Volkes an seine Feinde, mag heute der glühendste Wunsch aller ehrenhaften Deutschen sein […]. Die Wahlen für die Nationalversammlung stehen vor der Tür: Sie werden sehen: Die Mehrheit unseres Volkes ist borniert und charakterlos. Die Folge davon wird sein: Die Sozialdemokratie wird aus diesen Wahlen als die stärkste Partei hervorgehen. Dann wird sie unter der Führung des Meuchelmörders gegen die einheimische Bevölkerung eine Politik des langsamen Meuchelmordes treiben. Die Führer werden sich die eigenen Taschen füllen und daher beide Augen zudrücken, wenn ihr Anhang dasselbe tut, der intelligente Mittelstand wird nach und nach proletarisiert – das alles werden wir zwar knirschend, aber tatenlos über uns ergehen lassen, und von einer Rache wird keine Rede sein. Denn anstatt sich gegen die verbrecherischen Scheusale mit aller Wucht und Unbarmherzigkeit zu wenden, werden deren Opfer *einander* bekämpfen und zerfleischen.«[344]

In der Folge entspinnt sich zwischen den beiden ›arischen Herrenmenschen‹ Klaar und Kernhofer ein auf die fortschreitende ideologische Radikalisierung der zwanziger Jahre vorausweisender Dialog:

> »Geben Sie zu, daß unsere beiden Ziele – Verhinderung des Bolschewismus und Rache an den Verbrechern – erreicht werden müssen?« / »Ohne weiteres. Beide erscheinen mir gleich wichtig. Wenn sich heute ein Negerstamm durch Überrumpelung der Herrschaft über das deutsche Volk bemächtigen und sie durch

> Blut und Schrecken behalten würde, müßte dieser Stamm so rasch als möglich aus dem Weg geräumt und für sämtliche Negerstämme ein Exempel statuiert werden, das ihnen für *immer* die Lust verleidet, über Deutsche zu herrschen. Ich bin gewiß ein Kulturmensch, aber ich stehe nicht an, zu erklären, daß ich in einem solchen Falle für die brutalste Ausrottung der Neger-Usurpatoren eintreten und selbst das Kind im Mutterleib nicht schonen würde. Und daran ändert sich für mich gar nichts, wenn mir statt der Neger – Marxistenführer gegenüberstehen. Es handelt sich in beiden Fällen um dasselbe: um die Erhaltung der deutschen Weltanschauung und Lebensauffassung, um die Erhaltung der deutschen Denkweise und der deutschen Sittlichkeit, überhaupt des ganzen deutschen Geistes- und Gemütslebens. Will der Marxismus das deutsche Wesen vernichten – und das will er! – dann müssen *alle* Mittel angewendet werden, die seine Unschädlichmachung für jetzt und immer ermöglichen. Und wenn's kein anderes Mittel gäbe, mit Rattengift.«[345]

Offensichtlich wird in solchen Passagen des Tendenzromans, die dem Massenmord an Juden und ›Linken‹ jeglicher Ausrichtung lange vor seiner Realisierung das Wort reden, jene ungeheure menschliche Verrohung, die das politische Klima der Ersten Republik nachhaltig vergiftet hat. Paumgarttens herablassender Sozialdünkel stand einer Breitenwirksamkeit seines Machwerks freilich entgegen – obwohl er dort dem korrupten »Arbeiterführer« folgende Weisheit in den Mund legt: »Kannst du dir vorstellen, daß wir die Revolution ohne Pöbel machen können? Ausgeschlossen! Was wären wir ohne die Strolche und Strotter? Jede politische Partei braucht eine Hefe. Darum bringen's ja die Deutschnationalen zu nichts, weil ihre Anhängerschaft fast ausschließlich aus intelligenten und anständigen Leuten besteht.«[346] Wie ›intelligent‹ und ›anständig‹ die ideologischen Nachfolger der damit bezeichneten Politiker und ihre Anhänger waren, haben sie nach 1933 in Deutschland und 1938 in Österreich eindrücklich bewiesen. Allerdings geschah dies bereits zu einem Zeitpunkt, an dem auch die kleinbürgerlich gewandelten ›Rechten‹ ihre Propaganda schon längst nicht mehr auf das Bürgertum und den Adel beschränkten.

»Ein einmaliger, restloser Sieg des Literaturcafés über die Strasse«. Revolution als Posse (Anton Kuh)

Als poetisches Kontrastprogramm zu Werfels romanesker Elegie mit wehmütigem und Paumgarttens romanesker Satire mit bitterem Beigeschmack kann ein mehrteiliges Feuilleton des 1890 in Wien geborenen österreichisch-jüdischen Journalisten, Essayisten, Erzählers und Redners Anton Kuh dienen, das sich literarisch dem Genre der Posse annähert. Zwar gilt diese gemeinhin als »[k]omisches Theaterstück aus der Tradition des Wiener Vorstadttheaters«, doch erlaubt es der »eklektische Charakter der Gattung«,[347] auch ein in dieser lokalen Tradition stehendes komisches Prosastück mit dem Begriff zu bezeichnen. Was dessen Autor betrifft, so stammte der heute weitgehend vergessene Kuh aus einer Familie mit ausgeprägten schriftstellerischen Interessen. Schon der Großvater David Kuh war Prager Journalist gewesen, während Antons Vater Emil Kuh als Mitarbeiter, später sogar als Chefredakteur des *Neuen Wiener Tagblatts* arbeitete. Antons Schwester Marianne war ihrerseits mit dem Psychoanalytiker und Anarchisten Otto Gross befreundet, der in den Intellektuellenkreisen der konkurrierenden Wiener Cafés Central und Herrenhof verkehrte und als Dr. Gebhart in Werfels *Barbara*-Roman verewigt wurde. Anton Kuh selbst lebte zunächst in Prag und Wien, zog dann aber 1928 nach Berlin, weil er »lieber ›in Berlin unter Wienern, statt in Wien unter Kremsern‹ leben wollte«, wie er in einer berühmt gewordenen Wendung schrieb.[348] Bekannt geworden ist er unter anderem als Antipode zu Karl Kraus, gegen den er etwa in einer am 25. Oktober 1925 im Wiener Konzerthaus gehaltenen Stegreifrede *Der Affe Zarathustras* polemisierte.

Im Folgenden geht es aber nicht darum, sondern um sein zweiteiliges Feuilleton *1000 Jahre und ein Tag*, das sich mit der Wiener Revolution beschäftigte und dessen zahlreiche Vorfassungen, Varianten und Teilveröffentlichungen 1918 bis 1928 in den verschiedensten Zeitungen, Zeitschriften und Sammelbänden erschienen,[349] wobei im gegenwärtigen Kontext kein Fassungsvergleich angestellt werden kann. Als Motto wählte Kuh dem komischen Genre entsprechend einen Kalauer: »Die Stimme der Vergangenheit: A.E.I.O.U. / Die Stimme der Gegenwart: L.M.I.A.«[350] Er kontrastiert damit den Wahlspruch der Habsburger mit dem Götzzitat, was durch die Herabstimmung der erhabenen Formel[351] einen komischen Effekt bewirken sollte. Der 1918 entstandene erste Teil der Kuh'schen Posse steht unter dem Zwischentitel *Großösterreich stirbt*. Sein Tenor lautet, die Wiener Revolution sei auf charakteristische Weise »unblutig, ja gemütlich verlaufen«.[352] Dies wird später zu einem gängigen Topos nicht nur der literarischen Revolutionsdarstellung. Ein entsprechendes Bild prägte auch die Konfrontation der Städte Wien und Prag, deren Bewohner bzw. Intellektuelle in einem eigenartigen Zusammenspiel die spezifische Ausprägung der österreichischen Revolution bewirkt haben:

> Während die Wiener also ihrer verträumten Lust am Wirrwarr hingegeben waren, zu schlapp und unsicher, um sich den Geist der Geschichte im Handumdrehen zuzueignen, ergriffen zugereiste Intellektuelle das Panier – und da in erster Linie: das schreibende Prag. / Damals hatten gerade die beiden Nachbarkaffeehäuser miteinander zu rivalisieren begonnen, das »Central« und das »Herrenhof«. Fein abgetönt, wie in Wien alles ist, saß dort (im älteren Café) das Feuilleton und der

> Sensitivismus, hier (im neu erbauten) der Essay und das Ethos. Infolgedessen Kisch in allen beiden.[353]

Die Wiener Revolution erscheint aus dieser Optik nach dem Muster der Bittner'schen Polemik als Werk des Prager Literatentums sowie als Ergebnis einer kennzeichnenden Wiener Kaffeehausrivalität mit dazugehöriger künstlerisch-programmatischer Stilkonkurrenz. Was den ersten der beiden Topoi betrifft, ist er vor dem erwähnten Hintergrund zu sehen, dass Kuh selbst zwar in Wien geboren worden ist, doch seine Familie Prager Herkunft war. Im weiteren Verlauf der Darstellung spielen wiederum die silbernen Sterne der Offiziersuniform eine tragende Rolle:

> Eine Epoche leidenschaftlicher, aber ängstlich nach Nachbartischen spähender Gespräche neigte sich ihrem Ende zu. Reserveoffiziere saßen da, die innerlich bereits den Mannschaftsrock des Kommunismus trugen – aber es war bloß der gewendete Offiziersrock; denn die Sterne, die morgen – Nieder mit dem Militarismus! – vom Kragen verschwinden sollten, blitzten imponierend in jenen voraus, welche sie sich heute noch rasch, gemäß dem Beförderungsblatt, aufnähten; dann wieder gab es Hinterlandseinjährige am Tisch, die ihr Kleid als Duldnerkostüm lieb bekamen.[354]

Mit leichten Federstrichen gewährt Kuhs Posse heiteren Einblick in die während der Tage und Wochen um die Wiener Revolution herrschende gespannte Atmosphäre zwischen Euphorie, Angst und Niedergeschlagenheit und porträtiert ironisch das bekannte Personal revolutionärer Literaten aus einem dezidiert persönlichen Blickwinkel:

> Und ich sehe noch den gleichgemuten, die Verschnorrtheiten aller Zeitalter voll Heroismus und Jünglingsfrische mittragenden Dr. Franz Blei vor mir, der lange vor dem Umsturz in seiner Kleidung den Übergang von den geordnet militärischen zu den ungeordnet zivilen Verhältnissen andeutete; er trug zur abgeschabten Montur eines Kanzleidiensttauglichen einen schwarz lackierten, flachen Strohhut – sah also kinnaufwärts wie ein Enzyklopädist des 18. Jahrhunderts, kinnabwärts wie die menschgewordene Schlacht bei Limanowa aus.[355]

Das einige Monate später auch von Karl Kraus aufgegriffene[356] Bild Bleis als »Enzyklopädist des 18. Jahrhunderts« bezieht Kuh offensichtlich aus dem oben vorgestellten Feuilleton Hermann Bahrs, während die Schlacht von Limanowa-Lapanów als eine der wenigen strategischen Meisterleistungen der k. u. k. Armee im Ersten Weltkrieg gilt.

Neben Blei kehrt in Kuhs Posse auch jener Bohémien und Lyriker wieder, der in Werfels Roman *Barbara oder Die Frömmigkeit* als Gottfried Krasny eine für die Plotentwicklung nicht unerhebliche Rolle spielt und dessen Name Otfried Krzyzanowski schon von den eigenen Freunden und Zeitgenossen selten richtig geschrieben bzw. ausgesprochen wurde; selbst der Grabredner Franz Blei hat ihn beharrlich mit dem falschen Vornamen Othmar apostrophiert, was Werfel dann – wie oben erwähnt – im Romankapitel »Dem Bettler wird sein Name genommen« augenzwinkernd thematisierte.[357] Bei Kuh heißt es entsprechend:

> Der einzige unbedrohte und berechtigte Zivilist war der Betteldichter Ottfried Krzyzanowsky [sic], ein Hölderlinisch geistesreiner Mensch, der wie ein schlotterndes Gerippe daneben stand und mithorchte, plötzlich mit spitz vorgestrecktem Zeigefinger einen der Debattierenden als Bezahler eines Schinkenbrots namhaft machte und auch sonst seinem Widerwillen gegen die Gespräche und Sprecher Ausdruck verlieh – ein Antirevolutionär und Demokratenhasser vor 1918. Seine Antipathien waren in der Regel lautlos. Nur wenn Franz Werfel das Wort ergriff – den er nicht so sehr wegen dessen neuchristlichen [sic] Anarchismus als wegen der Wangenrundheit haßte – brach er los. »Sie sind«, rief er da einmal nach einem Disput dem Weltfreund zu, »der Advokat Gottes. Und – Gott braucht keinen Advokaten!«[358]

Im Unterschied zum großen Epochenroman bedarf das kleine Feuilleton solcher wirkungsvoller Inszenierungen von Bonmots, um die historische Symptomatik mittels einer pointierten Anekdote schlaglichtartig einzufangen. Der einzelne Moment gerät so zum prägnanten Schlüsselereignis der geschichtlichen Situation, für die er steht. In vergleichbarer Weise wird dies auch in folgender Anekdote manifest:

> Weit schwang der [sic] Pendel der revolutionären Phantasie in diesen bedrückten Nächten und je hoffnungsloser sie wurden, desto kühner wurde die geistige Hoffnung. Was für Projekte schossen da auf, bestimmt, die Wartezeit im Vorzimmer des Zahnarztes »Geschichte« zu kürzen! Mir bleibt eines davon, nicht so sehr wegen meiner nahen Beteiligtheit als wegen der nahezu dramatischen Art, wie es aufflammte und sogleich wieder verschwand, unvergessen. Wir spazierten zu dritt durch den Stadtpark: Ich, Werfel und der geniale Sexualrevolutionär Otto Gross. [...] Ich ging in der Mitte zwischen den beiden. Man besprach die Gründung einer revolutionären Zeitschrift: Gross sollte den dogmatischen Teil leiten, Werfel den künstlerischen, und mein Gebiet war der Angriff oder wie ich es nannte: die »Pererga und Asesponema« [i. e. Werke des Unbehagens, des Überdrusses, N.C.W.]. Gross, der eine stürmische, leider unerwiderte Liebe für Werfel hatte,

> war von dem Plan kindisch hingerissen; es war der Rettungsanker, an den sich der Entmündigte, von allen Staatsgewalten Verfolgte, klammerte; und er meinte es nicht bloß ernst, sondern blutig kompromißlos. Darum schlug er den aufs Ganze gehenden, wenn auch etwas unjournalistischen Titel vor: »Blätter zur Bekämpfung des Machtwillens«.[359]

Es handelt sich bei diesem Plan um ein charakteristisches Vorhaben der Wiener Revolutionszeit von 1918, deren Protagonisten sich für allerhand radikale und unkonventionelle Ideen erwärmten – doch schon damals nicht alle gleichermaßen, wie Kuh augenzwinkernd nahelegt:

> So gelehrtenhaft und extrem hatte es aber Werfel gar nicht gemeint; er stellte sich etwas mehr für Bütten Geeignetes, dem Buchmarkt Taugliches vor. Ich verspürte seine Enttäuschtheit sofort in einem leisen Druck seines Armes; und während rechts Gross noch immer in die Nacht hinein phantasierte und sich berauschte, hauchte mir von der anderen Seite, wie zum Abschluß des Abenteuers, Werfels Stimme ins Ohr: »Ein Vampir!« [...] So ungefähr stand vor dem Revolutionstag das Barometer im Literaturcafé.[360]

Die Erhabenheit der bedeutungsschweren geschichtlichen Situation kippt regelmäßig um ins Komische, das Kuh zufolge generell ein Signum der seltsamen Wiener Revolutionstage war:

> Wien hätte bei [sic] einem Haar den Sinn des Augenblicks in Straßenzusammenläufen und Verfassungszeremonien vertändelt; die Tatsache des abhanden gekommenen Staates hatte der übriggebliebenen Hauptstadt für den ersten Appetit genügt [...]. Man wußte sechseinhalb Jahrhunderte lang, seit dem Tag, wo der Schweizer Graf Habsburg wider Willen sein Zivilgewand gegen den Purpur tauschte, daß sein letzter Nachkomme es ebenso still und loyal wieder ablegen werde – was brauchte es bei diesem Vertrag, der zweifellos der Grund so langer nachsichtsvoller Liebe zum Herrscherhaus war, noch flammender Worte und gezückter Degen?[361]

Wie kein Anderer bemüht Kuh den Topos der ›weichen‹, unheroischen und verschlafenen Wiener Bevölkerung, um die angeblich von ›ortsfremden‹ Prager Schriftstellern bewerkstelligte Revolution als tragikomische Posse erscheinen zu lassen:

> Wind ohne Schärfe – Sturm ohne Wut! Da eilte Prag auf die Wiener Straße, Prager Geist, Prager Ehrgeiz. Es kam zu der denkwürdigen Versammlung des Café

> »Central« beim Deutschmeisterdenkmal, wo vor ein paar hundert Neugierigen das Anrecht des Geistes am Umsturz verkündet wurde, ein Mitarbeiter der »Bohemia« [i. e. Kisch, N.C.W.] stieg auf den Sockel, andere Prager folgten ihm, und die Passanten, den Grund der Aufregung nicht begreifend, noch in den fremden Sprachklängen geübt, waren froh und geschmeichelt, daß bei dem allgemeinen eiligen Export aus dem Staat endlich auch etwas importiert würde, sei's auch nichts als ein hoffnungserweckender, fremder Akzent. Es war ein einmaliger, restloser Sieg des Literaturcafés über die Straße. Daß er nicht anhaltend sein konnte, lag an anderen Dingen.[362]

Einmal mehr erscheint die Wiener Revolution als allererst literarischer Coup; die dafür nötigen Topoi sind bereits fest etabliert und können jederzeit problemlos aktiviert werden. Die allgemeine Konzentration auf den Untergang der Monarchie habe hier freilich eine soziale Revolution schlechterdings unmöglich gemacht:

> Es war das geistige Ungemach, aber das physische Glück Wiens, daß es vor dem Landesproblem (Habsburg) das Menschheitsproblem nicht sah; daß es mit dem Ende Österreichs vorderhand genug hatte. Dadurch konnte, was in München, Budapest und anderswo später zu blutiger Wichtigkeit anwuchs, hier nur Tagesepisode bleiben. Der Geist der Menschenbefreiung reicht in Wien nämlich – sowohl leider Gottes wie Gott sei Dank! – nur bis Atzgersdorf. / Im Café »Central« wurde tagsdrauf wieder friedlich Schach gespielt. / Und inzwischen hatte Österreich im Bürgerschullehrer Karl Seitz ein neues Oberhaupt bekommen.[363]

Mit dem zuletzt zitierten Satz spielt Kuh darauf an, dass der Sozialdemokrat und spätere Wiener Bürgermeister Karl Seitz vom 5. März 1919, dem Tag seiner Wahl zum Präsidenten der Nationalversammlung, bis zur Angelobung des ersten Bundespräsidenten Michael Hainisch am 9. Dezember 1920 verfassungsgemäß als Staatsoberhaupt der Republik (Deutsch-)Österreich fungierte. Zugleich erweist sich die ›geistige‹ Inkonsequenz der österreichischen Politik als ihr ›physisches Glück‹, ersparte sie dem Land doch damals einen Bürgerkrieg wie in Bayern oder Ungarn.

Der 1928 entstandene zweite Teil der Posse steht unter der Überschrift *Kleinösterreich wird geboren* und setzt die bisherige Erzählung fort: Im Unterschied zum 15. Juli 1927, dem Tag des Justizpalastbrandes, an dem »das Wiener Volk« gezeigt habe, »daß seine Humanität (sprich: Geistesgegenwart der Gerechtigkeit) pariserisch aufflammen kann«, habe jener »Oktobertag 1918«, »wo nach Abwanderung der anderen Staaten aus dem Stammlokal ›Großösterreich‹ dem kleinen Deutschösterreich nichts übrig blieb, als einen eigenen Staat zu bilden«, »ein viel harmloseres Gesicht« gehabt.[364] Kuh bringt das in eine forciert komische, bemüht prägnante Formel:

»Österreich war damals am Marsch. (Phonetisch zu lesen.)«[365] Er veranschaulicht dies anhand einiger pointiert-witziger Anekdoten, etwa:

> Am Tag vor dem offiziellen Umsturz fand vor dem Ministerium des Äußeren eine Art Generalprobe statt. Man durfte noch nicht, aber man versuchte. / Auf dem Balkon erschien Graf Andrassy und hielt eine Ansprache. Die Scharen murrten. / Endlich kamen Wachleute, schritten durch die Menge mit dem Ruf: »Auseinandergehen! Auseinandergehen!« / »Glauben Sie«, rief da sehr volksrednerisch und pikiert der Schriftsteller K.[isch?] zu einem Wachmann, »daß der Staat gerettet wird, wenn wir hier auseinandergehen?« / »Nein,« sagte der – »aber wenn S' da stehen bleiben, a net!«[366]

Kuh führt hier den Wortwitz des Wiener Schmähs vor Augen, der, wie Sabine Müller gezeigt hat, im Unterschied zum Witz mit einer abgeschlossenen Pointe nicht monologisch funktioniere, vielmehr erst in der Interaktion bzw. im Dialog entstehe.[367] Entsprechendes gilt auch für folgendes Beispiel: »Später gab es einen Menschenauflauf rings um einen Herrn, der etwas erläuterte. / ›Was sagt er denn?‹ fragt ein neu Hinzukommender seinen Nebenmann. / ›Nix. Morgen nachmittag is Revolution!‹«[368] Das Paradox der angesagten Revolution verbindet sich mit der komischen Kontrastwirkung zwischen dem bedeutenden Anlass bzw. Gegenstand und einer ›niederen‹ Redeweise sowie ›niederen‹ Motiven; Letzteres wird in der Folge noch deutlicher:

> Da im Ständehaus in der Herrengasse die Republik gegründet werden sollte, lief alles aus dem Cafe »Central«, um die Ereignisse zu sehen. / Auch der Oberkellner Jean guckte hinaus, blieb aber auf dem Treppenabsatz. / »Die gerechte Empörung des Volkes...« schallte eine Rednerstimme. / »Kost mi sechs Kaffee und neun Gebäck«, vollendete Jean.[369]

Kuh setzt eine klassische Komik der Herabsetzung ins Werk, wobei die ›Gegenbildlichkeit‹ in erster Linie im Zusammenstoß des würdigen, ›hohen‹ Stoffes mit der unangemessenen, ›niederen‹ Gesinnung des Kellners begründet liegt.[370] Er inszeniert diese aber nicht nur in der Darstellung eines Ereignisses, also in der Geschichte, sondern siedelt sie schon im Geschehen selber an:

> Mannschaftspersonen streiften in den Straßen und sangen nach der Melodie des schwermütigen Heurigen-Lieds »Mei Vater hat gsagt, du wirst a Soldat...« einen Spottgesang, dessen erste Strophe (die anderen sind unerzählbar) lautete:

Was wird mit die nobligen Herren?
Die nobligen Herren,
Mit die goldenen Stern,
Die wern jetzt die Straßen aufkehrn!

Oder sie forderten, manchmal gütig, manchmal barsch, die Offiziere auf, sich die kaiserliche Rosette freiwillig von der Kappe nehmen zu lassen. / So begegnete abends ein junger Infanterist einem Obersten. Blieb vor ihm stehen, salutierte verbindlich, lächelte und neigte den Kopf. / Der Oberst, errötend, verlegen, reicht ihm die Kappe.
»Nein, Herr Oberst – a Zigarett'l!«[371]

Ähnlich wie Paumgartten, doch mit anderer politischer Tendenz, stellt Kuh die Ausrufung der Republik Deutschösterreich als vollkommen unselbstständigen Akt dar, der nur auf die nationalrevolutionären Ereignisse in den anderen Nachfolgestaaten der Monarchie reagiert habe:

Es war bewegend, es war vieltausendköpfig, es war – 48 Stunden nach der tschechischen Staatsproklamation. / Der letzte Umstand zeitigte noch andere Folgen. So: daß schwarzrotgoldene Kokarden verteilt und den Offizieren auf die Hüte gesteckt wurden; daß Hochrufe auf die Republik erschollen; daß der Ruf nach Ordnung und Ruhe begeisterten Widerhall fand und die Wachleute, wie immer in letzter Zeit, lächelnd daneben stehen konnten, weil sie die Wiener Volkswut kennen. Sie hat nur eine Sehnsucht: nach dem Auflauf, sei es der Straßen-, sei es der Reisauflauf.[372]

Kuh bedient sich hier der Homophonie des Begriffs ›Auflauf‹, der eine revolutionäre Menschenansammlung und ein Ofengericht sein kann, um die Harmlosigkeit der »Wiener Volkswut« zu demonstrieren. Durch die abschließende Versicherung erhält Kuhs Darstellung der österreichischen Revolution endgültig den Charakter einer Posse. In ihrem literarischen Verfahren – nicht aber in ihrer politischen Stoßrichtung – ähnelt sie bisweilen der satirischen Erzählweise aus Paumgarttens romaneskem Pamphlet, etwa in der komischen Gestaltung der revolutionären Ausrufe der Wiener Bevölkerung, deren Dialekt persifliert erscheint:

Ich notiere an Rufen (in Strophe und Antistrophe geteilt): »Hoch die Demokratie!« – »Hoooch!« – »Nidda mit die Burschoasenl« – »Nidda!« – »Hoch die Republik!« – »Hoooooch!« – »Nidda mit die Adell!« – »Nidda!« – »Hoch das deutsche Reich!« – »Hoooch!« – »Nidda mit die Hoch!« – »Nidda!« / Ich hatte

> Lust zu rufen: »Hoch die Palatschinken!« (»Hooooch!«) »Nieder mit den Tatschkerln!« (»Nidda!«). Denn bei Gott und wenn mich auch der freie oder nationale Geist steinigt, ich glaubte noch immer, daß es bei uns um Palatschinken und Tatschkerln gehe.[373]

Eine entsprechend humoristische Einschätzung der Lage vertritt Kuh auch unter expliziter Berücksichtigung politischer Repräsentanten der Koalitionsregierung aus Sozialdemokraten, Christlichsozialen und Deutschnationalen, deren in den Eigennamen kondensierter Lokalkolorit in einer komischen Spannung zum ernsthaften Anlass steht:

> Die revolutionärpolitische Situation schien sich bald klarer darzustellen: / In der Mitte rang der republikanisch-demokratische Geist, repräsentiert von Sozialdemokraten und Bezirksvorsteher Dr. Blasel. Er wurde flankiert: rechts von der Demokratin [Elsa] Beer-Angerer, die sich von der Dynastie doch nicht ohne weiteres wegreißen wollte, und links von Heilrufern, die durch vier Jahre gegen Demokratie und Freiheit waren und sich jetzt der großen Zeit mit noch größerem Geschrei anhängten.[374]

Die neu erkämpfte Volkssouveränität, deren Vertreter sich hier nicht im Abreißen, sondern ironischerweise im Anbringen von Kokarden hervortun, präsentiert sich angesichts des zuletzt offenbarten Opportunismus der lauten deutschnationalen ›Heilrufer‹ als substanz- und bodenlos, was aber nichts an der begeisterten Volksfeststimmung geändert habe:

> Das Volk ließ sich die Freude drum nicht vergällen. Es umringte Soldaten und drängte ihnen Kokarden auf. Es sang bis zur letzten Elektrischen. Am Schluß mengten sich »Hoch« und »Nieder«, »Pfui« und »Heil« und Sozial- mit Nationallied zu einem Lärm und Sang. Der klang aber in der Ferne so:
>
> Fest steht und treu:
> Die Arbeit hoooch!
>
> Unter so bewegenden Umständen vollzog sich die Gründung des Gesangsvereins Deutschösterreich.[375]

Kuh kopuliert Verse aus dem Refrain des deutschnationalen Kampflieds *Die Wacht am Rhein* mit jenen der sozialdemokratischen Hymne *Lied der Arbeit* und erzeugt somit einen weiteren komischen Effekt. Indem er beide Lieder von der für Republik und Demokratie demonstrierenden Wiener Bevölkerung gemeinsam intonieren lässt, symbolisiert er die ideologische Unsicherheit und Unentschiedenheit, die aus Sicht vieler Intellektueller der österreichischen Republikgründung von Beginn an anhaftete. Kuhs Wiener Feuilleton, das als Posse daherkommt, thematisiert dies allerdings nicht diskursiv und argumentativ, sondern höchst indirekt durch die erzählerische Kombination von Anekdoten, Schmähs und Wortwitzen.

»Wien weint hin im Ruin«. Revolution der Lyrik, Gedichte über den Umsturz (Konrad Paulis, Ernst Angel, Albert Ehrenstein und Hugo Sonnenschein)

Die bildaffine Thematik der Revolution von 1918 fand auch in der – zumeist expressionistischen – Lyrik ihren Niederschlag,[376] die ja nicht nur mit Dieter Lamping als »Einzelrede in Versen«,[377] sondern genauso mit Jürgen Link als poetisch verdichtete Rede im Sinne eines sprachbildlich ›überstrukturierten‹ Textes gilt.[378] Einführend sei ein Gedicht des in Prag geborenen, relativ unbekannten Lyrikers Konrad Paulis (i. e. Paul Schütz) vorgestellt.[379] Paulis absolvierte die Wiener Hochschule für Welthandel und studierte hier auch an der Universität. Er trat zunächst als Angestellter in die familieneigene Firma ein, die er später als Mitinhaber leitete. Während des Ersten Weltkriegs diente er als Soldat an der Front. Durch Veröffentlichungen unter seinem Pseudonym in Zeitungen und Zeitschriften, unter anderem im Münchner *Simplicissimus*, machte der Industrielle sich auch als Lyriker einen gewissen Namen. Sein mit gemäßigter Gefühls- und Antikriegslyrik gefüllter Band *Worte und Lieder für Menschen* (1919) entspricht in mancher Hinsicht der Bildersprache des Expressionismus. In der dritten und letzten Sektion *Nach dem Krieg* findet sich das Gedicht *Aufruhr*, das als exemplarisch für die unmittelbare Nachkriegsstimmung sowie für eine von der Revolution geprägte, merklich traumatisierte Imagologie gelten kann. Die ›entindividualisierte‹ demonstrierende Arbeitermasse wird hier zugleich als eminente Gefahr präsentiert:

Durch die Strassen wälzt sich irren Mutes
Eine Menge…
Ihr voran, mit gleissendem Gebärden,
Hampelmänner einer dunklen Macht
Fühlen ihres Wesens Grösserwerden
In des Augenblickes feiler Niedertracht.
Schwerer Worte lüsternes Missdeuten
Lagert sich wie Nebel auf die dumpfe Schaar,

Und dem heillos-starren, immer noch erneuten
Krampf der Not wird jede Lüge wahr.
Fremde Klänge
Mengen sich dem reinen Schrei des Blutes,
Übertönen ihn und sprengen alles Denken.

Grausam wächst ein rasendes Verrenken,
ein Verzerren sondergleichen,
Ein bis an das Ende reichen
Wollen, – und in heissen Händen,
Die den eig'nen Willen schänden,
Blitzt es auf. – Der Wahnsinn spricht:
Allen Lebens Höhe bricht,
Stürzt zusammen in ein Rauschen…
Wenig heile Menschen lauschen
Dem Geschehen. Und sie ahnen
Dunkler Kräfte dunkle Bahnen;
Träumen von besonnten Höhen, –
Wollen einen Fluch nicht sehen,
Den ihr freigebliebner Geist
Ihnen klar und klarer weist.[380]

Dem Literaturhistoriker Friedrich Achberger zufolge etablierte dieses Gedicht mit seiner den titelgebenden Aufruhr deutlich abwertenden Tendenz »bereits die wesentlichen Kategorien«, »unter denen das Problem Revolution in den […] Prosatexten der folgenden Jahre gesehen wurde.«[381] Einschlägig für den gegenwärtigen Kontext ist die Suggestion einer ›niederen‹ Käuflichkeit der proletarischen Massen (»des Augenblickes feiler Niedertracht«) und einer genuinen ›Artwidrigkeit‹ der Revolution (»Die den eig'nen Willen schänden«), die polemische Entwertung revolutionärer Anliegen (»Der Wahnsinn spricht«, »Wollen einen Fluch nicht sehen«) sowie generell ein xenophober und antisemitischer Unterton (»Fremde Klänge / Mengen sich dem reinen Schrei des Blutes, / Übertönen ihn und sprengen alles Denken«) in Paulis' Gedicht. Anhand von Texten wie diesem lässt sich ansatzweise jene Angst ermessen, die viele Angehörige des ›gehobenen‹ Bürgertums 1918/19 vor den Sozialrevolutionären hegten. Eine besonders radikale Ausformung des Phänomens besteht in Karl Paumgarttens antirepublikanischem Tendenzroman *Repablick*. Demgegenüber seien im Folgenden einige Autoren bzw. ihre Gedichte näher gemustert, die der Revolution gar nicht ablehnend gegenüberstanden.

Dazu zählt etwa Ernst Angel, der am 11. August 1894 in Wien als zweites Kind des jüdischen Papierfabrikanten Siegfried Angel geboren wurde und den Ernst Fischer sogar »zu den Protagonisten der ›Schriftstellerrevolution‹ in Wien« zählt.[382] Bereits als Gymnasiast hatte Angel Lyrik geschrieben – so das Gedicht *Vaterhaus*, dessen Veröffentlichung Aufsehen erregte.[383] Unmittelbar nach der Kriegserklärung an Serbien meldete er sich freiwillig zum Dienst in der k. u. k. Armee. 1918 wurde er als Oberleutnant der Reserve, ausgezeichnet mit mehreren Tapferkeitsorden, aus dem Kriegsdienst entlassen. Schon zuvor war er nicht nur ein fleißiger Besucher des Café Central gewesen, sondern hatte auch die Nähe des Sozialistenführers Victor Adler gesucht. Nach dem Krieg schloss sich Angel in Wien den republikanisch Gesinnten an und galt als Sympathisant der Roten Garde sowie anderer sozialrevolutionärer Gruppierungen. Neben seinem politischen Engagement studierte er von 1918 bis 1920 an der Wiener Universität Philosophie und veröffentlichte Beiträge in zumeist expressionistischen Zeitschriften wie *Die Aktion*, *Das junge Deutschland*, *Die Neue Schaubühne* oder *Der Friede*. Nach dem Scheitern der von ihm ersehnten Sozialrevolution zog er wie viele andere enttäuschte österreichische Schriftsteller nach Berlin, wo er als Regieassistent an Max Reinhardts Deutschem Theater arbeitete. Zudem schrieb er theaterpraktische und kritische Beiträge für die *Blätter des Deutschen Theaters*. 1920 erschien Angels erstes Buch *Sturz nach oben*, eine Sammlung von insgesamt einunddreißig spätexpressionistischen Einzelgedichten und den beiden Zyklen *Werbung* und *Epilog*, entstanden zwischen 1912 und 1919. Im gegenwärtigen Zusammenhang interessiert nicht Angels weitere Laufbahn als zunächst österreichischer, später dann US-amerikanischer Dichter und Schriftsteller, Theater- und Filmkritiker, Drehbuchautor, Filmregisseur, Verleger und Psychoanalytiker oder sein später Tod 1986 im amerikanischen Exil, sondern seine frühe Nachkriegslyrik, deren Machart durch das Gedicht *Der General* veranschaulicht wird:

Armseliger Greis, in bunten Lappen schwankend,
wie wandelst du mir lächerlich entgegen:
am Boden schleppt der pensionierte Degen,
sechs Orden klimpern, deine Brust umrankend.

So sprengte wirklich einst auf Feindeswegen
dies Körperchen aus buntbemaltem Zinn?
Zerbrach dein kaisertreuer Biedersinn
der jungen Söhne erstes Flügelregen?

Und eigentlich verdrießt es mich, enorm,
daß deine Stimme einst Kommandos krähte,

daß zwischen Leichen sich und Jodoform
der rote Streif an deinem Beine blähte –

Bedenklich wächst die Wut: und ich zertrete
dich – samt der goldgetünchten Uniform.[384]

Der General erscheint hier eingangs als lächerliche Figur, die an einen Kasperl oder Clown erinnert, seine ›bunte‹ Uniform hat jeden ehrfurchtsgebietenden oder gar bedrohlichen Aspekt verloren. Angels Anspielung auf Zinnsoldaten als bloßes Spielzeug mag daran erinnern, dass im Weltkrieg die hohen Chargen meist nicht »auf Feindeswegen« tätig waren, sondern in der Regel weit hinter der gefährlichen Frontlinie. Nicht nur im Bildfeld der Adoleszenz bezeichnend ist auch die Thematisierung der Spannung zwischen der obrigkeitlichen Autorität und dem erwachenden Eigensinn der Jugend (»Zerbrach dein kaisertreuer Biedersinn / der jungen Söhne erstes Flügelregen?«). Selten wurde der Geist der Vergangenheit lyrisch so gnadenlos exorziert wie in diesem Gedicht, das formal an das englische Sonett à la Shakespeare anknüpft und von der Diskrepanz zwischen scheinbar erhabenem Gegenstand, ›hoher‹ Form und ›niederem‹ Wortmaterial lebt, darüber hinaus von einer forciert subjektiven Wahrnehmung – die auf programmatische Weise respektlose Anrede »du« wird nicht einmal großgeschrieben. Inhaltlich ist das Gedicht von enormer Wut geprägt, die angesichts des Kriegleides über Mitleid oder Bedenken obsiegt, des Weiteren von einer Diskrepanz zwischen Hochmut und Betroffenheit. Das in Österreich nach 1918 mit besonderer Traumatisierung behaftete Motiv der durch einen ›roten Streif‹ am Bein des Generals ausgezeichneten Uniform, der Alfred Polgar ein eigenes – bereits in der Einleitung zum vorliegenden Buch thematisiertes – kritisches Feuilleton gewidmet hat, erfährt hier eine charakteristische Wendung.

Ähnlich revolutionär präsentiert sich auch das in der Sammlung *Sturz nach oben* direkt anschließende Gedicht *Rebellion*, das mit dem Verfallsmotiv des ›Moders‹ gleich zu Beginn den Niedergang der alten Ordnung symbolisiert:

Befiel der Moder den verfärbten Mut,
aus Herz und Kehle endlich schwillt ein Schrei:
Gefühle schlägt ein heller Hohn entzwei,
Erinnerungen rädert wache Wut.

Die Seele hat uns lang genug genarrt.
Wir brechen donnernd von der Liebe los
und stürzen hingegeben und doch hart
dem Chaos der Vergeltung in den Schoß.

Landsknechte ohne Löhnung, stets gewillt,
an faulende Paläste Brand zu legen –
der floh uns immer, der uns lieblos schilt:
denn unsere Liebe rauscht in unseren Schlägen.[385]

Dieses dreistrophige Gedicht aus je vier Zeilen mit zahlreichen – die inhaltliche Aussage pointierenden – Alliterationen und Assonanzen weist als Metrum einen fünfhebigen Jambus auf, das traditionelle Versmaß der deutschen Klassik (mit der Ausnahme des neunten Verses, der dadurch markiert wird). Das eher simple Reimschema bleibt ebenfalls relativ unspezifisch, ist aber insofern aussagekräftig, als die erste Strophe sowie die in ihr thematisierte »Wut« durch den allein hier begegnenden umarmenden Reim aus den sonst in Kreuzreimen gehaltenen Strophen herausgehoben erscheint. Thematisch hingegen wird der überkommenen Welt der Tradition ein neuer, zukunftsträchtiger Geist entgegengestellt, die Anspielung auf Georg Büchners *Hessischen Landboten* und dessen suggestive Formel »Krieg den Palästen« sowie die Konfrontation von Vaterlands- und Menschheitsliebe tun ein Übriges, den ›Zukunftsgeist‹ auch inhaltlich zu profilieren. Ein weiteres revolutionäres Gedicht Angels, *In memoriam Gustav Landauer*,[386] gehört schließlich laut Fischer »zu den nicht eben zahlreichen Zeugnissen für eine Anteilnahme der Wiener Gesinnungsgenossen am Schicksal der Münchner Schriftstellerrepublik.«[387] Da es jedoch aus dem zeitlichen Rahmen des hier behandelten historischen Abschnitts fällt, sei es nur im Vorübergehen erwähnt.

Knapp acht Jahre älter als Ernst Angel war Albert Ehrenstein, der 1886 als Sohn jüdisch-ungarischer Eltern in Ottakring, dem späteren 16. Gemeindebezirk Wiens, geboren wurde (Urkunden geben den 23. Dezember als Geburtstag an, während Ehrenstein selbst darauf pochte, er sei am 22. Dezember zur Welt gekommen).[388] Der Vater war Kassier bei der Ottakringer Brauerei, die Familie dementsprechend alles andere als wohlhabend. Nur der Ehrgeiz seiner Mutter bewirkte, dass Albert Ehrenstein – wie sein jüngerer Bruder Carl (1892–1971), der ebenfalls Dichter wurde – das Gymnasium besuchen konnte, wo er unter massiven antisemitischen Anfeindungen zu leiden hatte. Von 1905 bis 1910 studierte er an der Wiener Universität Geschichte und Philosophie und promovierte 1910 – thematisch einschlägig – mit einer Arbeit über Ungarn im Revolutionsjahr 1789/90. Ehrenstein wollte jedoch nicht Historiker, sondern Schriftsteller werden. Ebenfalls 1910 machte er durch sein dem beginnenden Expressionismus zuzurechnendes Gedicht *Wanderers Lied*, das Karl Kraus in der *Fackel* abdruckte, erstmals von sich reden. 1911 erschien Ehrensteins Erzählung *Tubutsch* mit Illustrationen seines Freundes Oskar Kokoschka, was seine Bekanntheit steigerte. Durch Kokoschka kam Ehrenstein auch in Kontakt mit dem Berliner Zeitschriftengründer und -herausgeber Herwarth Walden und veröffentlichte daraufhin in dessen Zeitschrift *Der Sturm*, später auch in Franz Pfemferts *Aktion*. Bald wurde Ehrenstein zu einer der wichtigsten Stimmen des deutschsprachigen lyrischen Expressionismus und stand in engem Kontakt zu Else Lasker-Schüler, Gottfried Benn und Franz Werfel.

Zu Beginn des Ersten Weltkriegs wurde der nicht kriegsdiensttaugliche Ehrenstein zur Arbeit im Wiener Kriegsarchiv verpflichtet. Während zahlreiche expressionistische Dichter sich zunächst von der Kriegsbegeisterung mitreißen ließen, war Ehrenstein von Anbeginn überzeugter Kriegsgegner, was er auch in einer Reihe von Artikeln und Gedichten (etwa in *Der Mensch schreit*) zum Ausdruck brachte. Im Verlauf des Krieges kam er in Kontakt mit Walter Hasenclever und Martin Buber. 1916/17 zählte er zum Kreis um die erste dadaistische Zeitschrift *Die Neue Jugend*, in der er neben Franz Jung, George Grosz und Johannes R. Becher veröffentlichte; das Journal wurde im Deutschen Reich bald verboten. Becher und Ehrenstein arbeiteten in dieser Zeit als Lektoren im Kurt Wolff Verlag. Im Spätsommer 1918 zog Ehrenstein nach Berlin, um dort die Revolution zu erleben. Auch in den Jahren danach unterstützte er sie in Österreich und Deutschland und unterschrieb unter anderem gemeinsam mit Franz Pfemfert und Carl Zuckmayer das *Manifest der antinationalistischen Sozialistenpartei*. Erst im März 1919 kehrte er nach Wien zurück, wo er nicht nur lyrisch über den Mord an Karl Liebknecht und Rosa Luxemburg klagte, sondern auch jenes nur mit dem Stadtnamen *Wien* betitelte Gedicht vollendete, das im Folgenden mit Blick auf seine zentralen Aussagen betrachtet sei:

Wien weint hin im Ruin

Wien, du alte, kalte Hure,
Ich kauerte an deines Grabes Mauer,
Da du noch locktest
Ein mürbes Goderl dieser Welt.
Du hurtest hurtig mit Hurradämonen,
Kriegsüber siegerischen Drohnen;
Nun hungernd unkst du unter deiner Laster Last:
Du hast ein Reich verpraßt,
Das nie den Armen nährte,
Der nie sich gegen der Gewalt Galgen empörte!
Stumpf stiehlt er Holz vom Friedhof,
Zu hetzen mit den Grabkreuzen.

Wien – nieder brennt dein Feuer. Dein Tag verkohlt.
Menschen zur Asche sinkt von Höhen weiland der Wald.

Edler ist das ärmste Tier.
Aufqualme roter Feuertag der Städtezerstörer!

Ich rufe Wehe über die Stadt,
Ich rufe Wehe über das Wesen,
Das um Asche und Papier
Den Wald vergessen hat!

Ich sehe letztes Laub vom kahlen Berge sinken.
Ich seh den letzten Baum des Wiener Waldes fallen,
Sein blutendes Holz in Glutnacht ertrinken –
Es wärmt euch nicht:
Des Hauses Wände fallen
In den Vorüberstrom!

Ewig Deine Wogen, o Donau,
Ewig der Schimmer der Alpen,
Sie überwintern gut
Jenseits eures Abends und Morgens;
Der Mensch fällt in dein Wasser, Notstrom,
Der Stein erschlägt ihn des Berges
Für den ermordeten Wald!

Die Städte muß man zerstören,
Ihre Häuser sind Sorgen aus Papier,
Menschenfleisch fressen ihre Bewohner,
Selbstsucht aus ihren Rachen riecht wie ein verwesendes Tier.
Nirgends ist der Sterne Berghimmel, so fern wie hier.
Im Sumpf des Wuchers: Handels
Ahnet ihr nicht das Heilige Land!

Brecht auf! Wollt ihr
In den faden Eheebenen der graden Straßen
Zugrundestehn?!

Ich bitte euch, zerstöret die Stadt,
Ich bitte euch, zerstöret die Städte:
Ich bitte euch, zerstört die Maschinen.
Zerreißet alle Wahnschienen!

Entheiligt ist euer Ort,
Euer Wissen ist nördliche Wüste,
Darin die Sonne verdorrt.

Ich beschwöre euch, zerstampfet die Stadt,
Ich beschwöre euch, zertrümmert die Städte,
Ich beschwöre euch, zerstört die Maschine:
Ich beschwöre euch, zerstöret den Staat![389]

Die bisherige Reichshaupt- und Residenzstadt, deren ›goldener‹ Glanz in die Imagologie zahlloser Wien-Gedichte und -Lieder eingegangen ist, wird hier in freien Rhythmen als »alte, kalte Hure« und »Goderl« (i. e. im Dialekt: Kinn, Doppelkinn) apostrophiert, wobei der Kontrast zwischen ›hohem‹ Stil und teils ›niederem‹ Vokabular eine tragische Fallhöhe andeutet. Die Anbiederung der Wiener Bevölkerung an die »Hurradämonen« und »Drohnen« des Weltkriegs erscheint bei Ehrenstein als Prostitution, wofür der Nachkriegshunger eine gerechte Strafe sei. Das ›verprasste‹ Habsburgerreich habe »nie den Armen« genährt und »nie sich gegen der Gewalt Galgen« empört, sei also jeder Legitimation verlustig gegangen – ein radikales Dementi der Claudio Magris zufolge angeblich schon 1918 einsetzenden Bildung des ›habsburgischen Mythos‹.[390] Generell herrscht eine Szenerie der Kälte und Armut vor, indem die traditionellen Wiener Chiffren Üppigkeit und Lebensfreude in ihr Gegenteil verkehrt sind: Der Kahlenberg wird angesichts der winterlichen Entlaubung zum »kahlen Berge«, der Wienerwald angesichts der wilden Holzungen zum »ermordeten Wald«, die Donau angesichts des Energiemangels zum »Notstrom«. Zuletzt mündet die pervertierte Ode in eine Apotheose der Zerstörung, die von der Stadt, ihrer Industrie und ihrem Verkehr auf den ganzen von ihr regierten, ›faulen‹ Staat übertragen wird.

Noch radikaler revolutionär präsentiert sich die Lyrik von Ehrensteins Freund Hugo Sonnenschein, der – 1889 in der mährischen Slowakei in Gaya bei Brünn geboren – vor dem Ersten Weltkrieg vagabundierend durch Europa gezogen war und seit 1907 heute zum Teil verschollene sozialkritisch-romantische Lyrikbände veröffentlichte, die ihm in Bohèmekreisen bei Autoren wie Hermann Bahr und Stefan Zweig immerhin den Ruf eines ›Originalgenies‹ einbrachten.[391] Im Krieg selbst hatte der überzeugte Pazifist Hugo Sonnenschein wider Willen als k. u. k. Infanterist an der Balkanfront gekämpft, wurde aber wegen seines pazifistischen Engagements mehrfach inhaftiert. Sein Lyrikband *Erde auf Erden* (1915) durfte aufgrund eines Zensurverbots nur in einer Privatauflage von 100 Exemplaren veröffentlicht werden. Erst 1920 konnte der Band im Wiener Verlag Eduard Strache ungehindert erscheinen. Nach Ende des Ersten Weltkriegs wandte sich Hugo Sonnenschein der Politik zu. In Wien war er angeblich an der Gründung der Roten Garde beteiligt, wofür es freilich kaum Belege gibt. In Prag edierte Sonnenschein gemeinsam mit dem tschechischen Schriftsteller Stanislav K. Neumann eine kommunistische Wochenzeitung. Zu erbitterten Auseinandersetzungen kam es mit Karl Kraus, als Sonnenschein zusammen mit Franz Werfel, Albert Ehrenstein und Alfred Adler den Genossenschaftsverlag gründete, der die legendäre expressionistische Schriftenreihe *Die Gefährten* herausgab, in der unter anderem Alfred Döblin, Max Brod und Paul Kornfeld literarische Arbeiten veröffentlichten.

1920 erschien in eben diesem Verlag Hugo Sonnenscheins Lyrikband *Die Legende vom weltverkommenen Sonka*, der gemeinhin als sein Meisterwerk gilt. Die darin enthaltenen Gedichte sind stark autobiografisch gefärbt. Von seinem Publikum wurde Sonnenschein so sehr mit der Kunstfigur des ›weltverkommenen Sonka‹ identifiziert, dass er fortan einen Teil seiner literarischen Arbeiten unter diesem Pseudonym veröffentlichte. Ein Jahr später erschien der Zyklus *Aufruhr und Macht zur Freiheit* (1921), aus dem die Gedichte stammen, denen sich dieses Kapitel abschließend widmet. Sie atmen sämtlich den Geist der Rebellion und des Aufruhrs gegen die überkommenen Machtverhältnisse, etwa in *Gebot des Bestohlenen*:

Wer dir von Pflicht
der Arbeit spricht
dem speie ins Gesicht!
Nimm, was dein ist! Bettel nicht.[392]

Nach der Tendenz dieses fast epigrammatischen Gedichts mit einem Einreim jeweils am Versende sollen die bisher unterdrückten Proletarier sich selbstbewusst um ihre Belange und Bedürfnisse kümmern und sich nicht mehr einfach den herrschenden Machtverhältnissen unterwerfen.

Deutlicher noch wird der aufrührerische Anspruch im formal ähnlich einfach gebauten *Lied der Hammer*, das in seiner Struktur mit wiederkehrendem Refrain am Strophenende sowohl an Schillers Ode *An die Freude* wie auch an Heines *Weberlied* erinnert:

Die Hammerschläge in der Schmiede
verleumden den Meister im rhythmischen Liede,
verklagen den Meister und seine Gesellen:
Sie sind Rebellen, sie sind Rebellen.

Sie wollen Gesetz und Staat vernichten,
sie wollen Pfaff und Kaiser richten,

richten, vernichten, verderben, vergällen:
Sie sind Rebellen, sie sind Rebellen.

Sie wollen Mensch und Land verwüsten,
die Antichristen, Anarchisten.
Seht nur, wie sie zornig blicken,
die frechen Sklaven der Fabriken.
Der Schmiedemeister und seine Gesellen
sind Rebellen, sind Rebellen.[393]

In diesem liedhaften Gedicht verherrlicht Sonnenschein in Paarreimen und mit einem jeweils die Strophe abschließenden, gleichbleibenden Refrain den Geist der Rebellion, der gegen die überkommene gesellschaftliche Ordnung und Hierarchie aufbegehrt. Der den Istzustand verneinende Gestus schlägt sich in einer Reihe von konfrontativen Verben nieder: »verleumden«, »verklagen«, »vernichten«, »richten«, »verderben«, »vergällen«, »verwüsten« und »zornig blicken«. Während als Agens zunächst die »Hammerschläge« fungieren, geht die Initiative in der dritten Strophe auf »die frechen Sklaven der Fabriken« – also das geknechtete und aufbegehrende Proletariat – über und ergreift schließlich sogar den »Schmiedemeister und seine Gesellen«, was eine Ausbreitung der Revolution auf die ganze Bevölkerung signalisiert. Es scheint, als würde der zuvor eher kontrafaktisch-optativ formulierte Aufruf »sie sind Rebellen« nun – unter Verzicht auf das Personalpronomen »sie« – zur Beschreibung eines realen Sachverhaltes.

Ähnlich, doch im Ton noch fordernder, artikuliert sich das auch in Sonnenscheins *Lied des 17. Regiments*, das formal und inhaltlich ebenfalls sowohl an Schillers Ode *An die Freude* wie auch an Heines *Weberlied* anknüpft:

Hört, Soldaten, eure Brüder
ziehen in der Freiheit Krieg.
Wachet auf! Die Waffen nieder,
Brüder, helft uns so zum Sieg:
In dem Kampf nach Menschenrechten
gen Tyrannen, die uns knechten –
Auf, Soldaten!

Lang, ihr Kinder aller Lande,
gabt ihr unnütz euer Blut.
Jaget die Bedrückerbrut!
Wer hat ihr das Recht gegeben

über Tod und über Leben?!
Auf, Soldaten!

Uns gehört die freie Erde,
unser ist der Sonne Licht,
auf, daß frei ein jeder werde,
gleiches Recht und gleiche Pflicht!
Seht, wie die Tyrannen zittern,
wenn sie unsern Willen wittern!
Auf, Soldaten!

Hört, Soldaten, eure Brüder
gehen in den letzten Krieg;
werdet, Menschen, Menschen wieder:
Groß und unser ist der Sieg –
in dem Kampf nach Menschenrechten
gen Tyrannen, die uns knechten!
Auf, Soldaten![394]

Nach den Anspielungen auf Bertha von Suttners Antikriegsroman *Die Waffen nieder!*, auf die *Internationale*, das *Kommunistische Manifest* und das Arbeiterlied *Brüder, zur Sonne, zur Freiheit* entwickelt Sonka in der letzten Strophe dieses Gedichts ein apokalyptisches Bild, das an biblische Visionen erinnert. Diese werden durch die bereits eine Strophe zuvor zitierten Forderungen der Französischen Revolution ihrer religiösen Implikationen entkleidet. Formal weniger konventionell wirkt das archaisierende Revolutionsgedicht *Feierabend*:

Jetzt hingestellt vor euch in dieser Stunde,
der Julifeierabend ist, süß von Getreide und Holunder,
hingestellt vor euch, ihr Männer und Frauen,
die ihr so aus der Arbeit kommt guten Willens,
zu hören, was ich rede,
ich redete zu euch
wie ich zu Hirten und zu Kindern sprach
vom Ölgebirge meiner Heimat
vor vielen vielen Jahren:
Seid gut in dem Bewußtsein eurer Kraft und Sendung,
seid Menschen und versöhnt euch.

Jetzt hingestellt vor dich in dieser Stunde,
auf die der hohe Julihimmel blickt mit allgerechten
Sternen,
spräch ich zu dir, du großes Arbeitsheer,
Herr der Revolution und Freiheit,
ich redete zu dir:

Ich war dir roter Fackelbrand zur rechten Stunde,
und war dir Flammenfahne, Blut und Stimme
gegen ein Jahrtausend,
o höre, ich beschwöre dich:
Sei stark in dem Bewußtsein deiner Kraft und Sendung:

erhebet euch, versöhnet euch.[395]

Die typografische Wirkung der Zentrierung lässt sich hier als Komplement der Aussage beschreiben, die trotz aller klassisch-revolutionären Bildlichkeit in einen Aufruf zur Versöhnung mündet – der sich allerdings auch auf die verfeindeten linken Parteien beziehen lässt. Weniger friedfertig und eher aufpeitschend wirkt das letzte der hier vorgestellten Revolutionsgedichte, das den programmatischen Titel *Mit Wladimir Iljitsch Lenin* trägt:

Wir tragen die rote Fahne voran,
segnende Sonne der Wirklichkeit.
Wir ahnten den Traum, bahnten die Bahn,
wir erstritten uns die Zeit,
blutflammenmorgenrote Zeit –
der Völker *Volk*, sei siegbereit
Heute und Jetzt!

Denn was Rebellenwille war,
Menschheitserde werde wahr,
heutheute rot, rot, rot und wahr:
Genosse, Bruder, Proletar,
voran, die rote Fahne voran!
Dein Schlachtruf, Proletariat!
Mit Wladimir Jljitsch [sic] auf zur Tat!
Dichter und Denker, Arbeitsmann,
wir proklamieren unsere Zeit –

dein Machtwort, Volk: Gerechtigkeit
Jetzt immerdar.[396]

Während Karl Kraus in der *Fackel* das ›politisch entzündete Literatentum‹ nicht nur Sonnenscheins und Ehrensteins, sondern fast aller revolutionären Wiener Expressionisten mehr oder weniger kategorisch aburteilte,[397] wie im folgenden Kapitel gezeigt werden soll, stellte Emil Saudek 1921 in der kommunistenfreundlichen Wiener Tageszeitung *Der Abend* anerkennend fest, Sonka sei ein »politischer Befeuerer der neuen Weltanschauung durch die Arbeitermassen – und dies gerade aus tiefster, göttlichster Religion heraus«.[398] Die rhetorische Verquickung von atheistischer Ideologie und sprachlichen Anleihen aus der ›göttlichsten Religion‹ ist für das Pathos und die Emphase der sozialrevolutionären Wiener Lyrik generell bezeichnend. Abschließend lässt sich resümieren, dass diese Gattung als Form der Verständigung über die Wiener Revolution bzw. ihrer Darstellung auffallend weniger als andere Genres mit ironischen oder gar satirischen Verfahren operiert, sondern sich bevorzugt eines ›hohen‹ Stils bedient, um ihren ›ernsthaften‹ politischen Anspruch zu vermitteln. Abgesehen davon sind die hier behandelten Gedichte fast parallel zu den vorgestellten ›nichtfiktionalen‹ Kurzprosagenres Reportage und Feuilleton entstanden, in unmittelbarer zeitlicher Nähe zu den revolutionären Ereignissen. ›Kurze‹ literarische Gattungen erlauben es rascher zu reagieren, sie fangen das Zeitkolorit unmittelbar ein und sind zumindest potentiell aktualitätsbezogener als lange Erzählformen. Zugleich können sie als hochgradig ›überstrukturierte‹ Texte durch ihre sprachbildlichen Verdichtungen komplexere strukturelle Phänomene, die sonst argumentativ zu entwickeln wären, gleichsam bildhaft bannen.

»Die Verwandlung des Kriegspressequartiers in eine Rote Garde«. Revolution in der Polemik (Karl Kraus)

Als Polemik definiert Sigurd Paul Scheichl »[a]ggressiv formulierte Texte oder Textteile, die Bestandteil eines meist personalisierten Streits sind«.[399] Obwohl die Polemik als »aggressive, auf Bloßstellung und moralische oder intellektuelle Vernichtung abzielende, gleichwohl argumentierende Kritik am Gegner in einem Streit« demnach »keine Gattungsbezeichnung«, sondern einen »Typ der Argumentation« darstellt und »in Gestalt vieler Textsorten« auftritt,[400] lässt sie sich von literarischen Gattungen wie der Satire abgrenzen. Als unbestrittener Meister der Polemik im frühen 20. Jahrhundert gilt der Wiener Publizist und Schriftsteller Karl Kraus. In den Jahrgängen 1908, 1911 und 1926 seiner Zeitschrift *Die Fackel* hat er auch verstreute Bemerkungen über die Abgrenzung zwischen Satire und Polemik hinterlassen, »die ja nicht nur bei ihm der gleichen (radikal ablehnenden) Haltung gegenüber der Wirklichkeit entsprechen«; mit literaturwissenschaftlicher Begrifflichkeit resümiert Scheichl sie folgendermaßen: »Der Unterschied liege im Grad der Fiktionalisierung: Der Satiriker gestalte die angegriffenen realen Personen wie literarische Figuren, hinter denen weniger die gemeinten Menschen wiedererkannt, als Typen durchschaut werden können, während die Polemik die betreffenden Personen direkt angreife und ihnen schaden wolle.«[401] Ein solcher direkter Angriff auf die revolutionären Wiener Literaten, der in die Literaturgeschichte eingegangen ist und die weitere Laufbahn der betroffenen Autoren empfindlich gestört hat,[402] soll den zweiten Teil des vorliegenden Buchs beschließen.

Zunächst freilich hat Kraus 1918 zur Revolution genauso geschwiegen wie zum Weltkrieg in den ersten Monaten nach dessen Ausbruch im Juli 1914. In mehreren *Fackel*-Heften arbeitete er sich 1918/19 ausschließlich an der untergegangenen Monarchie ab, der er – im Unterschied etwa zu Andrian – keine Träne hinterher weinte. Nur vereinzelt ätzte er schon bei dieser Gelegenheit darüber,

> wie schmählich sich der Tonwechsel jener offenbart, die, im schmutzigen Maul noch den Kriegsgesang, schon den radikalen Inhalt zur Phrase verrufen haben und im nachgemachten Zeremoniell fremder Revolutionen nur mehr Habsbürger gelten lassen; wie überraschend uns die Verwandlung des Kriegspressequartiers in eine Rote Garde kommen mag; wie verächtlich sich die Wagentürlaufmacher von gestern als Barrikadenbauer ausnehmen; wie schäbig die Bereitschaft aller Pöbelinstinkte und die Anschmarotzung der Schadenfreude an die Weltgeschichte anmutet, jene grundsätzliche Niedrigkeit, die nicht die Bedeutung des Sturzes erlebt, sondern sich an der Nichtbedeutung des Gestürzten erhöht; wie scheußlich die Identität solcher, die heute auf Doppeladler Jagd machen, mit jenen sein mag, die einst das Abreißen fremdsprachiger Firmatafeln betrieben haben; welch törichter Unfug es auch sei, Rosetten zu entfernen anstatt gleich Säbel in Verwahrung zu nehmen; wie unerquicklich die Freiheit durch eingeschlagene Fensterscheiben einzieht; wie lästig ihr die Freibeuter aller Gesinnungen zulaufen und wie eifrig die Siegfriede von der vorigen Woche die Republik annektieren; wie peinlich die Hysterie mit der Flamme, wie schrill der nationale Ton mit dem Weckruf der Welt vermengt sein mag […].[403]

Der Artikel *Die Sintflut*, aus dem diese Suada stammt, ist auf den 1. November 1918 datiert, also auf den Gründungstag der Roten Garde, aber erst am 20. November publiziert worden. Er bezieht sich direkt auf die Ereignisse des politischen Umsturzes, diskreditiert diese jedoch als ein Werk »posthume[r] Kriegsgewinn[ler]«.[404] Seine Rede von der »Verwandlung des Kriegspressequartiers in eine Rote Garde« kondensiert den allenthalben gegen Kisch, Werfel, Blei und Gütersloh erhobenen Vorwurf ideologischer Wendehalsigkeit in eine griffige Formel. Wie so oft, polemisiert Kraus auch hier gegen die Verworfenheit der Welt, als deren einsame Ausnahme ihm stets nur die eigene Person in den Sinn kommt.

Entsprechendes wiederholt sich anlässlich der Redaktionsbesetzung der ja von Kraus selbst inständig gehassten *Neuen Freien Presse* durch die Rote Garde, der er aber im Unterschied zum genauso pressekritisch argumentierenden Robert Müller gar nichts abgewinnen kann. Kraus kommentiert die Episode in seinem am 25. Jänner 1919 publizierten bitteren *Nachruf* auf die Habsburgermonarchie äußerst sarkastisch:

> Ach, wenn der Neuen Freien Presse und allem Gelichter unserer Nacht nichts anderes widerfährt, als daß es das Opfer des Putsches von Feuilletonisten wird, die selbst diesen Beruf verfehlt haben und auf dem Umweg über die Rote Garde in eine Redaktion kommen möchten; wenn Zeitungsleute die Märtyrer eines Vorstoßes werden, der weniger Überzeugungskraft hat als ein landläufiger Grubenhund; wenn es den Zerstörern aller Friedenswelten gelingt, sich in den Schutz der republikanischen Ordnung zu flüchten, anstatt daß es dem neuen Weltwillen gelänge, die Bestie mit einem Axthieb niederzustrecken – dann wäre mindestens der Beweis geliefert, daß er unserem Umschwung mißtraut, daß er uns nicht für reif hält, ohne Aufsicht unserer Vampyre fortzuleben.[405]

Kraus ist darauf bedacht, als alleiniger aufrechter und aufrichtiger Oppositioneller sowie Kritiker schlechter Verhältnisse dazustehen und seine Konkurrenten in diesem Geschäft allesamt als opportunistisch, ja käuflich zu diskreditieren. Indem er die »Zeitungsleute« als »Märtyrer« bezeichnet, stellt er die kontraproduktive Wirkung der Redaktionsbesetzung der *Neuen Freien Presse* bloß. Mit der Erwähnung eines ›landläufigen Grubenhundes‹, der überzeugender sei, spielt er offenbar auf Robert Müllers oben gewürdigten Leitartikel *Halali der Grubenhunde* aus der *Finanz-Presse* vom 14. November 1918 an, der ja genau die hier der Lächerlichkeit preisgegebene Redaktionsbesetzung als bedeutsame Aktion gefeiert hat.

Zu einem veritablen Vernichtungsschlag holte Kraus indes im Sommer 1919 aus, als er in seiner *Fackel*-Polemik *Proteste* mit Blei, Ehrenstein, Gütersloh, Sonnenschein und Werfel fast alle wichtigen revolutionären Literaten Wiens öffentlich blamierte und dabei vorführte, wie man durch einen ›landläufigen Grubenhund‹ – also eine gefälschte Nachricht – seine Gegner tatsächlich nachhaltiger beschädigen kann als durch den bewaffneten Aktionismus der Roten Garde. Es handelt sich dabei um eine publizistische Intervention, der ein ganz anderes intellektuelles Aktionsmodell[406] zugrunde liegt als den zuvor angeführten Polemiken, in denen Kraus im eigenen Namen Missstände anprangerte. Demgegenüber ergibt sich der investigative Effekt im folgenden Beispiel erst *in actu*, gleichsam in einem Spiel von Aktion und Reaktion, das Kraus so inszenierte, dass sich seine Gegner selber bloßstellten. Sein eigener Beitrag setzt mit folgender Auskunft zu dem in München geführten Hochverratsprozess gegen den Schriftsteller und Protagonisten der bayerischen Räterepublik Ernst Toller ein:

> Ein telegraphisch nach München gesandter Protest gegen die »Hinrichtung Tollers« war von den Namen Seitz, Bauer, Friedrich Adler, Tandler, Schnitzler, Bahr, Beer-Hofmann, Hofmannsthal, Zweig unterzeichnet, ohne daß deren Träger vorher ihre Zustimmung erteilt hatten. Die übrigen Unterschriebenen erließen nunmehr die folgende Erklärung: / Dem mutigen Anonymus, der in einem Augenblick, da einem Kameraden in München die Rache des blutdürstigen Bürgertums drohte, unbekümmert unsere Namen unter seinen Protest setzte, sprechen wir den wärmsten Dank für diese Handlung aus. / *Blei, Ehrenstein, Moissi, Gütersloh, Roland, Sonnenschein, Werfel.*[407]

Auf die öffentliche Reaktion der heute nicht mehr bekannten Schauspielerin Ida Roland und – so Kraus sarkastisch – des »gleichfalls unterschriebene[n] Schauspieler[s]« Hermann Bahr, wonach »ihr Name, mit dessen Verwendung für den Protest sie nachträglich einverstanden« waren, »auch unter die zweite Kundgebung ohne ihr Wissen gesetzt worden sei«, reagierte Kraus zufolge ein Flugblatt am 18. Juni 1919 mit folgendem Wortlaut:

> Wir waren jenem mutigen Anonymus dankbar dafür, daß er, noch ehe eine Gerichtsverhandlung gegen Toller stattgefunden hat, sich beeilte, unter seinen Protest gegen eine Hinrichtung Tollers unbekümmert unsere Namen zu setzen, und daß er auf diese Weise uns der Erfüllung unserer Humanitätspflicht enthoben hat. Wir wollen fortan keine der ungezählten Gelegenheiten, die eine mit Todesurteilen verschwenderische Gegenwart dem in ihr noch Lebenden bietet, vorübergehen lassen, ohne unsere Stimmen zu einem weltbrüderlichen Protest zusammenzuschließen, mag nun einem namhaften Opfer der Todeswillkür die Rache des blutdürstigen Bürgertums erst drohen oder etwa an einem unbekannten Opfer die Rache einer blutdürstigen Rätediktatur schon vollzogen sein.[408]

An diesen Worten hätte einem aufmerksamen Publikum schon die Merkwürdigkeit auffallen können, dass der Protest einsetzte, »noch ehe eine Gerichtsverhandlung gegen Toller stattgefunden hat«, und dass die Unterzeichneten sich beim Anonymus bedankten, sie selbst »der Erfüllung« ihrer »Humanitätspflicht enthoben« zu haben – als könne man diese einfach auf einen Vertreter übertragen und damit die eigene Verantwortung delegieren. Auch der blinde Aktionismus, schon *vor* einer Gerichtsverhandlung gegen deren Urteil zu protestieren, scheint nicht sonderlich reflektiert zu sein oder aber einer anderen Logik als der reinen Menschlichkeit zu folgen. Stutzig hätte schließlich auch die Rede von der »blutdürstigen Rätediktatur« machen müssen, die so gar nicht in das sozialrevolutionäre Weltbild der genannten Autoren und Schauspieler passte, die sich mit ihrer politischen Empörung lieber auf die Schandtaten der Reaktion konzentrierten. Genau dieser blinde Fleck der linken Literaten wird im Flugblatt indes genüsslich ausgeschlachtet, indem es ihnen Folgendes in den Mund legt:

> So rufen wir – die Wahrheit der im Neuen Wiener Tagblatt vom 17. Juni mitgeteilten Tatsachen vorausgesetzt – Klage gegen den Diktator Szamuely, welcher dem zum Tode verurteilten Josef Glaser aus Czorna nach den Worten: »Ich habe gehört, daß dir die kommunistische Wirtschaft nicht paßt!« mit einem Bajonett das rechte Auge ausstechen ließ und dann zurief: »Du kannst mit dem linken Auge nun genug sehen, um zuzuschauen, wie die andern sieben vor dir gehängt werden, denn du kommst als letzter dran!«[409]

Diese Kurznachricht über ein totgeschwiegenes Verbrechen des Kommunisten Tibor Szamuely, seines Zeichens Volkskommissar der ungarischen Räterepublik für militärische Angelegenheiten und Chef der Organisation »Roter Terror« zur Niederschlagung ›konterrevolutionärer Aktivitäten‹, dessen Standgerichte Hunderte von Opfern forderten,[410] bezeichnet indirekt eine auffallende Unterlassung der für eine menschlichere Gesellschaft engagierten Schriftsteller: Statt sich über Gräueltaten der unmittelbaren Gegenwart zu empören, was Kraus für sich in Anspruch nahm, ereiferten sie sich über ein noch gar nicht gefälltes Todesurteil. Ihr Schweigen entsprach dem weiteren Wortlaut zufolge aber durchaus einer Tradition, die bereits 1914 eingesetzt habe und vom Flugblatt recht indirekt, mit äußerst ironischen Formulierungen denunziert wird:

> Wir bekennen als Wiener Intellektuelle die Scham, in einer Zeit und auf einer Erde zu leben, wo solch ein Schauspiel möglich war. Wir benützen die Gelegenheit, um zu versichern, daß unsere Proteste gegen die Millionen Morde und Hinrichtungen Unschuldiger, die zwischen dem Kriegsbeginn und dem Zusammenbruch der Militärmonarchien erfolgt sind, nur deshalb nicht laut werden konnten, weil damals Schweigen geboten war und wir, mit Ausnahme des Kriegsfreiwilligen Moissi, uns alle in Positionen befanden, die wir andernfalls gegen die Aussicht eingetauscht hätten, unsere eigene körperliche Sicherheit zu gefährden.

Hätte damals ein mutiger Anonymus unter seine Proteste gegen die Kriegsgewalt unbekümmert unsere Namen gesetzt, so wären wir geradezu gezwungen gewesen, ihn zu desavouieren. Genau so wie wir ihm heute, wenn er etwa diesen Protest gegen eine blutdürstige Rätediktatur an unserer Stelle abgefaßt hätte, nur vom ganzen Herzen dankbar sein müßten. / *Blei, Ehrenstein, Moissi, Gütersloh, Sonnenschein, Werfel.*[411]

Die (fingierte) Rechtfertigung der unterzeichneten Schriftsteller für ihr ausgebliebenes Engagement gegen den Weltkrieg, derzufolge angesichts der »Positionen«, in denen sie sich damals befunden haben – nämlich das Kriegspressequartier! –, »Schweigen geboten war«, macht im Modus der Verneinung die Unterlassung erst sichtbar. Sie wird dadurch indirekt als Feigheit der allein auf die »eigene körperliche Sicherheit« bedachten Autoren gegeißelt. Auch die Konzession, man wäre im Krieg »geradezu gezwungen gewesen«, den Urheber eines mutigen Protests »zu desavouieren«, hätte es bei aufmerksamer Lektüre jedem und jeder klarmachen müssen, dass dieses Flugblatt nicht von den Unterzeichneten selber stammen kann. Gleichwohl wurde es am 20. Juni in den Abendausgaben der *Neuen Freien Presse* (»kommentarlos, aber mit dem Druckfehler ›Militärmonarchisten‹ statt ›Militärmonarchien‹«[412]) und des *Neuen Wiener Tagblatt*, am 21. Juni in *Der Neue Tag* abgedruckt. Es handelt sich also um einen ›klassischen‹ Grubenhund, über den sich die *Arbeiter-Zeitung* am 21. Juni 1919 unter dem Titel *Eine ernste Satire* mokierte:

Von Wien ist bekanntlich nach München ein Telegramm geschickt worden, das gegen die Justifizierung des Studenten Toller protestierte. Man weiß noch immer nicht, von wem das Telegramm, zu dem, da Toller noch gar nicht angeklagt ist, ein zwingender Anlaß sicherlich nicht vorlag, eigentlich herrührt; bisher haben die angeblichen Unterzeichner nur erklärt, daß ihre Unterschrift ohne ihr Wissen beigesetzt worden ist. Eine Reihe Wiener Schriftsteller ist allerdings noch weiter gegangen; sie haben nämlich mitgeteilt, daß sie von dem Telegramm zwar auch nichts gewußt haben, aber dem Anonymus, der ihre Unterschrift beigefügt hat, doch dankbar seien; was immerhin ein erstaunliches Bekenntnis war, weil es nämlich bekundete, daß die Protestler ohne den Anonymus auf den Gedanken, daß sie sich um Tollers Schicksal zu sorgen hätten, gar nicht gekommen wären. Und wie wir es sogleich sagten, man hat nur dann das Recht, sich gegen Gewalttaten zu wenden, wenn man Gewalt überhaupt verpönt und über jede entrüstet ist. Ein »Flugblatt«, das dieser Tage in Wien verbreitet worden ist, hat die Unehrlichkeit dieser Art von Protesten mit jener Kraft gegeißelt, die nur dessen Verfasser eigentümlich ist [...].[413]

Nachdem die *Arbeiter-Zeitung* das Flugblatt in Gänze ebenfalls abgedruckt hatte, machte sich ihre Redaktion darüber lustig, dass »es wirklich Zeitungen gibt, die die Satire nicht verstanden haben, also meinen, daß da wirklich ein neuer Protest vorliege und das ›Flugblatt‹ als neuen Protest der ›unterschriebenen‹ Herren bringen [...], obwohl jedermann, der von Stil und Geist nur eine Ahnung hat, wissen mußte, wer diese Fackel angezündet hat.«[414] Damit sind nicht nur die »Grubenhundblätter« desavouiert, sondern ist auch der wahre Verfasser des Flugblatts indirekt benannt. Während sich die *Neue Freie Presse* über diese Peinlichkeit ausschwieg, setzte ihr das *Neue Wiener Tagblatt* die Krone auf, indem sie am 22. Juni 1919 unter dem mit Anführungszeichen als ›uneigentlich‹ gekennzeichneten Titel *»Grubenhunde«* verlautbarte:

> Die »Arbeiterzeitung« findet es angemessen und geschmackvoll, uns wegen der Veröffentlichung eines uns zugegangenen, gegen weitere Gewalttaten jeder Art gerichteten Protestes anzugreifen – eines Protestes, der, wie wir jetzt hören, eine Mystifikation war. Wir haben das mit mehreren Namen unterzeichnete Schriftstück ohne weiteres abgedruckt, wie wir ähnliche Mitteilungen aus dem Publikum veröffentlichen, ohne deshalb gleich den ganzen Apparat einer gelehrten Textkritik in Bewegung zu setzen. Wir hätten wahrhaftig viel zu tun, wenn wir wegen derartiger »Scherze« irgendeines Müßiggängers mühselige und zeitraubende Nachforschungen über Echtheit oder Unechtheit anstellen wollten, die wir uns für wichtigere und für unsere Leser interessantere Dinge vorbehalten müssen.[415]

Die sich als ›Qualitätsblatt‹ verstehende Zeitung gab hier offen zu, dass sie es mit der journalistischen Sorgfaltspflicht nicht sehr genau nahm – und sie tat es auf populistische Weise, indem sie sich über »den ganzen Apparat einer gelehrten Textkritik« erhob. Die ganze Aktion, die ja eine ziemliche Blamage darstellte, wurde als ›Scherz‹ »irgendeines Müßiggängers« diffamiert und dabei vorausgesetzt, dass bloße Spaßmacherei auch dessen dezidierte Absicht gewesen sei:

> Wenn das Einsenden falscher Berichte über eine angeblich in kleinem Kreise beschlossene Aktion als gelungener Spaß bezeichnet wird, dann muß es wohl auch als sehr witzig gelten, die Feuerwehr fälschlich mit einer Brandmeldung oder die Polizei mit der erfundenen Anzeige von einem Raubmord in Atem zu setzen. Diese Absicht ist bei uns jedenfalls mißlungen. In Atem hat uns die sehr unbeträchtliche Mitteilung vom Protest einiger Intellektueller nicht gesetzt, und im übrigen gönnen wir dem Einsender aus vollem Herzen seinen Kaffeehauserfolg. Betrübend ist nur, wenn Kollegen von der andern Fakultät für alberne Späße

solcher Art etwas andres übrig haben als Nichtbeachtung, wenn schon nicht Verachtung.[416]

Zuletzt wird die ja zunächst für bare Münze gehaltene Nachricht vom »Protest einiger Intellektueller« gegen ein angebliches Todesurteil auf selbstentlarvende Weise als »sehr unbeträchtliche Mitteilung« kleingeredet und »alberne Späße solcher Art« – also Kraus' dekuvrierende Inszenierung eines ›Grubenhundes‹ – nach dem bewährten antiintellektuellen Muster als »Kaffeehauserfolg« diffamiert, den man allein mit »Nichtbeachtung, wenn schon nicht Verachtung« zu strafen habe. Darauf reagierte am 25. Juni 1919 noch einmal die *Arbeiter-Zeitung*, der angesichts des Erstarkens der KPDÖ die Blamage für die sozialrevolutionären Schriftsteller durchaus entgegenkam:

> *Ein Protest und keine Mystifikation.* Nachdem das »Neue Wiener Tagblatt« den Sinn jenes »Flugblattes«, von dem wir Samstag gesprochen hatten, so gröblich verkannt hat, rächt es sich, indem es seinen Verfasser beschimpft; denn auf einer Dummheit ertappt worden zu sein, werden diese eingebildeten Blätter nie verzeihen. Da es nun weiß, wer der Verfasser ist, ist das Geschimpfe besonders grotesk; gerade *diesen* Mann einen »Müßiggänger« und »albernen Spaßmacher« zu nennen ist schon die Entlarvung eines minderwertigen Charakters. Wie einfältig ist es aber, in dem Flugblatt einen »Spaß« zu erblicken! Denn es war in Wahrheit ein sittlicher Protest, und zwar doppelter Art: gegen eine Unaufrichtigkeit von Protesten, die, statt sich gegen alle Greuel zu wenden, nur den Fall sehen, mit dem gerade Effekt zu machen ist, und ein Protest gegen die betreffende Untat selbst, die die nicht übersehen dürften, die sich ihre Proteste auch von einem Anonymus besorgen lassen. In der satirischen Verkleidung war das sittliche Pathos deutlich zu spüren; das in seiner Eitelkeit gekränkte Blatt läßt aber die Sache sofort fallen, da sie in die Sphäre der grundsätzlichen Betrachtung gerückt wird![417]

Treffend wird hier die doppelte Stoßrichtung der Kraus'schen Entlarvungsaktion benannt, die aufgrund des damit erregten medialen Aufsehens einem veritablen publizistischen Coup gleichkommt. Nachdem auf diese Weise die medienkritische Strategie Kraus' angemessen gewürdigt erscheint, bringt die *Arbeiter-Zeitung* als eine Art Berichtigung noch einen Nachtrag zu einem der angegriffenen Dichter:

> Unter denen, die seinerzeit erklärt hatten, daß sie dem Anonymus dankbar seien, weil er, ohne sie zu fragen, ihre Namen der Depesche nach München beigesetzt hatte, befand sich auch Herr Albert *Ehrenstein*; er legt uns nun in einer Zuschrift dar, daß auf ihn die Bemerkung, er habe nicht protestiert, als das Schweigen ge-

> boten war, absolut nicht zutreffe: »Wahr ist, daß mehrere meiner Proteste bereits im Herbst 1914, meine vor und um 1915 verfaßten kriegsfeindlichen Bücher ›Der Mensch schreit‹ und ›Die rote Zeit‹ 1916 und 1917 erschienen. Wahr ist, daß eine revolutionäre Sammlung der mir von den mittelmächtlichen Zensuren verbotenen Arbeiten ›Den ermordeten Brüdern‹ nur in der Schweiz veröffentlicht werden konnte.« Also war seine »körperliche Sicherheit« durch seine Tätigkeit und die ihr folgenden Schikanen der Behörden sicherlich gefährdet.[418]

Aus diesen Worten wird wiederum deutlich, dass ein untadeliger Leumund über die Kriegszeit eine zentrale Geschäftsgrundlage sozialkritischer Schriftsteller war. Diese Richtigstellung gab Kraus nun die Gelegenheit für eine Abrechnung mit den revolutionären Literaten, die in mancher Hinsicht an die Machart seiner frühen Satire *Die demolierte Literatur* (1896/97) erinnert. Die nunmehrige Maßregelung der jungen literarischen Generation baut er nach dem rhetorischen Prinzip der Klimax auf, indem er mit jenen Autoren beginnt, die aus seiner Sicht am wenigsten Schuld auf sich geladen haben, um die Anklage dann in einer Bewegung der unaufhörlichen Steigerung mit den ihm zufolge wahrhaft infamen Vertretern ihrer Zunft zu beschließen.

Die Polemik setzt mit einer ›Würdigung‹ Ehrensteins ein, »dessen Eigenart in der Fackel erkannt und gefördert wurde, ehe sie in Verbindungen einging«, womit Kraus offenbar die Wiener und Berliner expressionistischen Dichterkreise meint, denen er durch die Aufnahme eines Gedichts des angehenden Autors in die *Fackel* zuvorgekommen sei. Ehrenstein habe es zwar »gewiß nicht verdient, als Bestandteil einer Literaturgruppe fortzuleben, und er hat als Erscheinung keine Schuld an dem Unbehagen, das Proteste, und an dem Humor, den Flugblätter bewirken. Aber als Literat haftet er dafür, selbst wenn sich nun herausstellen sollte, daß auch der Dank an den Anonymus von einem solchen gefälscht wurde«.[419] Warum das der Fall sein soll, versucht Kraus in der Folge zu begründen:

> Solange nicht klar einbekannt ist, daß die sechs nicht protestiert, die Danksagung nicht verfaßt haben, und der mutige Anonymus hier und dort sich nicht gemeldet oder als Autor beider Kundgebungen vorgestellt hat, bleibt das Flugblatt in Kraft, wie die ihm gewidmete Betrachtung in dem Aufsatz »Gespenster«, die in ihrer allgemeinen Einschätzung des politisch entzündeten Literatentums nicht von der Tatsächlichkeit der Einzelfälle bedingt ist.[420]

Der Verweis auf den eigenen Artikel *Gespenster*, der in der *Fackel* unmittelbar auf *Proteste* folgte, dient Kraus zur Untermauerung seines Anspruchs, mit dem ›politisch entzündeten Literatentum‹ ganz generell abzurechnen – egal, was den Autoren im Einzelnen vorzuwerfen wäre. Angesichts des Umstands, »daß solche Affären, je unwirklicher sie sind, je spielerischer sie den blutigen Ernst verwenden, umso authentischer das Literaturmilieu darstellen«, könne er leicht zugeben, »daß die Gesinnung, die Albert Ehrenstein kriegsüber empfunden und bekundet hat, nicht in Widerspruch steht zu einem Protest gegen [eine] Gewalttat, die nach dem Krieg begangen wird.«[421] Dies falle in seiner Abwägung schriftstellerischer Leistungen und Verfehlungen aber kaum ins Gewicht:

> Freilich war es mir nicht so sehr darum zu tun, die Gesinnungen zu vergleichen als die Mutproben, und unter Protest gegen die Kriegsgewalt wollte ich nicht so ganz eine lyrische Produktion verstanden wissen, die soweit sie überhaupt die konkrete Mitteilung des Abscheus vor dem Kriege fördern kann, doch nicht den Aufstand eines unbelügbaren Geistes gegen die Kriegsschuldigen und die Kriegsverbrecher der engeren Vaterländer bedeutet, sondern mehr die Verzweiflung über eine Entmenschtheit, die höchstens auf ein öfter angeklagtes »Barbaropa« bezogen wird.[422]

Es wird im weiteren Verlauf der Argumentation deutlich, dass es Kraus um nichts Geringeres als die Verteidigung des Monopols auf Gesinnungsreinheit und Standfestigkeit zu tun ist, wobei er – der ›Unbelügbare‹ – auch unterschiedliche literarische Programmatiken und Verfahrensweisen gegeneinander hält und der eigenen publizistischen Position gegenüber stärker ›fiktionalen‹ Äußerungen den Vorzug gibt:

> Wem aber würde einfallen, einem Autor einen Vorwurf daraus zu machen, daß ihm so zwischen Gorlice und Tolmein Proteste gegen die eigentlich wirkende und der persönlichen Sicherheit gefährliche Kriegsgewalt, deren Zensur gegen den allgemeinen lyrischen Pazifismus ja selten etwas einzuwenden hatte, unmöglich waren? Außer mir dürfte es eben kaum einen andern Fall in der zentralstaatlichen Literatur geben, daß ein vom Anbeginn an durchgehaltener Protestton und unverhohlener Abscheu gegen die Kriegsurheber, daß der konsequente Versuch, alle Scheußlichkeit des Kriegs an dem Wirken jener Staaten darzustellen, die ihn entfesselt haben, der eigenen Staaten, von innen heraus gewagt, der Zensur dargeboten und, weil ihre Verblüffung größer war als ihr Widerstand, fast lückenlos vor der weitesten Öffentlichkeit und allen lauernden Gewalten, in Schrift und Rede, vertreten werden konnte.[423]

Gemessen an dieser großen eigenen Leistung als öffentlich protestierender Kriegsgegner seien Ehrensteins lyrische Ergüsse geradezu unerheblich, wie Kraus mit despektierlichem Unterton hervorhebt:

> Darum möchte ich im Herbst 1914 da und dort erschienene Verse, später in hundert und etlichen Exemplaren verbreitete Buchdrucke und eine in der Schweiz nach der Revolution erschienene revolutionäre Sammlung von Arbeiten nicht Proteste in dem Sinne nennen, der als ein unmittelbares Eingreifen in einen Machtbereich gleich meiner Haltung mir vorgeschwebt hat und den ich als die Berechtigung zu solcher Intervention auch nach dem Krieg reklamiert habe. Wenn die kriegsfeindliche Gesinnung Ehrensteins, die mit jener der mittelmächtlichen Literaten zu vergleichen eine offenbare Ungerechtigkeit wäre, schon durch Gedichte, die im Herbst 1914 erschienen sind, ein prononcierteres Hervortreten nach dem Krieg beglaubigen soll, so muß doch auch gesagt werden, daß sie den Autor nicht von der Aufnahme ins Kriegsarchiv ausgeschlossen hat.[424]

Die Tatsache, dass der nicht gerade begüterte Ehrenstein wie zahlreiche andere Autoren ins Kriegsarchiv aufgenommen wurde, während Kraus selbst als ökonomisch unabhängiger und kriegsdienstuntauglicher Kritiker auf eigene Faust die *Fackel* – übrigens ebenfalls erst ab dem Spätherbst 1914 – mit kritischen Artikel füllen konnte, dient ihm als Argument gegen Ehrensteins »prononcierteres Hervortreten nach dem Krieg«, das aufgrund dessen ausgebliebenen öffentlichen Protests eben nicht gerechtfertigt sei: »Die Feststellung dieser geistigen Sachverhalte kann die Frage der Protestfähigkeit nicht zugunsten des Autors entscheiden, schon aus dem Grund nicht, weil die politische Aktion in jenem Literatenmilieu wurzelt, in das er von seiner Echtheit wegen nicht gehört, und ihn in eine Reihe mit Namen bringt, in die man ihn nicht gestellt hätte.«[425] Im weiteren Verlauf seiner Beweisführung, die hier nicht in Gänze rekapituliert werden kann, sucht Kraus gegen die Feststellung der *Arbeiter-Zeitung* zu belegen, dass Ehrensteins »körperliche Sicherheit durch seine Tätigkeit« im Kriegsarchiv »*nicht* gefährdet war«.[426]

Als nächsten revolutionären Literaten nimmt er sich Hugo Sonnenschein vor, der ihm ein ganzes »Memorandum seines Anwalts« übermittelt habe,[427] aus dem Kraus genüsslich zitiert und dabei bemerkt,

> daß die praktische Tätigkeit gegen das Militär, die mir unvorstellbar ist, wenn es sich nicht wieder um einen Fall von Sabotage handelt, und deren glimpflicher Ausgang dafür zu sprechen scheint, daß sie unbemerkt blieb, ebenso aus der Betrachtung ausscheiden muß wie die agitatorische, von der das Schriftstück ohnedies sagt, daß über sie ausführlicher zu reden noch nicht an der Zeit sei.[428]

Stärker ins Gewicht falle freilich »die literarische Betätigung« in Sonnenscheins Gedichtsammlung *Erde auf Erden* (1915), die Kraus indes unter Verweis auf die von »der Zensurbehörde genehmigt[e]« kleine Auflage von 100 Exemplaren sowie die forciert expressionistische Thematik und Darstellungsweise als eher abnormes Privatvergnügen einstuft: »Diese Gedichte, die mir infolgedessen unbekannt waren – es sind achtzehn –, sind tatsächlich nicht geeignet, den Autor als einen Bejaher des Kriegs der Nachwelt zu überliefern. Ich meine aber, daß sich auch aus andern Gründen als solchen, für die das Kriegsüberwachungsamt Verständnis hatte, eine Einschränkung der Auflage auf hundert Exemplare empfohlen hat.«[429] Angesichts der Machart der Gedichte – so Kraus ironisch – sei

> kein Zweifel mehr möglich, daß Sonnenschein auch literarisch gegen das Militär und die alten Regierungsformen protestiert hat, und begreiflich, daß er als politisch verdächtig galt und deshalb den ärgsten Drohungen und Gewaltmaßregeln der alten Regierung ausgesetzt war. Er verdient dafür, ob nun die Tücke der Militärdiktatur seiner literarischen oder seiner agitatorischen Tätigkeit gegolten hat und wie immer man diese oder jene einschätzen möge, eine Achtung, die ihn von den an den Kriegsleiden Unbeteiligten absondert. Daß er in der Politik sich noch kräftiger als in der Lyrik gegen den Krieg betätigt habe, ist ihm zu wünschen, und wenn er nicht als Verfasser des Werkes »Erde auf Erden« dazu inkliniert hätte, in eine Literaturgruppe aufgenommen zu werden, wäre ihm das Malheur nicht widerfahren, in diese Affäre zu geraten.[430]

Die für ihn entscheidende »Frage, ob ein Politiker Literatur und ein Literat Politik treiben soll«, beantwortet Kraus an dieser Stelle noch nicht, zumal Politiker und Literaten »so oft nicht von einander zu unterscheiden« seien, wie er maliziös feststellt. Er widmet sich stattdessen im Fortgang seiner Ausführungen am Beispiel Alexander Moissis dem »Verhältnis des Schauspielers zum Kommunismus«, um ihm in diesem Zusammenhang die Eignung abzusprechen, »an der Spitze eines revolutionären Trupps eine Redaktion zu besetzen«[431] – wie er mit Seitenblick auf die solcherart im Vorübergehen als Schmierenkomödianten gezeichneten Rotgardisten formuliert.

Zentraler für den Kontext des vorliegenden Buchs ist hingegen die Auseinandersetzung mit Autoren wie Franz Werfel: Kraus, der schon seit 1914 einen regelrechten Privatkrieg gegen den expressionistischen Dichter führte,[432] kommentiert dessen revolutionäres Agieren denn auch ausgesprochen sarkastisch:

> Was *Werfel* anlangt, so dürfte die schließliche Entscheidung, ob einer ein Lyriker ist, allen ekstatischen Ansprüchen zum Trotz doch eher von meinen sprachproblematischen Nachweisen abhängen [die Werfel jede Befähigung zum Dichten absprachen, N.C.W.] als davon, daß er vom Deutschmeisterdenkmal herab die Menge zur Erstürmung des Wiener Bankvereins aufgefordert hat. Denn so tief

> eingeboren dem schöpferischen Genius die Abneigung gegen den Wiener Bankverein ist, so lebt er doch außerhalb und rührt nicht an diese Dinge.[433]

Es ist bezeichnend, wie gut Kraus, der offenbar sogar in geheime Polizeiakten Einsicht nehmen konnte, über die Vorgänge und das Verhalten seiner Kollegen informiert war. Dies offenbart sich gleich in der anschließenden Passage, die sich auf einen polizeikritischen Bericht der linken Tageszeitung *Der Abend* bezieht und zwecks Steigerung der Satire betont altertümelnde Akkusativ- und Dativbildungen einsetzt:

> Werfeln jedoch riß es dahin, und da eine reaktionäre Polizei den Ungestümen zu erinnern wagte, daß er eigentlich nach dem [Prager, N.C.W.] Café Arco zuständig sei, hob der ›Abend‹ mit Recht zur Erklärung des Falles hervor, jener habe eben vom Deutschmeisterdenkmal herab zum Volke gesprochen und da habe sich ihm »unwillkürlich der Gedanke an den gegenüberliegenden Bankverein aufgedrängt«. Freilich war damit wohl die Eingebung des Sehers, dessen Blick die Realitäten überfliegt, ungefähr beglaubigt, aber die Platzkenntnis eines erfahrenen Schottenringbesuchers, der vom Deutschmeisterdenkmal doch kaum die Börse, geschweige denn den Bankverein erschaut, empfindlich bloßgestellt.[434]

Mit dem schlichten Verweis auf die realen topografischen Verhältnisse versucht Kraus, seine Gegner der prinzipiellen Unaufrichtigkeit zu überführen. Seine beißende Ironie richtet sich jetzt immer stärker auf den Charakter der von ihm attackierten Autoren, nicht mehr auf deren Texte:

> Hinwider war gegen die moralische Kompetenz, die hier einen Freiheitshelden reklamierte, nicht das geringste einzuwenden. Sie fand, daß die Vorbedingungen für ein Martyrium in diesem Falle gegeben seien. Denn der Dichter hatte, um dem Druck der Militärgewalt zu entgehen, sich nicht nur im Dienste ihrer Propaganda nach der Schweiz schicken lassen und sich dort über jene österreichischen Zustände, die er dem neutralen Ausland in günstigem Lichte darstellen sollte, abfällig geäußert, sondern es war ihm daraus – man denke – auch ein Vorwurf gemacht worden. Und da eine republikanische Behörde der Ansicht zuzuneigen schien, daß ein Beauftragter der Monarchie nicht schon deshalb zum Freiheitshelden tauglich sei, weil er ihr Vertrauen getäuscht hat, fand es jene Publizistik, die wenns finster wird auf Freiheit ausgeht, sensationell, daß die Republik noch die Opfer der Monarchie verfolge [...].[435]

Sogar die oben ausführlich behandelte intellektuellenfeindliche und antisemitische Polemik Georg Bittners gegen die ›Prager Kaffeehausliteraten‹ nimmt Kraus zum

Anlass, über ihre Opfer und deren Verteidiger den Stab zu brechen und den Vorwurf der Gesinnungslumperei zu wiederholen:

> [D]ie vom neuen Weltgefühl berückte Zuckerkandl war drauf und dran, in der Angelegenheit des unzuverlässigen Reisenden ein Problem der Geistesfreiheit zu erkennen und die Erstürmung des Bankvereins sich von keinem andern Mitglied des Kriegspressequartiers zu wünschen. Die Gedanken, die sich Werfeln vor jenem historischen Tage unwillkürlich aufgedrängt haben, sind in einem patriotischen Aufruf für Görz niedergelegt, über den sich der Statthalter anerkennend geäußert haben soll, und mochte die Monarchie von der defaitistischen Haltung ihres Emissärs enttäuscht sein, so kann man wieder der Republik ein Mißtrauen in seinen revolutionären Schwung zugutehalten. Sie durfte doch finden, daß wenns kein Kriegspressequartier mehr gibt, dessen Angehörige auch beim Deutschmeisterdenkmal nichts zu schaffen haben und bei stürmischem Wetter zuhaus bleiben sollen.[436]

Mit Wendungen wie diesen, die sich zur Diskreditierung auf einen obskuren, nicht belegbaren »patriotischen Aufruf« Werfels zugunsten der von den Italienern zerstörten und von österreichischen Truppen zurückeroberten Grenzstadt Görz berufen,[437] wird dem revolutionären Dichter kategorisch *jede* Berechtigung abgesprochen, sich im neuen demokratischen Staat politisch zu engagieren. Zugleich erlaubt die rhetorische Hinrichtung es Kraus, jede poetische Befähigung des Konkurrenten kategorisch zu leugnen und zugleich alte persönliche Rechnungen zu begleichen:

> Die Gedanken aber, die sich Werfeln seit jenem historischen Tage aufgedrängt haben, waren keineswegs auf der Höhe des Postaments, von dem aus dieser Blasengel kosmischer Posaunen in die politische Aktion eingriff. Ich wollte einmal zur endgiltigen Ausmessung dieses Horizonts eine Polemik gegen mich abdrucken, die der Mann der Worttat sich angetan hatte. Heute würde dem Zweck auch eins seiner neueren Gedichte genügen, das immerhin das Rätsel eines Esoterikers aufschließen könnte, der gegen den Bankverein aufwiegelt und noch sonstige Proteste mitmacht.[438]

Die Beweisführung wechselt nun wieder ihr Register; als literaturkritische Argumentation kehrt sie zurück in Kraus' angestammtes Terrain und stützt sich in ihrem Bestreben nach Totalvernichtung auf literarische Details, die als Eigenheiten der »neueren Prager Dichter« aufs Korn genommen werden, obwohl sie etwa kaum auf Kisch zu beziehen sind:

> Mit Recht hat ein Kritiker bemerkt, daß die neueren Prager Dichter, den festen Boden der Wirklichkeit verlassend, sich der Spekulation ergeben haben. Einer Gegenständlichkeit, die nur zu häufig dem Vorwurf »Gegenstand!« ausgesetzt war, entziehen sie sich durch jenen Höhenflug, dem der Tadel der »Verstiegenheit« besorgt nachblickt. Da aber winkt Gefolgschaft. Drängts aus dem Kinderpark der Gefühle empor ins Nebeln und Schwebeln der Gedanken, so ist der Kommunismus etwas zum Anhalten. Denn wenn der lyrische Zucker im Weltall zerfloß, bleibt in der Tat nichts übrig als die Tat. Und dem gerührten Betrachter dieses Ausgangs nichts, als einen Gedanken zu vermerken, mit dem Herr Werfel kürzlich von mir Abschied nahm: »Der Witz ist die Krankheit der Sprache«. Möge er gesund bleiben.[439]

Nachdem Werfel mit diesem Bonmot unehrenhaft abgefertigt wurde, wendet Kraus sich »Paris von *Gütersloh*« zu, »dessen Name seit Jahren überall dort auftaucht, wo Bewegung ist und wo im Chaos der Plakate von heurigem Wein und heuriger Kunst die Lettern wie tanzende Törinnen uns bannen«.[440] Gütersloh – so Kraus ironisch mit Blick auf den genüsslich zitierten Künstlernamen und den Titel des Romanerstlings – sei »lange vor Ausrufung der Republik ein Revolutionär« gewesen, denn er habe

> das Recht des Kaisers zur Verleihung des Adels nie anerkannt. Daß er jedoch die Pflicht des Republikaners, ihn abzulegen, pünktlich befolgt hat, ehrt ihn nicht minder. Hat Paris Gütersloh durch diesen Schritt manche Neider und Feinde bekehrt, so kann freilich seinen Bewunderern, die ihn einen zweiten Kokoschka nennen, nur insoweit recht gegeben werden, als er ein schlechter Dichter ist. Er hat es aber bis zum artistischen Beirat jener Bühne gebracht, die vermutlich, solange Steine für die Dauerhaftigkeit eines Gebäudes und für die Vergänglichkeit eines Geistes sprechen, sich Burgtheater nennen wird.[441]

Da er – ähnlich wie vor ihm schon Bittner – offenbar nicht allzu viel gegen Gütersloh vorzubringen hat, konzentriert sich Kraus in der Folge auf dessen Doppeltalent als Malerdichter, das er durch die Engführung von diversen einschlägigen Zitaten aus Schillers ›republikanischem‹ Trauerspiel *Die Verschwörung des Fiesco zu Genua* der Lächerlichkeit preiszugeben sucht.

Treffender sind hingegen Kraus' Ausführungen zu Franz Blei, die mit dessen Charakterisierung *ad personam* als ›hagerer Wollüstling‹ einsetzen, um sodann Bleis verschiedene Zeitschriftenprojekte zu ridikülisieren und nach diesen Vorhutgefechten schließlich zum eigentlichen Thema der Polemik – dem politischen und moralischen Protest – zu gelangen:

> Fern sei es von mir, zu behaupten, daß er der Urheber jenes andern Protestes sei, zu dem er etwa den mutigen Anonymus inspiriert habe. Seine Beziehungen zum Spiritus sind mit Herrn Kranz wie mit der katholischen Kirche so unerforschlich verknüpft, wie die Interessen des Herrn Kranz mit dem Kommunismus, und diese unklaren Zusammenhänge gewähren eben noch eine beiläufige Vorstellung, wie der Kommunismus mit der katholischen Kirche zusammenhängen mag. Deren geringstes Wunder ist es, daß ein so umfassender Geist wie Franz Blei die Rätsel und Richtungen aller möglichen Kulturen und Zeitalter spielend umspannt.[442]

Auf rhetorisch äußert kunstvolle Weise geißelt Kraus hier Bleis Kooperation mit dem anrüchigen Geschäftsmann Josef Kranz, dessen finanzielle Unterstützung seine Zeitschriftenprojekte erst ermöglichte, und macht sich danach über die polymorphen Interessen und Begabungen des Autors lustig, der die verschiedensten Zeit- und Kulturströmungen in seiner Person verbindet. Seine literarischen und publizistischen Hervorbringungen porträtiert Kraus als unfreiwillig komische Kuriosa, wobei er sich auf die von seinem Erzfeind Bahr etablierten Blei-Topoi bezieht:

> Wäre es schon eine verdammt schwere Arbeit, in unserer Ära der Zersplitterung ein französischer Enzyklopädist zu sein, so wird sie noch durch die Verpflichtung, gleichzeitig ein galanter Abbé des ancien regime zu sein, wesentlich schwieriger. Zum Lever der Pompadour ihr von der einen Seite die Beicht abzunehmen, von der andern die neuesten Mots aus dem Café Herrenhof zu erzählen, dazu ein deutscher Romantiker vom Ende des 18. Jahrhunderts zu sein, womöglich die beiden Schlegel auf einmal vorzustellen, philosophierend und lorgnettierend, mit Puderquaste und Weihwedel, fromm und aufgeklärt, Skeptiker und Enthusiast, sentimentalisch und verrucht, burlesk wie Gozzi und stürmisch wie Lenz – das soll einer dem Franz Blei nachmachen.[443]

Wichtig ist es Kraus dabei, die Integrität und Seriosität des Publizisten und Kritikers Blei, der mehr als alle anderen behandelten Wiener Autoren in einer deutlichen Konkurrenz zu ihm selber stand, fundamental in Zweifel zu ziehen:

> Dabei immer wie nur ein Bahr hinter der Jugend her, und doch anders. Denn Bahrs Empfänglichkeit für alle unverbrauchten Reize der Literatur ist mehr die der Matrone, die sich gar nicht geniert, an einem Sonntag gleich mit fünf Buberln in der Konditorei zu erscheinen, und so das gefährliche Alter zum Schauspiel macht. Blei, dessen männlicher Instinkt in diesem täuschenden Geschlecht von Schreibern das Femininum wittert, steht ihnen durchaus als der überlegene Wüstling gegenüber, treibt sich mit der Gemütsruhe des gewitzten Erotikers vor

> Literaturschulen herum und hat zumal die kommunistischen Schulstürzer auf dem Gewissen.[444]

Folgt man der Suggestion dieser Darstellung, dann ist der als pädophil inkriminierte Franz Blei der eigentliche An- und Verführer der sozialrevolutionären Wiener Literaten, zwar charakter- und gewissenlos, doch umso umtriebiger:

> Schon dem Ansehn nach der leibhaftige Hecht im Karpfenteich, ist er zwar imstande Bewegungen anzuregen, aber umso übler stagnieren die Gewässer. Und weil denn diese Geistigkeit zum Himmel stinkt, drum lebe der Kommunismus und die katholische Kirche. Da aber Blei für jede literarische Richtung genügend Interesse hat, um sie praktisch zu erproben, so hatte er sich auch in das Kriegspressequartier aufnehmen lassen. Er wollte, wie er behauptet, die dortigen Zustände studieren und Material gegen die Kriegsgewalt sammeln, um es nach der Revolution, die er kommen sah, zu wirksamen Protesten verwerten zu können. Es ist ihm auch gelungen, die Aufnahme in das Kriegspressequartier zu erreichen.[445]

Rhetorisch weitaus elaborierter als Bittner gelingt es Kraus, Blei der ›Gesinnungslumperei‹ zu zeihen und der Verteidigung Bittners in dem von Blei darüber angestrengten Ehrenbeleidigungsprozess entlastendes Material zu liefern. Indem er zu satirischen Zwecken schließlich nicht nur mit Schiller-, sondern auch mit verschnittenen Nestroy-Zitaten operiert, stempelt er den Herausgeber der *Rettung* zum Gegenstand mehr der Komödie als der Tragödie. Abschließend jedoch lässt es sich Kraus trotz aller satirischen Elemente innerhalb seiner Polemik nicht nehmen, Grundsätzliches über die Voraussetzungen zu verlautbaren, die beim politischen und moralischen Engagement eines Schriftstellers seines Erachtens erfüllt sein müssen:

> Nun, grundsätzlich kann man sagen, daß, wer eine Apokalypse unter der Feder hat, sich nicht ins Kriegspressequartier begeben wird, es wäre denn, daß er den Weltuntergang als einen angebrochenen Herrenabend auffaßt, mit dem man unbedingt etwas anfangen muß, zum Beispiel Revolution. Dieser Eklektiker hat das eigene Pech, daß sein Name allein schon, der doch durch seinen alphabetischen Vorrang eine gewisse Führung hat, jede Aktion verdächtig macht und daß einem blutdürstigen Bürgertum kein Abgeordneter der ganzen Menschheit gegenübersteht, sondern ein Gourmet.[446]

Blei sei alles Andere als ein Marquis Posa, sein Name stehe »warnend vor den vielfältigen Angelegenheiten der Kultur, der Freiheit und des Geistes«, und das sei von prinzipieller Bedeutung auch für den ›Fall Toller‹:

> Nicht das Zeugnis der Literaten, die sich an einen fremden Galgen hängen, der ihrem Schützling nie gedroht hat, hat diesen gerettet, aber die Berufskrankheit der Hysterie, die ihresgleichen der vollen Verantwortung eines Unheils enthebt, ihm mildernde Umstände gesichert. Jener Hexenwind, der wenn er in ein Weib fährt, in der Politik einen Mann aus ihr macht, und wenn er in ein Maskulinum fährt, höchstens einen »Idealisten«.[447]

Über den Umweg eines virtuosen Spiels mit Berufs- und Geschlechterstereotypen kommt Kraus abschließend noch einmal auf seine zunächst sistierte Reflexion über das Verhältnis von Politik und Literatentum zu sprechen und fällt ein klares Verdammungsurteil über die Vertreter des Letzteren, indem er den glimpflichen Ausgang des Hochverratsprozesses gegen Toller als erwartbar hinstellt:

> Daß Herrn Toller die ehrlichen Beweggründe seines Handelns zugebilligt würden, war vorauszusehen, und im vorhinein war es klar, daß hier nicht der Plan eines schlechten Menschen, sondern nur die Verwirrung eines schlechten Lyrikers an der Weltgeschichte beteiligt sei. Wir aber wollen nicht regiert und geängstigt sein von jenen, die zwar von Kindesbeinen intellektuell gereift waren, aber ihre Pubertätskrisen mit Maschinengewehren austragen müssen.[448]

Die zuletzt zitierte, pointierte Formulierung lässt sich eindeutig nicht mehr auf die genannten Autoren beziehen, sondern – neben Toller – einzig auf den hier auffallend ausgesparten, ehemaligen Rotgardistenführer Egon Erwin Kisch, der subkutan in der Polemik durchaus eine tragende Rolle einnimmt. Zwar kommt er in der Toller-Grubenhund-Affäre namentlich nicht vor, doch spielt Kraus hier ganz offenkundig auf ihn an, wie Kisch nicht entgangen ist, der am 1. August 1919 seiner Mutter berichtete: »Heute fetzt mich wieder der ›Fackel‹-Kraus an.«[449] Um sich gegen den naheliegenden Vorwurf einer einseitigen Parteinahme für die Reaktion zu verwahren, streift Kraus im Vorübergehen noch einmal ausdrücklich die Thematik des bevorstehenden Prozesses gegen den angeklagten Münchner Dichter-Revolutionär. Er hält Toller aber nicht für ernsthaft gefährdet und konzentriert sich lieber auf seine *fortissimo* intonierte persönliche Anklage des revolutionären Wiener Literatentums:

> Das Gericht, vor welches ein unglückliches Zeitalter seine Verluste bringt, wird mit der Krankheit strenger verfahren als mit der Tücke, gegen die vorbeugend und strafend der staatliche Verstand noch Schutz gewähren konnte. Doch preisgegeben sind wir diesem Sturm und Drang einer Scheinbarkeit, die vom Sturm nur den Rhythmus und vom Drang nur die Geste erlebt und eben darum die Realität der blutigen Not bewegen kann.[450]

Kraus betreibt eine Totalabrechnung mit den sozialrevolutionären Wiener Literaten, die in seiner Polemik sowohl künstlerisch als auch politisch angeklagt, vorgeführt und abgeurteilt werden – zuletzt nicht nur in Berufung auf Moral und Recht, sondern auch mittels forcierter Pathologisierung und traditioneller Geschlechterstereotypen:

> Und die Minderwertigkeit, die sich an einem ihr ewig entrückten männlichen Ideal vergreifen muß und noch im Kampf gegen eine kapitalistische Mißwelt in Wahrheit ihre Reaktion gegen den kulturellen Mehrwert betätigt – sie bleibt das Thema der Psychoanalyse, die wechselweis auch ihre Gelegenheit war, gleich der Literatur, ehe der Kommunismus der armen Seele den Weg ins weiteste Feld der Unruhe auftat. Nun ist – wenn das neuentdeckte Verfahren eines Austausches der Keimdrüsen uns nicht Ruhe schafft – der Defekt der Natur zu einer heldischen Genugtuung ausersehn, berufen zu jenem Effekt der revolutionären Tat, den seinem Ehrgeiz der kühnste Wachtraum nicht vorgegaukelt hätte.[451]

Alle hochschießenden Träume und Erwartungen der revolutionären Wiener Schriftsteller des Jahres 1918/19 werden so vom selbsternannten Hohepriester der österreichischen Literatur als leere, irrlichternde Hirngespinste und bloße Mittel zum Zweck der Selbstreklame verworfen, die Verheißung einer besseren Welt und Gesellschaftsordnung erscheint als eitle Selbstbespiegelung eines sittlich unreifen und künstlerisch unproduktiven Literatentums. Damit dieses Vernichtungsurteil wirklich wahrgenommen werde, greift Kraus es in dem direkt auf die Polemik *Proteste* folgenden Artikel *Gespenster* im selben *Fackel*-Heft noch einmal auf, wobei er nun noch deutlicher auch die avantgardistischen Schreibverfahren der linken Expressionisten thematisiert – und genauso wie deren revolutionäre politische Agenda nachdrücklich verwirft:

> Einem aufgelösten Leben mit einer aufgelösten Kunst zu antworten und so jene tiefere Einheit zu bewahren, die dem Unvermögen die schöpferische Weihe verschafft: von diesem Lug und Selbstbetrug lebt eine literarische Generation, die den Anspruch erhebt, in der kommenden Ordnung die Vorrechte des »geistigen Arbeiters« auszuüben, als ob irgendein anderes als das Verdienst, Genossen einer blutigen Zeit zu sein, sie mit den Schicksalen jener verbände, mit deren Blut diese Ordnung verdient wird.[452]

Einer Verquickung von Literatur und Politik – und damit auch der utopischen Vision einer gerechteren Gesellschaft – vermag der in die schlechte Gegenwart verbissene Kritiker nichts abgewinnen, dem »Politik nur eine Methode« ist, »das Leben zu besorgen, damit wir zum Geist gelangen.«[453] Für den ästhetisch nach wie vor an den Normen des Klassizismus (›Natur‹, ›Organik‹, ›Einheit‹, ›Ganzheit‹, ›Originalität‹ ›Vollkommenheit‹) ausgerichteten Kraus sind die ›dekonstruktiven‹ Verfahrensweisen der Avantgarde letztlich genauso ein Ausweis für sittliche Verderbtheit wie das schlechte Schriftdeutsch der Wiener Kleinbürger und Proleten:

> Im Treffpunkt eines unsaubern Intellekts, weitab von der Natur, begegnet ihrer Grausamkeit die Empfindsamkeit der neuen Wortwelt. Organisch ist hier nichts als der Zwang, daß eine Literatur, deren letztes Kredo die Auflösung der Syntax ist, sich als die geistige Unterlage einer Tyrannei darbiete, die den Staat als den Aussterbeetat bejaht. Als ob, weil gräßliche Epigonen in Politik und Geist die Ordnung als den Zweck gesetzt haben, sie aufhören würde, Voraussetzung zu sein. Dem Menschentum aller seelischen Grade jedoch, möge es die Natur schöpferisch begnadet oder nur zum Anteil an der geschaffenen Welt berechtigt haben, möge sie ihm die Vermehrung des Lebens gönnen oder nur den Ertrag seiner Eigenschaften gewähren, ist alle Gewaltpfuscherei im tiefsten widerwärtig, ob sie nun von der Ideologie oder von der Hysterie ihre Erlaubnisse nimmt.[454]

Die Sprachmacht solcher Worte ist nicht zu verkennen. Bedenkt man die seit den sechziger Jahren erfolgte Kanonisierung Kraus' als Großkritiker und Großintellektueller, aus dessen Schriften die Literaturwissenschaft häufig sogar ihre deskriptiven und qualitativen Kriterien bezieht,[455] dann überrascht es nicht, dass von der Wiener Revolution der Dichter heute kaum mehr die Rede ist. Daran konnte die Lanze, die niemand Geringerer als Robert Musil im Kontext des Blei-Bittner-Prozesses für »die einzigen Köpfe« im Kriegspressequartier brach, wenig ändern: Während die sozialrevolutionären Autoren nach dem fatalen Prozessausgang 1920 öffentlich »als der Abhub hingestellt« werden durften, erschienen Bittner – »ein lob- und tadelsfreier Durchschnittsjournalist« – und Konsorten wie Karl Lustig-Prean – »der bösartigste Macher, der mir [i. e. Musil, N.C.W.] im Krieg untergekommen ist« – gerichtlich rehabilitiert.[456] Und dies gab nur einen Vorgeschmack auf die Intellektuellenhatz, die in den dreißiger Jahren einsetzen und die auch die Nachrede der literarischen Revolutionäre von 1918 mehr als beeinträchtigen sollte. Ihre textuelle Produktivität ist aber genauso wie ihr fehlender Ort im kulturellen Gedächtnis ein Beispiel dafür, dass Magris' wirkungsmächtige These von dem die österreichische Literatur der Zwischenkriegszeit angeblich beherrschenden ›habsburgischen Mythos‹ nicht mehr und nicht weniger ist als ein wissenschaftsgeschichtliches Konstrukt. Seine Evidenz lebt auch von der Verdrängung dessen, was vorher ausgeschlossen wurde.

Keine Wiener Revolutionsliteratur von Rang? Schlussbemerkung

Die Existenz einer eigenen Wiener Revolutionsliteratur wurde von der wissenschaftlichen wie von der schulischen und allgemeinen Rezeption ähnlich verdrängt wie lange Zeit die einer österreichischen expressionistischen Dichtung. Wie Ernst Fischer, der vielleicht beste Kenner des Wiener Expressionismus, betont hat, reichen dessen politische Erscheinungsformen in Österreich um 1918 »vom blinden Aktionismus und Verbalradikalismus bis zur dichterisch-utopischen Vision einer ganz anderen gesellschaftlichen Praxis«, wobei der »Begriff des Politischen [...] nicht mit der Elle der Realpolitik« zu messen sei.[1] Das letztendliche Scheitern der revolutionären Bestrebungen seitens der Schriftsteller sowie ihre öffentliche Diskreditierung durch die Presse habe bewirkt, »daß nicht nur das ethische Potential des Expressionismus bleibend desavouiert war, sondern daß er auch in seiner ästhetischen Geltung schwer beschädigt wurde. Mindestens wurde sein Ende und der Umschlag zu neuen Stilparadigmen auf diese Weise beschleunigt.«[2] In diesem Zusammenhang ist freilich darauf hinzuweisen, dass nicht alle an den revolutionären Vorgängen beteiligten Autoren gleichermaßen als Anhänger und Vertreter des Expressionismus gelten können: Bei Franz Blei ist diese Zuordnung zweifelhaft, bei Egon Erwin Kisch zeichnet sich schon während und vor dem hier behandelten Zeitraum eine Schreibhaltung und ein Schreibverfahren ab, die auf die Neue Sachlichkeit verweisen, was bereits die Zeitgenossen *avant la lettre* wahrgenommen haben. Doch auch was die politische Seite im engeren Sinn betrifft, zieht Fischer eine durchwachsene Bilanz:

> Der Versuch der Schriftsteller, die Gunst der Stunde zu nutzen und sich an die Spitze der Gesellschaft zu setzen, um sich einmal zum Subjekt der Geschichte zu machen, ist im November 1918 – mehr oder minder tragisch – gescheitert. Ihr Bemühen, dem einer inneren Logik folgenden Umsturzgeschehen die Züge einer Revolution aufzuprägen, ließ sie zu ›nützlichen Idioten‹ von beharrenden Kräften werden, die sich durch die realitätsfernen Vorstellungen und Aktivitäten der Rotgardisten wie der ›Geistpolitiker‹ nur noch weiter festigten. Das politische Engagement der Literaten endete so in einer traumatischen Erfahrung.[3]

Mit Blick auf die Folgen des gescheiterten Engagements für die Schriftsteller selbst spricht Fischer sogar von einer fatalen »Schadensbilanz«, die er unten den drei Aspekten »Demoralisierung«, »Auswanderung« (zumeist nach Berlin) und Wechsel »in politikferne Genres, namentlich in der Unterhaltungsliteratur«, abhandelt.[4] Dabei sollte jedoch die Tatsache, dass »in Österreich die Errichtung einer ›Schriftstellerrepublik‹ in der Art der Münchner Räterepublik der Eisner, Landauer, Mühsam und Toller niemals zur Debatte stand«, nicht unbedingt auf die Verlustrechnung gesetzt werden, will man nicht ganz außer Acht lassen, welchen Verlauf und welches Ende das bayerische Experiment genommen hat und wohin es (nicht) führte. Wenn man dem Historiker Hans Hautmann glauben mag, dann war im November 1918 in Österreich durchaus eine »*akut revolutionäre Situation*« gegeben, sodass »die Gefahr des ›Bolschewismus‹ auch auf deutschösterreichischem Staatsgebiet bestand.«[5] Verhindert wurde eine soziale Revolution vor allem durch das mäßigende Eingreifen der Sozialdemokratie, wie aus dem ersten Teil des vorliegenden Buchs hervorgeht. Nachdem die Kräfteverhältnisse im Staat, auch zwischen Wien und der Provinz, keineswegs so eindeutig zu ihren Gunsten waren, wie es die optimistischen Revolutionäre meinten, ist der jungen Republik wohl ein blutiger Bürgerkrieg erspart geblieben, der dann gut 15 Jahre später mit fatalem Ausgang geführt wurde. Vergleichbares hätte schon 1918/19 allen sozialistischen Hoffnungen ein jähes Ende setzen können.

Ebenso zu differenzieren ist Fischers Befund, es habe in Wien »zwar alles in allem einen durchaus beachtenswerten Aktivismus geistesaristokratischer Prägung« gegeben, »aber keine radikalaktivistische Fraktion, die das Bündnis mit den Massen gesucht hätte.«[6] Dies trifft wohl auf die Aktivisten im engeren Sinn zu, nicht aber auf linksextreme Autoren generell, wie sich am Beispiel Kischs und – mit Abstrichen – auch Werfels zeigen lässt, die durchaus auf der Straße und in den Kasernen agitierten, ihre Texte für Soldaten verfassten und vor Soldaten verlasen. Ob ihr »Aufstand weniger einem Gesellschafts- oder Herrschaftssystem« gegolten habe »als vielmehr einem abgelebten Kulturmodell«,[7] sei dabei einmal dahingestellt, zumal diese Frage wohl auch an die Münchner Revolutionäre gestellt werden könnte. So scheint Fischers Klage darüber, dass die »Suche nach einem österreichischen Ernst Toller [...] ergebnislos bleiben« müsse und dass es »den großen politischen Roman über den Umsturz bzw. die Revolution« hier nicht gäbe,[8] nur bedingt angebracht, wenn man die thematische und formale Vielfalt jener literarischen Wiener Revolutionsdarstellungen bedenkt, die im zweiten Teil dieses Buches vorgestellt wurden und die noch durch dramatische Formen wie Franz Theodor Csokors Theaterstück *3. November 1918* (1936) oder Hugo von Hofmannsthals Mysterienspiel *Das Salzburger Große Welttheater* (1922) zu ergänzen wären. Unter ihnen befindet sich mit Werfels *Barbara* immerhin auch ein großer – allerdings politisch resignativer – Roman. Zwar hat in Wien »der Verlauf der Revolution den Schriftstellern kaum die Möglichkeit« gelassen, »ihre Rolle im Sinne eines heroischen Scheiterns zu interpretieren«, doch ist das nicht gleichbedeutend mit dem negativen Gesamtresümee Fischers, das lautet: »Die Revolution hat [...] in Österreich keine positive Gestaltung von literarischem

Rang erfahren. Das Thema scheint tatsächlich mit einem gewissen Degout behaftet gewesen zu sein.«[9] Was immer man unter ›positiver Gestaltung‹ verstehen mag – in Wien folgte die literarische Revolutionsdarstellung nicht einem heroischen Paradigma, sondern eben *anderen* – zum Teil ortsspezifischen – poetischen Traditionen und Mustern als in München oder Berlin, wozu nicht zuletzt die aus Prag stammenden Literaten beitrugen. Dies besagt aber nichts über ihre – teils bemerkenswerte – künstlerische, politische und zeitdiagnostische Qualität. Einen Eindruck davon sollte das hier vorgelegte Buch vermittelt haben.

Anmerkungen

Das Fallen der Kokarden. Einführung

1 Vgl. Claudio Magris: Der habsburgische Mythos in der modernen österreichischen Literatur. Überarbeitete Neuausgabe. Wien: Zsolnay 2000.
2 Vgl. Eric Hobsbawm: Revolutionaries. [zuerst 1973] London: Abacus 2007, S. 28: »It was not until the first world war [...] broke these old traditions and certainties that the intellectuals turned directly to Marx in large numbers. They did so via Lenin. The history of marxism among intellectuals in the west is therefore largely the history of their relationship with the communist parties which replaced social democracy as the chief representatives of marxism.«
3 Otto Bauer: Die österreichische Revolution. Wien: Wiener Volksbuchhandlung 1923, S. 208.
4 Eine Interpretation der im Folgenden geschilderten Begebenheit aus der Perspektive von Geschichtswissenschaft und Kulturtheorie, Theologie, Anthropologie der Avantgarde, Ästhetik und Theaterwissenschaft – nicht aber, wie unten vorgeschlagen, der Kultursoziologie – unternimmt Helmut Lethen: Blitzschnelle Metamorphosen. 7 Überlegungen zu einem Putzfleck. In: Geschichte als Literatur. Formen und Grenzen der Repräsentation von Vergangenheit. Hg. v. Hartmut Eggert, Ulrich Profitlich u. Klaus R. Scherpe. Stuttgart: Metzler 1990, S. 242–248.
5 Manès Sperber: Leben in dieser Zeit. Sieben Fragen zur Gewalt. Wien: Europa Verlag 1972, S. 9.
6 Ebd.
7 Ebd.
8 Vgl. dazu das Kapitel »Zeit und Macht« in Pierre Bourdieu: Meditationen. Zur Kritik der scholastischen Vernunft. Frankfurt a. M.: Suhrkamp 2001, S. 293–297; daneben ebd., S. 304–307.
9 Sperber: Leben in dieser Zeit, S. 9 f.
10 Ebd., S. 10.
11 Ebd.
12 Ebd.
13 Ebd., S. 10 f.
14 Ebd., S. 11.
15 Ebd., S. 12.
16 Pierre Bourdieu: Die Regeln der Kunst. Genese und Struktur des literarischen Feldes. Frankfurt a. M.: Suhrkamp 1999, S. 68.
17 Ebd., S. 363.
18 Pierre Bourdieu: Über den Staat. Vorlesungen am Collège de France 1989–1992. Hg. v. Patrick Champagne, Remi Lenoir, Franck Poupeau u. Marie-Christine Rivière. Berlin: Suhrkamp 2014, S. 295.
19 Robert Musil: Der Mann ohne Eigenschaften. Roman. 2 Bde. Hg. v. Adolf Frisé. Reinbek bei Hamburg: Rowohlt 1987, S. 528; vgl. ebd., S. 514.
20 Vgl. Hugo von Hofmannsthal an Rudolf Pannwitz, 4.11.1918. In: Hugo von Hofmannsthal/Rudolf Pannwitz: Briefwechsel 1907–1926. In Verbindung mit dem Deutschen Literaturarchiv hg. v. Gerhard Schuster. Mit einem Essay v. Erwin Jaeckle. Frankfurt a. M.: S. Fischer 1993, S. 347: »Der Welt die untergeht weine ich auch keine Thräne nach.« Auf Nachfrage von Pannwitz präzisiert Hofmannsthal am 17.11.1918: »[M]ein Wort, daß ich dem Stürzenden nicht nachweine, bedarf

allerdings sehr der gesprächsweisen Interpretation. Aber es war in Oesterreich alles der Idee entfremdet, ja alles verleugnete die Idee ohne die doch das Ganze nicht bestehen konnte, alles war Materie, Phlegma geworden.« (S. 349)

21 Vgl. Maureen Healy: Am Ende und doch kein Ende. In: Im Epizentrum des Zusammenbruchs. Wien im Ersten Weltkrieg. Hg. v. Alfred Pfoser u. Andreas Weigl. Wien: Metroverlag 2013, S. 572–577, hier S. 572 f.

22 F.[ranz] F.[iala]: Der Hornist der Roten Garde erzählt. In: Die Rote Fahne Nr. 268 (11.11.1928), S. 8.

23 Ebd.

24 Vgl. dazu Helmut Lethen: Verhaltenslehren der Kälte. Lebensversuche zwischen den Kriegen. Frankfurt a. M.: Suhrkamp 1994, bes. S. 23–26.

25 Mark Jones: Am Anfang war Gewalt. Die deutsche Revolution 1918/19 und der Beginn der Weimarer Republik. Berlin: Propyläen 2017, S. 60; freundlicher Hinweis von Florian Wenninger.

26 Ebd.

27 Max Brod: Streitbares Leben 1884–1968. München/Berlin/Wien: F. A. Herbig 1969, S. 111.

28 Bernhard Weyergraf: Einleitung. In: Hansers Sozialgeschichte der deutschen Literatur vom 16. Jahrhundert bis zur Gegenwart. Bd. 8: Literatur der Weimarer Republik 1918–1933. Hg. v. B. W. München: Hanser 1995, S. 7–37, hier S. 7.

29 Ebd., S. 9.

30 Ebd., S. 8.

31 Ebd.

32 Ebd., S. 9.

33 Ebd., S. 10.

34 Ebd., S. 13.

35 Ebd.

36 Ebd., S. 14.

37 Ebd., S. 10.

38 Ebd., S. 15.

39 Freilich auf Deutschland bezogen; vgl. Wolfgang Schivelbusch: Die Kultur der Niederlage. Der amerikanische Süden 1865. Frankreich 1871. Deutschland 1918. Berlin: Fest 2001, S. 227–343 u. 416–456 (Anm.).

40 Weyergraf: Einleitung, S. 12 f.

41 Ebd., S. 15.

42 Vgl. ebd.

43 Ebd., S. 16.

44 Vgl. Hellmut Andics: Der Staat, den keiner wollte. Österreich 1918–1938. Wien: Herder 1962.

45 Wendelin Schmidt-Dengler: Abschied von Habsburg. In: Hansers Sozialgeschichte der deutschen Literatur, Bd. 8, S. 483–548 u. 720–724 (Anm.), hier S. 488 f.

46 Hermann Broch: Die Schlafwandler. Eine Romantrilogie. Hg. v. Paul Michael Lützeler. Frankfurt a. M.: Suhrkamp 1978 (= H. B.: Kommentierte Werkausgabe, Bd. 1), S. 24.

47 Alfred Polgar: Die Uniform. In: A. P.: Kleine Schriften. Bd. 1: Musterung. Hg. v. Marcel Reich-Ranicki in Zusammenarbeit mit Ulrich Weinzierl. Reinbek bei Hamburg: Rowohlt 1982, S. 72–74, hier S. 72.

48 Vgl. dazu Markus Rieger: Zauber der Montur. Zum Symbolgehalt der Uniform in der österreichischen Literatur der Zwischenkriegszeit. Wien: Braumüller 2009 (= Zur neueren Literatur Österreichs, Bd. 22).

49 Schmidt-Dengler: Abschied von Habsburg, S. 483.

50 Friedrich Achberger: Fluchtpunkt 1938. In: F. A.: Fluchtpunkt 1938. Essays zur österreichischen

Literatur zwischen 1918 und 1938. Hg. v. Gerhard Scheit, mit einem Vorwort v. Wendelin Schmidt-Dengler. Wien: Verlag für Gesellschaftskritik 1994 (= Antifaschistische Literatur und Exilliteratur – Studien und Texte, Bd. 12), S. 23–33 u. 191 (Anm.), hier S. 27 f.

51 Friedrich Achberger: Literatur gegen die Revolution. In: ebd., S. 101–131 u. 194–196 (Anm.), hier S. 102.

52 Einen knappen Abriss der Problemlage gibt Achberger ebd., S. 102–105. Vgl. eingehender etwa Hans Hautmann: Der November 1918 – eine Revolution? In: Österreich November 1918. Die Entstehung der Ersten Republik. Protokoll des Symposiums in Wien am 24. und 25. Oktober 1978. Wien: Verlag für Geschichte und Politik 1986 (= Wissenschaftliche Kommission zur Erforschung der Geschichte der Republik Österreich, Bd. 9), S. 159–167 u. 262–268 (Diskussion); Norbert Leser: Gab es 1918 eine österreichische Revolution? In: Staatsgründungen 1918. Hg. v. Wilhelm Brauneder u. N. L. Frankfurt a. M. u. a.: Peter Lang 1999 (= Rechts- und sozialwissenschaftliche Reihe, Bd. 24), S. 9–25; Gerhard Botz: Die ›Österreichische Revolution‹ 1918/19. Zu Kontexten und Problematik einer alten Meistererzählung der Zeitgeschichte in Österreich. In: Zeitgeschichte 41 (2014), H. 6, S. 359–370.

53 Vgl. Wilhelm Brauneder: Deutsch-Österreich 1918. Die Republik entsteht. Wien/München: Amalthea 2000; Hannes Leidinger: Der Untergang der Habsburgermonarchie. Innsbruck/Wien: Haymon 2017; Anton Pelinka: Die gescheiterte Republik. Kultur und Politik in Österreich 1918–1938. Wien/Köln/Weimar: Böhlau 2017; Alfred Pfoser/Andreas Weigl: Die erste Stunde Null. Gründungsjahre der österreichischen Republik 1918–1922. Salzburg/Wien: Residenz 2017; Walter Rauscher: Die verzweifelte Republik. Österreich 1918–1922. Wien: Kremayr & Scheriau 2017.

54 Einen instruktiven Abriss gibt freilich schon Ernst Fischer: Expressionismus – Aktivismus – Revolution. Die österreichischen Schriftsteller zwischen Geistpolitik und Roter Garde. In: Expressionismus in Österreich. Die Literatur und die Künste. Hg. v. Klaus Amann u. Armin A. Wallas. Wien/Köln/Weimar: Böhlau 1994 (= Literatur in der Geschichte. Geschichte in der Literatur, Bd. 30), S. 19–48.

55 Vgl. Volker Weidermann: Träumer. Als die Dichter die Macht übernahmen. Köln: Kiepenheuer & Witsch 2017.

Die ›Österreichische Revolution‹ der Literaten im Spiegel von Presse, lebensgeschichtlichen Zeugnissen und Erinnerungen

1 Vgl. Hans Hautmann: Die verlorene Räterepublik. Am Beispiel der Kommunistischen Partei Deutschösterreichs. Wien/Frankfurt/Zürich: Europa Verlag 1971, S. 94 f.

2 Vgl. ebd., S. 100.

3 Ebd., S. 80.

4 Vgl. ebd., S. 80–82.

5 Ebd., S. 88.

6 Vgl. ebd., S. 77 f. u. 89.

7 Vgl. ebd., S. 78 f. u. 89–92.

8 Vgl. dazu insgesamt jetzt auch Peter Haumer: Die Föderation Revolutionärer Sozialisten »Internationale« und die österreichische Revolution 1918/1919. In: Arbeit – Bewegung – Geschichte 3 (2017), S. 96–111.

9 Hautmann: Die verlorene Räterepublik, S. 94.

10 Vgl. https://www.wien.gv.at/wiki/index.php/Fremdenblatt, letzter Zugriff: 26.4.2018.

11 Zur Vorgeschichte vgl. Hautmann: Die verlorene Räterepublik, S. 94 f.

12 N. N.: Die Versammlungen der Soldatenräte. In: Fremden-Blatt Nr. 298 (1.11.1918), Morgen-Ausgabe, S. 4 f., hier S. 4.

13 Franz Koritschoner: Aus der Vergangenheit unserer Partei. Der Zusammenbruch. In: Die Rote Fahne Nr. 262 (4.11.1928), S. 6.
14 N. N.: Die Versammlungen der Soldatenräte, S. 4.
15 Vgl. Hautmann: Die verlorene Räterepublik, S. 94 f.
16 Vgl. N. N.: Eine Offiziers- und Soldatenversammlung in den Dreher-Sälen. In: Neue Freie Presse Nr. 19464 (1.11.1918), Morgenblatt, S. 5 f., hier S. 5.
17 Ebd., S. 6.
18 N. N.: Die Versammlungen der Soldatenräte, S. 4.
19 Ebd.
20 Ebd.
21 Vgl. N. N.: Eine Offiziers- und Soldatenversammlung in den Dreher-Sälen, S. 5.
22 N. N.: Die Versammlungen der Soldatenräte, S. 4.
23 N. N.: Eine Offiziers- und Soldatenversammlung in den Dreher-Sälen, S. 5.
24 Vgl. Hautmann: Die verlorene Räterepublik, S. 76.
25 N. N.: Die Versammlungen der Soldatenräte, S. 4.
26 N. N.: Eine Offiziers- und Soldatenversammlung in den Dreher-Sälen, S. 5; ähnlich auch N. N.: Eine Demonstration »Roter Garde« vor dem Parlament. In: Illustrierte Kronen-Zeitung Nr. 6765 (2.11.1918), S. 3.
27 N. N.: Die Versammlungen der Soldatenräte, S. 4.
28 Vgl. Hautmann: Die verlorene Räterepublik, S. 94 f.
29 Vgl. Guido Zamis: Egon Erwin Kisch und die Wiener Rote Garde. In: Beiträge zur Geschichte der Arbeiterbewegung 24 (1982), H. 5, S. 719–733, hier S. 721.
30 Hautmann: Die verlorene Räterepublik, S. 94.
31 N. N.: Die Versammlungen der Soldatenräte, S. 4.
32 N. N.: Eine Demonstration »Roter Garde« vor dem Parlament, S. 3.
33 Vgl. Ľudovít Šulc: Über den entscheidenden Abschnitt im Leben E. E. Kischs (1917–1919). In: Weltfreunde. Konferenz über die Prager deutsche Literatur. Praha: Academia. Verlag der Tschechoslowakischen Akademie der Wissenschaften 1967, S. 291–306, hier S. 301; Haumer: Die Föderation Revolutionärer Sozialisten »Internationale«, S. 96.
34 N. N.: Bolschewikische Putschhetze. In: Reichspost Nr. 505 (1.11.1918), Morgenblatt, S. 4.
35 Ebd.
36 Ebd.
37 Ebd.
38 Ebd.
39 N. N.: Soldatenversammlung beim Dreher. In: Arbeiter-Zeitung Nr. 298 (1.11.1918), S. 4.
40 Ebd.
41 N. N.: Die Versammlungen der Soldatenräte, S. 4.
42 Ebd.
43 N. N.: Bolschewikische Putschhetze, S. 4.
44 N. N.: Die Versammlungen der Soldatenräte, S. 4.
45 N. N.: Tumultszenen bei der Roßauer Kaserne. Schüsse auf dem Deutschmeisterplatz. In: Neue Freie Presse Nr. 19464 (1.11.1918), Morgenblatt, S. 5.
46 N. N.: Bolschewikische Putschhetze, S. 4.
47 N. N.: Die Versammlungen der Soldatenräte, S. 4.
48 Ebd.
49 Ebd.
50 Ebd., S. 4 f.
51 Ebd., S. 5.

52 Ebd.
53 N. N.: Der gestrige Tag. In: Fremden-Blatt Nr. 299 (2.11.1918), Morgen-Ausgabe, S. 4.
54 Ebd.
55 Ebd.
56 Hautmann: Die verlorene Räterepublik, S. 95, unter Berufung auf die linksradikale Boulevardzeitung *Der Abend* vom 2.11.1918, die sich allerdings nicht in der digitalisierten Zeitungssammlung der ÖNB befindet und für das vorliegende Buch nicht konsultiert wurde; vgl. dazu die Informationen in https://www.wien.gv.at/wiki/index.php/Der_Abend, letzter Zugriff: 26.4.2018.
57 N. N.: Die Versammlung auf dem Deutschmeisterplatz. In: Fremden-Blatt Nr. 299 (2.11.1918), Morgen-Ausgabe, S. 2 f., hier S. 3.
58 Hautmann: Die verlorene Räterepublik, S. 95.
59 N. N.: Deutschösterreichischer Staatsrat. In: Fremden-Blatt Nr. 299 (2.11.1918), Morgen-Ausgabe, S. 2.
60 Hautmann: Die verlorene Räterepublik, S. 95.
61 N. N.: Eine Versammlung der »Roten Garde«. In: Fremden-Blatt Nr. 300 (3.11.1918), Morgen-Ausgabe, S. 3.
62 Ebd.
63 Ebd.
64 N. N.: Die Organisierung der Soldaten. In: Arbeiter-Zeitung Nr. 300 (3.11.1918), Morgenblatt, S. 6 f., hier S. 6 f.
65 Ebd., S. 7.
66 Ebd.
67 N. N.: Abschiebung des Korporals Haller. In: Fremden-Blatt Nr. 300 (3.11.1918), Morgen-Ausgabe, S. 3.
68 Egon Erwin Kisch an Ernestine Kisch, Wien, 16.9.1917. In: E. E. K.: Briefe an den Bruder Paul und an die Mutter 1905–1936. Hg. v. Josef Poláček unter Mitarbeit v. Fritz Hofmann. Berlin/Weimar: Aufbau 1978, S. 143 f., hier S. 143.
69 Die Zitate aus den bisher nicht publizierten Notizbüchern Perutz' werden – soweit nicht anders angegeben – nachgewiesen nach Hans-Harald Müller: Leo Perutz. Biographie. Wien: Zsolnay 2007, hier S. 123.
70 Zit. nach [Hans-Harald Müller u. Brita Eckert unter Mitwirkung v. Werner Berthold:] Leo Perutz 1882–1957. Eine Ausstellung der deutschen Bibliothek Frankfurt a. M./Wien/Darmstadt: Zsolnay 1989, S. 100.
71 Zit. nach Müller: Leo Perutz, S. 132 f.
72 Zit. nach ebd., S. 133.
73 Ebd.
74 Egon Erwin Kisch: Die Rote Garde und die Parteien. In: Der freie Arbeiter Nr. 4 (30.11.1918), S. 29 f., hier S. 30.
75 Vgl. Hautmann: Die verlorene Räterepublik, S. 88–94; Haumer: Die Föderation Revolutionärer Sozialisten »Internationale«, S. 99–102.
76 Kisch: Die Rote Garde und die Parteien, S. 29.
77 Ebd.
78 Julius Deutsch: Aus Österreichs Revolution. Militärpolitische Erinnerungen. Wien: Wiener Volksbuchhandlung 1921, S. 34.
79 Kisch: Die Rote Garde und die Parteien, S. 29.
80 Ebd.
81 Vgl. Zamis: Egon Erwin Kisch und die Wiener Rote Garde, S. 726.
82 Kisch: Die Rote Garde und die Parteien, S. 29 f.

83 Deutsch: Aus Österreichs Revolution, S. 33.
84 Kisch: Die Rote Garde und die Parteien, S. 30.
85 Deutsch: Aus Österreichs Revolution, S. 35.
86 Ebd., S. 37.
87 Ebd.
88 Ebd., S. 38.
89 Ebd.
90 Ebd., S. 35.
91 Ebd.
92 Hautmann: Die verlorene Räterepublik, S. 95.
93 Ebd., S. 96.
94 Deutsch: Aus Österreichs Revolution, S. 36.
95 Vgl. ebd., S. 37, sowie Egon Erwin Kisch: Die Mobilmachung der Roten Garde. In: Der freie Arbeiter Nr. 2 (16.11.1918), S. 13.
96 Robert Musil: Geist und Erfahrung. Anmerkungen für Leser, welche dem Untergang des Abendlandes entronnen sind. In: R. M.: Gesammelte Werke. 2 Bde. Hg. v. Adolf Frisé. Reinbek bei Hamburg: Rowohlt 2000, Bd. 2, S. 1042–1059, hier S. 1058.
97 Robert Musil: Das hilflose Europa oder Reise vom Hundertsten ins Tausendste. In: ebd., S. 1075–1094, hier S. 1088.
98 Oliver Pfohlmann: Literatur und Theaterkritik. In: Robert-Musil-Handbuch. Hg. v. Birgit Nübel u. Norbert Christian Wolf. Berlin/Boston: de Gruyter 2016, S. 414–429, hier S. 423.
99 Ebd.
100 Zum Kontext vgl. Roger Willemsen: Die sentimentale Gesellschaft. Zur Begründung einer aktivistischen Literaturtheorie im Werk Robert Musils und Robert Müllers. In: Deutsche Vierteljahrsschrift für Literaturwissenschaft und Geistesgeschichte 58 (1984), H. 2, S. 289–316.
101 Robert Musil: Robert Müller. In: R. M.: Gesammelte Werke, Bd. 2, S. 1131–1137, hier S. 1133.
102 Robert Musil: Politik in Österreich. In: ebd., S. 993–995, hier S. 993.
103 Robert Musil: Tagebücher. 2 Bde. Hg. v. Adolf Frisé. Reinbek bei Hamburg: Rowohlt [2]1983, Bd. 1, S. 342.
104 N. N.: Soldatenversammlung auf dem Deutschmeisterplatz. In: Arbeiter-Zeitung Nr. 299 (2.11.1918), S. 6 f.
105 Musil: Tagebücher, Bd. 1, S. 342 f.
106 N. N.: Soldatenversammlung auf dem Deutschmeisterplatz, S. 7; vgl. auch die Darstellung im Abschnitt *Der Verlauf der Demonstration* von N. N.: Eine Demonstration »Roter Garde« vor dem Parlament, S. 3.
107 N. N.: Soldatenversammlung auf dem Deutschmeisterplatz, S. 7.
108 Ebd.
109 Musil: Tagebücher, Bd. 1, S. 343.
110 Lesetext nach ebd., S. 343.
111 K.[urt] H.[iller]: Politischer Rat geistiger Arbeiter, Berlin: Programm. In: Das Ziel. Jahrbücher für geistige Politik 3 (1919), 1. Halbbd., S. 219–223, hier S. 220 f.
112 Ebd., S. 221 f. Zum Kontext vgl. jetzt Daniel Münzner: Kurt Hiller. Der Intellektuelle als Außenseiter. Göttingen: Wallstein 2015, S. 107–115.
113 Vgl. Karl Corino: Robert Musil. Leben und Werk in Bildern und Texten. Reinbek bei Hamburg: Rowohlt 1988, S. 264; Roger Willemsen: Robert Musil. Vom intellektuellen Eros. München/Zürich: Piper 1985, S. 149; Karl Corino: Robert Musil. Eine Biographie. Reinbek bei Hamburg: Rowohlt 2003, S. 593 f.
114 Lesetext nach Musil: Tagebücher, Bd. 1, S. 343.

115 Musil: Politik in Österreich, S. 993.

116 Oskar Maurus Fontana: Erinnerungen an Robert Musil. In: Robert Musil. Leben, Werk, Wirkung. Hg. v. Karl Dinklage. Reinbek bei Hamburg: Rowohlt 1960, S. 325–344, hier S. 327 f.

117 Ebd., S. 328.

118 Vgl. Corino: Robert Musil [2003], S. 594–596.

119 Robert Musil: Klagenfurter Ausgabe (KA). Kommentierte digitale Edition sämtlicher Werke, Briefe und nachgelassener Schriften. Mit Transkriptionen und Faksimiles aller Handschriften. Hg. v. Walter Fanta, Klaus Amann u. Karl Corino. Klagenfurt: Robert Musil-Institut der Universität Klagenfurt. DVD-Version 2009. Nachlass-Transkription nach M II/3/68.

120 Fischer: Expressionismus – Aktivismus – Revolution, S. 33.

121 Ebd. Genaueres dazu findet sich in Helmut Kreuzer/Günter Helmes (Hg.): Expressionismus – Aktivismus – Exotismus. Studien zum literarischen Werk Robert Müllers 1887–1924. Mit zeitgenössischen Rezeptionsdokumenten und einer Bibliographie. Göttingen: Vandenhoeck & Ruprecht 1981 (2. Auflage: Paderborn: Igel 1989); Stephanie Heckner: Die Tropen als Tropus. Zur Dichtungstheorie Robert Müllers. Wien/Köln: Böhlau 1991 (= Literatur in der Geschichte. Geschichte in der Literatur, Bd. 21); Bettina Pflaum: Politischer Expressionismus. Aktivismus im fiktionalen Werk Robert Müllers. Hamburg: Igel 2008 (= Literatur- und Medienwissenschaft, Bd. 107).

122 Robert Müller: Die neue Erregung (Aktivismus). In: Die Wage Nr. 38 (21.9.1918), S. 615–619; zit. nach Robert Müller: Kritische Schriften II. Mit einem Anhang hg. v. Ernst Fischer. Paderborn: Igel 1995 (= R. M.: Werkausgabe in Einzelbänden), S. 214–218, hier S. 214 f.

123 Hugo von Hofmannsthal/Ottonie Gräfin Degenfeld: Briefwechsel. Hg. v. Marie Therese Miller-Degenfeld unter Mitwirkung v. Eugene Weber. Eingeleitet v. Theodora von der Mühll. Frankfurt a. M.: S. Fischer 1974, S. 374 f.

124 Müller: Die neue Erregung (Aktivismus), S. 216.

125 Ebd.

126 Ebd.

127 Ebd.

128 Ebd.

129 Ebd., S. 217 f.

130 Robert Müller: Aus Deutschösterreich. In: Der neue Merkur 3 (1919), H. 4, S. 236–243; zit. nach R. M.: Kritische Schriften II, S. 377–384, hier S. 383.

131 Ebd.

132 Fischer: Expressionismus – Aktivismus – Revolution, S. 34.

133 Vgl. Robert Müller: Der freie Arbeiter. In: Finanz-Presse Nr. 60 (27.11.1918), S. 1 f.; zit. nach R. M.: Kritische Schriften II, S. 272–273.

134 Lesetext nach Musil: Tagebücher, Bd. 1, S. 343.

135 Lesetext nach ebd.

136 Vgl. die Informationen im ersten Kapitel.

137 Vgl. dazu Pfoser/Weigl: Die erste Stunde Null, S. 40–42.

138 Vgl. Hans Hautmann: Leo Rothziegel (1892–1919). Das Leben eines österreichischen Revolutionärs. In: Weg und Ziel Nr. 7/8 (1978), S. 287–290; Nr. 9 (1978), S. 333–336; Nr. 10 (1978), S. 377–379, hier S. 289 u. 334 f.

139 Fischer: Expressionismus – Aktivismus – Revolution, S. 24.

140 Vgl. Fontana: Erinnerungen an Robert Musil, S. 326 f.

141 Robert Musil: Briefe. 1901–1942. 2 Bde. Hg. v. Adolf Frisé. Reinbek bei Hamburg: Rowohlt 1981, Bd. 1, S. 160.

142 Vgl. Ernst Hanisch: Männlichkeiten. Eine andere Geschichte des 20. Jahrhunderts. Wien/Köln/Weimar: Böhlau 2005, S. 192.

143 Musil: Briefe, Bd. 1, S. 161.
144 Vgl. dazu Zamis: Egon Erwin Kisch und die Wiener Rote Garde, S. 720–722.
145 Lesetext nach Musil: Briefe, Bd. 1, S. 163.
146 Zamis: Egon Erwin Kisch und die Wiener Rote Garde, S. 723.
147 Ebd.
148 Franz Blei: Erzählung eines Lebens. Leipzig: List 1930, S. 473.
149 Richard A. Bermann: Es lebe die Republik! (November 1918). In: Wiener Journal (März 1991), S. 31–34, hier S. 32.
150 Vgl. Egon Erwin Kisch an Ernestine Kisch, Wien, 3.1.1919. In: E. E. K.: Briefe an den Bruder Paul und an die Mutter, S. 190–192, hier S. 191.
151 Ebd., S. 191 f.
152 Ebd., S. 190 f.
153 Ebd., S. 191.
154 Ebd., S. 192.
155 Josef Pfeifer: Franz Werfel und die politischen Umwälzungen des Jahres 1918 in Wien. In: Études germaniques 26 (1971), S. 194–207, hier S. 197.
156 Vgl. den ein wenig verklausulierten Hinweis auf den Gegensatz zwischen Werfels besonderer Radikalität im Jahr 1918 und dessen affirmativer Haltung zum »klerikal-faschistischen Ständestaat[ ] des Herrn Schuschnigg« in Bermann: Es lebe die Republik! (November 1918), S. 32.
157 Alma Mahler-Werfel: Mein Leben. Vorwort v. Willy Haas. Frankfurt a. M.: S. Fischer [42]2013, S. 122. Etwas ehrfurchtsvoller ist die Zeichnung des revolutionären Werfel in Milan Dubrovic: Veruntreute Geschichte. Wien/Hamburg: Zsolnay 1985, S. 69–77, hier S. 70.
158 Lesetext nach Musil: Tagebücher, Bd. 1, S. 343.
159 Zit. nach [Müller/Eckert:] Leo Perutz 1882–1957, S. 100; Müller: Leo Perutz, S. 130.
160 Arthur Schnitzler: Tagebuch 1917–1919. [...] Hg. von der Kommission für literarische Gebrauchsformen der ÖAW, Obmann: Werner Welzig. Wien: Verlag der Österreichischen Akademie der Wissenschaften 1985, S. 211.
161 Musil: Briefe, Bd. 1, S. 162.
162 Peter Stephan Jungk: Franz Werfel. Eine Lebensgeschichte. Frankfurt a. M.: S. Fischer 1987, S. 95.
163 Zit. nach Dokument 3: Amtsäußerung von Polizeikommissär Dr. Johann Presser vom 21. November 1918 (Werfel-Akt). Österreichisches Staatsarchiv, Allgemeines Verwaltungsarchiv, Akt 927-918 St.A; Beilage. In: Hautmann: Die verlorene Räterepublik, S. 231 f., hier S. 231; vgl. auch Hans Hautmann: »Spätsommer des Untergangs«. Zur Widerspiegelung der revolutionären Ereignisse und Gestalten in Werfels »Barbara oder Die Frömmigkeit«. In: ... da liegt der riesige Schatten Freud's nicht mehr auf meinem Weg. Die Rebellion des Otto Gross. 6. Internationaler Otto Gross Kongress. Wien, 8.–10. September 2006. Hg. v. Raimund Dehmlow, Ralf Rother u. Alfred Springer. Marburg an der Lahn: LiteraturWissenschaft.de (TransMIT) 2008, S. 324–343, hier S. 328 f.; es handelt sich um eine gründlich überarbeitete und zum Teil auch inhaltlich korrigierte Fassung von H. H.: Franz Werfel, »Barbara oder Die Frömmigkeit« und die Revolution in Wien 1918. In: Österreich in Geschichte und Literatur 15 (1971), H. 8, S. 469–479.
164 Amtsäußerung von Polizeikommissär Dr. Johann Presser vom 21. November 1918 (Werfel-Akt); zit. nach Hautmann: Die verlorene Räterepublik, S. 231.
165 Ebd.
166 Fischer: Expressionismus – Aktivismus – Revolution, S. 25.
167 Ebd.
168 Amtsäußerung von Polizeikommissär Dr. Johann Presser vom 21. November 1918 (Werfel-Akt); zit. nach Hautmann: Die verlorene Räterepublik, S. 231.
169 Ebd.

170 Vgl. dazu die einschlägigen Kapitel unten im zweiten Teil des vorliegenden Buches.

171 Amtsäußerung von Polizeikommissär Dr. Johann Presser vom 21. November 1918 (Werfel-Akt); zit. nach Hautmann: Die verlorene Räterepublik, S. 231. Weiter heißt es da nämlich: »Ich habe diese Bemerkung Werfels, die ich als Ausfluß übergroßen Selbstbewußtseins – er scheint sich ebenso, wie der Abend [das war eine KP-nahe Tageszeitung, N.C.W.] es tut, für einen hervorragenden Dichter, ›eine der wenigen Hoffnungen der deutsch-österreichischen Kunst‹, zu halten – vollständig ignoriert.« (S. 231 f.)

172 Vgl. dazu auch Hautmann: »Spätsommer des Untergangs«, S. 339.

173 Hautmann: Die verlorene Räterepublik, S. 99.

174 So Hautmann: »Spätsommer des Untergangs«, S. 325.

175 So Fischer: Expressionismus – Aktivismus – Revolution, S. 26.

176 Jungk: Franz Werfel, S. 91.

177 Pfeifer: Franz Werfel und die politischen Umwälzungen des Jahres 1918 in Wien, S. 199.

178 Vgl. Hautmann: »Spätsommer des Untergangs«, S. 332.

179 Pfeifer: Franz Werfel und die politischen Umwälzungen des Jahres 1918 in Wien, S. 200.

180 Ebd.

181 Vgl. ebd., S. 200–206.

182 Mahler-Werfel: Mein Leben, S. 121.

183 Ebd., S. 122.

184 Ebd., S. 122 f.

185 Vgl. Fischer: Expressionismus – Aktivismus – Revolution, S. 24.

186 N. N.: Föderation Revolutionärer Sozialisten »Internationale«. Berichte. In: Der freie Arbeiter Nr. 1 (4.1.1919), S. 8.

187 Pfeifer: Franz Werfel und die politischen Umwälzungen des Jahres 1918 in Wien, S. 195.

188 Hautmann: Die verlorene Räterepublik, S. 97 f.

189 Ebd., S. 98.

190 Fischer: Expressionismus – Aktivismus – Revolution, S. 25.

191 Vgl. dazu auch Haumer: Die Föderation Revolutionärer Sozialisten »Internationale«, S. 98.

192 Vgl. Egon Erwin Kisch: Wien und die Rote Garde. In: Der freie Arbeiter Nr. 1 (9.11.1918), S. 5 f.; vgl. auch den Nachdruck im Zehnjahresabstand in: E. E. K.: Die Rote Garde. [Tl. 1: »Die Gründung«.] In: Die Rote Fahne Nr. 268 (11.11.1928), S. 7.

193 Vgl. Hautmann: Die verlorene Räterepublik, S. 89.

194 Peter Waller: Bei der Wiener Roten Garde. Wien: Burgverlag (Ferdinand Zöllner) 1923, S. 14.

195 Kisch: Wien und die Rote Garde, S. 5.

196 Dass diese Episode anekdotisches Potenzial hat, erkannte nicht nur Kisch; vgl. Anton Kuh: Das Hofauto. In: A. K.: Luftlinien. Feuilletons, Essays und Publizistik. Hg. v. Ruth Greuner. Wien: Löcker 1981, S. 75 f.

197 Kisch: Wien und die Rote Garde, S. 5.

198 Ebd.

199 Ebd., S. 6.

200 Ebd.

201 Vgl. Hautmann: Die verlorene Räterepublik, S. 78 f.; Herbert Steiner: Franz Koritschoner. In: Bewegung und Klasse. Studien zur österreichischen Arbeitergeschichte. Hg. v. Gerhard Botz, Hans Hautmann, Helmut Konrad u. Josef Weidenholzer. Wien/München/Zürich: Europa Verlag 1978, S. 159–169.

202 Kisch: Wien und die Rote Garde, S. 6.

203 Kisch: Die Mobilmachung der Roten Garde, S. 13; vgl. auch den Nachdruck in: E. E. K.: Die

Rote Garde. [Tl. 2: »Die Mobilmachung«.] In: Die Rote Fahne Nr. 268 (11.11.1928), S. 7 f., hier S. 7.

204 Kisch: Die Mobilmachung der Roten Garde, S. 13. Zur Bekämpfung der Plünderer am Matzleinsdorfer Bahnhof vgl. auch die ausführliche und plastische Schilderung in Waller: Bei der Wiener Roten Garde, S. 18–22, die dem Verhalten der Rotgardisten freilich einen weniger selbstlosen Anstrich gibt.

205 Deutsch: Aus Österreichs Revolution, S. 37.

206 So aber die um eine Ehrenrettung Kischs bemühten Erinnerungen von Zamis: Egon Erwin Kisch und die Wiener Rote Garde, S. 728. Žamis, der hier keine Quelle nennt, bezieht sich dabei offenbar auf eine Bemerkung von Šulc: Über den entscheidenden Abschnitt im Leben E. E. Kischs, S. 296 u. 305, Anm. 30; Šulc' Behauptung, Waller habe im Auftrag des anrückenden k. u. k. Feldmarschalleutnants Adolf von Boog die Rote Garde gezielt unterwandert und sei »als ›Militärdiktator‹ der Reaktion vorgesehen« gewesen, hat wohl den Status einer linken Verschwörungstheorie und beruht ihrerseits auf der unkritischen Übernahme von Angaben eines obskuren Zeitungsartikels, der schwer auffindbar ist und offenbar aus dem Kreis der späteren Waller'schen Sekte stammt; vgl. Peter Brugger: Als der Großwodosch Österreich vor dem Bolschewismus rettete. Die Niederwerfung des Steinhardt'schen Kommunistenputsches beim Wiener Parlament. In: Matreier Weltzeitung Nr. 2 (1.11.1932), o. S. Zum Vorgang der Aufnahme Wallers in die Rote Garde vgl. dessen eigene Darstellung in Waller: Bei der Wiener Roten Garde, S. 9 f.

207 Ebd., S. 7 f.

208 Egon Erwin Kisch: Kriegspropaganda und ihr Widerspiel. In: E. E. K.: Briefe an den Bruder Paul und an die Mutter, S. 344–354, hier S. 352.

209 Deutsch: Aus Österreichs Revolution, S. 37.

210 Ebd., S. 37 f.

211 Kisch: Die Mobilmachung der Roten Garde, S. 13.

212 Ebd.

213 Koritschoner: Aus der Vergangenheit unserer Partei, S. 6.

214 Waller: Bei der Wiener Roten Garde, S. 11.

215 Ebd., S. 11 f.

216 Ebd., S. 12.

217 Zit. nach Müller: Leo Perutz, S. 130.

218 N. N.: Ein Putschversuch? In: Neues 8 Uhr-Blatt Nr. 1245 (12.11.1918), S. 2.

219 Ebd.

220 Ebd.

221 Deutsch: Aus Österreichs Revolution, S. 38.

222 Waller: Bei der Wiener Roten Garde, S. 24 f.

223 Ebd., S. 8.

224 Deutsch: Aus Österreichs Revolution, S. 38.

225 Ebd.

226 Ebd., S. 38 f.

227 Ebd., S. 39.

228 Ebd.

229 Ebd.

230 Vgl. Marcus G. Patka: Egon Erwin Kisch. Stationen im Leben eines streitbaren Autors. Wien/Köln/Weimar: Böhlau 1997 (= Literatur in der Geschichte. Geschichte in der Literatur, Bd. 41), S. 42.

231 e. d. [d.i. Egon Dietrichstein]: Bei der Roten Garde. In der Stiftskaserne. In: Neues Wiener Journal Nr. 8990 (12.11.1918), S. 5.

232 Ebd.
233 Deutsch: Aus Österreichs Revolution, S. 39 f.
234 Ebd., S. 40.
235 Vgl. https://www.wien.gv.at/wiki/index.php/Neues_Wiener_Tagblatt, letzter Zugriff: 26.4.2018.
236 N. N.: Besetzung der Hofburg, Schönbrunns und des Militärkommandos. In: Neues Wiener Tagblatt Nr. 309 (12.11.1918), Tages-Ausgabe, S. 5.
237 Ebd.
238 Vgl. Hautmann: Die verlorene Räterepublik, S. 84.
239 Vgl. Ernestine und Paul Kisch an Egon Erwin Kisch, Wien, 3.1.1919. In: E. E. K.: Briefe an den Bruder Paul und an die Mutter, S. 379–381, hier S. 380 f.
240 N. N.: Das Wiener Militärkommando von den Nationaltruppen besetzt. In: Neues Wiener Tagblatt Nr. 308 (11.11.1918), Tages-Ausgabe, S. 4.
241 N. N.: Besetzung der Hofburg, Schönbrunns und des Militärkommandos, S. 5.
242 Deutsch: Aus Österreichs Revolution, S. 40.
243 Vgl. ebd., S. 40 f., sowie Waller: Bei der Wiener Roten Garde, S. 28–30.
244 Ebd., S. 30.
245 Ebd.
246 Vgl. Hautmann: Die verlorene Räterepublik, S. 84–88.
247 Deutsch: Aus Österreichs Revolution, S. 41.
248 Ebd.
249 Waller: Bei der Wiener Roten Garde, S. 30.
250 Deutsch: Aus Österreichs Revolution, S. 41.
251 Waller: Bei der Wiener Roten Garde, S. 31.
252 Ebd.
253 Ebd., S. 31 f.
254 Ebd., S. 32. Vgl. auch Hans Kronberger: Anatomie einer Anekdote. Egon Erwin Kisch und die Besetzung der »Neuen Freien Presse«. In: Publizistik. Vierteljahreshefte für Kommunikationsforschung 22 (1978), H. 1–2, S. 99–105, hier S. 100.
255 N. N.: Besetzung der Hofburg, Schönbrunns und des Militärkommandos, S. 5.
256 Zamis: Egon Erwin Kisch und die Wiener Rote Garde, S. 727.
257 Hautmann: Die verlorene Räterepublik, S. 84.
258 Ebd.
259 Ebd.
260 Ebd.
261 N. N.: Die Kämpfe vor und im Parlament. In: Neues Wiener Tagblatt Nr. 310 (13.11.1918), Tages-Ausgabe, S. 4 f.
262 Ebd., S. 5.
263 F.[ranz] F.[iala]: Der Hornist der Roten Garde erzählt, S. 8.
264 Ebd.
265 Vgl. ebd.
266 Waller: Bei der Wiener Roten Garde, S. 32.
267 Vgl. ebd., S. 29; vgl. schon ebd., S. 10.
268 Ebd., S. 41.
269 Ebd., S. 32 f.
270 Ebd., S. 33.
271 Ebd., S. 34.
272 Ebd., S. 34 f.
273 Ebd., S. 35.

274 Ebd., S. 36.
275 Ebd.
276 Ebd., S. 10.
277 Hautmann: Leo Rothziegel (1892–1919), S. 377 f.
278 Waller: Bei der Wiener Roten Garde, S. 36 f.
279 Deutsch: Aus Österreichs Revolution, S. 42.
280 Ebd.
281 Ebd.
282 Ebd., S. 42 f.
283 Ebd., S. 43.
284 Ebd.
285 Ebd.
286 N. N.: Schießerei und Panik vor dem Parlament. In: Neue Freie Presse Nr. 19476 (13.11.1918), Morgenblatt, S. 1.
287 N. N.: Die amtlichen Erhebungen. In: Neues Wiener Tagblatt Nr. 310 (13.11.1918), Tages-Ausgabe, S. 6.
288 N. N.: Die bürgerliche Presse entstellt. Zu den Vorgängen in Wien. In: Salzburger Wacht Nr. 263 (14.11.1918), S. 1.
289 Ebd.
290 N. N.: Die gestrige Schießerei. In: Neues 8 Uhr-Blatt Nr. 1247 (13.11.1918), S. 2.
291 Vgl. Waller: Bei der Wiener Roten Garde, S. 38; Hautmann: Die verlorene Räterepublik, S. 84 f.
292 Vgl. N. N.: Eine Erklärung der Roten Garde. In: Salzburger Wacht Nr. 263 (14.11.1918), S. 1.
293 Vgl. auch den fast wörtlichen Wiederabdruck von einem oder einer gewissen W. [=Hilde oder Johannes Wertheim?]: Die Rote Garde am Tage der Republikerklärung. In: Der freie Arbeiter Nr. 2 (16.11.1918), S. 14.
294 Egon Erwin Kisch: Eine Erklärung des Kommandos der Roten Garde. In: Neues Wiener Tagblatt Nr. 310 (13.11.1918), Tages-Ausgabe, S. 6.
295 Ebd.
296 Ebd.
297 Ebd.
298 W.: Die Rote Garde am Tage der Republikerklärung, S. 14.
299 Zit. nach Müller: Leo Perutz, S. 130; [Müller/Eckert:] Leo Perutz 1882–1957, S. 100.
300 So der Kommentar ebd.
301 Zit. nach ebd. bzw. nach Müller: Leo Perutz, S. 130.
302 Robert Müller: Rote Garde. In: Finanz-Presse Nr. 51 (13.11.1918), S. 1 f.; zit. nach R. M.: Kritische Schriften II, S. 252–254, hier S. 252.
303 Vgl. etwa Bauer: Die österreichische Revolution, S. 109–115, bes. S. 113 f.
304 Müller: Rote Garde, S. 252.
305 Ebd., S. 252 f.
306 Ebd., S. 253.
307 Ebd., S. 254.
308 Vgl. Weidermann: Träumer, S. 79.
309 F.[ranz] F.[iala]: Der Hornist der Roten Garde erzählt, S. 8.
310 Hautmann: Die verlorene Räterepublik, S. 85.
311 F.[ranz] F.[iala]: Der Hornist der Roten Garde erzählt, S. 8.
312 Ebd.
313 Kronberger: Anatomie einer Anekdote, S. 99.
314 N. N.: Die Rote Garde im Redaktionsgebäude der »Neuen Freien Presse«. In: Neue Freie Presse

Nr. 19476 (13.11.1918), Morgenblatt, S. 1; vgl. den anonymen Artikel: Kurze Besetzung der Redaktion der »Neuen Freien Presse«. In: Neues Wiener Tagblatt Nr. 310 (13.11.1918), Tages-Ausgabe, S. 6.

315 N. N.: Die Rote Garde im Redaktionsgebäude der »Neuen Freien Presse«, S. 1.

316 Ebd.

317 Ebd.

318 Hautmann: Die verlorene Räterepublik, S. 85.

319 N. N.: Kurze Besetzung der Redaktion der »Neuen Freien Presse«, S. 6.

320 N. N.: Die bürgerliche Presse entstellt. Zu den Vorgängen in Wien, S. 1.

321 N. N.: Besetzung des Redaktionsgebäudes der »Neuen Freien Presse« durch die »Rote Garde«. In: Neue Freie Presse Nr. 19475 (12.11.1918), Sonderausgabe 6 Uhr nachmittags, S. 1.

322 Hautmann: Die verlorene Räterepublik, S. 85.

323 Zum juristischen Nachspiel der ganzen Angelegenheit vgl. ebd., S. 86 f., sowie Kronberger: Anatomie einer Anekdote, S. 103 f.

324 Hautmann: Die verlorene Räterepublik, S. 86.

325 N. N.: Arbeiter und Soldaten Wiens! In: Neue Freie Presse Nr. 19475 (12.11.1918), Sonderausgabe 8 Uhr abends, S. 1.

326 Hautmann: Die verlorene Räterepublik, S. 86.

327 N. N.: Kurze Besetzung der Redaktion der »Neuen Freien Presse«, S. 6.

328 Hautmann: Die verlorene Räterepublik, S. 88.

329 Ebd.

330 Franz Endler: Österreich zwischen den Zeilen. Die Verwandlung von Land und Volk seit 1848 im Spiegel der »Presse«. Mit einem Vorwort v. Otto Schulmeister. Wien/München/Zürich: Fritz Molden 1973, S. 216–224, hier S. 218.

331 So die Vermutung von Patka: Egon Erwin Kisch, S. 44.

332 Šulc: Über den entscheidenden Abschnitt im Leben E. E. Kischs, S. 296, unter Berufung auf Georg Suter: Das letzte Interview mit E. E. Kisch. In: Arbeiter-Zeitung Nr. 78 (2.4.1948), S. 3 (dort erzählt Kisch selbst die Anekdote und schließt mit der Bemerkung: »ich glaube nicht, daß die Geschichte wahr ist«), sowie auf Egon Erwin Kisch: Karl Kraus. In: E. E. K.: Läuse auf dem Markt. Vermischte Prosa. Berlin/Weimar: Aufbau 1985 (= E. E. K.: Gesammelte Werke in Einzelausgaben, Bd. 10), S. 60–76, hier S. 74 f.; nicht enthalten in der gekürzten Fassung: Karl Kraus. In: E. E. K.: Briefe an den Bruder Paul und an die Mutter, S. 340–344.

333 Kronberger: Anatomie einer Anekdote, S. 99.

334 Ebd., S. 99 f.

335 Vgl. ebd., S. 100–104.

336 Vgl. ebd., S. 103.

337 Vgl. Kisch: Eine Erklärung des Kommandos der Roten Garde, S. 6.

338 Hautmann: Die verlorene Räterepublik, S. 88.

339 N. N.: Die Rote Garde im Redaktionsgebäude der »Neuen Freien Presse«, S. 1.

340 Kronberger: Anatomie einer Anekdote, S. 99.

341 So übereinstimmend die Wiedergabe in N. N.: Hauptversammlung der Roten Garde. In: Arbeiter-Zeitung Nr. 319 (22.11.1918), Morgenblatt, S. 5 f., hier S. 5; G. F.: Friedrich Adler über die »kommunistische Partei[«]. In: Der Weckruf Nr. 6 (28.11.1918), S. 2 f., hier S. 2.

342 So Šulc: Über den entscheidenden Abschnitt im Leben E. E. Kischs, S. 295.

343 Robert Müller: Halali der Grubenhunde. In: Finanz-Presse Nr. 52 (14.11.1918), S. 1 f.; zit. nach R. M.: Kritische Schriften II, S. 254–256, hier S. 254.

344 Ebd., S. 255.

345 Ebd.

346 Ebd., S. 256.
347 Ebd.
348 N. N.: Halali der Grubenhunde. In: Der freie Arbeiter Nr. 4 (30.11.1918), S. 30.
349 Blei: Erzählung eines Lebens, S. 478 f.
350 [Albert] Paris Gütersloh: Wer ist der Mörder. In: Die Rettung Nr. 2 (13.12.1918), S. 17–21.
351 Ebd., S. 17.
352 Georg Bittner: Die Wiener »Rote Garde«. Eine Gründung der Prager Kaffeehausliteraten. In: Neues 8 Uhr-Blatt Nr. 1249 (16.11.1918), S. 1 f.
353 Gütersloh: Wer ist der Mörder, S. 20.
354 Bittner: Die Wiener »Rote Garde«. Eine Gründung der Prager Kaffeehausliteraten, S. 1.
355 Vgl. Murray G. Hall: Der unbekannte Tausendsassa. Franz Blei und der Etikettenschwindel 1918. In: Jahrbuch der Grillparzer-Gesellschaft 3. F., 15 (1983), S. 129–140, hier S. 134; Patka: Egon Erwin Kisch, S. 60.
356 Bittner: Die Wiener »Rote Garde«. Eine Gründung der Prager Kaffeehausliteraten, S. 1.
357 Vgl. Jungk: Franz Werfel, S. 95 f.
358 Bittner: Die Wiener »Rote Garde«. Eine Gründung der Prager Kaffeehausliteraten, S. 1 f.
359 Vgl. Hall: Der unbekannte Tausendsassa, S. 134.
360 Zu den realen Hintergründen der Vorwürfe vgl. Patka: Egon Erwin Kisch, S. 60 f.
361 Bittner: Die Wiener »Rote Garde«. Eine Gründung der Prager Kaffeehausliteraten, S. 2.
362 So aber Patka: Egon Erwin Kisch, S. 60.
363 Gütersloh: Wer ist der Mörder, S. 17.
364 Ebd.
365 Fischer: Expressionismus – Aktivismus – Revolution, S. 27.
366 Blei: Erzählung eines Lebens, S. 479.
367 Bittner: Die Wiener »Rote Garde«. Eine Gründung der Prager Kaffeehausliteraten, S. 2.
368 Ebd.
369 Ebd.
370 N. N.: Die Wiener Rote Garde. In: Neues 8 Uhr-Blatt Nr. 1251 (19.11.1918), S. 2.
371 Patka: Egon Erwin Kisch, S. 62.
372 N. N.: Die Wiener Rote Garde, S. 2.
373 Ebd.
374 Vgl. Bittner: Die Wiener »Rote Garde«. Eine Gründung der Prager Kaffeehausliteraten, S. 2.
375 Dies suggeriert zumindest die romaneske Darstellung in Franz Werfel: Barbara oder Die Frömmigkeit. Roman. Frankfurt a. M.: S. Fischer [3]2006, S. 516 f. Eine faktuale Quelle für Bleis Auftritt ist mir nicht untergekommen.
376 Hall: Der unbekannte Tausendsassa, S. 134.
377 N. N.: Die Wiener Rote Garde, S. 2.
378 Ebd.
379 Ebd.
380 Patka: Egon Erwin Kisch, S. 63.
381 N. N.: Die Wiener Rote Garde, S. 2.
382 Hall: Der unbekannte Tausendsassa, S. 134.
383 Ebd., S. 135.
384 Vgl. ebd., S. 135–138; Patka: Egon Erwin Kisch, S. 63–79.
385 Berta Zuckerkandl: Der Fall Franz Werfel. In: Wiener Allgemeine Zeitung. 6 Uhr-Blatt Nr. 12176 (21.11.1918), S. 3. Diesen Artikel hat Alma Mahler-Werfel in ihren Memoiren nicht »als Auszug«, sondern in Gänze abgedruckt, aber dabei fälschlich angegeben, er sei im *Neuen Wiener Journal* erschienen; vgl. Mahler-Werfel: Mein Leben, S. 123 f.

386 Zuckerkandl: Der Fall Franz Werfel, S. 3.
387 Ebd.
388 Ebd.
389 Ebd.
390 Ebd.
391 Ebd.
392 Ebd.
393 Karl Kraus an Sidonie Nádherný, 31.5./1.6.1916. In: Karl Kraus: Briefe an Sidonie Nádherny von Borutin. 1913–1936. Hg. v. Heinrich Fischer u. Michael Lazarus. München: Kösel 1974, Bd. 1, S. 246 f., hier S. 247.
394 Karl Kraus: Proteste. In: Die Fackel 21 (Ende Juli/August 1919), H. 514–518, S. 1–20, hier S. 15.
395 Kurt Sonnenfeld: Der Zuhälter. In: Ver! Auf daß der revolutionäre Geist in Allem und Jedem zum Ausdruck komme 28/29 (Dezember 1918/Jänner 1919), S. 25–28, hier S. 25 f.
396 Ebd., S. 27 f.
397 Ebd., S. 28.
398 N. N.: Nach der Demonstration. In: Arbeiter-Zeitung Nr. 311 (14.11.1918), Morgenblatt, S. 5 f., hier S. 5.
399 N. N.: Erhebungen über die Vorfälle vom 12. November. In: Arbeiter-Zeitung Nr. 312 (15.11.1918), Morgenblatt, S. 6 f., hier S. 7.
400 N. N.: Hauptversammlung der Roten Garde, S. 5.
401 Ebd.
402 Ebd.
403 Ebd., S. 6.
404 Patka: Egon Erwin Kisch, S. 46.
405 Vgl. Hermann Bahr: Tagebuch. 22. November. In: Neues Wiener Journal Nr. 9009 (1.12.1918), S. 4 f., hier S. 5.
406 Vgl. https://www.wien.gv.at/wiki/index.php/Wiener_Mittag, letzter Zugriff: 26.4.2018.
407 Patka: Egon Erwin Kisch, S. 46.
408 N. N.: Die Rote Garde. In: Wiener Mittag Nr. 74 (13.11.1918), S. 2.
409 N. N.: Die Volksentrüstung gegen die »Rote Garde«. In: Wiener Mittag Nr. 75 (14.11.1918), S. 2.
410 Ebd.
411 N. N.: Die Volksentrüstung gegen die »Rote Garde«. In: Wiener Mittag Nr. 76 (16.11.1918), S. 1.
412 Ebd.
413 Vgl. N. N.: Besetzung der Hofburg, Schönbrunns und des Militärkommandos, S. 5.
414 N. N.: S. M. Rothschild und die Rote Garde. In: Wiener Mittag Nr. 80 (21.11.1918), S. 2.
415 N. N.: Wieder die Wiener Rote Garde. Unterschlagungen und Plünderungen ohne Ende. In: Kleine Volks-Zeitung Nr. 342 (15.12.1918), S. 4 f.
416 N. N.: Die Rote Garde. »Apachistische Elemente, die sich die Taschen füllen.« In: Kleine Volks-Zeitung Nr. 343 (16.12.1918), S. 4.
417 Ebd.
418 N. N.: Kommunistische Exzesse der Roten Garde. In: Berliner Tageblatt und Handelszeitung Nr. 582 (13.11.1918), Abend-Ausgabe, S. 2.
419 Ebd.
420 Patka: Egon Erwin Kisch, S. 48.
421 N. N.: Die Rote Garde. Prinzen, Grafen und Barone. In: Volks-Zeitung Nr. 312 (15.11.1918), S. 5; zit. nach Patka: Egon Erwin Kisch, S. 48.
422 Egon Erwin Kisch: Angst, Rote Garde und Presse. In: Der freie Arbeiter Nr. 3 (16.11.1918), S. 21 f., hier S. 21.

423 Patka: Egon Erwin Kisch, S. 48.
424 Kisch: Angst, Rote Garde und Presse, S. 21.
425 Ebd.
426 Ebd.
427 Ebd.
428 Ebd., S. 21 f.
429 Ebd., S. 22.
430 Weidermann: Träumer, S. 83.
431 Ebd., S. 84.
432 Fischer: Expressionismus – Aktivismus – Revolution, S. 28.
433 N. N.: Ein beispielloser Theaterskandal im Stadttheater. Die Jubiläumsaufführung verhindert. In: Neues Wiener Journal Nr. 9012 (4.12.1918), S. 3.
434 Ebd.
435 Ebd.
436 Ebd.
437 Ebd.
438 Fischer: Expressionismus – Aktivismus – Revolution, S. 28.
439 N. N.: Ein beispielloser Theaterskandal im Stadttheater, S. 3.
440 Ebd.
441 N. N.: Theater- und Kunstnachrichten. [Verhinderung der Vorstellung im Wiener Stadttheater durch Lärmszenen.] In: Neue Freie Presse Nr. 19497 (4.12.1918), Morgenblatt, S. 8.
442 Ebd.
443 N. N.: Wieder ein Theaterskandal. Eine Prügelei im Stadttheater. In: Reichspost Nr. 559 (4.12.1918), Morgenblatt, S. 5.
444 Ebd.
445 Ebd.
446 Vgl. Fischer: Expressionismus – Aktivismus – Revolution, S. 28.
447 N. N.: Wieder ein Theaterskandal, S. 5.
448 https://www.wien.gv.at/wiki/index.php?title=Deutsches_Volksblatt, letzter Zugriff: 26.4.2018.
449 Zit. nach Braun-Hochberg: Der Skandal im Stadttheater. In: Ver! Auf daß der revolutionäre Geist in Allem und Jedem zum Ausdruck komme 28/29 (Dezember 1918/Jänner 1919), S. 19 f., hier S. 20.
450 https://www.wien.gv.at/wiki/index.php/Neues_Wiener_Tagblatt, letzter Zugriff: 26.4.2018.
451 N. N.: [Rubrik:] Theater und Kunst. In: Neues Wiener Abendblatt Nr. 331 (4.12.1918), Tages-Ausgabe, S. 4.
452 N. N.: Der Kampf gegen den Operettengeist. In: Arbeiter-Zeitung Nr. 331 (5.12.1918), Morgenblatt, S. 7.
453 Ebd.
454 Ebd.
455 Ebd.
456 Zum Kontext vgl. Armin A. Wallas: Zeitschriften des Expressionismus und Aktivismus in Österreich. In: Expressionismus in Österreich. Die Literatur und die Künste. Hg. v. Klaus Amann u. A. A. W. Wien/Köln/Weimar: Böhlau 1994 (= Literatur in der Geschichte. Geschichte in der Literatur, Bd. 30), S. 49–90, hier S. 55 f.; Genaueres dazu in Thomas Reinecke: Karl F. Kocmata und der *Ver!*-Kreis. In: ebd., S. 91–110, bes. S. 96–106.
457 Vgl. ebd., S. 99; Fischer: Expressionismus – Aktivismus – Revolution, S. 29.
458 Braun-Hochberg: Der Skandal im Stadttheater, S. 19.
459 Ebd.

460 Ebd.
461 Ebd., S. 19 f.
462 Ebd., S. 20.
463 Vgl. etwa den Hinweis darauf in Egon Erwin Kisch: Das Staatsamt für Hin- und Heerwesen. In: Der freie Arbeiter Nr. 7 (21.12.1918), S. 53.
464 N. N.: Der Tag der Republik. In: Arbeiter-Zeitung Nr. 310 (13.11.1918), Morgenblatt, S. 1–4, hier S. 1.
465 Kisch: Das Staatsamt für Hin- und Heerwesen, S. 53.
466 Hautmann: Die verlorene Räterepublik, S. 101; vgl. Kronberger: Anatomie einer Anekdote, S. 103 f.
467 Hautmann: Die verlorene Räterepublik, S. 101.
468 Vgl. ebd.
469 Vgl. ebd.
470 N. N.: Hauptversammlung der Roten Garde, S. 5.
471 Ebd.
472 Ebd., S. 6.
473 Hautmann: Die verlorene Räterepublik, S. 102.
474 N. N.: Hauptversammlung der Roten Garde, S. 6.
475 N. N.: Friedrich Adler bei der Roten Garde. In: Der freie Arbeiter Nr. 4 (30.11.1918), S. 30.
476 Ebd.
477 Ebd.
478 G. F.: Friedrich Adler über die »kommunistische Partei[«], S. 2.
479 Ebd.
480 Ebd.
481 Vgl. ebd., S. 2 f.
482 Hautmann: Die verlorene Räterepublik, S. 114.
483 Egon Erwin Kisch: »Kappe ab, zum Schwören!« In: Der freie Arbeiter Nr. 6 (14.12.1918), S. 47.
484 Ebd.
485 Ebd.
486 Hautmann: Die verlorene Räterepublik, S. 115.
487 Ebd., S. 115 f.
488 N. N.: Die Spaltung in der Roten Garde. Volkswehr und Rote Garde. In: Neues Wiener Tagblatt Nr. 344 (17.12.1918), Tages-Ausgabe, S. 7.
489 Kisch: Das Staatsamt für Hin- und Heerwesen, S. 53.
490 N. N.: Die Spaltung in der Roten Garde. Volkswehr und Rote Garde, S. 7.
491 Vgl. Hautmann: Die verlorene Räterepublik, S. 117.
492 Der freie Arbeiter Nr. 7 (21.12.1918), S. 53.
493 Vgl. Hautmann: Die verlorene Räterepublik, S. 115 f.
494 Vgl. Egon Erwin Kisch: Hauptmann Frey – ein Gendarm? In: Die Rote Fahne Nr. 95 (30.8.1919), S. 3.
495 Ebd.
496 Ebd.
497 Vgl. dazu Deutsch: Aus Österreichs Revolution, S. 114.
498 Kisch: Hauptmann Frey – ein Gendarm?, S. 3.
499 Ebd.
500 Vgl. dazu Josef Poláček: Zu zwei Fragen der Egon-Erwin-Kisch-Forschung. In: Acta Universitatis Carolinae-Philologica 5 / Germanistica Pragensia VI (1972), S. 61–74.
501 Vgl. Deutsch: Aus Österreichs Revolution, S. 116 f.

502 Ebd., S. 117; vgl. auch Waller: Bei der Wiener Roten Garde, S. 52 f.

503 Vgl. Hautmann: Die verlorene Räterepublik, S. 118 f.

504 Vgl. Egon Erwin Kisch: Auf in den Kampf, Torero! In: Der freie Arbeiter Nr. 8 (28.12.1918), S. 61.

505 Vgl. Egon Erwin Kisch: Neujahr und neue Jahre. In: Der freie Arbeiter Nr. 1 (4.1.1919), S. 5 f.; ders.: Der gesetzlich eingeführte Wahlschwindel. In: Der freie Arbeiter Nr. 3 (18.1.1919), S. 22 f.; ders.: Wiedergeburt des Garnisonsarrestes. (Und ein neues Wehrgesetz!) In: Der freie Arbeiter Nr. 6 (8.2.1919), S. 45 f.; ders.: Das Begräbnis der lebendigen Volkswehr. In: Der freie Arbeiter Nr. 7 (15.2.1919), S. 53 f.; ders.: Auferstehungs-Parade. In: Der freie Arbeiter Nr. 8 (22.2.1919), S. 62; ders.: Wozu Soldatenräte als Regierung? In: Der freie Arbeiter Nr. 9 (1.3.1919), S. 69 f.; ders.: »Mit Herz und Hand, für's Vaterland…« In: Der freie Arbeiter Nr. 10 (8.3.1919), S. 77 f.; ders.: Hamsterer, Hetzpresse und Heeresstaatsamt gegen die Volkswehr. (Ein sensationeller Erlaß über Volkswehrbefugnisse.) In: Der freie Arbeiter Nr. 11 (15.3.1919), S. 86 f.; ders.: Proletarier gegen die Revolution. (Aus der Gedenkrede, gehalten bei der Märzfeier der Föderation »Internationale« am 16. März 1918 [sic] in den Eichensälen.) In: Der freie Arbeiter Nr. 12 (22.3.1919), S. 93 f.

506 Martha Musil an Annina Marcovaldi [Lesetext], 28.12.1918. In: Musil: Briefe, Bd. 1, S. 166 f.

507 Vgl. Patka: Egon Erwin Kisch, S. 55.

508 Vgl. den Kommentar in [Müller/Eckert:] Leo Perutz 1882–1957, S. 100.

509 Martha Musil an Annina Marcovaldi, 28.1.1919. In: Musil: Briefe, Bd. 1, S. 170 f.

510 Patka: Egon Erwin Kisch, S. 55.

511 h. b.: Die Wiener Kommunisten vor dem Rathaus. Trauerfeier für Liebknecht und Rosa Luxemburg. In: Neues Wiener Journal Nr. 9056 (19.1.1919), S. 4; vgl. Marcus G. Patka (Hg.): Der rasende Reporter. Egon Erwin Kisch. Eine Biographie in Bildern. Mit einem Vorwort v. Hellmuth Karasek. Berlin: Aufbau 1998, S. 71.

512 Vgl. Hautmann: Die verlorene Räterepublik, S. 112.

513 h. b.: Die Wiener Kommunisten vor dem Rathaus. Trauerfeier für Liebknecht und Rosa Luxemburg, S. 4.

514 Blei: Erzählung eines Lebens, S. 476.

515 Zamis: Egon Erwin Kisch und die Wiener Rote Garde, S. 731.

516 Egon Erwin Kisch an Ernestine Kisch, Wien, 3.1.1919. In: E. E. K.: Briefe an den Bruder Paul und an die Mutter, S. 191.

517 Zamis: Egon Erwin Kisch und die Wiener Rote Garde, S. 731.

518 Vgl. ebd.

519 Vgl. Hautmann: Die verlorene Räterepublik, S. 145.

520 N. N.: Ein Revolutionär mit Retourbillet. In: Die soziale Revolution Nr. 39 (26.3.1919), S. 4.

521 Zamis: Egon Erwin Kisch und die Wiener Rote Garde, S. 732.

522 N. N.: Ein Revolutionär mit Retourbillet, S. 4.

523 Egon Erwin Kisch: Urlaub von der Politik. (Abschiedsbrief an meine Genossen.) In: Der freie Arbeiter Nr. 13 (29.3.1919), S. 101 f., hier S. 101.

524 Ebd.

525 Ebd.

526 Ebd.

527 Ebd.

528 Ebd.

529 Ebd.

530 Ebd.

531 Ebd.

532 Ebd.

533 Ebd.

534 Ebd.

535 Ebd., S. 101 f.

536 Ebd., S. 102.

537 Nachschrift der Redaktion. In: Der freie Arbeiter Nr. 13 (29.3.1919), S. 102.

538 Kisch: Urlaub von der Politik, S. 102.

539 Hautmann: Die verlorene Räterepublik, S. 117 f.

540 Kisch: Urlaub von der Politik, S. 102.

541 Robert Musil an Arne Laurin, 21.4.1919. In: Musil: Briefe, Bd. 1, S. 174.

542 Vgl. Haumer: Die Föderation Revolutionärer Sozialisten »Internationale«, S. 100; zum Kontext Hautmann: Die verlorene Räterepublik, S. 92 f.

543 Ebd., S. 220.

544 Zit. in: Der freie Arbeiter Nr. 16/17 (26.4.1919), S. 125.

545 Egon Erwin Kisch an Ernestine Kisch, Wien, 21.6.1919. In: E. E. K.: Briefe an den Bruder Paul und an die Mutter, S. 194.

546 Egon Erwin Kisch an Ernestine Kisch, Wien, 1.8.1919. In: ebd., S. 195.

547 Vgl. Patka: Egon Erwin Kisch, S. 57 u. 79.

548 Vgl. N. N.: Egon Erwin Kisch in Wien. In: Die Rote Fahne Nr. 286 (3.12.1929), S. 3.

549 Vgl. N. N.: Der Schriftsteller Kisch darf nicht nach Oesterreich. In: Arbeiter-Zeitung Nr. 325 (24.11.1932), S. 4.

550 Vgl. Ulrike Siebauer: Leo Perutz – »Ich kenne alles. Alles, nur nicht mich«. Eine Biographie. Gerlingen: Bleicher [2]2000, S. 104.

551 Vgl. dazu Hautmann: Leo Rothziegel (1892–1919), S. 377 f.

552 Vgl. dazu Wolfgang Kudrnofsky: Der Messias von der Lobau. Peter Waller und die Arbeitslosen der Zwischenkriegszeit. Wien: Österreichischer Bundesverlag 1983.

553 Vgl. dazu Steiner: Franz Koritschoner, S. 160; Emily Rosdolsky: Franz Koritschoner. In: Österreichische Stalin-Opfer. Hg. v. Memorial Österreich. Wien: Junius 1990, S. 69–78; Hans Schafranek: Franz Koritschoner (1892–1941). In: Jahrbuch für Historische Kommunismusforschung 3 (1995), S. 239–261.

Die ›österreichische Revolution‹ im Spiegel der Literatur

1 Vgl. Hayden White: Metahistory. Die historische Einbildungskraft im 19. Jahrhundert in Europa. Frankfurt a. M.: S. Fischer 1991.

2 Vgl. ebd., S. 11 f.

3 Ebd., S. 21–25, Zit. S. 21; vgl. dazu auch Hayden White: Die Bedeutung der Form. Erzählstrukturen in der Geschichtsschreibung. Frankfurt a. M.: S. Fischer 1990, S. 20 u. 33–35.

4 Vgl. White: Metahistory, S. 144–346.

5 Vgl. ebd., S. 50–57.

6 Lesetext nach Musil: Tagebücher, Bd. 1, S. 343.

7 Sibylle Schönborn: [Artikel] Tagebuch. In: Reallexikon der deutschen Literaturwissenschaft. Neubearbeitung des Reallexikons der deutschen Literaturgeschichte. 3 Bde. Hg. v. Harald Fricke, Jan-Dirk Müller, Klaus Weimar u. a. Berlin/New York: de Gruyter 1997–2003, Bd. 3, S. 574–577, hier S. 574.

8 Schnitzler: Tagebuch 1917–1919, S. 188.

9 Ebd. Zu Schnitzlers Furcht vor Pogromen und den Hintergründen dafür vgl. Max Haberich: Arthur Schnitzler. Anatom des Fin de Siècle. Die Biografie. Wien: Kremayr & Scheriau 2017, S. 219–223.

10 Schnitzler: Tagebuch 1917–1919, S. 188.

11 Ebd., S. 186.

12 Ebd., S. 189.

13 Ebd., S. 190.
14 Ebd.
15 Ebd., S. 191.
16 Ebd., S. 192.
17 Ebd.
18 Ebd.
19 Ebd., S. 193.
20 Ebd.
21 Ebd., S. 194.
22 Ebd., S. 195.
23 Ebd.
24 Ebd.
25 Ebd., S. 196.
26 Ebd.
27 Vgl. dazu Giuseppe Farese: Arthur Schnitzler. Ein Leben in Wien. 1862–1931. München: C. H. Beck 1999, S. 198.
28 Schnitzler: Tagebuch 1917–1919, S. 196.
29 Ebd.
30 Ebd.
31 Ebd.
32 Ebd.
33 Ebd., S. 196 f.
34 Vgl. ebd., S. 197.
35 Ebd., S. 196.
36 Ebd.
37 Ebd., S. 197.
38 Ebd.
39 Ebd.
40 Ebd.
41 Ebd.
42 Ebd., S. 198.
43 Ebd.
44 Ebd.
45 Ebd., S. 199.
46 Ebd.
47 Ebd.
48 Leopold von Andrian: Korrespondenzen, Notizen, Essays, Berichte. Hg. v. Ursula Prutsch u. Klaus Zeyringer. Wien/Köln/Weimar: Böhlau 2003 (= Veröffentlichungen der Kommission für Neuere Geschichte Österreichs, Bd. 97), S. 466.
49 Ebd.
50 Ebd.
51 Ebd.
52 Ebd., S. 466 f.
53 Ebd., S. 467.
54 Schnitzler: Tagebuch 1917–1919, S. 200.
55 Ebd.
56 Ebd., S. 201.
57 Ebd.

58 Ebd.
59 Ebd.
60 Ebd.
61 Vgl. Fischer: Expressionismus – Aktivismus – Revolution, S. 33.
62 Schnitzler: Tagebuch 1917–1919, S. 200.
63 Ebd., S. 190.
64 Andrian: Korrespondenzen, Notizen, Essays, Berichte, S. 467.
65 Ebd., S. 467 f.
66 Ebd., S. 468.
67 Ebd.
68 Vgl. ebd., S. 469–474.
69 Schnitzler: Tagebuch 1917–1919, S. 211.
70 Ebd., S. 214.
71 Ebd., S. 217.
72 Vgl. auch Farese: Arthur Schnitzler. Ein Leben in Wien, S. 204–206.
73 Schnitzler: Tagebuch 1917–1919, S. 220.
74 Ebd., S. 220 f.
75 Vgl. Josef Popper-Lynkeus: Die allgemeine Nährpflicht als Lösung der sozialen Frage, eingehend bearbeitet und statistisch durchgerechnet. Mit einem Nachweis der theoretischen und praktischen Wertlosigkeit der Wirtschaftslehre. Dresden: Reissner 1912.
76 Schnitzler: Tagebuch 1917–1919, S. 225.
77 Ebd., S. 227.
78 Ebd.
79 Ebd., S. 232.
80 Zum Kontext vgl. Konstanze Fliedl: Arthur Schnitzler. Stuttgart: Reclam 2005, S. 58.
81 Schnitzler: Tagebuch 1917–1919, S. 231 f.
82 Ebd., S. 239.
83 Ebd., S. 240.
84 Ebd., S. 259.
85 Ebd., S. 261.
86 Vgl. Fischer: Expressionismus – Aktivismus – Revolution, S. 21.
87 Ebd., S. 22.
88 Hans-Albrecht Koch: [Artikel] Zeitschrift. In: Reallexikon der deutschen Literaturwissenschaft, Bd. 3, S. 884–887, hier S. 884.
89 Zur ideologischen Programmatik der *Rettung* vgl. aus dem historischen Abstand die Studie von Joseph Pfeifer: Le journal *Die Rettung*. Une intervention littéraire dans la Révolution de 1918 à Vienne. In: Austriaca. Cahiers Universitaires d'Information sur l'Autriche 10 (Mai 1980), S. 101–108; daneben Armin A. Wallas: Zeitschriften und Anthologien des Expressionismus in Österreich. Analytische Bibliographie und Register. Bd. 1: Analytische Bibliographie. München u. a.: Saur 1995, S. 63 f.
90 Blei: Erzählung eines Lebens, S. 480.
91 Ebd., S. 487.
92 Vgl. dagegen Wallas: Zeitschriften und Anthologien des Expressionismus in Österreich, Bd. 1, S. 64, der das angebliche »Motto« nach S. 1 der Eröffnungsnummer der Zeitschrift zitiert, wo es aber nicht zu finden ist.
93 Zit. nach Paul Raabe: Die Zeitschriften und Sammlungen des literarischen Expressionismus. Repertorium der Zeitschriften, Jahrbücher, Anthologien, Sammelwerke, Schriftenreihen und Almanache 1910–1921. Stuttgart: Metzler 1964, S. 86 f., hier S. 87; vgl. Fritz Schlawe: Literarische Zeit-

schriften 1910–1933. Stuttgart: Metzler 1962, S. 56 f.; zur Verlagsgeschichte des 1. Jahrgangs vgl. Murray G. Hall: Österreichische Verlagsgeschichte 1918–1938. Bd. 2: Belletristische Verlage der Ersten Republik. Wien/Köln/Weimar: Böhlau 1985 (= Literatur und Leben, N. F., Bd. 28), S. 193 f.

94 Wallas: Zeitschriften und Anthologien des Expressionismus in Österreich, Bd. 1, S. 64.

95 Kraus: Proteste, S. 17.

96 Ebd., S. 18.

97 Hermann Bahr: Tagebuch. 16. Dezember. In: Neues Wiener Journal Nr. 9030 (22.12.1918), S. 5.

98 Karl Kraus: Literatur oder Man wird doch da sehn. Magische Operette in zwei Teilen. In: K. K.: Dramen. Hg. v. Christian Wagenknecht. Frankfurt a. M.: Suhrkamp 1989 (= K. K.: Schriften, Bd. 11), S. 7–75, hier S. 74; vgl. Karl Kraus' »Literatur oder Man wird doch da sehn«. Genetische Ausgabe und Kommentar. Hg. v. Martin Leubner. Göttingen: Wallstein 1996, S. 79.

99 Ebd.

100 Werfel: Barbara oder Die Frömmigkeit, S. 517; vgl. schon ebd., S. 377.

101 So Wallas: Zeitschriften und Anthologien des Expressionismus in Österreich, Bd. 1, S. 63.

102 Ebd., S. 64.

103 Franz Blei: o. T. [Editorial] In: Die Rettung Nr. 1 (6.12.1918), S. 1.

104 Ebd.

105 Ebd.

106 Ebd.

107 [Albert] Paris Gütersloh: o. T. [Editorial] In: Die Rettung Nr. 1 (6.12.1918), S. 1–9, hier S. 6.

108 Pfeifer: Le journal *Die Rettung*, S. 102.

109 Gütersloh: o. T. [Editorial], S. 6.

110 Ebd., S. 6 f.

111 Vgl. Hautmann: »Spätsommer des Untergangs«, S. 334 f.; Hanisch: Männlichkeiten, S. 192 f.

112 Wallas: Zeitschriften und Anthologien des Expressionismus in Österreich, Bd. 1, S. 64.

113 Pfeifer: Le journal *Die Rettung*, S. 101.

114 [Albert] Paris Gütersloh: Der Ruhetag. In: Die Rettung Nr. 7 (17.1.1919), S. 57–60, hier S. 60.

115 Vgl. Pfeifer: Le journal *Die Rettung*, S. 103.

116 Franz Blei: D. Ö. R. In: Die Rettung Nr. 4 (27.12.1918), S. 37–40, hier S. 37.

117 Ebd.

118 Ebd., S. 38.

119 Ebd.

120 Vgl. [Albert] Paris Gütersloh: Zu Kirche und Ehe. In: Die Rettung Nr. 10 (7.2.1919), S. 85–88.

121 Vgl. Franz Blei: Die Krise der Kirche. In: Die Rettung Nr. 8 (24.1.1919), S. 65–72.

122 Vgl. Pfeifer: Le journal *Die Rettung*, S. 104.

123 Vgl. ebd.

124 Franz Blei: Die Büchse der Pandora. In: Die Rettung Nr. 5 (3.1.1919), S. 41–44, hier S. 41.

125 Vgl. Pfeifer: Le journal *Die Rettung*, S. 106.

126 Blei: Die Büchse der Pandora, S. 42.

127 Ebd., S. 44.

128 Jürgen Lehmann: [Artikel] Autobiographie. In: Reallexikon der deutschen Literaturwissenschaft, Bd. 1, S. 168–173, hier S. 168.

129 Vgl. Frank Zipfel: Autofiktion. Zwischen den Grenzen von Faktualität, Fiktionalität und Literarität? In: Grenzen der Literatur. Zu Begriff und Phänomen des Literarischen. Hg. v. Simone Winko, Fotis Jannidis u. Gerhard Lauer. Berlin/New York: de Gruyter 2009 (= Revisionen, Bd. 2), S. 285–314, hier S. 285.

130 Blei: Erzählung eines Lebens, S. 474.

131 Ebd., S. 475.
132 Vgl. Johann Nestroy: Komödien. Ausgabe in drei Bänden. Hg. v. Franz H. Mautner. Frankfurt a. M.: Insel 1970, Bd. 3, S. 132 [I/2], 150 [I/15] u. 173 [III/1].
133 Vgl. Anastasius Grün: Spaziergänge eines Wiener Poeten. In: A. G.: Sämtliche Werke in zehn Bänden. Hg. v. Anton Schlossar. Leipzig: Max Hesse o. J. [1907], Bd. 5, S. 120–176, hier S. 127 f.
134 Blei: Erzählung eines Lebens, S. 475 f.
135 Vgl. Franz Blei: Die Revolution. In: Die Rettung Nr. 1 (6.12.1918), S. 10–15, hier S. 10 f.
136 Blei: Erzählung eines Lebens, S. 477.
137 Vgl. Blei: Die Revolution, S. 11.
138 Blei: Erzählung eines Lebens, S. 478.
139 Ebd.
140 Robert Neumann: Ein leichtes Leben. Bericht über mich selbst und Zeitgenossen. Wien/München/Basel: Kurt Desch 1963, S. 554 f.
141 Vgl. etwa Alfred Polgar: Der verhungerte Dichter Otfried Krzyzanowski. In: A. P.: Taschenspiegel. Hg. v. Ulrich Weinzierl. Wien: Löcker 1980, S. 62–64; daneben den Kommentar in: Hirnwelten funkeln. Literatur des Expressionismus in Wien. Hg. v. Ernst Fischer u. Wilhelm Haefs. Salzburg: Otto Müller 1988, S. 378.
142 Lehmann: [Artikel] Autobiographie, S. 168.
143 Vgl. Werfel: Barbara oder Die Frömmigkeit, S. 615–637, bes. S. 626–629.
144 Neumann: Ein leichtes Leben, S. 555.
145 Fischer: Expressionismus – Aktivismus – Revolution, S. 31.
146 Ulrich Scheck: Die Prosa Robert Neumanns. Mit einem bibliographischen Anhang. New York u. a.: Peter Lang 1985 (= American University Studies, Ser. I, Bd. 43), S. 17.
147 Hans Wagener: Robert Neumann. Biographie. München: Fink 2007, S. 11.
148 Ebd.
149 Neumann: Ein leichtes Leben, S. 555.
150 Vgl. Deutsch: Aus Österreichs Revolution, S. 43 f.
151 Neumann: Ein leichtes Leben, S. 555 f.
152 Günter Bentele: [Artikel] Reportage. In: Reallexikon der deutschen Literaturwissenschaft, Bd. 2, S. 266–268, hier S. 266.
153 Egon Erwin Kisch: Wesen des Reporters. In: Das literarische Echo 20 (15.1.1918), H. 8, Sp. 437–440, hier Sp. 437.
154 Ebd., S. 328.
155 e. d. [d. i. Egon Dietrichstein]: Bei der Roten Garde, S. 5.
156 Ebd.
157 Ebd.
158 Ebd.
159 Ebd.
160 Bentele: [Artikel] Reportage, S. 266.
161 e. d. [d. i. Egon Dietrichstein]: Bei der Roten Garde, S. 5.
162 Bentele: [Artikel] Reportage, S. 266.
163 Kisch: Wesen des Reporters, Sp. 437.
164 Patka: Egon Erwin Kisch, S. 49 f.
165 Egon Dietrichstein: Der Kommandant der Roten Garde. Ein Porträt. In: Neues Wiener Journal Nr. 8993 (15.11.1918), S. 5.
166 Ebd.
167 Ebd.
168 Kisch: Wesen des Reporters, Sp. 437.

169 Ebd.
170 Dietrichstein: Der Kommandant der Roten Garde, S. 5.
171 Patka: Egon Erwin Kisch, S. 50.
172 Dietrichstein: Der Kommandant der Roten Garde, S. 5.
173 Ebd.
174 Ebd.
175 Ebd.
176 Patka: Egon Erwin Kisch, S. 52.
177 Dietrichstein: Der Kommandant der Roten Garde, S. 5.
178 Patka: Egon Erwin Kisch, S. 52.
179 Sonnenfeld: Der Zuhälter, S. 26.
180 Kisch: Wesen des Reporters, Sp. 440.
181 Ulrich Püschel: [Artikel] Feuilleton. In: Reallexikon der deutschen Literaturwissenschaft, Bd. 1, S. 584–587, hier S. 584 f.
182 Ebd., S. 585.
183 Ebd.
184 Vgl. Hermann Bahr: Tagebuch. 24. November. In: Neues Wiener Journal Nr. 9009 (1.12.1918), S. 4 f., hier S. 5.
185 Hermann Bahr: Tagebuch. 7. Dezember. In: Neues Wiener Journal Nr. 9023 (15.12.1918), S. 5.
186 Ebd.
187 Ebd.
188 Ebd.
189 Ebd.
190 Ebd.
191 Ebd.
192 Kisch: Wesen des Reporters, Sp. 338 f.
193 Püschel: [Artikel] Feuilleton, S. 585.
194 So Patka: Egon Erwin Kisch, S. 52.
195 Bahr: Tagebuch. 16. Dezember, S. 5.
196 Ebd.
197 Ebd.
198 Ebd.
199 Ebd.
200 Ebd.
201 Ebd.
202 Ebd.
203 Vgl. Gütersloh: o. T. [Editorial], S. 2.
204 Bahr: Tagebuch. 16. Dezember, S. 5.
205 Ebd.
206 Vgl. Klaus Westermann: Nachwort. In: Joseph Roth: Werke. Bd. I: Das journalistische Werk. 1915–1923. Hg. v. K. W. Mit einem Vorwort zur Werkausgabe v. Fritz Hackert u. K. W. Köln: Kiepenheuer & Witsch 1989, S. 1109–1116, hier S. 1111. Zum Kontext vgl. David Bronsen: Joseph Roth. Eine Biographie. Gekürzte Fassung. Köln: Kiepenheuer & Witsch 1993 [ungekürzt: 1974], S. 100–113, bes. S. 104 f.
207 j. r. [i. e. Joseph Roth]: Das Jahr der Erneuerung. In: Der neue Tag Nr. 350? (12.11.1919), S. 3; zit. nach J. R.: Werke, Bd. I, S. 171–173, hier S. 171.
208 Ebd.
209 Ebd.

210 So Dieter Mayer: Kurt Tucholsky, Joseph Roth, Walter Mehring. Beiträge zu Politik und Kultur zwischen den Weltkriegen. Frankfurt a. M. u. a.: Peter Lang 2010, S. 250.
211 Roth: Das Jahr der Erneuerung, S. 171 f.
212 Ebd., S. 172.
213 Mayer: Kurt Tucholsky, Joseph Roth, Walter Mehring, S. 250.
214 Roth: Das Jahr der Erneuerung, S. 172.
215 Ebd.
216 Ebd., S. 173.
217 Ebd. Das offenbar falsche Wort »prosanieren« wurde stillschweigend in »profanieren« korrigiert.
218 Ebd.
219 Mayer: Kurt Tucholsky, Joseph Roth, Walter Mehring, S. 250.
220 Heinz Schlaffer: [Artikel] Anekdote. In: Reallexikon der deutschen Literaturwissenschaft, Bd. 1, S. 87–89, hier S. 87.
221 Ebd.
222 Ebd.
223 Vgl. Hans Kronberger: Anatomie einer Anekdote, S. 99 f.
224 Friedrich Torberg: Die Tante Jolesch oder Der Untergang des Abendlandes in Anekdoten. München/Wien: Albert Langen [37]2016, S. 26.
225 Ebd.
226 Paris Gütersloh: Wer ist der Mörder. In: Die Rettung Nr. 2 (13.12.1918), S. 17–21, hier S. 17.
227 Vgl. ebd.
228 So Hans Hautmann: Franz Werfel, »Barbara oder Die Frömmigkeit« und die Revolution in Wien 1918, S. 469 u. 472.
229 So Fischer: Expressionismus – Aktivismus – Revolution, S. 26.
230 So Ulrich Weinzierl: Der »Weltfreund« auf den Barrikaden. In: Romane von gestern – heute gelesen. Bd. 2: 1918–1933. Hg. v. Marcel Reich-Ranicki. Frankfurt a. M.: S. Fischer 1989, S. 209–220, hier S. 210.
231 Hartmut Steinecke: [Artikel] Roman. In: Reallexikon der deutschen Literaturwissenschaft, Bd. 3, S. 317–322, hier S. 317.
232 Vgl. Herbert Ihering: Der Fall Werfel. In: Das Tagebuch 10 (14.12.1929), H. 50, S. 2177–2180, hier S. 2179; dazu und zum Kontext: Jutta Jacobi: Journalisten im literarischen Text. Studien zum Werk von Karl Kraus, Egon Erwin Kisch und Franz Werfel. Frankfurt a. M. u. a.: Peter Lang 1989 (= Europäische Hochschulschriften, R. 1, Bd. 1117), S. 151–155.
233 Dirk Kemper: [Artikel] Elegie. In: Reallexikon der deutschen Literaturwissenschaft, Bd. 1, S. 429–432, hier S. 429.
234 Werfel: Barbara oder Die Frömmigkeit, S. 184.
235 Vgl. Hautmann: »Spätsommer des Untergangs«, S. 332–336.
236 Vgl. Werfel: Barbara oder Die Frömmigkeit, S. 362–390.
237 Vgl. Hautmann: »Spätsommer des Untergangs«, S. 338.
238 Werfel: Barbara oder Die Frömmigkeit, S. 490.
239 Ebd., S. 491.
240 Vgl. ebd., S. 518.
241 Ebd., S. 492.
242 Ebd., S. 514.
243 Ebd., S. 516 f.
244 Ebd., S. 517.
245 Ebd.
246 Ebd., S. 517 f.

247 Vgl. ebd., S. 518.
248 Vgl. Hautmann: »Spätsommer des Untergangs«, S. 337 f.
249 Werfel: Barbara oder Die Frömmigkeit, S. 518.
250 Ebd., S. 518 f.
251 Hautmann: »Spätsommer des Untergangs«, S. 337.
252 Werfel: Barbara oder Die Frömmigkeit, S. 519.
253 Ebd., S. 519 f.
254 Ebd., S. 520.
255 Ebd.
256 Ebd., S. 520 f.
257 Vgl. Kisch: Angst, Rote Garde und Presse, S. 21.
258 Werfel: Barbara oder Die Frömmigkeit, S. 521.
259 Ebd., S. 521 f.
260 Ebd., S. 522.
261 Ebd.
262 Ebd., S. 522 f.
263 Ebd., S. 523 f.
264 Ebd., S. 524.
265 Vgl. ebd., S. 551–555.
266 Egon Erwin Kisch über sein Porträt im neuen Werfel-Roman. In: E. E. K.: Läuse auf dem Markt, S. 498 f.
267 Werfel: Barbara oder Die Frömmigkeit, S. 524.
268 Ebd.
269 Ebd., S. 525.
270 Vgl. ebd., S. 528–530 u. 535.
271 Ebd., S. 183 f.
272 Ebd., S. 184.
273 Ebd., S. 525 f.
274 Ebd., S. 619.
275 Ebd., S. 619 f.
276 Jacobi: Journalisten im literarischen Text, S. 157.
277 Werfel: Barbara oder Die Frömmigkeit, S. 595.
278 Ebd., S. 596.
279 Ebd., S. 596 f.
280 Ebd., S. 597.
281 Ebd.
282 Ebd.
283 Ebd.
284 Ebd., S. 597 f.
285 Ebd., S. 598.
286 Ebd.
287 Ebd., S. 599.
288 Ebd.
289 Ebd.
290 Ebd., S. 599 f.
291 Ebd., S. 600.
292 Vgl. Hautmann: »Spätsommer des Untergangs«, S. 337.
293 Werfel: Barbara oder Die Frömmigkeit, S. 420.

294 Ebd., S. 600.
295 Ebd., S. 601.
296 Ebd.
297 Ebd., S. 602.
298 Ebd.
299 Ebd., S. 602 f.
300 Vgl. Sigmund Freud: Jenseits des Lustprinzips. In: S. F.: Studienausgabe. Hg. v. Alexander Mitscherlich, Angela Richards u. James Strachey. Bd. III: Psychologie des Unbewußten. Frankfurt a. M.: S. Fischer 1975, S. 217–272, hier S. 248.
301 Werfel: Barbara oder Die Frömmigkeit, S. 603.
302 Ebd., S. 604.
303 Ebd.
304 Ebd.
305 Ebd., S. 604 f.
306 Mahler-Werfel: Mein Leben, S. 121.
307 Werfel: Barbara oder Die Frömmigkeit, S. 605.
308 Ebd., S. 605 f.
309 Ebd., S. 606.
310 Ebd., S. 611.
311 So Wendelin Schmidt-Dengler in einer unveröffentlichten Vorlesung zur österreichischen Literatur zwischen 1918 und 1938.
312 Karl Paumgartten: Repablick. Eine galgenfröhliche Wiener Legende aus der Zeit der gelben Pest und des roten Todes. Graz/Leipzig: Heimatverlag Leopold Stocker 1924.
313 Vgl. Rieger: Zauber der Montur, S. 73 f.
314 Vgl. dazu Wendelin Schmidt-Dengler: Literatur in der »Muskete«. In: Murray G. Hall u. a.: Die Muskete. Kultur- und Sozialgeschichte im Spiegel einer satirisch-humoristischen Zeitschrift. 1905–1941. Wien: Tusch 1983, S. 35–50.
315 Heimgarten 57. Jg. (8.4.1933), H. 7; zit. nach Hall: Österreichische Verlagsgeschichte, Bd. 2, S. 403 f.
316 Ulrich Weinzierl: Versuchsstation des Weltuntergangs. Erzählte Geschichte Österreichs 1918–1939. Wien/München: Jugend und Volk 1983, S. 33.
317 Jürgen Brummack: [Artikel] Satire. In: Reallexikon der deutschen Literaturwissenschaft, Bd. 3, S. 355–360, hier S. 355.
318 Paumgartten: Repablick, S. 119 f.
319 Ebd., S. 120.
320 Vgl. dazu Rieger: Zauber der Montur, S. 75–79.
321 Paumgartten: Repablick, S. 111.
322 Ebd.
323 Weinzierl: Versuchsstation des Weltuntergangs, S. 33 f.
324 Paumgartten: Repablick, S. 111 f.
325 Vgl. Weinzierl: Versuchsstation des Weltuntergangs, S. 33.
326 Paumgartten: Repablick, S. 207.
327 Vgl. Cesare Lombroso: Der Verbrecher in anthropologischer, ärztlicher und juristischer Beziehung, in deutscher Bearb. v. M. O. Fraenkel. Hamburg: J. F. Richter 1887.
328 Paumgartten: Repablick, S. 112.
329 Vgl. Weinzierl: Versuchsstation des Weltuntergangs, S. 34.
330 Dass die simple ›Methode‹ noch heute angewendet wird, zeigt ein Blick in die Gegenwart: So hat der geschäftsführende niederösterreichische FPÖ-Chef und Nationalratsabgeordnete Christian

Höbart am 6. November 2014 über Facebook verbreiten lassen, es sei eine »Frechheit sondergleichen«, dass Asylwerber sich erlaubt haben, gegen die Zustände im Flüchtlingslager Traiskirchen zu demonstrieren; in diesem Zusammenhang bezeichnete er die Flüchtlinge als »Erd- und Höhlenmenschen«; vgl. http://orf.at/stories/2252902/, letzter Zugriff: 04.11.2016. Solche Worte suggerieren, dass man die damit bezeichneten ›minderwertigen‹ Menschen anders zu behandeln habe als Niederösterreicher, die in ansehnlichen Häusern leben.

331 Paumgartten: Repablick, S. 113.

332 Vgl. ebd., S. 51 f.

333 Ebd., S. 113.

334 Ebd., S. 113 f.

335 Ebd., S. 51.

336 Ebd., S. 50.

337 Ebd., S. 51.

338 Ebd., S. 53.

339 Vgl. ebd., S. 56 f.

340 Vgl. ebd., S. 58 f.

341 Ebd., S. 53.

342 Weinzierl: Versuchsstation des Weltuntergangs, S. 33.

343 Paumgartten: Repablick, S. 63.

344 Ebd., S. 161.

345 Ebd., S. 162.

346 Ebd., S. 64.

347 Herbert Herzmann: [Artikel] Posse. In: Reallexikon der deutschen Literaturwissenschaft, Bd. 3, S. 134–136, hier S. 134.

348 Anton Kuh: Der unsterbliche Österreicher. Vorrede. In: A. K.: Werke. Hg. v. Walter Schübler. Bd. 5: Texte der Jahre 1930–1933. Göttingen: Wallstein 2016, S. 10.

349 Vgl. die von Walter Schübler zusammengestellte Übersicht über die Publikationsgeschichte:
Hoch die Palatschinken!
Prager Tagblatt, Jg. 43, Nr. 255, 2.11.1918, M, S. 2 (Anton Kuh)
ZD Der Querschnitt, Jg. 8, H. 12, Dezember 1928, S. 834–837 (Österreichs Umsturz gesehen durch drei Temperamente [mit variiertem Anfang und Schluss]); Der unsterbliche Österreicher, S. 98–102 (1000 Jahre und ein Tag, Abschnitt »Kleinösterreich wird geboren«, S. 99 [Einsprengsel]). Die Geburt der Republik Österreich. In Anekdoten
Prager Tagblatt, Jg. 53, Nr. 257, 28.10.1928, S. 4 (Anton Kuh)
ZD Marburger Zeitung, Jg. 68, Nr. 269, 1.11.1928, S. 3; Der unsterbliche Österreicher, S. 99 [Einsprengsel im Abschnitt unter dem Zwischentitel »Kleinösterreich wird geboren« integriert (S. 98–102) in »1000 Jahre und ein Tag« (S. 93–102)].
Tausend Jahre und ein Tag. Habsburgs Ende im Spiegel eines Literaturcafés
Vossische Zeitung, Nr. 257, 27.10.1928, Ubl. Nr. 253 [S. 1–2] (Anton Kuh)
ZD Der Tag, Jg. 7, Nr. 2123, 28.10.1928, [Beil.] Der Tag am Sonntag, S. 17–18 (1000 Jahre und 1 Tag oder Habsburgs Ende im Spiegel des Literaturcafés. Zum zehnjährigen Gedächtnis); Der unsterbliche Österreicher [unter dem Zwischentitel »Großösterreich stirbt« integriert (S. 93–98) in »1000 Jahre und 1 Tag« (S. 93–102)].
Österreichs Umsturz gesehen durch drei Temperamente. I. Wien
Der Querschnitt, Jg. 8, H. 12, Dezember 1928, S. 834–837 (Anton Kuh)
ZD Der unsterbliche Österreicher [unter dem Zwischentitel »Kleinösterreich wird geboren« integriert (S. 98–102) in »1000 Jahre und 1 Tag« (S. 93–102)] Vgl. auch: Umsturz in Krähwinkel. In: Simplicissimus, Jg. 33 (1928/29), Nr. 33, 12.11.1928, S. 421 (Anton).

350 Anton Kuh: 1000 Jahre und ein Tag. In: A. K.: Luftlinien, S. 77–87, hier S. 77.

351 Folgende Deutungen des habsburgischen Wahlspruchs sind bezeugt:
1. Austriae est imperare orbi universo (Es ist Österreich bestimmt, die Welt zu beherrschen).
2. Austria erit in orbe ultima (Österreich wird bestehen bis ans Ende der Welt).
3. Austria est imperium optime unita (Österreich ist ein aufs Beste geeinigtes Reich).
4. Austria est imperatrix omnis universi (Österreich ist die Beherrscherin der ganzen Welt).
5. Alles Erdreich ist Österreich untertan.

352 Kuh: 1000 Jahre und ein Tag, S. 78.

353 Ebd., S. 79 f.

354 Ebd., S. 80.

355 Ebd.

356 Vgl. das einschlägige Kapitel unten.

357 Vgl. Werfel: Barbara oder Die Frömmigkeit, S. 625–629.

358 Kuh: 1000 Jahre und ein Tag, S. 80 f.

359 Ebd., S. 81 f.

360 Ebd., S. 82.

361 Ebd., S. 82 f.

362 Ebd., S. 83.

363 Ebd.

364 Ebd., S. 83 f.

365 Ebd., S. 84.

366 Ebd.

367 Vgl. Sabine Müller: Tractatus, »Schmäh« und Sprachkritik. Überlegungen zu einer alternativen Genealogie der Wiener Modernen. In: Zwei- und Mehrsprachigkeit in Zentraleuropa. Zur Geschichte einer literarischen und kulturellen Chance. Hg. v. András F. Balogh u. Christoph Leitgeb. Wien: Praesens 2012, S. 229–254.

368 Kuh: 1000 Jahre und ein Tag, S. 84.

369 Ebd.

370 Vgl. Bernhard Greiner: Die Komödie. Eine theatralische Sendung: Grundfragen und Interpretationen. Tübingen: Francke 1992 (= UTB 1665), S. 97.

371 Kuh: 1000 Jahre und ein Tag, S. 84 f.

372 Ebd., S. 86.

373 Ebd., S. 86 f.

374 Ebd., S. 87.

375 Ebd.

376 Kaum ergiebig für den gegenwärtigen Zusammenhang ist die auf spätere historische Zeiträume fokussierte Darstellung von Wendelin Schmidt-Dengler: Gedicht und Veränderung. Zur österreichischen Lyrik der Zwischenkriegszeit. In: W. S.-D.: Ohne Nostalgie. Zur österreichischen Literatur der Zwischenkriegszeit. Wien/Köln/Weimar: Böhlau 2002 (= Literaturgeschichte in Studien und Quellen, Bd. 7), S. 169–191.

377 So Dieter Lamping: Das lyrische Gedicht. Definitionen zu Theorie und Geschichte der Gattung. Göttingen: Vandenhoeck & Ruprecht 1989, S. 63.

378 Vgl. dazu Jürgen Link: Elemente der Lyrik. In: Literaturwissenschaft. Ein Grundkurs. Hg. v. Helmut Brackert u. Jörn Stückrath. Reinbek bei Hamburg: Rowohlt 1992, S. 86–101, hier S. 92 ff.

379 Diese und manche der folgenden Informationen beziehe ich aus Murray G. Hall/Gerhard Renner: Handbuch der Nachlässe und Sammlungen österreichischer Autoren. Wien/Köln/Weimar: Böhlau ²1995 (= Literatur in der Geschichte. Geschichte in der Literatur, Bd. 23), S. 308, vgl. auch https://www.wien.gv.at/wiki/index.php?title=Paul_Sch%C3%BCtz, letzter Zugriff: 26.3.2018.

380 Konrad Paulis: Worte und Lieder für Menschen. Wien: Leonhardt 1919, S. 45; vgl. auch Friedrich Achberger: Literatur gegen die Revolution, S. 107.
381 Ebd., S. 107 f.
382 Fischer: Expressionismus – Aktivismus – Revolution, S. 31.
383 Diese und die folgenden Informationen beziehe ich aus Fischer/Haefs (Hg.): Hirnwelten funkeln, S. 342; Hall/Renner: Handbuch der Nachlässe und Sammlungen österreichischer Autoren, S. 33.
384 Ernst Angel: Sturz nach oben. Gedichte. Wien/Prag/Leipzig: Strache 1920, S. 31.
385 Ebd., S. 32.
386 Vgl. ebd., S. 66 f.
387 Fischer: Expressionismus – Aktivismus – Revolution, S. 31.
388 Diese und die folgenden Informationen beziehe ich aus Fischer/Haefs (Hg.): Hirnwelten funkeln, S. 351; Hall/Renner: Handbuch der Nachlässe und Sammlungen österreichischer Autoren, S. 251; vgl. auch die ausführlichere Darstellung in Karl-Markus Gauß: Wann endet die Nacht. Über Albert Ehrenstein. Ein Essay. Zürich: Edition Moderne 1986, bes. S. 26–30 u. passim, sowie die grundlegende Monografie von Armin A. Wallas: Albert Ehrenstein. Mythenzerstörer und Mythenschöpfer. München: Boer 1994 (= Reihe Forschungen, Bd. 5), bes. S. 39–41 u. passim.
389 Albert Ehrenstein: Die Gedichte. Wien/Prag/Leipzig: Strache 1920, S. 206–208; zit. nach A. E.: Werke. Hg. v. Hanni Mittelmann. Bd. 4/1: Gedichte. 1. Teilbd. München: Boer 1997, S. 173 f.
390 Vgl. Magris: Der habsburgische Mythos, S. 19–33.
391 Vgl. Karl-Markus Gauß/Josef Haslinger: »Träumer ohne Schollensinn«. Nachforschungen über den Bruder Sonka. In: Hugo Sonnenschein [Sonka]: Die Fesseln meiner Brüder. Gesammelte Gedichte. Auswahl u. Nachwort v. K.-M. G. u. J. H. München/Wien: Hanser 1984, S. 130–153, hier S. 131. Auch die im Folgenden referierten Informationen beziehe ich hauptsächlich aus diesem biografischen Abriss; vgl. daneben Fischer/Haefs (Hg.): Hirnwelten funkeln, S. 400 f.; Hall/Renner: Handbuch der Nachlässe und Sammlungen österreichischer Autoren, S. 316 f.
392 Sonnenschein [Sonka]: Die Fesseln meiner Brüder, S. 68.
393 Ebd.
394 Ebd., S. 69.
395 Ebd., S. 71.
396 Ebd., S. 73.
397 Vgl. dazu das abschließende Kapitel unten.
398 Zit. nach Gauß/Haslinger: »Träumer ohne Schollensinn«, S. 139.
399 Sigurd Paul Scheichl: [Artikel] Polemik. In: Reallexikon der deutschen Literaturwissenschaft, Bd. 3, S. 117–120, hier S. 117.
400 Ebd.
401 Ebd., S. 118 f.
402 Vgl. Karl-Markus Gauß: Karl Kraus und seine ›kosmischen Schlieferln‹. Zur Rehabilitation von Albert Ehrenstein, Hugo Sonnenschein und Georg Kulka. In: Zeitgeschichte 10 (1982/83), H. 2, S. 43–59; Uwe Laugwitz: Albert Ehrenstein. Studien zu Leben, Werk und Wirkung eines deutsch-jüdischen Schriftstellers. Frankfurt a. M. u. a.: Peter Lang 1987 (= Hamburger Beiträge zur Germanistik, Bd. 5), S. 218–235; Jürgen Serke: Böhmische Dörfer. Wanderungen durch eine verlassene literarische Landschaft. Wien u. a.: Zsolnay 1987, S. 345–375.
403 Karl Kraus: Die Sintflut. In: Die Fackel 20 (20.11.1918), H. 499–500, S. 28–36, hier S. 35 f.
404 Ebd., S. 35.
405 Karl Kraus: Nachruf. In: Die Fackel 20 (25.1.1919), H. 501–507, S. 1–120, hier S. 76.
406 Vgl. dazu Michael Pollak: Aktionssoziologie im intellektuellen Feld. Die Kämpfe des Karl Kraus. In: Streifzüge durch das literarische Feld. Hg. v. Louis Pinto u. Franz Schultheis. Konstanz: UVK 1997 (= édition discours, Bd. 4), S. 235–282.

407 Kraus: Proteste, S. 1.
408 Ebd., S. 2.
409 Ebd.
410 Vgl. György Dalos: Ungarn in der Nußschale. Geschichte meines Landes. München: C. H. Beck 2004, S. 126.
411 Kraus: Proteste, S. 2.
412 Ebd., S. 3.
413 N. N.: Eine ernste Satire. In: Arbeiter-Zeitung Nr. 169 (21.6.1919), S. 4; übernommen in Kraus: Proteste, S. 3.
414 Ebd.
415 N. N.: (»Grubenhunde«). In: Neues Wiener Tagblatt Nr. 170 (22.6.1919), S. 12; übernommen in Kraus: Proteste, S. 4.
416 Ebd.
417 N. N.: Ein Protest und keine Mystifikation. In: Arbeiter-Zeitung Nr. 173 (25.6.1919), S. 4; übernommen in Kraus: Proteste, S. 4 f.
418 Ebd., S. 5.
419 Ebd.
420 Ebd., S. 5 f.
421 Ebd., S. 6.
422 Ebd., S. 6 f.
423 Ebd., S. 7.
424 Ebd.
425 Ebd., S. 8.
426 Ebd., S. 9.
427 Ebd.
428 Ebd., S. 10.
429 Ebd.
430 Ebd., S. 11.
431 Ebd., S. 11 f.
432 Vgl. dazu Karl Kraus – Franz Werfel. Eine Dokumentation. Zusammengestellt v. Christian Wagenknecht u. Eva Willms. Göttingen: Wallstein 2011, S. 29 ff.
433 Kraus: Proteste, S. 14.
434 Ebd., S. 14 f.
435 Ebd., S. 15.
436 Ebd.
437 Vgl. den Kommentar in Karl Kraus – Franz Werfel. Eine Dokumentation, S. 156, Anm. 269.
438 Kraus: Proteste, S. 15 f.
439 Ebd., S. 16.
440 Ebd.
441 Ebd.
442 Ebd., S. 17 f.
443 Ebd., S. 18.
444 Ebd.
445 Ebd., S. 18 f.
446 Ebd., S. 19.
447 Ebd.
448 Ebd., S. 19 f.
449 Vgl. Egon Erwin Kisch an Ernestine Kisch, Wien, 1.8.1919. In: E. E. K.: Briefe an den Bruder Paul

und an die Mutter, S. 195. Zum Kontext vgl. Josef Poláček: Egon Erwin Kisch über Karl Kraus. In: Literatur und Kritik 5 (1970), H. 41, S. 21–36.

450 Kraus: Proteste, S. 20.

451 Ebd.

452 Karl Kraus: Gespenster. In: Die Fackel 21 (Ende Juli/August 1919), Nr. 514–518, S. 21–86, hier S. 33.

453 Ebd., S. 34.

454 Ebd.

455 Vgl. dazu Gauß: Karl Kraus und seine ›kosmischen Schlieferln‹, S. 43 f. u. 57. Nach wie vor aus der Perspektive Kraus' argumentiert hingegen die große Biografie von Edward Timms: Karl Kraus. Die Krise der Nachkriegszeit und der Aufstieg des Hakenkreuzes. Weitra: Bibliothek der Provinz 2016 (= Enzyklopädie des Wiener Wissens. Porträts, Bd. 5), S. 267–269.

456 Musil: Tagebücher, Bd. 1, S. 433.

Keine Wiener Revolutionsliteratur von Rang? Schlussbemerkung

1 Fischer: Expressionismus – Aktivismus – Revolution, S. 42.

2 Ebd., S. 43.

3 Ebd., S. 42 f.

4 Ebd., S. 43 f.

5 Hautmann: Die verlorene Räterepublik, S. 76.

6 Fischer: Expressionismus – Aktivismus – Revolution, S. 45.

7 So Fischer ebd., S. 46.

8 Ebd.

9 Ebd.

Literaturverzeichnis

Literatur und Quellen

Leopold von Andrian: Korrespondenzen, Notizen, Essays, Berichte. Hg. v. Ursula Prutsch u. Klaus Zeyringer. Wien/Köln/Weimar: Böhlau 2003 (= Veröffentlichungen der Kommission für Neuere Geschichte Österreichs, Bd. 97).

Ernst Angel: Sturz nach oben. Gedichte. Wien/Prag/Leipzig: Strache 1920.

h. b. [Hermann Bahr?]: Die Wiener Kommunisten vor dem Rathaus. Trauerfeier für Liebknecht und Rosa Luxemburg. In: Neues Wiener Journal Nr. 9056 (19.1.1919), S. 4.

Hermann Bahr: Tagebuch. 20., 22. und 24. November. In: Neues Wiener Journal Nr. 9009 (1.12.1918), S. 4 f.

Hermann Bahr: Tagebuch. 3., 7. und 8. Dezember. In: Neues Wiener Journal Nr. 9023 (15.12.1918), S. 5.

Hermann Bahr: Tagebuch. 16. Dezember. In: Neues Wiener Journal Nr. 9030 (22.12.1918), S. 5.

Otto Bauer: Die österreichische Revolution. Wien: Wiener Volksbuchhandlung 1923.

Richard A. Bermann: Es lebe die Republik! (November 1918). In: Wiener Journal (März 1991), S. 31–34.

Georg Bittner: Die Wiener »Rote Garde«. Eine Gründung der Prager Kaffeehausliteraten. In: Neues 8 Uhr-Blatt Nr. 1249 (16.11.1918), S. 1 f.

Franz Blei: Die Revolution. In: Die Rettung Nr. 1 (6.12.1918), S. 10–15.

Franz Blei: o. T. [Editorial] In: Die Rettung Nr. 1 (6.12.1918), S. 1.

Franz Blei: D. Ö. R. In: Die Rettung Nr. 4 (27.12.1918), S. 37–40.

Franz Blei: Die Büchse der Pandora. In: Die Rettung Nr. 5 (3.1.1919), S. 41–44.

Franz Blei: Die Krise der Kirche. In: Die Rettung Nr. 8 (24.1.1919), S. 65–72.

Franz Blei: Erzählung eines Lebens. Leipzig: List 1930.

Braun-Hochberg: Der Skandal im Stadttheater. In: Ver! Auf daß der revolutionäre Geist in Allem und Jedem zum Ausdruck komme 28/29 (Dezember 1918/Jänner 1919), S. 19 f.

Hermann Broch: Die Schlafwandler. Eine Romantrilogie. Hg. v. Paul Michael Lützeler. Frankfurt a. M.: Suhrkamp 1978 (= H. B.: Kommentierte Werkausgabe, Bd. 1).

Max Brod: Streitbares Leben 1884–1968. München/Berlin/Wien: F. A. Herbig 1969.

Peter Brugger: Als der Großwodosch Österreich vor dem Bolschewismus rettete. Die Niederwerfung des Steinhardt'schen Kommunistenputsches beim Wiener Parlament. In: Matreier Weltzeitung Nr. 2 (1.11.1932), o. S.

Julius Deutsch: Aus Österreichs Revolution. Militärpolitische Erinnerungen. Wien: Wiener Volksbuchhandlung 1921.

e. d. [d. i. Egon Dietrichstein]: Bei der Roten Garde. In der Stiftskaserne. In: Neues Wiener Journal Nr. 8990 (12.11.1918), S. 5.

Egon Dietrichstein: Der Kommandant der Roten Garde. Ein Porträt. In: Neues Wiener Journal Nr. 8993 (15.11.1918), S. 5.

Milan Dubrovic: Veruntreute Geschichte. Wien/Hamburg: Zsolnay 1985.

Albert Ehrenstein: Die Gedichte. Wien/Prag/Leipzig: Strache 1920.

Albert Ehrenstein: Werke. Hg. v. Hanni Mittelmann. Bd. 4/1: Gedichte. 1. Teilbd. München: Boer 1997.

F.[ranz] F.[iala]: Der Hornist der Roten Garde erzählt. In: Die Rote Fahne Nr. 268 (11.11.1928), S. 8.

G. F.: Friedrich Adler über die »kommunistische Partei[«]. In: Der Weckruf Nr. 6 (28.11.1918), S. 2 f.

Oskar Maurus Fontana: Erinnerungen an Robert Musil. In: Robert Musil. Leben, Werk, Wirkung. Hg. v. Karl Dinklage. Reinbek bei Hamburg: Rowohlt 1960, S. 325–344.

Sigmund Freud: Jenseits des Lustprinzips. In: S. F.: Studienausgabe. Hg. v. Alexander Mitscherlich, Angela Richards u. James Strachey. Bd. III: Psychologie des Unbewußten. Frankfurt a. M.: S. Fischer 1975, S. 217–272.

Anastasius Grün: Spaziergänge eines Wiener Poeten. In: A. G.: Sämtliche Werke in zehn Bänden. Hg. v. Anton Schlossar. Bd. 5. Leipzig: Max Hesse o. J. [1907], S. 120–176.

[Albert] Paris Gütersloh: o. T. [Editorial] In: Die Rettung Nr. 1 (6.12.1918), S. 1–9.

[Albert] Paris Gütersloh: Wer ist der Mörder. In: Die Rettung Nr. 2 (13.12.1918), S. 17–21.

[Albert] Paris Gütersloh: Der Ruhetag. In: Die Rettung Nr. 7 (17.1.1919), S. 57–60.

[Albert] Paris Gütersloh: Zu Kirche und Ehe. In: Die Rettung Nr. 10 (7.2.1919), S. 85–88.

K.[urt] H.[iller]: Politischer Rat geistiger Arbeiter, Berlin: Programm. In: Das Ziel. Jahrbücher für geistige Politik 3 (1919), 1. Halbbd., S. 219–223.

Hugo von Hofmannsthal/Ottonie Gräfin Degenfeld: Briefwechsel. Hg. v. Marie Therese Miller-Degenfeld unter Mitwirkung v. Eugene Weber. Eingeleitet v. Theodora von der Mühll. Frankfurt a. M.: S. Fischer 1974.

Hugo von Hofmannsthal/Rudolf Pannwitz: Briefwechsel 1907–1926. In Verbindung mit dem Deutschen Literaturarchiv hg. v. Gerhard Schuster. Mit einem Essay v. Erwin Jaeckle. Frankfurt a. M.: S. Fischer 1993.

Herbert Ihering: Der Fall Werfel. In: Das Tagebuch 10 (14.12.1929), H. 50, S. 2177–2180.

Egon Erwin Kisch: Wesen des Reporters. In: Das literarische Echo 20 (15.1.1918), H. 8, Sp. 437–440.

Egon Erwin Kisch: Wien und die Rote Garde. In: Der freie Arbeiter Nr. 1 (9.11.1918), S. 5 f.

Egon Erwin Kisch: Eine Erklärung des Kommandos der Roten Garde. In: Neues Wiener Tagblatt Nr. 310 (13.11.1918), Tages-Ausgabe, S. 6.

Egon Erwin Kisch: Die Mobilmachung der Roten Garde. In: Der freie Arbeiter Nr. 2 (16.11.1918), S. 13.

Egon Erwin Kisch: Angst, Rote Garde und Presse. In: Der freie Arbeiter Nr. 3 (23.11.1918), S. 21 f.

Egon Erwin Kisch: Die Rote Garde und die Parteien. In: Der freie Arbeiter Nr. 4 (30.11.1918), S. 29 f.

Egon Erwin Kisch: »Kappe ab, zum Schwören!« In: Der freie Arbeiter Nr. 6 (14.12.1918), S. 47.

Egon Erwin Kisch: Das Staatsamt für Hin- und Heerwesen. In: Der freie Arbeiter Nr. 7 (21.12.1918), S. 53.

Egon Erwin Kisch: Auf in den Kampf, Torero! In: Der freie Arbeiter Nr. 8 (28.12.1918), S. 61.

Egon Erwin Kisch: Neujahr und neue Jahre. In: Der freie Arbeiter Nr. 1 (4.1.1919), S. 5 f.

Egon Erwin Kisch: Der gesetzlich eingeführte Wahlschwindel. In: Der freie Arbeiter Nr. 3 (18.1.1919), S. 22 f.

Egon Erwin Kisch: Wiedergeburt des Garnisonsarrestes. (Und ein neues Wehrgesetz!) In: Der freie Arbeiter Nr. 6 (8.2.1919), S. 45 f.

Egon Erwin Kisch: Das Begräbnis der lebendigen Volkswehr. In: Der freie Arbeiter Nr. 7 (15.2.1919), S. 53 f.

Egon Erwin Kisch: Auferstehungs-Parade. In: Der freie Arbeiter Nr. 8 (22.2.1919), S. 62.

Egon Erwin Kisch: Wozu Soldatenräte als Regierung? In: Der freie Arbeiter Nr. 9 (1.3.1919), S. 69 f.

Egon Erwin Kisch: »Mit Herz und Hand, für's Vaterland…« In: Der freie Arbeiter Nr. 10 (8.3.1919), S. 77 f.

Egon Erwin Kisch: Hamsterer, Hetzpresse und Heeresstaatsamt gegen die Volkswehr.

(Ein sensationeller Erlaß über Volkswehrbefugnisse.) In: Der freie Arbeiter Nr. 11 (15.3.1919), S. 86 f.
Egon Erwin Kisch: Proletarier gegen die Revolution. (Aus der Gedenkrede, gehalten bei der Märzfeier der Föderation »Internationale« am 16. März 1918 [sic] in den Eichensälen.) In: Der freie Arbeiter Nr. 12 (22.3.1919), S. 93 f.
Egon Erwin Kisch: Urlaub von der Politik. (Abschiedsbrief an meine Genossen.) In: Der freie Arbeiter Nr. 13 (29.3.1919), S. 101 f.
Egon Erwin Kisch: Hauptmann Frey – ein Gendarm? In: Die Rote Fahne Nr. 95 (30.8.1919), S. 3.
Egon Erwin Kisch: Die Rote Garde. In: Die Rote Fahne Nr. 268 (11.11.1928), S. 7 f.
Egon Erwin Kisch: Briefe an den Bruder Paul und an die Mutter 1905–1936. Hg. v. Josef Poláček unter Mitarbeit v. Fritz Hofmann. Berlin/Weimar: Aufbau 1978.
Egon Erwin Kisch: Karl Kraus. In: E. E. K.: Läuse auf dem Markt. Vermischte Prosa. Berlin/Weimar: Aufbau 1985 (= E. E. K.: Gesammelte Werke in Einzelausgaben, Bd. 10), S. 60–76.
Egon Erwin Kisch über sein Porträt im neuen Werfel-Roman. In: E. E. K.: Läuse auf dem Markt. Vermischte Prosa. Berlin/Weimar: Aufbau 1985 (= E. E. K.: Gesammelte Werke in Einzelausgaben, Bd. 10), S. 498 f.
Franz Koritschoner: Aus der Vergangenheit unserer Partei. Der Zusammenbruch. In: Die Rote Fahne Nr. 262 (4.11.1928), S. 6.
Karl Kraus: Die Sintflut. In: Die Fackel 20 (20.11.1918), H. 499–500, S. 28–36.
Karl Kraus: Nachruf. In: Die Fackel 20 (25.1.1919), H. 501–507, S. 1–120.
Karl Kraus: Proteste. In: Die Fackel 21 (Ende Juli/August 1919), H. 514–518, S. 1–20.
Karl Kraus: Gespenster. In: Die Fackel 21 (Ende Juli/August 1919), H. 514–518, S. 21–86.
Karl Kraus: Briefe an Sidonie Nadherny von Borutin. 1913–1936. Hg. v. Heinrich Fischer u. Michael Lazarus. München: Kösel 1974.
Karl Kraus: Literatur oder Man wird doch da sehn. Magische Operette in zwei Teilen. In: K. K.: Dramen. Hg. v. Christian Wagenknecht. Frankfurt a. M.: Suhrkamp 1989 (= K. K.: Schriften, Bd. 11), S. 7–75.
Karl Kraus – Franz Werfel. Eine Dokumentation. Zusammengestellt v. Christian Wagenknecht u. Eva Willms. Göttingen: Wallstein 2011.
Anton Kuh: 1000 Jahre und ein Tag. In: A. K.: Luftlinien. Feuilletons, Essays und Publizistik. Hg. v. Ruth Greuner. Wien: Löcker 1981, S. 77–87.
Anton Kuh: Das Hofauto. In: A. K.: Luftlinien. Feuilletons, Essays und Publizistik. Hg. v. Ruth Greuner. Wien: Löcker 1981, S. 75 f.

Anton Kuh: Der unsterbliche Österreicher. Vorrede. In: A. K.: Werke. Hg. v. Walter Schübler. Bd. 5: Texte der Jahre 1930–1933. Göttingen: Wallstein 2016, S. 10.

Cesare Lombroso: Der Verbrecher in anthropologischer, ärztlicher und juristischer Beziehung, in deutscher Bearb. v. M. O. Fraenkel. Hamburg: J. F. Richter 1887.

Alma Mahler-Werfel: Mein Leben. Vorwort v. Willy Haas. Frankfurt a. M.: S. Fischer [42]2013.

Robert Müller: Die neue Erregung (Aktivismus). In: Die Wage Nr. 38 (21.9.1918), S. 615–619.

Robert Müller: Rote Garde. In: Finanz-Presse Nr. 51 (13.11.1918), S. 1 f.

Robert Müller: Halali der Grubenhunde. In: Finanz-Presse Nr. 52 (14.11.1918), S. 1 f.

Robert Müller: Der freie Arbeiter. In: Finanz-Presse Nr. 60 (27.11.1918), S. 1 f.

Robert Müller: Aus Deutschösterreich. In: Der neue Merkur 3 (1919), H. 4, S. 236–243.

Robert Müller: Kritische Schriften II. Mit einem Anhang hg. v. Ernst Fischer. Paderborn: Igel 1995 (= R. M.: Werkausgabe in Einzelbänden. Hg. v. Günter Helmes).

Robert Musil: Briefe. 1901–1942. 2 Bde. Hg. v. Adolf Frisé. Reinbek bei Hamburg: Rowohlt 1981.

Robert Musil: Tagebücher. 2 Bde. Hg. v. Adolf Frisé. Reinbek bei Hamburg: Rowohlt [2]1983.

Robert Musil: Der Mann ohne Eigenschaften. Roman. 2 Bde. Hg. v. Adolf Frisé. Reinbek bei Hamburg: Rowohlt 1987.

Robert Musil: Das hilflose Europa oder Reise vom Hundertsten ins Tausendste. In: R. M.: Gesammelte Werke. Bd. 2. Hg. v. Adolf Frisé. Reinbek bei Hamburg: Rowohlt 2000, S. 1075–1094.

Robert Musil: Geist und Erfahrung. Anmerkungen für Leser, welche dem Untergang des Abendlandes entronnen sind. In: R. M.: Gesammelte Werke. Bd. 2. Hg. v. Adolf Frisé. Reinbek bei Hamburg: Rowohlt 2000, S. 1042–1059.

Robert Musil: Politik in Österreich. In: R. M.: Gesammelte Werke. Bd. 2. Hg. v. Adolf Frisé. Reinbek bei Hamburg: Rowohlt 2000, S. 993–995.

Robert Musil: Robert Müller. In: R. M.: Gesammelte Werke. Bd. 2. Hg. v. Adolf Frisé. Reinbek bei Hamburg: Rowohlt 2000, S. 1131–1137.

Robert Musil: Klagenfurter Ausgabe (KA). Kommentierte digitale Edition sämtlicher Werke, Briefe und nachgelassener Schriften. Mit Transkriptionen und Faksimiles aller Handschriften. Hg. v. Walter Fanta, Klaus Amann u. Karl Corino. Klagenfurt: Robert Musil-Institut der Universität Klagenfurt. DVD-Version 2009.

N. N.: Bolschewikische Putschhetze. In: Reichspost Nr. 505 (1.11.1918), Morgenblatt, S. 4.

N. N.: Die Versammlungen der Soldatenräte. In: Fremden-Blatt Nr. 298 (1.11.1918), Morgen-Ausgabe, S. 4 f.
N. N.: Eine Offiziers- und Soldatenversammlung in den Dreher-Sälen. In: Neue Freie Presse Nr. 19464 (1.11.1918), Morgenblatt, S. 5 f.
N. N.: Soldatenversammlung beim Dreher. In: Arbeiter-Zeitung Nr. 298 (1.11.1918), S. 4.
N. N.: Tumultszenen bei der Roßauer Kaserne. Schüsse auf dem Deutschmeisterplatz. In: Neue Freie Presse Nr. 19464 (1.11.1918), Morgenblatt, S. 5.
N. N.: Der gestrige Tag. In: Fremden-Blatt Nr. 299 (2.11.1918), Morgen-Ausgabe, S. 4.
N. N.: Deutschösterreichischer Staatsrat. In: Fremden-Blatt Nr. 299 (2.11.1918), Morgen-Ausgabe, S. 2.
N. N.: Die Versammlung auf dem Deutschmeisterplatz. In: Fremden-Blatt Nr. 299 (2.11.1918), Morgen-Ausgabe, S. 2 f.
N. N.: Eine Demonstration »Roter Garde« vor dem Parlament. In: Illustrierte Kronen-Zeitung Nr. 6765 (2.11.1918), S. 3.
N. N.: Soldatenversammlung auf dem Deutschmeisterplatz. In: Arbeiter-Zeitung Nr. 299 (2.11.1918), S. 6 f.
N. N.: Abschiebung des Korporals Haller. In: Fremden-Blatt Nr. 300 (3.11.1918), Morgen-Ausgabe, S. 3.
N. N.: Die Organisierung der Soldaten. In: Arbeiter-Zeitung Nr. 300 (3.11.1918), Morgenblatt, S. 6 f.
N. N.: Eine Versammlung der »Roten Garde«. In: Fremden-Blatt Nr. 300 (3.11.1918), Morgen-Ausgabe, S. 3.
N. N.: Das Wiener Militärkommando von den Nationaltruppen besetzt. In: Neues Wiener Tagblatt Nr. 308 (11.11.1918), Tages-Ausgabe, S. 4.
N. N.: Arbeiter und Soldaten Wiens! In: Neue Freie Presse Nr. 19475 (12.11.1918), Sonderausgabe 8 Uhr abends, S. 1.
N. N.: Besetzung der Hofburg, Schönbrunns und des Militärkommandos. In: Neues Wiener Tagblatt Nr. 309 (12.11.1918), Tages-Ausgabe, S. 5.
N. N.: Besetzung des Redaktionsgebäudes der »Neuen Freien Presse« durch die »Rote Garde«. In: Neue Freie Presse Nr. 19475 (12.11.1918), Sonderausgabe 6 Uhr nachmittags, S. 1.
N. N.: Ein Putschversuch? In: Neues 8 Uhr-Blatt Nr. 1245 (12.11.1918), S. 2.
N. N.: Der Tag der Republik. In: Arbeiter-Zeitung Nr. 310 (13.11.1918), Morgenblatt, S. 1–4.
N. N.: Die amtlichen Erhebungen. In: Neues Wiener Tagblatt Nr. 310 (13.11.1918), Tages-Ausgabe, S. 6.
N. N.: Die gestrige Schießerei. In: Neues 8 Uhr-Blatt Nr. 1247 (13.11.1918), S. 2.

N. N.: Die Kämpfe vor und im Parlament. In: Neues Wiener Tagblatt Nr. 310 (13.11.1918), Tages-Ausgabe, S. 4 f.

N. N.: Die Rote Garde. In: Wiener Mittag Nr. 74 (13.11.1918), S. 2.

N. N.: Die Rote Garde im Redaktionsgebäude der »Neuen Freien Presse«. In: Neue Freie Presse Nr. 19476 (13.11.1918), Morgenblatt, S. 1.

N. N.: Kommunistische Exzesse der Roten Garde. In: Berliner Tageblatt und Handelszeitung Nr. 582 (13.11.1918), Abend-Ausgabe, S. 2.

N. N.: Kurze Besetzung der Redaktion der »Neuen Freien Presse«. In: Neues Wiener Tagblatt Nr. 310 (13.11.1918), Tages-Ausgabe, S. 6.

N. N.: Schießerei und Panik vor dem Parlament. In: Neue Freie Presse Nr. 19476 (13.11.1918), Morgenblatt, S. 1.

N. N.: Die bürgerliche Presse entstellt. Zu den Vorgängen in Wien. In: Salzburger Wacht Nr. 263 (14.11.1918), S. 1.

N. N.: Die Volksentrüstung gegen die Rote Garde. In: Wiener Mittag Nr. 76 (14.11.1918), S. 2.

N. N.: Eine Erklärung der Roten Garde. In: Salzburger Wacht Nr. 263 (14.11.1918), S. 1.

N. N.: Nach der Demonstration. In: Arbeiter-Zeitung Nr. 311 (14.11.1918), Morgenblatt, S. 5 f.

N. N.: Erhebungen über die Vorfälle vom 12. November. In: Arbeiter-Zeitung Nr. 312 (15.11.1918), Morgenblatt, S. 6 f.

N. N.: Die Volksentrüstung gegen die »Rote Garde«. In: Wiener Mittag Nr. 76 (16.11.1918), S. 1.

N. N.: Die Wiener Rote Garde. In: Neues 8 Uhr-Blatt Nr. 1251 (19.11.1918), S. 2.

N. N.: S. M. Rothschild und die Rote Garde. In: Wiener Mittag Nr. 80 (21.11.1918), S. 2.

N. N.: Hauptversammlung der Roten Garde. In: Arbeiter-Zeitung Nr. 319 (22.11.1918), Morgenblatt, S. 5 f.

N. N.: Friedrich Adler bei der Roten Garde. In: Der freie Arbeiter Nr. 4 (30.11.1918), S. 30.

N. N.: Ein beispielloser Theaterskandal im Stadttheater. Die Jubiläumsaufführung verhindert. In: Neues Wiener Journal Nr. 9012 (4.12.1918), S. 3.

N. N.: [Rubrik:] Theater und Kunst. In: Neues Wiener Abendblatt Nr. 331 (4.12.1918), Tages-Ausgabe, S. 4.

N. N.: Theater- und Kunstnachrichten. [Verhinderung der Vorstellung im Wiener Stadttheater durch Lärmszenen.] In: Neue Freie Presse Nr. 19497 (4.12.1918), Morgenblatt, S. 8.

N. N.: Wieder ein Theaterskandal. Eine Prügelei im Stadttheater. In: Reichspost Nr. 559 (4.12.1918), Morgenblatt, S. 5.

N. N.: Der Kampf gegen den Operettengeist. In: Arbeiter-Zeitung Nr. 331 (5.12.1918), Morgenblatt, S. 7.

N. N.: Die Rote Garde. Prinzen, Grafen und Barone. In: Volks-Zeitung Nr. 312 (15.11.1918), S. 5.

N. N.: Wieder die Wiener Rote Garde. Unterschlagungen und Plünderungen ohne Ende. In: Kleine Volks-Zeitung Nr. 342 (15.12.1918), S. 4 f.

N. N.: Die Rote Garde. »Apachistische Elemente, die sich die Taschen füllen.« In: Kleine Volks-Zeitung Nr. 343 (16.12.1918), S. 4.

N. N.: Die Spaltung in der Roten Garde. Volkswehr und Rote Garde. In: Neues Wiener Tagblatt Nr. 344 (17.12.1918), Tages-Ausgabe, S. 7.

N. N.: Föderation Revolutionärer Sozialisten »Internationale«. Berichte. In: Der freie Arbeiter Nr. 1 (4.1.1919), S. 8.

N. N.: Ein Revolutionär mit Retourbillet. In: Die soziale Revolution Nr. 39 (26.3.1919), S. 4.

N. N.: Eine ernste Satire. In: Arbeiter-Zeitung Nr. 169 (21.6.1919), S. 4.

N. N.: (»Grubenhunde«). In: Neues Wiener Tagblatt Nr. 170 (22.6.1919), S. 12.

N. N.: Ein Protest und keine Mystifikation. In: Arbeiter-Zeitung Nr. 173 (25.6.1919), S. 4.

N. N.: Egon Erwin Kisch in Wien. In: Die Rote Fahne Nr. 286 (3.12.1929), S. 3.

N. N.: Der Schriftsteller Kisch darf nicht nach Oesterreich. In: Arbeiter-Zeitung Nr. 325 (24.11.1932), S. 4.

Johann Nestroy: Komödien. Ausgabe in drei Bänden. Hg. v. Franz H. Mautner. Frankfurt a. M.: Insel 1970.

Robert Neumann: Ein leichtes Leben. Bericht über mich selbst und Zeitgenossen. Wien/München/Basel: Kurt Desch 1963.

Konrad Paulis: Worte und Lieder für Menschen. Wien: Leonhardt 1919.

Karl Paumgartten: Repablick. Eine galgenfröhliche Wiener Legende aus der Zeit der gelben Pest und des roten Todes. Graz/Leipzig: Heimatverlag Leopold Stocker 1924.

Alfred Polgar: Der verhungerte Dichter Otfried Krzyzanowski. In: A. P.: Taschenspiegel. Hg. v. Ulrich Weinzierl. Wien: Löcker 1980, S. 62–64.

Alfred Polgar: Die Uniform. In: A. P.: Kleine Schriften. Bd. 1: Musterung. Hg. v. Marcel Reich-Ranicki in Zusammenarbeit mit Ulrich Weinzierl. Reinbek bei Hamburg: Rowohlt 1982, S. 72–74.

Josef Popper-Lynkeus: Die allgemeine Nährpflicht als Lösung der sozialen Frage, eingehend bearbeitet und statistisch durchgerechnet. Mit einem Nachweis der theoretischen und praktischen Wertlosigkeit der Wirtschaftslehre. Dresden: Reissner 1912.

j. r. [i. e. Joseph Roth]: Das Jahr der Erneuerung. In: Der neue Tag Nr. 350? (12.11.

1919), S. 3; wiederabgedruckt in: J. R.: Werke. Bd. 1: Das journalistische Werk. 1915–1923. Hg. v. Klaus Westermann. Mit einem Vorwort zur Werkausgabe v. Fritz Hackert u. Klaus Westermann. Köln: Kiepenheuer & Witsch 1989, S. 171–173.

Arthur Schnitzler: Tagebuch 1917–1919. [...] Hg. von der Kommission für literarische Gebrauchsformen der ÖAW, Obmann: Werner Welzig. Wien: Verlag der Österreichischen Akademie der Wissenschaften 1985.

Kurt Sonnenfeld: Der Zuhälter. In: Ver! Auf daß der revolutionäre Geist in Allem und Jedem zum Ausdruck komme 28/29 (Dezember 1918/Jänner 1919), S. 25–28.

Manès Sperber: Leben in dieser Zeit. Sieben Fragen zur Gewalt. Wien: Europa Verlag 1972.

Georg Suter: Das letzte Interview mit E. E. Kisch. In: Arbeiter-Zeitung Nr. 78 (2.4.1948), S. 3.

Friedrich Torberg: Die Tante Jolesch oder Der Untergang des Abendlandes in Anekdoten. München/Wien: Albert Langen [37]2016.

Peter Waller: Bei der Wiener Roten Garde. Wien: Burgverlag (Ferdinand Zöllner) 1923.

Franz Werfel: Barbara oder Die Frömmigkeit. Roman. Frankfurt a. M.: S. Fischer [3]2006.

W. [i. e. Hilde oder Johannes Wertheim?]: Die Rote Garde am Tage der Republikerklärung. In: Der freie Arbeiter Nr. 2 (16.11.1918), S. 14.

Berta Zuckerkandl: Der Fall Franz Werfel. In: Wiener Allgemeine Zeitung. 6 Uhr-Blatt Nr. 12176 (21.11.1918), S. 3.

Forschungsliteratur

Friedrich Achberger: Fluchtpunkt 1938. Essays zur österreichischen Literatur zwischen 1918 und 1938. Hg. v. Gerhard Scheit, mit einem Vorwort v. Wendelin Schmidt-Dengler. Wien: Verlag für Gesellschaftskritik 1994 (= Antifaschistische Literatur und Exilliteratur – Studien und Texte, Bd. 12).

Hellmut Andics: Der Staat, den keiner wollte. Österreich 1918–1938. Wien: Herder 1962.

Günter Bentele: [Artikel] Reportage. In: Reallexikon der deutschen Literaturwissenschaft. Neubearbeitung des Reallexikons der deutschen Literaturgeschichte. 3 Bde. Hg. v. Harald Fricke, Jan-Dirk Müller, Klaus Weimar u. a. Berlin/New York: de Gruyter 1997–2003, Bd. 2, S. 266–268.

Gerhard Botz: Die ›Österreichische Revolution‹ 1918/19. Zu Kontexten und Prob-

lematik einer alten Meistererzählung der Zeitgeschichte in Österreich. In: Zeitgeschichte 41 (2014), H. 6, S. 359–370.
Pierre Bourdieu: Die Regeln der Kunst. Genese und Struktur des literarischen Feldes. Frankfurt a. M.: Suhrkamp 1999.
Pierre Bourdieu: Meditationen. Zur Kritik der scholastischen Vernunft. Frankfurt a. M.: Suhrkamp 2001.
Pierre Bourdieu: Über den Staat. Vorlesungen am Collège de France 1989–1992. Hg. v. Patrick Champagne, Remi Lenoir, Franck Poupeau u. Marie-Christine Rivière. Berlin: Suhrkamp 2014.
Wilhelm Brauneder: Deutsch-Österreich 1918. Die Republik entsteht. Wien/München: Amalthea 2000.
David Bronsen: Joseph Roth. Eine Biographie. Gekürzte Fassung. Köln: Kiepenheuer & Witsch 1993.
Jürgen Brummack: [Artikel] Satire. In: Reallexikon der deutschen Literaturwissenschaft. Neubearbeitung des Reallexikons der deutschen Literaturgeschichte. 3 Bde. Hg. v. Harald Fricke, Jan-Dirk Müller, Klaus Weimar u. a. Berlin/New York: de Gruyter 1997–2003, Bd. 3, S. 355–360.
Karl Corino: Robert Musil. Leben und Werk in Bildern und Texten. Reinbek bei Hamburg: Rowohlt 1988.
Karl Corino: Robert Musil. Eine Biographie. Reinbek bei Hamburg: Rowohlt 2003.
György Dalos: Ungarn in der Nußschale. Geschichte meines Landes. München: C. H. Beck 2004.
Franz Endler: Österreich zwischen den Zeilen. Die Verwandlung von Land und Volk seit 1848 im Spiegel der »Presse«. Mit einem Vorwort v. Otto Schulmeister. Wien/München/Zürich: Molden 1973.
Giuseppe Farese: Arthur Schnitzler. Ein Leben in Wien. 1862–1931. München: C. H. Beck 1999.
Ernst Fischer: Expressionismus – Aktivismus – Revolution. Die österreichischen Schriftsteller zwischen Geistpolitik und Roter Garde. In: Expressionismus in Österreich. Die Literatur und die Künste. Hg. v. Klaus Amann u. Armin A. Wallas. Wien/Köln/Weimar: Böhlau 1994 (= Literatur in der Geschichte. Geschichte in der Literatur, Bd. 30), S. 19–48.
Ernst Fischer/Wilhelm Haefs (Hg.): Hirnwelten funkeln. Literatur des Expressionismus in Wien. Salzburg: Otto Müller 1988.
Konstanze Fliedl: Arthur Schnitzler. Stuttgart: Reclam 2005.
Karl-Markus Gauß: Karl Kraus und seine ›kosmischen Schlieferln‹. Zur Rehabilitation von Albert Ehrenstein, Hugo Sonnenschein und Georg Kulka. In: Zeitgeschichte 10 (1982/83), H. 2, S. 43–59.

Karl-Markus Gauß: Wann endet die Nacht. Über Albert Ehrenstein. Ein Essay. Zürich: Edition Moderne 1986.

Karl-Markus Gauß/Josef Haslinger: »Träumer ohne Schollensinn«. Nachforschungen über den Bruder Sonka. In: Hugo Sonnenschein [Sonka]: Die Fesseln meiner Brüder. Gesammelte Gedichte. Auswahl u. Nachwort v. K.-M. G. u. J. H. München/Wien: Hanser 1984, S. 130–153.

Bernhard Greiner: Die Komödie. Eine theatralische Sendung: Grundfragen und Interpretationen. Tübingen: Francke 1992 (= UTB 1665).

Max Haberich: Arthur Schnitzler. Anatom des Fin de Siècle. Die Biografie. Wien: Kremayr & Scheriau 2017.

Murray G. Hall: Der unbekannte Tausendsassa. Franz Blei und der Etikettenschwindel 1918. In: Jahrbuch der Grillparzer-Gesellschaft 3. F., 15 (1983), S. 129–140.

Murray G. Hall: Österreichische Verlagsgeschichte 1918–1938. 2 Bde. Wien/Köln/Weimar: Böhlau 1985 (= Literatur und Leben, N. F., Bd. 28).

Murray G. Hall/Gerhard Renner: Handbuch der Nachlässe und Sammlungen österreichischer Autoren. Wien/Köln/Weimar: Böhlau ²1995 (= Literatur in der Geschichte. Geschichte in der Literatur, Bd. 23).

Ernst Hanisch: Männlichkeiten. Eine andere Geschichte des 20. Jahrhunderts. Wien/Köln/Weimar: Böhlau 2005.

Peter Haumer: Die Föderation Revolutionärer Sozialisten »Internationale« und die österreichische Revolution 1918/1919. In: Arbeit – Bewegung – Geschichte 3 (2017), S. 96–111.

Hans Hautmann: Die verlorene Räterepublik. Am Beispiel der Kommunistischen Partei Deutschösterreichs. Wien/Frankfurt/Zürich: Europa Verlag 1971.

Hans Hautmann: Franz Werfel, »Barbara oder Die Frömmigkeit« und die Revolution in Wien 1918. In: Österreich in Geschichte und Literatur 15 (1971), H. 8, S. 469–479.

Hans Hautmann: Leo Rothziegel (1892–1919). Das Leben eines österreichischen Revolutionärs. In: Weg und Ziel Nr. 7/8 (1978), S. 287–290; Nr. 9 (1978), S. 333–336; Nr. 10 (1978), S. 377–379.

Hans Hautmann: Der November 1918 – eine Revolution? In: Österreich November 1918. Die Entstehung der Ersten Republik. Protokoll des Symposiums in Wien am 24. und 25. Oktober 1978. Wien: Verlag für Geschichte und Politik 1986 (= Wissenschaftliche Kommission zur Erforschung der Geschichte der Republik Österreich, Bd. 9), S. 159–167 u. 262–268 (Diskussion).

Hans Hautmann: »Spätsommer des Untergangs«. Zur Widerspiegelung der revolutionären Ereignisse und Gestalten in Werfels »Barbara oder Die Frömmigkeit«. In: … da liegt der riesige Schatten Freud's nicht mehr auf meinem Weg. Die Rebellion des Otto Gross. 6. Internationaler Otto Gross Kongress. Wien, 8.–

10. September 2006. Hg. v. Raimund Dehmlow, Ralf Rother u. Alfred Springer. Marburg an der Lahn: LiteraturWissenschaft.de (TransMIT) 2008, S. 324–343.
Maureen Healy: Am Ende und doch kein Ende. In: Im Epizentrum des Zusammenbruchs. Wien im Ersten Weltkrieg. Hg. v. Alfred Pfoser u. Andreas Weigl. Wien: Metroverlag 2013, S. 572–577.
Stephanie Heckner: Die Tropen als Tropus. Zur Dichtungstheorie Robert Müllers. Wien/Köln: Böhlau 1991 (= Literatur in der Geschichte. Geschichte in der Literatur, Bd. 21).
Herbert Herzmann: [Artikel] Posse. In: Reallexikon der deutschen Literaturwissenschaft. Neubearbeitung des Reallexikons der deutschen Literaturgeschichte. 3 Bde. Hg. v. Harald Fricke, Jan-Dirk Müller, Klaus Weimar u. a. Berlin/New York: de Gruyter 1997–2003, Bd. 3, S. 134–136.
Eric Hobsbawm: Revolutionaries. [zuerst 1973] London: Abacus 2007.
Jutta Jacobi: Journalisten im literarischen Text. Studien zum Werk von Karl Kraus, Egon Erwin Kisch und Franz Werfel. Frankfurt a. M. u. a.: Peter Lang 1989 (= Europäische Hochschulschriften, R. 1, Bd. 1117).
Mark Jones: Am Anfang war Gewalt. Die deutsche Revolution 1918/19 und der Beginn der Weimarer Republik. Berlin: Propyläen 2017.
Peter Stephan Jungk: Franz Werfel. Eine Lebensgeschichte. Frankfurt a. M.: S. Fischer 1987.
Dirk Kemper: [Artikel] Elegie. In: Reallexikon der deutschen Literaturwissenschaft. Neubearbeitung des Reallexikons der deutschen Literaturgeschichte. 3 Bde. Hg. v. Harald Fricke, Jan-Dirk Müller, Klaus Weimar u. a. Berlin/New York: de Gruyter 1997–2003, Bd. 1, S. 429–432.
Hans-Albrecht Koch: [Artikel] Zeitschrift. In: Reallexikon der deutschen Literaturwissenschaft. Neubearbeitung des Reallexikons der deutschen Literaturgeschichte. 3 Bde. Hg. v. Harald Fricke, Jan-Dirk Müller, Klaus Weimar u. a. Berlin/New York: de Gruyter 1997–2003, Bd. 3, S. 884–887.
Helmut Kreuzer/Günter Helmes (Hg.): Expressionismus – Aktivismus – Exotismus. Studien zum literarischen Werk Robert Müllers 1887–1924. Mit zeitgenössischen Rezeptionsdokumenten und einer Bibliographie. Göttingen: Vandenhoeck & Ruprecht 1981 [Paderborn: Igel ²1989].
Hans Kronberger: Anatomie einer Anekdote. Egon Erwin Kisch und die Besetzung der »Neuen Freien Presse«. In: Publizistik. Vierteljahreshefte für Kommunikationsforschung 22 (1978), H. 1–2, S. 99–105.
Wolfgang Kudrnofsky: Der Messias von der Lobau. Peter Waller und die Arbeitslosen der Zwischenkriegszeit. Wien: Österreichischer Bundesverlag 1983.
Dieter Lamping: Das lyrische Gedicht. Definitionen zu Theorie und Geschichte der Gattung. Göttingen: Vandenhoeck & Ruprecht 1989.

Uwe Laugwitz: Albert Ehrenstein. Studien zu Leben, Werk und Wirkung eines deutsch-jüdischen Schriftstellers. Frankfurt a. M. u. a.: Peter Lang 1987 (= Hamburger Beiträge zur Germanistik, Bd. 5).

Jürgen Lehmann: [Artikel] Autobiographie. In: Reallexikon der deutschen Literaturwissenschaft. Neubearbeitung des Reallexikons der deutschen Literaturgeschichte. 3 Bde. Hg. v. Harald Fricke, Jan-Dirk Müller, Klaus Weimar u. a. Berlin/New York: de Gruyter 1997–2003, Bd. 1, S. 168–173.

Hannes Leidinger: Der Untergang der Habsburgermonarchie. Innsbruck/Wien: Haymon 2017.

Norbert Leser: Gab es 1918 eine österreichische Revolution? In: Staatsgründungen 1918. Hg. v. Wilhelm Brauneder u. N. L. Frankfurt a. M. u. a.: Peter Lang 1999 (= Rechts- und sozialwissenschaftliche Reihe, Bd. 24), S. 9–25.

Helmut Lethen: Blitzschnelle Metamorphosen. 7 Überlegungen zu einem Putzfleck. In: Geschichte als Literatur. Formen und Grenzen der Repräsentation von Vergangenheit. Hg. v. Hartmut Eggert, Ulrich Profitlich u. Klaus R. Scherpe. Stuttgart: Metzler 1990, S. 242–248.

Helmut Lethen: Verhaltenslehren der Kälte. Lebensversuche zwischen den Kriegen. Frankfurt a. M.: Suhrkamp 1994.

Martin Leubner (Hg.): Karl Kraus' »Literatur oder Man wird doch da sehn«. Genetische Ausgabe und Kommentar. Göttingen: Wallstein 1996.

Jürgen Link: Elemente der Lyrik. In: Literaturwissenschaft. Ein Grundkurs. Hg. v. Helmut Brackert u. Jörn Stückrath. Reinbek bei Hamburg: Rowohlt 1992, S. 86–101.

Claudio Magris: Der habsburgische Mythos in der modernen österreichischen Literatur. Überarbeitete Neuausgabe. Wien: Zsolnay 2000.

Dieter Mayer: Kurt Tucholsky, Joseph Roth, Walter Mehring. Beiträge zu Politik und Kultur zwischen den Weltkriegen. Frankfurt a. M. u. a.: Peter Lang 2010.

Hans-Harald Müller: Leo Perutz. Biographie. Wien: Zsolnay 2007.

[Hans-Harald Müller/Brita Eckert unter Mitwirkung v. Werner Berthold:] Leo Perutz 1882–1957. Eine Ausstellung der deutschen Bibliothek Frankfurt a. M./Wien/Darmstadt: Zsolnay 1989.

Sabine Müller: Tractatus, »Schmäh« und Sprachkritik. Überlegungen zu einer alternativen Genealogie der Wiener Modernen. In: Zwei- und Mehrsprachigkeit in Zentraleuropa. Zur Geschichte einer literarischen und kulturellen Chance. Hg. v. András F. Balogh u. Christoph Leitgeb. Wien: Praesens 2012, S. 229–254.

Daniel Münzner: Kurt Hiller. Der Intellektuelle als Außenseiter. Göttingen: Wallstein 2015.

Marcus G. Patka: Egon Erwin Kisch. Stationen im Leben eines streitbaren Autors.

Wien/Köln/Weimar: Böhlau 1997 (= Literatur in der Geschichte. Geschichte in der Literatur, Bd. 41).

Marcus G. Patka (Hg.): Der rasende Reporter. Egon Erwin Kisch. Eine Biographie in Bildern. Mit einem Vorwort v. Hellmuth Karasek. Berlin: Aufbau 1998.

Anton Pelinka: Die gescheiterte Republik. Kultur und Politik in Österreich 1918–1938. Wien/Köln/Weimar: Böhlau 2017.

Josef Pfeifer: Franz Werfel und die politischen Umwälzungen des Jahres 1918 in Wien. In: Études germaniques 26 (1971), S. 194–207.

Joseph Pfeifer: Le journal *Die Rettung*. Une intervention littéraire dans la Révolution de 1918 à Vienne. In: Austriaca. Cahiers Universitaires d'Information sur l'Autriche 10 (Mai 1980), S. 101–108.

Bettina Pflaum: Politischer Expressionismus. Aktivismus im fiktionalen Werk Robert Müllers. Hamburg: Igel 2008 (= Literatur- und Medienwissenschaft, Bd. 107).

Oliver Pfohlmann: Literatur und Theaterkritik. In: Robert-Musil-Handbuch. Hg. v. Birgit Nübel u. Norbert Christian Wolf. Berlin/Boston: de Gruyter 2016, S. 414–429.

Alfred Pfoser/Andreas Weigl: Die erste Stunde Null. Gründungsjahre der österreichischen Republik 1918–1922. Salzburg/Wien: Residenz 2017.

Josef Poláček: Egon Erwin Kisch über Karl Kraus. In: Literatur und Kritik 5 (1970), H. 41, S. 21–36.

Josef Poláček: Zu zwei Fragen der Egon-Erwin-Kisch-Forschung. In: Acta Universitatis Carolinae-Philologica 5 / Germanistica Pragensia VI (1972), S. 61–74.

Michael Pollak: Aktionssoziologie im intellektuellen Feld. Die Kämpfe des Karl Kraus. In: Streifzüge durch das literarische Feld. Hg. v. Louis Pinto u. Franz Schultheis. Konstanz: UVK 1997 (= édition discours, Bd. 4), S. 235–282.

Ulrich Püschel: [Artikel] Feuilleton. In: Reallexikon der deutschen Literaturwissenschaft. Neubearbeitung des Reallexikons der deutschen Literaturgeschichte. 3 Bde. Hg. v. Harald Fricke, Jan-Dirk Müller, Klaus Weimar u. a. Berlin/New York: de Gruyter 1997–2003, Bd. 1, S. 584–587.

Paul Raabe: Die Zeitschriften und Sammlungen des literarischen Expressionismus. Repertorium der Zeitschriften, Jahrbücher, Anthologien, Sammelwerke, Schriftenreihen und Almanache 1910–1921. Stuttgart: Metzler 1964.

Walter Rauscher: Die verzweifelte Republik. Österreich 1918–1922. Wien: Kremayr & Scheriau 2017.

Thomas Reinecke: Karl F. Kocmata und der *Ver!*-Kreis. In: Expressionismus in Österreich. Die Literatur und die Künste. Hg. v. Klaus Amann u. Armin A. Wallas. Wien/Köln/Weimar: Böhlau 1994 (= Literatur in der Geschichte. Geschichte in der Literatur, Bd. 30), S. 91–110.

Markus Rieger: Zauber der Montur. Zum Symbolgehalt der Uniform in der österreichischen Literatur der Zwischenkriegszeit. Wien: Braumüller 2009 (= Zur neueren Literatur Österreichs, Bd. 22).

Emily Rosdolsky: Franz Koritschoner. In: Österreichische Stalin-Opfer. Hg. v. Memorial Österreich. Wien: Junius 1990, S. 69–78.

Hans Schafranek: Franz Koritschoner (1892–1941). In: Jahrbuch für Historische Kommunismusforschung 3 (1995), S. 239–261.

Ulrich Scheck: Die Prosa Robert Neumanns. Mit einem bibliographischen Anhang. New York u. a.: Peter Lang 1985 (= American University Studies, Ser. I, Bd. 43).

Sigurd Paul Scheichl: [Artikel] Polemik. In: Reallexikon der deutschen Literaturwissenschaft. Neubearbeitung des Reallexikons der deutschen Literaturgeschichte. 3 Bde. Hg. v. Harald Fricke, Jan-Dirk Müller, Klaus Weimar u. a. Berlin/New York: de Gruyter 1997–2003, Bd. 3, S. 117–120.

Wolfgang Schivelbusch: Die Kultur der Niederlage. Der amerikanische Süden 1865. Frankreich 1871. Deutschland 1918. Berlin: Fest 2001.

Heinz Schlaffer: [Artikel] Anekdote. In: Reallexikon der deutschen Literaturwissenschaft. Neubearbeitung des Reallexikons der deutschen Literaturgeschichte. 3 Bde. Hg. v. Harald Fricke, Jan-Dirk Müller, Klaus Weimar u. a. Berlin/New York: de Gruyter 1997–2003, Bd. 1, S. 87–89.

Fritz Schlawe: Literarische Zeitschriften 1910–1933. Stuttgart: Metzler 1962.

Wendelin Schmidt-Dengler: Literatur in der »Muskete«. In: Murray G. Hall u. a.: Die Muskete. Kultur- und Sozialgeschichte im Spiegel einer satirisch-humoristischen Zeitschrift. 1905–1941. Wien: Tusch 1983, S. 35–50.

Wendelin Schmidt-Dengler: Abschied von Habsburg. In: Hansers Sozialgeschichte der deutschen Literatur vom 16. Jahrhundert bis zur Gegenwart. Bd. 8: Literatur der Weimarer Republik 1918–1933. Hg. v. Bernhard Weyergraf. München: Hanser 1995, S. 483–548 u. 720–724 (Anm.).

Wendelin Schmidt-Dengler: Gedicht und Veränderung. Zur österreichischen Lyrik der Zwischenkriegszeit. In: W. S.-D.: Ohne Nostalgie. Zur österreichischen Literatur der Zwischenkriegszeit. Wien/Köln/Weimar: Böhlau 2002 (= Literaturgeschichte in Studien und Quellen, Bd. 7), S. 169–191.

Sibylle Schönborn: [Artikel] Tagebuch. In: Reallexikon der deutschen Literaturwissenschaft. Neubearbeitung des Reallexikons der deutschen Literaturgeschichte. 3 Bde. Hg. v. Harald Fricke, Jan-Dirk Müller, Klaus Weimar u. a. Berlin/New York: de Gruyter 1997–2003, Bd. 3, S. 574–577.

Jürgen Serke: Böhmische Dörfer. Wanderungen durch eine verlassene literarische Landschaft. Wien u. a.: Zsolnay 1987.

Ulrike Siebauer: Leo Perutz – »Ich kenne alles. Alles, nur nicht mich«. Eine Biographie. Gerlingen: Bleicher ^{2}2000.

Herbert Steiner: Franz Koritschoner. In: Bewegung und Klasse. Studien zur österreichischen Arbeitergeschichte. Hg. v. Gerhard Botz, Hans Hautmann, Helmut Konrad u. Josef Weidenholzer. Wien/München/Zürich: Europa Verlag 1978, S. 159–169.

Ľudovít Šulc: Über den entscheidenden Abschnitt im Leben E. E. Kischs (1917–1919). In: Weltfreunde. Konferenz über die Prager deutsche Literatur. Praha: Academia 1967, S. 291–306.

Edward Timms: Karl Kraus. Die Krise der Nachkriegszeit und der Aufstieg des Hakenkreuzes. Weitra: Bibliothek der Provinz 2016 (= Enzyklopädie des Wiener Wissens. Porträts, Bd. 5).

Hans Wagener: Robert Neumann. Biographie. München: Fink 2007.

Armin A. Wallas: Albert Ehrenstein. Mythenzerstörer und Mythenschöpfer. München: Boer 1994 (= Reihe Forschungen, Bd. 5).

Armin A. Wallas: Zeitschriften des Expressionismus und Aktivismus in Österreich. In: Expressionismus in Österreich. Die Literatur und die Künste. Hg. v. Klaus Amann u. A. A. W. Wien/Köln/Weimar: Böhlau 1994 (= Literatur in der Geschichte. Geschichte in der Literatur, Bd. 30), S. 49–90.

Armin A. Wallas: Zeitschriften und Anthologien des Expressionismus in Österreich. Analytische Bibliographie und Register. Bd. 1: Analytische Bibliographie. München u. a.: K. G. Saur 1995.

Volker Weidermann: Träumer. Als die Dichter die Macht übernahmen. Köln: Kiepenheuer & Witsch 2017.

Ulrich Weinzierl: Versuchsstation des Weltuntergangs. Erzählte Geschichte Österreichs 1918–1939. Wien/München: Jugend und Volk 1983.

Ulrich Weinzierl: Der »Weltfreund« auf den Barrikaden. In: Romane von gestern – heute gelesen. Bd. 2: 1918–1933. Hg. v. Marcel Reich-Ranicki. Frankfurt a. M.: S. Fischer 1989, S. 209–220.

Klaus Westermann: Nachwort. In: Joseph Roth: Werke. Bd. I: Das journalistische Werk. 1915–1923. Mit einem Vorwort zur Werkausgabe v. Fritz Hackert u. K. W. Köln: Kiepenheuer & Witsch 1989, S. 1109–1116.

Bernhard Weyergraf: Einleitung. In: Hansers Sozialgeschichte der deutschen Literatur vom 16. Jahrhundert bis zur Gegenwart. Bd. 8: Literatur der Weimarer Republik 1918–1933. Hg. v. B. W. München: Hanser 1995, S. 7–37 u. 675–677 (Anm.).

Hayden White: Die Bedeutung der Form. Erzählstrukturen in der Geschichtsschreibung. Frankfurt a. M.: S. Fischer 1990.

Hayden White: Metahistory. Die historische Einbildungskraft im 19. Jahrhundert in Europa. Frankfurt a. M.: S. Fischer 1991.

Roger Willemsen: Die sentimentale Gesellschaft. Zur Begründung einer aktivistischen Literaturtheorie im Werk Robert Musils und Robert Müllers. In: Deutsche Vierteljahrsschrift für Literaturwissenschaft und Geistesgeschichte 58 (1984), H. 2, S. 289–316.

Roger Willemsen: Robert Musil. Vom intellektuellen Eros. München/Zürich: Piper 1985.

Guido Zamis: Egon Erwin Kisch und die Wiener Rote Garde. In: Beiträge zur Geschichte der Arbeiterbewegung 24 (1982), H. 5, S. 719–733.

Frank Zipfel: Autofiktion. Zwischen den Grenzen von Faktualität, Fiktionalität und Literarität? In: Grenzen der Literatur. Zu Begriff und Phänomen des Literarischen. Hg. v. Simone Winko, Fotis Jannidis u. Gerhard Lauer. Berlin/New York: de Gruyter 2009 (= Revisionen, Bd. 2), S. 285–314.

Onlinequellen

http://litkult1920er.aau.at/
http://orf.at/stories/2252902/
https://www.wien.gv.at/wiki/index.php/Der_Abend
https://www.wien.gv.at/wiki/index.php/Deutsches_Volksblatt
https://www.wien.gv.at/wiki/index.php/Fremdenblatt
https://www.wien.gv.at/wiki/index.php/Neues_Wiener_Tagblatt
https://www.wien.gv.at/wiki/index.php/Wiener_Mittag
letzter Zugriff: 02.05.2018.

Abbildungsnachweise

Austrian Archives/Imagno/picturedesk.com: Abb. 1
Bildarchiv der KPÖ: Abb. 4, 12
Marcus G. Patka: Abb. 11
Österreichische Nationalbibliothek, ANNO: Abb. 7, 10
Österreichische Nationalbibliothek, Bildarchiv: Abb. 2, 3, 5, 9
Verein für Geschichte der ArbeiterInnenbewegung/AZ-Bildarchiv: Abb. 6, 8

Personenregister